Rudolf Seiß

Identität und Beziehung

Ein zentraler Aspekt verstehender Entwicklungspsychologie

Hänssler-Verlag
Neuhausen-Stuttgart

CIP-Kurztitelaufnahme der Deutschen Bibliothek

Seiß, Rudolf:
Identität und Beziehung: e. zentraler Aspekt
verstehender Entwicklungspsychologie / Rudolf Seiß. –
Neuhausen-Stuttgart: Hänssler, 1985.
(Tagesfragen; Bd. 27)
ISBN 3-7751-1042-9

NE: GT

TAGESFRAGEN Band 27
Bestell-Nr. 57 327

Umschlaggestaltung: Daniel Dolmetsch
Gesamtherstellung: Ebner Ulm

Für Barbara zum 24. 4.

Wir sehen uns, wenn wir uns nicht sehen –
Herr, gib uns Augensalbe, damit wir sehend werden.

Inhalt

Vorwort

Die hier dargestellte Entwicklungspsychologie erstrebt keine Vollständigkeit an Daten, will kein Lehrbuch im üblichen Sinne sein, sondern Sensibilität für psychische Entwicklungsprozesse vermitteln. Dabei steht die Frage: »Was geht im Heranwachsenden selbst vor?« an erster Stelle; in Beziehung hierzu wird an zweiter Stelle die Frage bedacht: »Was geht zwischen den Menschen psychisch vor?« Damit die Beobachtungen nicht in der unverbindlichen Relativität der Erlebensdimension bleiben, wird versucht, durch einen finalen Sinnaspekt dem Selbst- und Fremderleben von Entwicklung eine innere Ordnung zu geben, die der äußeren vor- und übergeordnet ist. Entwicklung soll verstanden werden als Interpretation des »Geschaffen nach Gottes Bild«.

Als zentrale Achse dieser ordnenden Struktur wird das Doppel-Gebot der Liebe gesehen: »Du sollst Gott lieben und deinen Nächsten wie dich selbst.« In der Entwicklung des Heranwachsenden konkretisiert sich dieses Doppel-Gebot als: *Einordnung (»Gott lieben«)* und *Zuordnung (»den Nächsten lieben«)*. Durch diese Einordnung und Zuordnung findet der Heranwachsende (und der Erwachsene) seine von der Außenleitung unabhängige Identität. Schlüsselmerkmal dieser Identität ist das Bezogensein (das »Dazwischen«, M. Buber) als Qualität der Einbindung des einzelnen in ein umfassendes Ganzes.

Unter dieser Zielsetzung läßt sich in dieser Arbeit eine streng lineare Darstellung der Entwicklungsabläufe nicht verwirklichen, auch sind sachinhaltliche Wiederholungen in einem jeweils anderen Kontext nicht ganz zu vermeiden.

Weil das Zentrum des Menschen bestimmt wird von seiner Sehnsucht nach Liebe, ist es notwendig, daß diese Wirklichkeit unserer Existenz auch in die entwicklungspsychologische Reflexion mit einbezogen wird. Weil sich Liebe aber nicht objektivieren läßt, nicht wissenschaftsfähig/wissenschaftsmöglich ist, müssen wir eine andere Dimension berücksichtigen, die als eine verfügbare uns nicht gegeben ist: Es ist die Dimension des Vertrauens in die Wirklichkeit und die Liebe Gottes. Der Mensch ist offensichtlich mehr als das, was im wissenschaftlichen Konsens über ihn ausgesagt werden kann. Die Einmaligkeit des einzelnen bekommen wir nicht auf den Begriff. Wenn wir Entwicklung vom Erleben und Erleiden her erfahrbar und nachvollziehbar machen wollen, dann dürfen wir auf die Dimension der Liebe, wie sie das Neue Testament uns bezeugt, nicht verzichten. Aussagen des Neuen Testamentes können die empirischen Daten in eine Ordnung bringen, in der sich der einzelne als ein zur Liebe Geschaffener wiederzuerkennen vermag. Die Dimension der Liebe des Neuen Testamentes wird so zum Beurteilungskriterium empirischer Daten hinsichtlich einer anthropologisch stimmigen, d. h. existenzidentischen Interpretation. Zur Verdeutlichung dieser Zielsetzung ein Beispiel: Die erste Liebe des Kindes gilt der Mutter (= erste Objektbeziehung). An der Art und Qualität dieser Beziehung lassen sich schon die Wesensmerkmale von Liebe beobachten, wie sie für unsere menschliche Existenz konstitutiv sind. Aus der Genese der ersten Objektbeziehung läßt sich empirisch erkennen, daß das erste Objekt der Liebe ein Objekt der Konstanz, Zuverlässigkeit und Treue ist. Daraus läßt sich die strukturelle Aussage herleiten, daß der Wille zur Treue unabdingbar als normative Setzung anerkannt und gelebt werden muß, wenn eine Beziehung der Liebe verwirklicht werden soll. Das Gebot zur (ehelichen) Treue ist also kein moralisches Druckmittel, sondern ein anthropologisch stimmiges Existenzradikal gemäß dem Wort: »Es ist nicht gut, daß der Mensch allein sei«; »Was Gott zusammengefügt hat, soll der Mensch nicht scheiden.«

Offenbarungserkenntnis (Glaubenserfahrung) und wissenschaftliche Erkenntnis (Denkerfahrung) schließen sich nicht aus. Wenn der Mensch zutiefst ein religiöses Wesen ist (und darüber besteht Einhelligkeit), dann können wir Reflexionen von dieser Dimension her bei der Beschreibung und Deutung von Entwicklung nicht unberücksichtigt lassen. Auch wenn dieser Versuch nicht immer gelungen sein mag, so sollte er doch gewagt werden.

Rudolf Seiß
D-2351 Rendswühren, Dezember 1985

I. Hermeneutisches Vorverständnis

1. Verstehende Entwicklungspsychologie impliziert die Anerkennung des hermeneutischen Ansatzes als notwendige Ergänzung für die empirische Forschung

1.1 Die Schwierigkeit der Psychologie, ihren Gegenstand zu definieren

Die Phänomene bleiben stumm, wenn sie nicht die ihnen eigene Sprache sprechen. Es gibt im humanwissenschaftlichen Bereich eine Forderung nach »Objektivität«, die die Wirklichkeit zum Verstummen bringt. Nach dem wissenschaftlichen Selbst- und Weltverständnis abendländischen Denkens ist die Wissenschaft stets eine Wissenschaft von einem bestimmten Gegenstand. Wissenschaft ist systematisch überprüfte Erfahrung der Menschen im Umgang mit dem Objekt und mit sich selbst. Dieses Wissen wird gespeichert, dokumentiert, in Theorien gefaßt und ständig reflektiert. Das wissenschaftliche Wissen steht im Unterschied zum Alltagswissen unter der Forderung nach Allgemeingültigkeit in seinen Aussagen; und hier beginnt die Schwierigkeit für die Psychologie und ihren Gegenstand: den Menschen als belebte (= »beseelte«) Ganzheit. Die empirische Ausrichtung der Forschung, ihre Wendung zum rein Stofflichen führte in vielen Fällen zu einer sinnentleerten Faktizität, und die Detailgelehrsamkeit produzierte eine Unzuständigkeit für das Allgemeine. Die Forschungsinteressen ergeben sich so aus der dinglichen Gewalt ihrer Gegenstände und nicht aus einer übergreifenden Fragestellung des Forschenden.

Die biblische Aussage kennt die Einheit von Seele und Körper. Es heißt im Schöpfungsbericht: »Der Mensch wurde eine lebendige Seele.« Das ist nicht einfach psychologischer Leib-Seele-Dualismus (Ph. Lersch, 1962, S. 111–116), sondern eine dynamisch-hierarchische Zuordnung von Soma und Psyche unter dem Bedeutungsprimat der Psyche. Leben ist primär eine Frage des ganzheitlichen Erfassens von »Seele«. Und »Seele« ist nicht etwas, was man hat, sondern das »Dazwischen« (M. Buber), welches sich in Beziehung ereignet, wenn sich Menschen begegnen in ihrer Ganzheit von Seele und Leib. Der objektivierende Ansatz bestimmt die Seele vom Greifbaren (vom Leib) her. Aber die alte »Weisheit« von der gesunden Seele in einem gesunden Körper wurde durch die moderne Psychosomatik zu Recht umgekehrt: Die Gesundheit des Leibes hängt ab von der Gesundheit der Seele; das Greifbare erfährt seine Bestimmung vom Unbegreifbaren her. Das Unbegreifbare muß sich selbst als unbegreifbar erfassen, um es (= sich) zu erkennen: Seelisches muß seelisch (= verstehend) beurteilt werden.

Wir alle erfahren täglich diese Lebendigkeit unserer seelischen Existenz in unseren Erlebnissen, in unseren Gefühlen, in unseren Erkenntnissen. Es ist bis heute noch nicht möglich, das Bewußtsein aus körperlichen Vorgängen abzuleiten.[1] So scheint es, daß körperliche Vorgänge möglicherweise nicht die Ursache, vielleicht aber die Bedingungen des psychischen Seins sind. Keinesfalls sind die Gedanken einfach Ausschwitzungen des Gehirns, wie der Harn eine Ausscheidung der Nieren ist.

Die Probleme der Psychologie mit ihrem Gegenstand liegen in der begrifflichen Trennung von Körper und Seele. Dieses aber ist ein Artefakt unserer Denkstruktur: der Differenzierung von Innen vs. Außen. Zu Beginn des vorigen Jahrhunderts setzte sich die Konzeption einer an der objektivierbaren Erfahrung orientierten Psychologie allmählich durch. Das psychische Sein wurde, als eine Wirklichkeit eigener Art – neben der somatischen und der außersubjektiven, physikalischen Wirklichkeit – gesehen, zum Inhalt des Forschens. Psychologie beinhaltete das empirische Wissen über psychische Zustände

[1] »Die Umwandlung der komplexen neuralen (= neurophysiologischen) Geschehnisse in das wahrgenommene Bild (= Bewußtsein) bleibt ein völliges Geheimnis« (J. C. Eccles, 1982, S. 144).

(bewußte und unbewußte), Kräfte und Funktionen (H. Rohracher, 1948).

Die vom wissenschaftlichen Selbstverständnis geforderte Objektivität des Wissens knüpft an an der naiven alltagspsychologischen Gegenstandskategorie, wie sie sich in jeder Einzelentwicklung durch den Prozeß der Differenzierung von Innen und Außen, von Ich und Nicht-Ich herausbildet. Durch Umgangserfahrung/Handlung bilden sich Konstanten heraus, die eine empirische Gegenständlichkeit als mehr oder weniger gültig begründen. Sind die Konstanzerfahrungen und die Grenzen zwischen Innen und Außen nicht deutlich, so verflüchtigt sich auch die Gegenständlichkeit eines Phänomens. Es gibt äußere Situationen und entwicklungsbedingte innere Bedingungen, wo die Grenzen verschwimmen. Im Märchen und in der Phantasie, im magischen Ritual und im Rollenspiel des Kindes und unter dem Einfluß von bestimmten Drogen (LSD) gehen Innenwelt und Außenwelt so ineinander über, daß eine Objektivierung und realitätsgerechte Orientierung nicht gelingt. Die Innenwelt ist vom Außenaspekt zwar realitätsgerecht begrenzt, aber nicht von diesem bestimmt.

Das Außen ist nichts ohne das Innen. Wir treffen jeweils eine Auswahl aufgrund innerseelischer Gegebenheiten. Jeder Wahrnehmungsakt ist ein Selektions- und ein Interpretationsakt: »Realität ist mehr als die Sache selbst« (Picasso, zitiert nach Cohen, 1964, S. 21). Realität ist mit anderen Worten nicht die Sache selbst, sondern die Art und Weise, wie wir die Sache sehen.

Die Selbstwahrnehmung (und später das Selbst-Bewußtsein) entstehen im Verlaufe des ersten Lebensjahres durch Erleben und Erleiden eines Getrenntseins von der Mutter infolge des Mißtrauens und der Angst, doch nicht zu bekommen, was man braucht. Die von der Angst erzwungene, aber zur Daseinsbewältigung notwendige Differenzierung von innen und außen, von Ich und Nicht-Ich ist die Basis des Gegenüberseins, des Getrenntseins, der Subjekt-Objekt-Spaltung: »Da wurden ihnen beiden die Augen aufgetan, und sie wurden gewahr, daß sie nackt waren« (1. Mose 3). Das existentielle Mißtrauen führte und führt immer wieder zum Verlust des Eins-Seins und zur Überwertigkeit des Wissens (Wissen als Macht zur Abwehr einer mißtrauensbedingten Unsicherheit). Die Erkenntnis wurde der Liebe (= dem Vertrauen) übergeordnet. Das somit verständliche Streben nach objektivem Wissen im zwischenmenschlichen Bereich trennt die Menschen auch dann, wenn es mit dem (therapeutischen) Ziel kumuliert wird, Menschen zu verbinden. Die Quelle der Liebe liegt nicht im Wissen, sondern im Verstehen. Und Verstehen bedarf des objektiven Wissens prinzipiell nicht; letzteres ist dem Verstehen allenfalls zu- und untergeordnet.

Objektive Wahrscheinlichkeit und subjektive Wahrheit (Evidenz) in einem personalen Akt zu verbinden, ist der Ausweg aus der falsch gestellten Alternative »innen vs. außen« (»Glauben vs. Wissen«). Es ist der Akt der Besinnung im Dialog und mittels desselben (M. Buber). Das Denken in und das Suchen nach den Elementen hat für den Aufbau der Welt des Menschen nicht die gleiche Bedeutung wie für die physikalische Welt. Es hat uns zu einem Individualismus ge- (ver)führt, der dem Wesen unserer Existenz ebensowenig entspricht wie der Kollektivismus (= Negation des Individualismus). Die letzte wirkliche (= positiv-fruchtbare), wirksame Einheit ist die »Ich-Du-Einheit«. Sie ist das Molekül (nicht Atom) des humanen Seins. Das ist biblisch-hebräisches Denken und dem griechischen Denken fremd. Die Psychologie formierte sich im Kontext griechischen, linear-kausalen Denkens. Sie blieb an die methodischen Kategorien der Fremd- und Selbstbeobachtung gebunden. In der Zuordnung von beobachtetem Fremd- und Eigenverhalten in Verbindung mit psychischen Erlebnissen der eigenen und der fremden Befindlichkeit bildet sich nach allgemeiner Meinung der Entwicklungspsychologen im Jugendlichen die Fähigkeit zur psychologischen Besinnung und Selbstbesinnung: »Ich bin der Meinung, daß die Reife des Menschen im wesentlichen in der Entwicklung der Fähigkeit zur Besinnung und Selbstbesinnung besteht« (G. E. Störring, 1953, S. 23). Damit wird psychisches Geschehen Gegenstand der Erfahrung: »Gegenstand der wissenschaftlichen Psychologie ist die Beziehung zwischen Ich und Nicht-Ich, ist die Art und Weise, wie das Ich mit der äußeren Welt in Beziehung tritt« (W. Traxel, 1968, S. 87). Es ist schon bemerkenswert, wenn ein anerkannter Wissenschaftstheoretiker der Dimension des »Dazwischen« in der Gegenstandsdefinition der Psychologie einen zentralen Platz zuweist. Es läßt sich damit zwar die Grundfrage unserer Existenz: das In-Liebe-Leben nicht lösen, aber es ist schon viel gewonnen, wenn wir den Innenaspekt nicht einer falschen »Objektivität« bzw. einem solchen Anspruch opfern, sondern durch das Primat des Innenaspektes uns offenhalten für eine transpersonale[2], geistliche Bestimmung des einzelnen.

Eine verstehende Psychologie ordnet die empirischen Daten der seelischen Entwicklung vorrangig unter dem Aspekt des Dialogs, der sich ereignet, der aber nicht fixiert werden kann; und sie interpretiert primär unter der finalen Fragestellung des »Wozu« und fragt erst sekundär nach dem erklärenden kausalen »Warum«.

Es ist ebenso illusorisch wie gegenstandsinadäquat, unser In-der-Welt-Sein um einer vermeintlichen Exaktheit willen nur von außen zu betrachten (klassischer Behaviorismus) und zu behaupten, nur das sei wissenschaftliche Psychologie, wie es gleichermaßen einseitig ist, nur die Innenschau, das Binnenerlebnis als Inhalt der Psychologie zu bestimmen. Letzteres gleicht dem erfolglosen Bemühen, über seinen eigenen Schatten springen zu wollen. »Beschreiben und definieren läßt sich nur etwas Vorletztes. Daher kann das Ich nicht erforscht werden« (W. Traxel, 1968, S. 88).

Es gibt also notwendig Psychisches, das nicht objektiviert, nicht veräußerlicht werden kann. Wir müssen es an seinem (inneren) Ort lassen. Schon der Laie weiß um diesen Sachverhalt, wenn er meint, daß ihm gelegentlich die Worte fehlen, um auszudrücken, was seelisch erlebt wird. A. Busemann (1948) nennt diese Schwierigkeit »Das Problem des Mikropsychi-

[2] »Transpersonal« wird hier nicht gebraucht im Sinne von Ch. T. Tart (1978), einer anthropozentrischen Erleuchtungsideologie (einer Mischung von »Human-Potential-Bewegung« und östlicher Esoterik); »transpersonal« wird von mir *christozentrisch* gebraucht (geschaffen nach Gottes Bild): »So spricht der Herr . . .: Fraget mich um das Zukünftige; weiset meine Kinder und das Werk meiner Hände zu mir!« (Jesaja 45,11).

schen«. Damit will er gesagt haben, daß sich das Objektivierbare vom Hintergrund des Nicht-Objektivierbaren im Figur-Grund-Verhältnis abhebt als Psychisches unterhalb der Grenze typologisch-begrifflicher Bestimmbarkeit. »Das Psychische, das wir begreifen, ist immer das schon Differenzierte; genetisch und analytisch liegt unter ihm ein Nichtdifferenziertes und darum begrifflich antitypisch Nicht-Bestimmbares« (S. 31).

Von diesem Hintergrund her denken und reflektieren wir. Die Intuition, mit der wir eine nicht restlos rational begründbare Erkenntnissicherheit meinen, beruht auf dem Wirksamwerden dieses breiten Erfahrungsgrundes, der »unterhalb«, der außerhalb objektivierender Verfügbarkeit liegt.

»Im sogenannten systematischen Taktgefühl aller erfolgreichen Phylogenetiker spielt diese, als Intuition bezeichnete Leistung der Gestaltwahrnehmung eine überaus große Rolle. Deshalb sind die morphologischen Systematiker von Format stets Männer, die nicht nur eine breite Induktionsbasis von bekannten, bewußt verfügbaren Einzeltatsachen besitzen, sondern vor allem auch einen ungeheuer großen Schatz von Einzeldaten, die nicht bewußt verfügbar sind, sondern in die Komplexqualität bekannter Gestalten eingewoben, die Intuitionsbasis für die Urteile des systematischen Taktgefühls bilden ... Die Prämissen für die unbewußten Schlüsse der Gestaltwahrnehmung sind eben der Selbstbeobachtung grundsätzlich nicht unmittelbar zugänglich« (K. Lorenz, in: Heberer, 1954, S. 133).

Wer Psychologie wirklich studieren will, muß deshalb jede Gelegenheit und jede Anleitung zum Beobachten wahrnehmen, damit er eine breite Erfahrungsbasis bekommt, von der her das, was verwortbar und reflektierbar ist, seine Einbettung und Verankerung erhält. Dann ist gewährleistet, daß Psychologie nicht nur als ein abfragbares Wissen gelernt, sondern vom Hintergrund eigenen, ganzheitlichen Erlebens als personal integrierte Erkenntnis einstellungsbildend, verhaltenssteuernd zur Verfügung steht.

Naturwissenschaftliches, am materialen Substrat orientiertes Denken verbindet sich bei vielen mit einer Scheu, bei manchen mit einer nicht zu übersehenden Geringschätzung gegenüber jenen Disziplinen, die als Geisteswissenschaften bezeichnet werden und auf die Metapher des Wortes angewiesen sind. Die Basis meß- und wägbarer Tatsachen, die eine außersubjektive Wirklichkeit betreffen, bietet einen sicheren Grund für wissenschaftliches Arbeiten, den man nicht gern zugunsten beschreib- und interpretierbarer verbaler Aussagen verläßt. Diesen sicheren Grund gibt es nachweislich für den Gegenstand der exakten Naturwissenschaften: die außersubjektive, physikalische Wirklichkeit. Die Praxis technischer Erfolge (z.B. Mondlandung) beweist es. In der Psychologie suchen wir diesen Grund und stehen dabei in Gefahr, uns unversehens auf einen anderen Grund außerhalb der Psychologie zu stellen; und wir erfahren uns selbstentfremdet.

In seinen »Studien über Hysterie« (London 1952, S. 80) schreibt Sigmund Freud 1895: »Ich bin . . . bei Lokaldiagnose und Elektrodiagnostik erzogen worden wie andere Neuropathologen, und es berührt mich selbst noch eigenartig, daß die Krankengeschichten, die ich schreibe, wie Novellen zu lesen sind und sozusagen des Gepräges der exakten Wissenschaftlichkeit entbehren.«

Eine Psychologie, die sich Wissenschaftlichkeit von der Anwendung naturwissenschaftlicher Methoden erhofft, übersieht, daß nicht allein die Anwendung quantifizierender Verfahren die Naturwissenschaftlichkeit (= Wissenschaftlichkeit) begründet (garantiert). Die Methode muß dem Gegenstand angemessen sein und darf ihn nicht durch Einseitigkeit vergewaltigen (vgl. hierzu: G. Jüttemann, 1985).

Angemessenheit bedeutet, daß bei der Betrachtung von Entwicklungsprozessen nicht nur der rational-kausal-analytische Aspekt des Erklärens bedacht werden muß, sondern auch der des intuitiven Verstehens. Der weitsichtige und tiefsinnige Freudschüler C. G. Jung unterschied deshalb Denken und Wahrnehmung einerseits, Intuition und Gefühl andererseits als komplementäre Prozesse, die auf dem Weg der Individuation zur Integration geführt werden müssen.

»Wir haben in der Psychologie den Begriff Bewußtsein cartesisch gefaßt, als rationales Bewußtsein. Und der Begriff Intelligenz ist auf diesen Begriffsumfang bezogen: Einsichtsfähigkeit im Sinne der Ratio. Dieser Begriff der Intelligenz ist also ein intellektualistischer Begriff. Das wirkliche Phänomen der Einsicht und Vernunft läßt sich aber in das Etagensystem von Rationalität und Irrationalität kaum einordnen. Kreativität, Einsicht zum Beispiel läßt sich im Felde reiner Rationalität nicht ansiedeln, sie tritt in Erscheinung in einer intuitiven Erfassung von Zusammenhängen, welche die vertraute Systemordnung der Erfahrung überschreiten... Erfindungen und Entdeckungen gründen in diesem Umschlag der Erkenntnis, in dem die rationale Systematik des Erkennens gleichsam vom intuitiven Erkennen überholt wird« (W. J. Revers/H. Rauhe, 1978, S. 14). In dieser Feststellung begegnet uns der obengenannte, von K. Lorenz beobachtete Sachverhalt des »systematischen Taktgefühles«.

Die moderne Hirnforschung (J. Bogen, P. Watzlawick und insbesondere R. Ornstein, 1976) zeigt, daß unsere beiden Großhirnhälften verschiedene Funktionen haben: Die linke Hemisphäre übersetzt die wahrgenommene Welt in logische, semantische und phonetische Repräsentationen und gewährleistet auf dieser Grundlage eine logisch-analytische Aufschlüsselung der Umwelt. Im psychoanalytischen Sinn deckt sich ihre Funktion weitgehend mit der Beschreibung der Sekundärprozesse. Die Funktionen der rechten Hemisphäre dagegen dienen dem ganzheitlichen, komplexen Erfassen von Mustern, Konfigurationen und Strukturen. Wenn die Ganzheit bekanntlich mehr ist als die Summe ihrer Teile, auch mehr zu leisten vermag, dann ist das eine Leistung der rechten Hirnhälfte. Im psychoanalytischen Sinn liegen hier die Funktionen der Primärprozesse. Beide Hirnhälften sind nicht einfach nebeneinander zugeordnet, sondern komplementär. Die Zuordnung dieser beiden Hirnhälften kann jeder auf seiner Erfahrung bestätigen, der die Beobachtung gemacht hat, daß die Worte im Text eines Liedes unabhängig von der Melodie schwer oder gar nicht gefunden werden können; erst wenn die Melodie gesungen wird, kommen auch die einzelnen Textstellen zum Bewußtsein. Interessant ist, daß Patienten nach chirurgischer Durchtrennung der Hirnhälften den Text eines Liedes zwar singen können, nicht aber in der Lage sind, die einzelnen Worte für sich (d.h. außerhalb der Gestalt, außerhalb der Ganzheit des Liedes) zu identifizieren. Das geht auch dann nicht, wenn sie das Lied mit vollem Text gerade gesungen haben. Sie können die einzelnen Worte nicht mehr aus dem ganzheitlichen Zusammenhang herauslösen, weil die dafür zuständige Gehirnhälfte durch die Durchtrennung der Verbindungsbahnen nicht mehr zur Verfügung steht.

Die Psychologie wird nicht allein durch die Anwendung von messenden Verfahren und statistischen Methoden zu einer Naturwissenschaft. Sie wird es letztlich nur in dem Maße, wie es ihr gelingt, Verfahren zu entwickeln, die der »Natur« des Menschen gerecht werden. Und gerade in dieser Hinsicht beweist die Praxis, daß wir mit einer naturwissenschaftlichen Herangehensweise in der Psychologie den sicheren Grund des hilfreichen Wissens nicht gefunden haben. Wissen allein macht blind, wenn Liebe nicht die Augen öffnet.[3] Liebe ist aber niemals prinzipiell, sondern immer individuell. Für unseren Daseinsvollzug müssen wir der subjektiven Evidenz individueller Erfahrung eine größere erkenntnisgebende Bedeutung beimessen als der objektiven Wahrscheinlichkeit von allgemeinen Zusammenhängen. Das, was allen Menschen gemeinsam ist, was alle verbindet, sind nicht die Gesetze des Verhaltens, sondern unsere schöpfungsgemäße Bestimmung: in der Liebe Gottes zu leben. Die Liebe ist Erfüllung des Gesetzes. Sie ist vollkommen und nicht lückenhaft-reduziert wie die erkannten und erkennbaren Gesetze.

A. Görres schreibt vom Hintergrund seiner Lehranalyse als Psychoanalytiker hinsichtlich der »subjektiven Wahrheit«: »Es gibt gewisse Erfahrungen solcher Interpretationen in der eigenen Lehranalyse, in der ein Mensch den Eindruck gewonnen hat, daß jedenfalls er für seine Person in einer unersetzbaren Weise in seinem Verhalten und Befinden sich selbst durchsichtig geworden ist. Solche Erfahrungen beweisen wissenschaft-

[3] Die von Rogers/Tausch definierten Therapeutenvariablen (= Merkmale von Liebe) sind für den Erfolg der Therapie wesentlicher als die Technik (F. Petermann, 1977, S. 79). Das gilt vermutlich für alle personal-orientierten, ganzheitlichen Behandlungstechniken, die nicht so strukturiert sind wie die außen-(symptom)-orientierte Verhaltenstherapie.

lich natürlich vor der Öffentlichkeit wenig. Auf der anderen Seite sind sie für den Wissenschaftler, der diese Erfahrungen hat, Gegebenheiten seiner eigenen Biographie, die er nicht einfach außer acht lassen kann und die ihn selbst mit guten Gründen zu der Überzeugung kommen lassen, daß hier ein Verfahren angewendet worden sei, das mindestens in seinem Fall zu einem offenbar zuverlässigen Ergebnis geführt hat. Ich will über den Rang dieses Arguments nicht streiten, wohl aber möchte ich darauf bestehen, daß diese Erfahrung auch für einen kritischen und methodenbewußten Forscher ein eindrucksvolles Motiv sein kann, an der Authentizität seiner Befunde festzuhalten. Wenn man nun aus solchen Gedanken etwas wissenschaftstheoretisch Haltbares machen will, dann darf man darauf hinweisen, daß es außer dem Beweis aus dem Entscheidungsexperiment auch noch die in anderen Wissenschaften, z.B. in der Geschichtsforschung, anerkannte und bewährte Methode des Konvergenzbeweises gibt, in dem eine hohe Wahrscheinlichkeit dadurch zustande kommt, daß eine Fülle von Indizien gemeinsam in eine bestimmte Richtung konvergiert. Dieser Konvergenzbeweis hat nach wie vor eine erhebliche Dignität« (A. Görres, 1972, S. 79).

Zur Zeit beobachten wir eine Wiederentdeckung des idiographischen Ansatzes in einer Verbindung von Geschichte und Psychologie (E. H. Erikson, 1975 (a), 1975 (b), 1979; M. Winkler, 1979).

1.2 Vom Primat des Innenaspektes

Innen und Außen sind nicht wertgleiche, alternative Aspekte, beliebig austauschbar; sie sind unter dem Primat des Innenaspektes hierarisch einander zugeordnet.

Die psychische Wirklichkeit ist primär nur als eine innere, subjektive Erfahrung gegeben. Deshalb ist das psychologische Wissen vom Menschen kein additives Wissen wie das physikalische Wissen über eine objektive Außenwelt, sondern es ist stets Wissen im Kontext von Personen, die es aussagen: »Was in mehr als zwei Jahrtausenden seit Platon und Aristoteles an psychischen Erscheinungen und Vorgängen beschrieben worden ist, ist nicht in erster Linie Spekulation über Vorhandenes, vor aller Augen Liegendes, sondern wurde in immer neu wiederholten Formulierungsbemühungen einer anderen Wirklichkeit abgerungen, die es als hantierbare Wirklichkeit nicht gibt. Die lange Entwicklung des psychologischen Denkens ist also nicht nur die Abwandlung eines bereits formulierten Themas, sondern sie ist die schrittweise Erschließung einer neuen Wirklichkeit. Und diese erweist sich um so vielgestaltiger und reicher, je mehr Denker sprachliche Mittel finden, sie auszudrücken« (W. Hehlmann, 1963, S. 3). Deshalb kann ich der Aussage von T. Herrmann (1969) nicht zustimmen, wenn er sagt, daß Lehrbücher der empirischen Persönlichkeitsforschung stets in der Gefahr seien, »dem Leser eine Ansammlung von überholtem Wissen und von noch unausgereiften Ansätzen darzubieten« (S. 7). Es scheint uns nur deshalb »überholt«, weil wir voreilig neue Formulierungen für neues Wissen halten; vermutlich wissen wir weniger als wir zu wissen meinen (vorgeben), Kontext und Aspekte sind anders. Es gibt viel weniger überholtes Wissen als man allgemein annimmt, dafür aber viel mehr Neuformulierungen von altem Wissen. Und diese neuen Formulierungen erwecken den Anschein, als wäre etwas Neues entdeckt worden; dabei wurde in der Regel nur etwas Altes neu gesehen, in einen neuen Kontext gestellt, neu interpretiert. Auch die Neuinterpretation von Daten ist eine wissenschaftliche Leistung, mitunter die größere, insofern Reflexionshorizonte neu eröffnet werden (siehe die »Kopernikanische Wende«).

Zu neuen Horizonten führen auch Interpretationen, die den Weg weisen in den Raum der Unverfügbarkeit, um dort außerhalb objektivierbarer Erkenntnisse den Betroffenen zur Selbst-Besinnung (= Innewerdung) zu verhelfen. Diese Unverfügbarkeit ist ein Aspekt der inneren Freiheit des Menschen. Sie ist identisch mit der Unverfügbarkeit eines Dialoges der Liebe/der Liebenden.

Die Psychologie steht hier nicht nur vor der Grenze der Objektivierbarkeit, sondern berührt auch die Grenze der Verfügbarkeit. Es gibt ein französisches Sprichwort: »Es verhält sich mit der Liebe wie mit einem Gespenst: Ein jeder redet davon, und keiner hat es je gesehen.« Was Liebe ist, kann man immer nur durch Bild, Gleichnis und das Leben selbst darstellen, aber weder objektiv auf den Begriff bringen noch subjektiv in die Verfügbarkeit bekommen. Eine psychologische Anthropologie muß diesen Hintergrund bedenken, wenn sie dem lebendigen Sein des Menschen verpflichtet bleiben will. Sie kann sich nicht, darf sich nicht in die Versuchung verlieren, ein Bild vom Menschen faßbar darstellen zu wollen. Bilder töten das Leben, weil sie den Menschen unter eine Ideologie zwingen, ihn darin einschließen. Sie ketten ihn an die Sichtbarkeit. Durch Bilder (Ideologien) wird der Mensch manipuliert; sie verkürzen unsere Existenz auf das Begreifbare und täuschen Verfügbarkeit/Machbarkeit vor.

Das Menschsein ist primär definiert durch sein Innesein. Und das Innesein wurzelt in der Unverfügbarkeit. Das, was den Menschen zum Menschen macht, ist seine Reflexionsfähigkeit, seine Fähigkeit, sich zu sich selbst zu verhalten, sich selbst zu erziehen. Aber auch hier stößt er an theoretische und praktisch-ethische Grenzen: H. Schelsky weist darauf hin, daß nicht alles, was wahrgenommen und ausgesagt werden kann, ausgesagt werden sollte. Viele Beobachtungen aus dem Intimbereich der Liebe sind »weitgehend als moralische Adiaphora zu bewerten, die ... mit Recht vom sozialen Schweigen bedeckt bleiben« (1955, S. 52). Vergleichbar der physikalischen Unschärferelation (W. Heisenberg, 1927) gibt es eine Grenze der Reflexion; jenseits dieser muß der Versuch von Verfügbarkeit zur Selbstentfremdung führen.

Der Mensch ist mehr als das, was wir von ihm »objektiv« zu erfassen vermögen. »Die behavioristische Lehre hat mit dem, was sie getan hat, unendlich viel Gutes und Wichtiges herausbekommen. Was man den Behavioristen vorwirft, ist nicht das, was sie getan, sondern das, was sie übersehen haben« (K. Lorenz in: Lorenz/Kreuzer, 1981, S. 28).

Die Behavioristen haben übersehen, daß das Verhalten nicht nur eine Funktion der Umweltreize ist, sondern primär eine Funktion der inneren Struktur und der Stellungnahme: Ja-Nein/Annahme-Verwerfung. Die Behavioristen haben systematisch erforscht, wie wir lernen, und diesbezügliche Gesetze formuliert. Lernen ist Veränderung des Verhaltens durch Erfolg und Mißerfolg. Das ist ein allgemeines Gesetz. Aber so wie sich das allgemeine Naturgesetz der Schwerkraft im freien Fall eines Steines anders auswirkt als in der Bewegung eines Pendels, so wirkt sich auch das allgemeine Lerngesetz in unterschiedlichen Strukturen (= Ganzheiten) jeweils anders aus. Die Lerngesetze sind also abhängig von inneren Bedingungen, die sich nicht berechnen lassen.

Die gleiche Umweltsituation »Geburt eines Geschwisterchens« wirkt auf die Eltern anders als auf das schon vorhandene Kind. Daraus folgt: Wir können auch Entwicklung nicht nur von außen betrachten als eine Art Lernschicksal, sondern müssen sie auch von innen betrachten als Erlebens-Schicksal, als das Werden einer inneren Struktur. Hinsichtlich dieses Aspektes spielt die Psychoanalyse eine zentrale Rolle. Ihre Fragestellung, die Fragestellung von S. Freud, war von Anfang an: »Was geht im Menschen vor, welches sind seine Konflikte, welches seine inneren Abwehrmechanismen, welcher Art (Gewordensein!) ist seine Struktur?«

Der Strukturansatz der Tiefenpsychologie wird in der Gegenwart von der sogenannten »Selbstkonzeptforschung« aufgegriffen. Die Selbstkonzeptforschung erforscht die Struktur des internen Selbstmodells und des Modells, das wir von der Außenwelt nach innen nehmen. Die Frage bleibt aber offen: Was gehört zu dieser Außenwelt? Ist es nur das, was wir über Sinneserfahrung und Logik aufnehmen? Und daraus ergibt sich die weitere Frage: Ist das Selbst nur die Summe aller rationalen Erfahrung, aller gespeicherten Signale von einer sinnlich gegebenen Außenwelt? Oder gibt es eine Außenwelt, die sinnlich nicht gegeben ist, die außersinnlich, übersinnlich ist, und gibt es dann auch ein Selbst, das anders bzw. weiter definiert werden muß als es die Selbstkonzeptforschung tut, das vielleicht auch noch umfassender ist als das Intuitive (C. G. Jung)? Der »Schatten« des Unbewußten reicht tiefer als wir auszusagen/zu verbalisieren in der Lage sind.

Es gibt seit zehn Jahren eine transpersonale Strukturforschung, die sich allmählich vom materialistischen Standpunkt zu lösen vermag und darauf hinweist, daß die Seele den Leib bestimmt, der ihr nur einen Rahmen bietet.[4] Von einer materialistischen Wissenschaft wurde nur akzeptiert, daß die Seele an den Leib gebunden ist. Von einer transpersonalen Psychologie wird es auch für möglich gehalten, daß die Seele zwar vom Leib abhängig ist, aber nicht an ihn gebunden. Gestützt werden solche Annahmen durch Beobachtungen an Sterbenden und durch das Selbstzeugnis von Reanimierten, klinisch Toten, die für eine Zeit zwischen Leben und Tod schwebten. Es waren Menschen, die sehr plötzlich, meist durch einen Unfall, aus dem einen in den anderen Zustand gelangten. Nicht alle, aber viele dieser Menschen berichten einheitlich davon, daß sie über ihrem bewußtlosen Leib geschwebt, diesen von oben wahrgenommen hätten. Darunter gibt es einige Fälle, wo solcherart verunglückte Menschen Handlungen an ihrem leblosen Leib »sahen«, die sie hinterher, nachdem sie wieder zu sich kamen, genau beschreiben konnten. Obwohl sie aufgrund der Lage ihres Leibes diese Handlungen mit ihren leiblichen Augen gar nicht hätten wahrnehmen können; sie haben »out-of-body« etwas »gesehen«, als sie (von außen beurteilt) bewußtlos schienen. Vgl. hierzu: J. C. Hampe (1975), Van Dam (1980), M. S. Rawlings (1982), Ch. T. Tart (1978), L. Watson (1978), P. Andreas/C. Kilian (1975), Krippner/Rubin (1975).

Ein neuer Forschungszweig, die Biolumineszenzforschung, kann durch Hochfrequenzfotografie nachweisen, daß der Mensch von einem elektrischen Spannungsfeld umgeben ist. Interessant ist aber nun, daß Änderungen in diesem Biolumineszenzfeld der grobstofflichen Änderung im organischen Substrat vorangehen. Das bioenergetische Um-Feld scheint dem organischen Geschehen vorgeordnet bzw. übergeordnet zu sein (S. Krippner, 1975).

Ich denke, daß die Psychologie mit ihrer Selbstbescheidung auf den Außenaspekt in ihrer Forschung in eine Sackgasse

[4] ». . . der Materialismus ist die Philosophie des bei seiner Rechnung sich selbst vergessenden Subjekts« (A. Schopenhauer, Sämtliche Werke, III. Band, Wiesbaden 1948, S. 15).

geraten ist, die wir nur noch in einer Richtung verlassen können, in einer Wendung nach innen (vgl. Seiß, 1981).

Hier sind noch viele Vorurteile im wissenschaftlichen Welt- und Selbstverständnis der Gegenwart zu überwinden. Wissenschaft muß ein Treueverhältnis zur Wirklichkeit haben. Wirklichkeit ist aber nicht nur das, was wir messen und wägen können; sondern Wirklichkeit ist alles, was wirksam ist, unabhängig davon, wie exakt wir es zu fassen vermögen. Wir können die Wirklichkeit nicht in eine methodische Zwangsjakke stecken, ohne auf Wissen zu verzichten. »Wissensverzicht ist aber (wo er vorsätzlich geschieht) die größte Sünde, die ein Naturforscher begehen kann« (K. Lorenz/F. Kreuzer, 1981, S. 27).

Solange es im Einzelfall, d.h. bei einem einzelnen Menschen, nachweisbar die Erfahrung von der Wirklichkeit Gottes gibt, insofern sich Gott offenbart durch den Heiligen Geist und das Wort der Bibel, wenn wir zu Jesus Christus beten, ist es Dummheit, weil vorsätzlicher Wissensverzicht, wenn man als Wissenschaftler (auch als Naturwissenschaftler) diese Aussagen nicht ernst nimmt oder sie einzuebnen versucht auf das rational Denkbare. Es gibt nicht nur einen Frieden, der höher ist als unsere Vernunft; es gibt auch ein Wissen, das höher ist als unser Denken: Offenbarungswissen.

Wirksam sind auch viele Erfahrungen, die sich psychologisch nicht auf den Begriff bringen lassen, weil sie einer anderen Dimension, der geistlichen Dimension angehören. Hierher gehört auch die Wirklichkeit des Auferstandenen, hierher gehört das Anrufen des Namens Jesu Christi, das kein Selbstgespräch ist, sondern Ausdruck einer personalen Beziehung/Verbundenheit.

In einer Wissenschaft vom Menschen, die den Menschen nicht nur unter vergleichenden Gesichtspunkten seiner phylogenetischen Entwicklung sieht, sondern vor allen Dingen in der Besonderheit seiner Existenz, darf nicht übersehen werden, daß das, was den Menschen vom Tier unterscheidet, nicht sein Intellekt ist, sondern seine Fähigkeit zu beten, sein tiefstes, im ontischen Unbewußten (s. Seiß, 1981, S. 144/S. 59) verankertes Wissen, daß da ein Gott ist. Aber gleichermaßen konstitutiv für den Menschen ist seine Fähigkeit zu lügen und sich selbst zu betrügen. Und deshalb braucht er die offenbarte Weisheit, weil er sonst die Freiheit nicht gewinnt. Nur von der Offenbarung her vermag der Mensch zu unterscheiden zwischen Illusion und Wirklichkeit; vom Denken, vom Sichtbaren her erscheint ihm alles, was nicht »begreifbar« ist, eine Projektion zu sein. Dieser Selbstbetrug wirkt so beruhigend, daß sein Inhalt für richtig und wahr gehalten wird.

So wie sich die Psychologie nicht auf den Außenaspekt des Verhaltens reduzieren ließ (Sackgasse des Behaviorismus), so ist auch die psychosomatische Einheit noch nicht die ganze Existenz des Menschen. Dem naturwissenschaftlichen Wissen als der Summe aller mittels Sinneserfahrung und Logik systematisch gewonnenen Erfahrung fehlt offensichtlich noch der entscheidende Aspekt. Auch der Mensch als psycho-somatische Einheit ist nicht der ganze (heile) Mensch. Denn – wie schon gesagt – dieses Wissen hat uns nicht geholfen, einander besser zu verstehen oder gar zu lieben, Krieg und Vernichtung zu vermeiden. Das für den Menschen eigentliche Wissen ist ein Wissen, das die naturwissenschaftliche Erfahrung übersteigt. Es ist ein Offenbarungswissen. Wir werden unserer menschlichen Existenz nicht voll gerecht, wenn wir unser Wissen durch eine wissenschaftliche Methodik eingrenzen auf das, was objektiv, d.h. allgemeingültig ist und von jedermann beobachtet werden und logisch (im kausalen Raum-Zeit-Axiom) dargestellt werden kann. Wir müssen es vielmehr erweitern durch ein Wissen, das jedermann, der guten Willens ist, erfahren kann, wenn er seine intellektuellen Scheuklappen ablegt und den Namen des Auferstandenen, Jesus Christus, anruft. Dieses Wissen steht nicht isoliert neben dem normalen Wissen, sondern durchdringt und deutet letzteres vom Absoluten her und entnimmt den einzelnen seiner Verfügbarkeit.

Wir können den Menschen nur dann wissenschaftlich und scheinbar in den (Be-)Griff bekommen, wenn wir ihm den transzendenten, personalen Bezug (sein Gewissen vor Gott) nehmen (naturwissenschaftlich ausreden) und ihn allein von seinem gesellschaftlichen Sein her definieren, wenn wir ihm seine innere (geistliche) Wirklichkeit mit sichtbaren »Fakten«

so verstellen, daß er sich unabhängig von der Umwelt nicht mehr wahrzunehmen vermag. Wir reduzieren sein Personsein und machen ihn zur Funktion (= Funktionär) eines gesellschaftlichen Systems. Er ist dann der Mensch nach des Menschen Bild: der manipulierte, außengesteuerte Mensch, der im Moment des Sterbens, wenn die äußeren Steuer-Reize plötzlich wegfallen, total desorientiert ist, weil ihm die innere (geistliche) Sensibilität fehlt.

1.3 Abwehr einer Ideologisierung des Innenaspektes durch Hinweis auf die geistliche Dimension

»Der richtige Anfang der wissenschaftlichen Tätigkeit besteht... in der Beschreibung von Erscheinungen, die dann weiterhin gruppiert, angeordnet und in Zusammenhänge eingetragen werden. Schon bei der Beschreibung kann man es nicht vermeiden, gewisse abstrakte Ideen auf das Material anzuwenden, die man irgendwoher, aber gewiß nicht aus der neuen Erfahrung allein, herbeiholt. Noch unentbehrlicher sind solche Ideen, die späteren Grundbegriffe der Wissenschaft, bei der weiteren Verarbeitung des Stoffes. Sie müssen zunächst ein gewisses Maß an Unbestimmtheit an sich tragen, von einer klaren Umzeichnung ihres Inhaltes kann keine Rede sein. Solange sie sich in diesem Zustand befinden, verständigt man sich über ihre Bedeutung durch den wiederholten Hinweis auf das Erfahrungsmaterial, dem sie entnommen scheinen, das aber in Wirklichkeit ihnen unterworfen wird. Sie haben also strenggenommen den Charakter von Konventionen, wobei aber alles darauf ankommt, daß sie doch nicht willkürlich gewählt werden, sondern durch bedeutsame Beziehungen zum empirischen Stoff bestimmt sind, die man zu erraten vermeint, noch ehe man sie erkennen und nachweisen kann. Erst nach gründlicher Erforschung des betreffenden Erscheinungsgebiets kann man auch dessen wissenschaftliche Grundbegriffe schärfer erfassen und sie fortschreitend so abändern, daß sie in großem Umfange brauchbar und dabei durchaus widerspruchsfrei werden« (S. Freud: Das Unbewußte. Schriften zur Psychoanalyse, 1950, S. 43).

Wir werden den Grund und Anfang unseres Menschseins auch als »gedeutete« Naturtatsache nicht begreifen können, weil am Anfang das Wort/der Geist war und nicht die Natur, genauer: der Geist als wesenhafte Substanz und nicht umgedeutet zu einem formalen Interpretations-Instrument.

Wissenschaft ist ein System von Sätzen. Logisch kann man nur von einem allgemeinen Satz ausgehen und so lange an dessen Allgemeingültigkeit festhalten, bis dieser durch einen Einzelfall widerlegt wird. Nehmen wir als Beispiel den Satz: »Alle Schwäne sind weiß« (allgemeine Aussage), dann gilt dieses nur so lange, bis das Gegenteil bewiesen ist. Der induktive Schluß vom Besonderen auf das Allgemeine ist logisch falsch, weil man nicht ausschließen kann, daß die große Ausnahme doch einmal eintritt. So hält man eine Allgemeinaussage so lange aufrecht, bis sie durch einen Einzelfall widerlegt wird (Falsifikationskonzept [K. Popper]).

Für die Erforschung von außersubjektiven Naturtatsachen ist es unerheblich, ob eine Hypothese verifiziert wird, ob man vom Besonderen zum Allgemeinen schließt (auch wenn das nicht logisch ist), oder ob man an einer Hypothese festhält, bis sie durch den Einzelfall falsifiziert ist. In jedem Fall wird das, was richtig ist, von der Praxis selbst bestätigt. Für die Naturwissenschaften gilt, daß die Praxis der Beweis für die Gültigkeit einer Hypothese, einer Theorie ist. In den Naturwissenschaften kann man vom Primat der Erfahrung ausgehen.

Im Bereich von Psychologie und Pädagogik – wo Tatsachen erst durch Deutung, Interpretation und Sichtweise hergestellt werden – können wir nicht so tun, als hätten wir es mit unveränderlichen Fakten zu tun. Wissenschaft ist hier in besonderem Maße ein System von Sätzen. Und diese Sätze werden an Wirklichkeit angelegt, und die Wirklichkeit wird erst durch diesen Akt als Wirklichkeit begreifbar.

Die Pädagogik hatte diese Schwierigkeit nicht zu Ende gedacht, als sie mit H. Lückert auf dem Grundschulkongreß 1969 erklärte, daß sie (die Pädagogik) eine vorwaltende Leidenschaft für das Tatsächliche, für das Faktische habe. Man rühmte sich einer Realpädagogik und unterschied sich strikt von einer altmodischen Ideal-Pädagogik. Unter dem Profilierungsdruck, auch »Naturwissenschaft« zu sein, hatte man von Tatsachen gesprochen, ohne angeben zu können, was eigentlich Tatsachen in der Pädagogik sind.

Einen Ausweg aus diesem Dilemma suchte K. Holzkamp, indem er das Primat der Erfahrung zu ersetzen versuchte durch das Primat der Theorie. Dieser Ansatz erlaubt, auch dann an einer Theorie festzuhalten, wenn Einzelbeobachtungen dagegen sprechen, allerdings mit der Auflage, daß das Abweichen von der Theorie (= die Ausnahme) begründet werden muß.

Aus dem Primat der Theorie kann im alltäglichen Wissenschaftsbetrieb und im gebildeten Allgemeinverständnis auf niederem Niveau sehr schnell ein Primat der Meinung werden. So können scheinbar durch Fakten wissenschaftlich begründete, legitimierte Erziehungsziele propagiert werden, die in Wirklichkeit nichts anderes sind als mit wissenschaftlichem Vokabular formulierte, zeitbedingte Meinungen. Sehr schnell kann aus dem Primat der Theorie in der Alltagspraxis ein Primat der Ideologie werden, mit allen darin enthaltenen Konsequenzen einer Einengung des Blickes bis hin zu einer Erziehungsdiktatur.

Klassisches Beispiel hierfür in jüngster Zeit ist die Welle der sog. »Antiautoritären Erziehung«.

Die antiautoritäre Erziehung ist nicht das Ergebnis wissenschaftlich empirischer, exakter Forschung, sondern die Ausformulierung eines gesamtgesellschaftlichen Impulses durch die strukturleitende Schicht der Pädagogen. Der Mensch macht sich ein Bild vom Menschen und setzt sich dadurch einer gefährlichen, weil anthropologisch nicht stimmigen Selbstdefinition aus (vgl. Seiß, 1976[2]).

Um dem Vorwurf ideologischer Setzungen im Wissenschaftsbetrieb zu entgehen, geht Klaus Holzkamp in seiner »Kritischen Psychologie« (1972) sogar so weit, die historisch-materialistische (marxistische) Gesellschaftsauffassung als faktenorientiertes Interpretationsraster für empirische Daten vorzuschreiben: »Die kritisch-historische Methode ist vielmehr der traditionellen empirischen Methodik in der Weise pragmatisch vorgeordnet, daß erst durch das kritisch-historische Verfahren – der Möglichkeit nach – die Daten auf der Empirie zweiter Art gerichteten Forschung ihrer Undurchdringlichkeit entgleiten und in ihrem Sinne und ihrer Relevanz durchsichtig gemacht werden können. ... das kritisch-historische Verfahren ist vielmehr die umfassendere Art von Methodik, die die auf Empirie zweiter Art gerichtete Methodik in sich einschließt, und zwar derart, daß sie von den umfassenderen kritisch-historischen Standorten aus auf ihre Vernünftigkeit hin zu beurteilen und ggf. zu modifizieren ist« (a.a.O., S. 12).

Um sich nicht dem Urteil der Willkür und Beliebigkeit auszusetzen, an einer Theorie um der Theorie willen festzuhalten, blind zu werden gegen Korrektur durch die Empirie, bietet Holzkamp als Kriterium des Wirklichkeitsbezuges den Theorie-Praxis-Bezug an, dergestalt, daß der Grad einer möglichen Veränderung von Wirklichkeit durch die Theorie (= Realisation) über die Gültigkeit einer Theorie entscheidet. Der Forscher bildet dieser Konzeption nach nicht die Realität in seinen Theorien ab, sondern er versucht umgekehrt in aktivem Handeln reale Verhältnisse auszuwählen (Beobachtung) oder herzustellen (Experiment), die seinen Theorien entsprechen (Holzkamp, a.a.O., S. 89 ff.).

Damit wird klar erkennbar, daß Wissenschaft vom Menschen und seinen Verhältnissen letztlich zu einem Welt- und Menschenbild führen muß, das als übergeordnet gesetzt/gesehen wird. Das aber bedeutet: Ideologisierung der Humanwissenschaften als notwendige Voraussetzung von Wissenschaft.

Mit dem Primat der Theorie (Holzkamp) und der prinzipiellen Möglichkeit, an einer Theorie auch entgegen empirischen Daten festzuhalten, wenn dies begründbar ist (= »Exhaustion«), sowie mit dem Prinzip der »Realisation« (= Veränderung von Wirklichkeit gemäß der Theorie) kann jede beliebige Theorie durchgehalten werden; und wenn die Position der Theoretiker verbunden ist mit gesellschaftlicher Macht, dann kann auch die gesellschaftliche Wirklichkeit der Theorie gemäß so verändert werden, daß die Praxis scheinbar die Gültigkeit der Theorie belegt. Auf eine Kurzformel gebracht heißt das: Der Mächtige hat immer recht, weil er die Verhältnisse durch seine Praxis immer an die Theorie anpassen kann. Es ist zwar grundsätzlich richtig, wenn Lenin (1952) schreibt, daß die

Praxis der Beweis für die Gültigkeit einer Theorie ist (S. 90/ S. 128); aber es ist eine Pervertierung dieser Aussage, wenn die Praxis der Theorie angepaßt werden muß, um die Gültigkeit der Theorie zu realisieren/zu »beweisen«.

»Der Konstruktivismus (Holzkamps) impliziert somit eine Forschungsstrategie, mit der auch die marxistische Gesellschaftstheorie vor jeglicher Kritik geschützt und vor möglichem Scheitern bewahrt werden könnte« (R. Münch/M. Schmidt, 1970, S. 308). Das gilt auch für andere Ideologien, z.B. für das Axiom von der »guten Natur« der »Humanistischen Psychologie«.

»Die humanitäre Utopie erfüllt zwei Aufgaben zugleich: Sie verleiht den Anhängern moralisches Selbstbewußtsein, und sie dient der moralischen Entwaffnung der Widerstrebenden, indem diese als konservativ, fortschrittsfeindlich, reaktionär, autoritär und so weiter beschimpft werden« (W. Brezinka, 1974, S. 57). Der Konstruktivismus von K. Holzkamp liefert die wissenschaftstheoretische Rechtfertigung einer Ideologisierung der Humanwissenschaften.

An die Stelle einer stabilen inneren Orientierung am Wort und Geist des Evangeliums tritt beim »aufgeklärten« Menschen eine Wissenschaftsgläubigkeit, die dem Menschen in seiner existentiellen Betroffenheit nicht zu helfen vermag, weil er sich damit einer prinzipiellen Relativität unterstellt hat, insgeheim aber das Relative zu verabsolutieren trachtet. Alle Menschen sehnen sich nach Liebe, Geborgenheit und Konstanz; aber die Wissenschaft kann sie ihnen nicht geben und auch nicht durch eine wissenschaftliche kontrollierte Praxis herstellen, weil Liebe nicht machbar, das Absolute zwar erfahrbar, nicht aber verfügbar ist.

Mit einem ausschließlichen Vertrauen auf wissenschaftliche Erkenntnisse im Raum der Erziehung werden wir der Entwicklungspotenz des einzelnen/der Menschheit nicht gerecht. Wir erziehen am Zentrum unserer Existenz vorbei, verlassen die ruhende Mitte, werden exzentrisch und krank. Auch wenn dieser pathologische Befund normal (= die Norm) sein/werden sollte, sind wir dennoch nicht gesund. Wir merken es an dem zunehmenden Verlust an menschenwürdigen Lebensqualitäten: Frieden, Freiheit, Gerechtigkeit, Demut. Diese Qualitäten entstehen in einem Raum von Innerlichkeit. Aber wir sitzen in unserer »Denkfalle« und können die Erfahrung von Innerlichkeit nicht in der Dimension gängiger Logik mitteilen. Das ist die einheitliche Aussage aller derer, die versucht haben, die Grenze des Denkens von »unten nach oben«/von außen nach innen/von der Sichtbarkeit zur Unsichtbarkeit hin zu überschreiten.

Laotse soll gesagt haben: »Der Erkennende redet nicht und der Redende erkennt nicht.«

Die allseitig erfahrbare und erahnbare Grenze der Machbarkeit, die Unfähigkeit des Menschen, aus seinem wissenschaftlichen Selbst- und Weltverständnis heraus zu lieben und Frieden zu schaffen, bestimmt die Tendenz, »auszusteigen«. Bislang stieg man dabei aus den etablierten gesellschaftlichen Verhältnissen aus; nun breitet sich der Versuch aus, das Aussteigen aus dem gegenstandsimmanenten Bewußtsein zu probieren: Esoterik, Nirwana-Suche, Meditation und Yoga sind »in«. Der Christ dagegen steigt nicht aus, flüchtet nicht in das Jenseits, sondern bittet den Ewigen Gott, in Jesus Christus in die eigene Wirklichkeit, in die alltäglichen und auch weltumspannenden Verhältnisse hereinzukommen. Gott (in Jesus Christus) ist aber nicht nur in uns (in denen, die Seine Gebote halten), sondern auch um uns, außer uns (Johannes, 14,15–17). Jesus erschien den Jüngern. Sie hatten vergeblich gefischt, aber Petrus nahm Jesus in seine Wirklichkeit hinein, auf Sein Wort hin fuhr er (gegen alle Vernunft und Erfahrung) auf die Mitte des Sees und machte einen großen Fang.

Gott ward Mensch, er wurde in einer Krippe geboren. Er kam und will kommen in unsere Verhältnisse, damit wir das Leben gewinnen. Also nicht Aussteigen angesichts der Grenze wissenschaftlicher Lösungsversuche zur Existenzbewältigung, sondern Hineinnahme der Wirklichkeit des Heiligen Geistes in die Deutungen unserer alltäglichen Wirklichkeit: »Bittet, so wird euch (Heiliger Geist) gegeben« (Lukas 11,9–12).

Wenn wir das Wort Gottes in uns hineinnehmen, dann können wir unsere Erfahrungen auch aussagen und müssen nicht verstummen wie Laotse und lösen das personale Selbst nicht auf in der isolierenden, schweigenden Unaussagbarkeit der Versenkung. Die Erfahrungen mit Jesus Christus sind vergleichbar gemeinschaftsbildend und können/sollen geprüft werden, damit der Mensch nicht in die Irre geht.

Ganz im Unterschied zu allen esoterisch-spiritistischen Geheimlehren ist das Geheimnis der Innerlichkeit Gottes als Offenbarungswissen die Überwindung der Grenze des Denkens »von oben nach unten«. Es läßt sich durch das Zeugnis in Wort und Leben mitteilen: »Und wir sahen Seine Herrlichkeit.« »Das Wort ward Fleisch.« Allerdings ist es kein verfügbares Wissen, keine Erkenntnis, die wir schon dadurch »haben«, daß wir sie lernen (Galater 1,11–12), etwa im Konfirmandenunterricht. Wir können nur teilhaben an dieser Wahrheit, und empfangen diese Teilhabe nur durch die Anrufung des Namens Jesu Christi (1. Korinther 1,2; Johannes 10,27–28). Er ist der Sohn des lebendigen Gottes.

Die biblische Aussage weist also mit der Tat (der Auferstehung) und dem Wort der Erlösung (aus unserer Denkfalle) den ideologischen Ansatz zurück: »Du sollst dir kein Bildnis (kein Eidos = Ideologie) machen, weder von dem, was im Himmel ist, noch von dem, was auf Erden ist« (2. Mose 20,4).

Der Mensch soll das nicht tun, weil er dazu nicht fähig ist und weil, wenn er das tut, er sich in Irrtümer verstricken muß. Denn der Mensch erlangt über den Menschen weder theoretisch noch praktisch eine gültige Erkenntnis, die ihn fähig machen könnte, in Liebe zu leben. Er bedarf zu seiner Lebensführung der göttlichen Liebe, und das ist mehr als Erkenntnis, schließt aber Erkenntnisse nicht aus, sondern ein.

Es bleibt also dabei: Wir erlangen kein verfügbares Wissen, das uns Frieden und Liebe ermöglichen würde. Wir können uns nicht am eigenen Schopf aus dem Sumpfe ziehen. Unsere Erkenntnis ist Stückwerk. Und das Kriterium der Gültigkeit ist nicht unsere Machbarkeit (die Herstellung von Wirklichkeit durch »Realisation«), das Kriterium der Gültigkeit ist nicht die Praxis der Macht, der Diktatur (Vergewaltigung des Denkens und des Lebens durch ein Bild/eine Ideologie), sondern es ist die Praxis der Liebe: »An ihren Früchten sollt ihr sie erkennen« (die Menschen und ihre Theorien und ihre Taten) (Matthäus 7,16).

Um diesen Weg zu gehen, entschieden zu gehen, bedarf es als Voraussetzung der Wieder-Anerkennung der geistlichen Dimension, der Bedeutung des Glaubens für unseren Daseinsvollzug und das heißt, auch für das wissenschaftliche Denken. Die Abkehr von Gott (= Aufklärung) hat nur mehr Macht gebracht; die Umkehr zu Gott (= Buße) wird uns die Kraft der Liebe bringen (schenken), ohne die wir an unserer eigenen Mächtigkeit kaputtgehen, weil Angst sich nicht technisch aus der Welt schaffen läßt und Hoffnung nicht eine Frage der (technischen) Möglichkeiten ist, sondern des Vertrauens.

Leben ist, auch wenn es sich teilweise kausal erkennen läßt, doch final, von einer umfassenden Ganzheit her bestimmt. Wenn wir empirische Daten der seelischen Entwicklung frei von ideologischen Zwängen, d. h. sinnvoll ordnen wollen, dann brauchen wir einen übergeordneten Standort, den wir nicht selbst gesetzt haben, der gegeben ist, der erkannt und anerkannt werden muß. Nur so werden von einer Ganzheit her die Elemente ihre adäquate Interpretation und entwicklungsgemäße Einordnung erfahren.

Für die biologische, körperliche Entwicklung läßt sich diese Ganzheit erkennen als Reifezustand der jeweiligen Entwicklung. Vom Endzustand her kann man gleichsam rückblickend einzelne Daten zu einer sinnvollen Entwicklung zusammenordnen. Man schaut gleichsam vom Ziel her auf das Gewordensein. Losgelöst vom Endzustand kann man von den »nackten Tatsachen« her das Ziel nicht erschließen. Für die seelische Entwicklung ist das Ziel sehr individuell. Man kann deshalb eine seelische Entwicklung nicht exakt voraussagen. Und ihr Endzustand ist vielleicht nicht einmal mit dem Sterben erreicht. S. Freud nannte dieses Phänomen das Phänomen der Überdeterminierung. K. Lorenz hat das für die phylogenetische Entwicklung auch erkennen können: »Jedes noch so verwickelt aufgebaute System kann und muß Gegenstand wissenschaftlicher Forschung sein. Auch wenn wir bei einer komplexeren Erscheinung tierischen oder menschlichen Verhaltens noch keine Ahnung davon haben, wie sich die Dinge physiologisch oder erst gar in weiterer Hinsicht chemisch-physikalisch verhalten, sind wir der Verpflichtung nicht enthoben, den betreffenden Vorgang zu beobachten, zu beschreiben und seine Analyse so weit voranzutreiben, wie es uns eben möglich ist. Der Weg kann dabei immer nur von der Ganzheit zum Element gehen und nicht umgekehrt« (K. Lorenz, 1966, S. 383).

Allgemeine Aussagen über Ziel und Sinn sind empirisch nicht möglich. Für unsere seelisch-geistige Entwicklung, für die Antwort auf die Frage nach dem Wohin benötigen wir die Offenbarungsdimension: Weisheit, die höher ist als unsere Menschenweisheit. Solange wir durch ein »Hinterfragen« die Kompetenzen unseres Intellektes so weit überschreiten, daß wir auch dort noch unser Denken um Antwort bemühen, wo uns keine Antwort mehr möglich ist, werden wir nicht jene letzte und umfassende Ganzheit im Sinne von Teilhabe (und nicht von Verfügbarkeit) erfahren, die es uns möglich macht, die Entwicklung unseres Menschseins, insonderheit unserer Psyche umfassend zu verstehen. »Herr, gib ihnen einen Meister, daß sie erkennen, daß sie Menschen sind« (Psalm 9,21).

Und wenn wir Entwicklung der Psyche nicht vom Ziel her verstehen, muß die Pädagogik in der Anwendung psychologischen Wissens die Ziele willkürlich setzen oder ohne Ziele erziehen und damit sich in ihrem Selbstverständnis in Frage stellen. Wir haben die Wahl zwischen Denkzwang und Erziehungsdiktatur in einer ideologiebestimmten Erziehung einerseits und Orientierungs- und Sinnlosigkeit eines pluralistischen Funktionalismus andererseits – es sei denn, wir öffnen uns der geistlichen Dimension des Neuen Testaments. Dann werden wir Entwicklung und Erziehung zutiefst verstehen als ein Entworfensein, um in der Liebe und im Willen Gottes zu leben für diese Zeit und dann jenseits der Sterbenslinie durch die Auferstehung in Ewigkeit. Wenn wir Entwicklung nur in den Grenzen von Geburt und Sterben sehen, werden wir zwar beschreiben, aber nicht verstehen können. Verstehen können wir sie nur vom umfassenden Leben her, das ewig bleibt. Es ist Entwicklung unter dem Primat des Innenaspektes; am Anfang war der Geist und nicht der Wasserstoff.

II. Die im Kontext dieses hermeneutischen Ansatzes bevorzugten Entwicklungsmodelle

Unter formal-integrativem Aspekt (a) wird die Entwicklung verstanden als Wechsel von Differenzierung und Integration (= Gewinnung eines neuen Plateaus).

Unter inhaltlichem Aspekt (b) wird die Entwicklung sichtbar (b1) in einer jeweils partiellen, kritischen Entwicklungssituation. Der bestgeeignete Ansatz dieser Art ist das Modell von E. H. Erikson mit dem Akzent auf der Frage nach dem »Wozu« eines spezifischen Entwicklungsschrittes. Und die Entwicklung wird insgesamt als Veränderungsreihe beschrieben (b2) und von einem umfassenden Ziel her (= Finalität; Veränderung worauf hin?) gedeutet.

1. Entwicklung unter dem Aspekt von Differenzierung, Integration und Stabilisierung der jeweils höheren Einheit

Im Prozeß der Differenzierung werden einzelne Funktionen unabhängig voneinander entwickelt (z. B. Wahrnehmung, Gedächtnis). Im Prozeß der Integration werden die bis zu einem bestimmten Zeitpunkt voneinander unabhängigen Funktionen zu einer Leistungseinheit verbunden. Die Ganzheit ist nicht nur mehr als die Summe ihrer Teile, sondern die Ganzheit leistet auch mehr als die Summe ihrer Teile.

So beobachten wir beim Säugling auf der motorischen Seite die Ausdifferenzierung von körpereigenen Bewegungen. Man kann an der Mimik des Kindes erkennen, daß es auf bestimmte Bewegungen des eigenen Körpers achtet, z. B. auf das Bewegen und Spielen mit den Zehen. Unabhängig davon gibt es auch die optische Fixierung beispielsweise im Verfolgen einer Lichtquelle. Wenn der Säugling das Spiel seiner Zehen fixiert, werden beide Leistungen integriert. Dennoch bestehen beide Leistungen unabhängig voneinander. Wenn die Zehen durch eine Pappe verdeckt werden, so daß die Bewegung nicht mehr optisch kontrolliert werden kann, hört die Bewegung nicht in demselben Moment auf. Der Säugling bewegt seine Zehen weiter und schaut dabei ins Leere. Durch die Integration wird der Säugling fähig, Binnenwahrnehmung (Wahrnehmung der Eigenbewegung) und Außenwahrnehmung (optische Wahrnehmung der Zehen) als senso-motorischen Funktionskreis (Assimilationsmuster) auszudifferenzieren.

Ein anderes Beispiel: Die Ausdifferenzierung der optischen Gestaltwahrnehmung einerseits und des Gedächtnisses für positive Affekteindrücke andererseits versetzt den Säugling in die Lage, durch die Integration dieser beiden Einzelleistungen das Gesicht des Menschen von vorn als Kumpanschema[1] zu erkennen. Das Kumpanschema selbst ist angeboren, aber das Bemerken desselben im Umfeld hängt von Leistungen ab, die zurückgehen auf die Integration dieser unabhängig voneinander ausdifferenzierten Fähigkeiten.

Assimilation und Akkommodation sowie Differenzierung und Integration beschreiben jeweils Vorgänge, die den Organismus von einem Zustand der Begrenztheit hinwegführen zu einem Zustand einer neuen Möglichkeit. Die neue Möglichkeit ist die weitergehende und weiterreichende, aber zugleich auch die unsichere gegenüber der altbewährten, begrenzten Möglichkeit. Die Einübung der neuen Möglichkeit ist deshalb in der Gesamtentwicklung eine Zone der Krise, bildhaft vergleichbar der Verletzlichkeit des Insektes kurz nach der Häutung. Von daher läßt sich die Entwicklung beschreiben als ein Wechsel von: *Stabilität → Labilität → neue Stabilität.*

Je weiter die Entwicklung voranschreitet, um so komplexer werden die Assimilationsmuster, um so zeitlich länger und erlebnismäßig deutlicher tritt die Akkommodation als eine Phase der Verunsicherung in Erscheinung, wenn aufgrund veränderter innerer und äußerer Bedingungen neue Situationen bewältigt werden müssen. Zwischen dem Verlassen des

[1] Ein von K. Lorenz eingeführter Begriff der vergleichenden Verhaltensforschung. Er bezeichnet die angeborenen Signale und Formen, die in der Begegnung von Artgenossen wirksam werden (vgl. Lorenz, 1935).

Gewohnten und dem Sichzurechtfinden im Neuen liegt eine labile Übergangsphase.

Subjektiv wird dieser Wechsel erlebt als ein Wechsel von Verlieren und Gewinnen, als ein Verlassen des alten Ortes, ein Gehen durch Unsicherheit und Dunkelheit und ein Finden des neuen Ortes. Der bekannte Arzt und Therapeut P. Tournier vergleicht diesen Wechsel mit der Kunst eines Trapezkünstlers, der das eine Trapez losläßt, durch den Raum schwebt und das andere zur rechten Zeit fassen muß. Die Entwicklung gelingt nur und verläuft nur dann positiv, wenn zur rechten Zeit losgelassen und zur rechten Zeit wieder zugegriffen wird. Wer zu früh losläßt, wer zu spät zufaßt, findet nicht den neuen Halt und stürzt ab. Nur am Anfang unserer Entwicklung ist die dunkle Strecke zwischen Loslassen und Gewinnen des Neuen instinktiv abgesichert (Loslassen der Brust und Gewinnen der Mutter als erstes Liebesobjekt). Alle anderen Übergänge und dunklen Strecken bedürfen eines erworbenen, greifbaren Vertrauens (Ur-Vertrauens).

Zur Entwicklung des Menschen ist Liebe notwendig, Vertrauen zu sich selbst (= nach innen genommene Liebe und positive Erfahrung) und Vertrauen in die Liebe der anderen, die das Auffangnetz bilden, die unsichtbare Brücke zum neuen Standort. Das gilt auch für das endgültige Loslassen zum Zeitpunkt unseres letzten Atemzuges; auch hier gewinnen wir den neuen Ort über eine Brücke, die sich schon im Leben vor dem Sterben bewährt hat: die Liebe Gottes, die in Jesus Christus Fleisch geworden ist.

So wird das naiv-realistische Weltbild (Sehen = Sein) verunsichert durch die Erfahrung, daß es verschiedene Sichtweisen gibt und daß der Schein (die Erscheinung) zu trügen vermag. Es ist nicht alles Gold, was glänzt, nicht alles Fisch, was wie Fisch aussieht. Das unmittelbar gegebene Wirkliche wird durch das denkbar Mögliche hinterfragt. Es wird die logische Beziehung zwischen den Dingen entdeckt.

Diese Verunsicherung des Weltbildes des naiven Realismus wird erst dann aufgefangen, wenn die Gleichung »Sehen = Sein« abgelöst wird von der Gleichung »logisch gültig = Sein« (kritischer Realismus). In der Reifezeit erfährt der Jugendliche durch die eigene Entwicklung die Grenze dieses Weltbildes. Er macht Erfahrungen im Bereich der zwischengeschlechtlichen Beziehung, die sich der Formel »logisch gültig = Sein« entziehen. Er entdeckt die Kompetenzgrenzen des Intellekts und stellt diesen in Frage. Der kritische Realismus, das wissenschaftliche Weltbild wird verunsichert. Die Stabilisierung findet erst statt in einem transkritischen Realismus: im Suchen und Finden einer das Sichtbare umfassenden geistlichen Dimension »ontisch gültig = Sein«. Entwicklung ist der Aufbruch zu neuen Horizonten: »Aus Abend und Morgen wird der neue Tag« (1. Mose 1). Auch hier wird die Zone der Dunkelheit (die Nacht) überbrückt, durchgetragen mit der Verheißung/Hoffnung auf einen neuen Morgen.

Der oben beschriebene Wechsel zwischen Phasen der Stabilität und Phasen der Labilität kann auch unter dynamischem Aspekt dargestellt werden. Es lassen sich dann unterscheiden: beharrende, *konservative Kräfte* einerseits und vorwärtsdrängende (progressive), *propulsive Kräfte* andererseits. Die labile Krisenhaftigkeit ist dann gekennzeichnet durch die Unentschiedenheit in den Richtungskämpfen der Entwicklung, die erst durch eine Einbindung in alte oder neue Konditionierungen nach der einen (konservativen) Seite hin (= Fixierung) oder nach der anderen (progressiven) Seite hin (= Forcierung) festgelegt und damit entschieden wird und so entweder Bremsung oder Förderung erfährt.

2. Entwicklung als Gleichgewicht von konservativen und propulsiven Kräften der inneren Dynamik

Die Entwicklung verläuft da optimal, wo sich propulsive und konservative Kräfte das Gleichgewicht halten (metromorphes Entwicklungstempo). Propulsive und konservative Kräfte kann man bei jedem Entwicklungsschritt nachweisen. Die Ambivalenz zwischen konservativen und propulsiven Kräften kann sich bei Entwicklungsschritten konkret abzeichnen. Als meine Tochter Ina kurz vor der Einschulung stand, zeigte sie auf der einen Seite ein propulsives Verhalten: Sie imitierte ihren älteren Bruder, der schon zur Schule ging, setzte dessen Schulranzen auf, stellte sich vor den Spiegel und erlebte sich als Schulmädchen. Andererseits regredierte sie auf eine Verhaltensstufe des kleinkindhaften Daseins mit einer typischen Kleinkindsprache. Der Schritt in die neue Situation »Schule«, das Verlassen des Alten und das Orientieren des Neuen wurde ambivalent erlebt. Die Situation war gekennzeichnet durch die Gleichzeitigkeit konservativ-beharrender und propulsiv-vorwärtsdrängender Kräfte.

Sigmund Freud hat als erster dieses Kräftespiel in der Entwicklung der Triebe und Antriebe systematisch beobachtet und theoretisch gedeutet. Er hat erkannt, daß die vorangehende Entwicklungsaufgabe zu ihrem positiven Abschluß gekommen sein muß, wenn die weitere Entwicklung positiv verlaufen soll. Wenn ein Nahraum der Geborgenheit besteht, ist der Schritt in die neue Situation zwar immer noch ein Wagnis, aber ein Wagnis, das gelingt. Ist die Ausgangslage unsicher oder kann das neue Ziel nicht so orientiert werden, daß das Kind Mut gewinnt, oder wirkt die Umwelt (beispielsweise die Mutter) durch Ängste, Besorgnisse, durch zurückhaltende Tendenzen dagegen, wird der Schritt nicht gewagt. Die Entwicklung retardiert.

Durch die Analyse erwachsener Patienten, später auch durch direkte Beobachtung an Kindern, fand die Psychoanalyse heraus, daß die Liebes- und Hingabefähigkeit des Menschen eine komplizierte Entwicklung durchläuft und daß es auf dem Weg dorthin bestimmte prägenitale Entwicklungsstufen gibt (orale, anale, phallische Phase). Freud spricht von der Entwicklung der Libido (= psychische Repräsentanz des Sexualtriebes). Er vergleicht die Entwicklung dieses sexuellen Verlangens (Libido) mit einem Heer, das in feindliches Land vorstößt, das immer neue Stufen der Verwirklichung und der Darstellung erreicht. Das Heer läßt auf seinem Vormarsch Stützpunkte zurück, während die Hauptmacht weiterzieht. Stößt die Vorhut dieses Heeres (das sexuelle Verlangen) auf große Widerstände, verläßt es den letzten Stützpunkt nur zögernd und unvollständig, oder es kann zum Rückzug kommen. Schon erreichte Positionen werden wieder aufgegeben und ehemalige Stützpunkte werden verstärkt besetzt. Die am besten ausgebauten alten Stützpunkte haben für die zurückflutende Macht die größte Anziehungskraft (= »Fixierung«).

Lassen wir das Bildhafte weg, können wir sagen, daß auf dem Entwicklungsweg zur reifen Sexualität Etappen primitiver Reaktionsweisen zurückbleiben, die später, wenn das Primat der Genitalität erreicht ist, ihre Bedeutung beim Liebesvorspiel behalten. Hatten unter bestimmten Entwicklungsbedingungen einzelne Abschnitte auf dem Wege zur reifen Sexualität eine besondere Bedeutung erlangt (eine starke affektiv-libidinöse Besetzung erfahren), so kann sich eine Fixierung an diese Entwicklungsstufen dadurch zeigen, daß die prägenitalen Formen der sexuellen Befriedigung den Vollzug reifer Geschlechtlichkeit aufhalten (Retardation). Wird die neue Situation zwar erreicht, aber nicht bewältigt, bereitet sie z. B. unerwartete Schwierigkeiten oder wird sie durch äußere Bedingungen belastet, kann es zur Regression kommen, zur Rückwendung auf die älteren, prägenitalen Befriedigungsformen, die auf dem Hintergrund der aktuellen Konflikthaftigkeit als konfliktarm oder konfliktfrei erlebt und aufgesucht werden.

Es ist das Verdienst von Sigmund Freud, Integration/Desintegration, Stabilisierung und Entstabilisierung in der Entwicklungsbewegung der Triebe, Antriebe und Motivsysteme erstmalig psychodynamisch in den Begriffen »Fixierung«, »Retardation« und »Regression« kasuistisch belegt und beschrieben zu haben. Dieser formale Ansatz (Beschreibung der in einem Entwicklungsschritt wirksam werdenden Kräfte) wird von E. H. Erikson inhaltlich gefüllt durch genaue Definition der jeweils zur Bewältigung anstehenden Entwicklungsaufgaben.

3. Entwicklung unter dem finalen Aspekt des »Wozu«

Es wurde schon darauf hingewiesen, daß im Bereich der Biologie die kausale Frage (warum?) ebenso berechtigt ist wie die finale Frage (wozu?). Selbst der Naturwissenschaftler K. Lorenz geht von der finalen Fragestellung aus:

»Wir trachten zwar meist, die Frage nach dem arterhaltenden Sinn eines Vorgangs oder einer Struktur zu beantworten, bevor wir die nach den Ursachen stellen, tun dies aber vor allem deshalb, weil meist das Verständnis der arterhaltenden Leistung die Voraussetzung für dasjenige des kausalen Zustandekommens ist« (K. Lorenz, 1966, Bd. I, S. 384).

K. Lorenz geht ganzheitlich-intuitiv mit »taxonomischem Feingefühl« an die Erforschung der Stammesgeschichte heran. Er weiß, daß auch in der Phylogenese ein Organisationsprinzip sichtbar wird. In der Unfähigkeit/Blindheit, Gottes Selbstoffenbarung in Seinem Sohn an dieser Stelle und in der Natur (Römer 1, 18 ff.) anzuerkennen, spricht er in einem anderen Zusammenhang von den »großen Konstrukteuren der Natur« (1963, S. 413).

»Es liegt nicht im Wesen von C-, N-, O- und H-Atomen, daß aus ihnen gerade Menschen oder Eichbäume entstehen müssen. Keine ihrer Eigenschaften macht gerade diese Endprodukte nötig, und auch eine noch so genaue Kenntnis aller Eigenschaften der Elemente würde es grundsätzlich nicht ermöglichen, aus ihnen synthetisch die organischen Systeme abzuleiten, die aus ihnen bestehen. Wohl aber haften umgekehrt auch den höchsten Organismen wesentliche Eigenschaften an, die sich aus der Art und Struktur ihrer Elemente notwendig ergeben« (K. Lorenz, 1966, Bd. I, S. 385).

A. Portmann als Zoologe und E. Blechschmidt als Embryologe kommen zu einer ganz ähnlichen Aussage, wenn sie nachweisen, daß die Mannigfaltigkeit des Entwicklungsgeschehens für den Betrachter erst dann Struktur gewinnt, durchschaubar wird, wenn von der Reifeform, d. h. vom Endergebnis einer Entwicklung her der Prozeß der Entwicklung gedeutet wird. Eine Entwicklung, die vor allen Dingen in ihren Anfängen vielfach unverständlich erschien, wird dann verstehbar, wenn man weiß, wozu sich etwas entwickelt, woraufhin sich etwas entwickelt.

Diese finale Betrachtung macht die Entwicklung in ihrer Richtung, in ihrer Strukturwerdung verständlich, wenngleich sie dadurch nicht im Sinne von Ursache und Wirkung etwas zu erklären vermag.

Kennt man das Ende eines Entwicklungsweges, das Endergebnis eines Entwicklungsprozesses, läßt sich die Entwicklung von diesem Ende her präzise nachzeichnen. Dieses Prinzip, Entwicklung von der Reifeform her zu betrachten, hat Portmann erfolgreich zur Interpretation der Stammesgeschichte angewendet und dabei die Sonderstellung des Menschen im System der Lebewesen aufzeigen können (der Mensch als »physiologische Frühgeburt«). Blechschmidt hat die Embryonalentwicklung aus ihren Anfängen heraus durch dieses Prinzip ausdeuten können. Sigmund Freud hat in seiner Psychoanalyse dasselbe Prinzip angewandt: Von einem bestimmten Punkt der Fehlentwicklung ausgehend, hat er das Gewordensein retrospektiv nachgezeichnet und so die Bedingungen des Werdens im Bereich der Entwicklung der Triebe entdecken können. Die Summe seiner Erfahrungen führte zu der Erkenntnis, daß Triebe ein Entwicklungsschicksal haben und daß dieses Entwicklungsschicksal entscheidend das So- und Nichtanderssein im Verhalten und im Erleben eines Menschen bestimmt. Die prinzipielle »Überdeterminiertheit« eines Symptoms (S. Freud) kann retrospektiv auf Eindeutigkeit der Determinierung gebracht werden. Vom Ende, vom Ziel her läßt sich Entwicklung sinnvoll deuten und partiell auch erklären.

Dieser Ansatz hat im »epigenetischen Entwicklungsmodell« (E. H. Erikson) seine beste Ausformulierung erfahren. Unter dieser Sicht läßt sich der Mensch von seinem Gewordensein her begreifen. Das epigenetische Modell geht zurück auf die Erkenntnisse der Psychoanalyse und hat diese um die soziohistorische Dimension erweitert.

»Man kann sagen, daß die Persönlichkeit in Abschnitten wächst, die durch die Bereitschaft des menschlichen Organismus vorherbestimmt sind, einen sich ausweitenden sozialen Horizont bewußt wahrzunehmen und handelnd zu erleben; ein Horizont, der mit dem nebelhaften Bild einer Mutter anfängt und mit der Menschheit endet – oder doch mit jenem Ausschnitt der Menschheit, der für das spezielle Leben dieses Menschen zählt« (E. H. Erikson, 1966, S. 58).

Die Entwicklung ist nach diesem Modell eine Aufeinanderfolge spezifischer Entwicklungsaufgaben, die vom Heranwachsenden gelöst werden müssen und in Abhängigkeit von der ablaufenden Dynamik alternativ entschieden werden (entwicklungspositiv oder entwicklungsnegativ). Jede Entwicklungsaufgabe kumuliert in einem Krisenpunkt. So zeigen sich z. B. schon beim Säugling Tendenzen zur Autonomie (festgeschnallt, wird er versuchen, sich loszustrampeln). Aber unter normalen Entwicklungsbedingungen wird das Kind nicht vor dem zweiten Lebensjahr den ganzen krisenhaften Widerstreit erleben, der sich in der Erfahrung verdichtet, eine autonome und zugleich abhängige Kreatur zu sein. Erst im 2. Lebensjahr kommt es zur Krise zwischen Autonomie einerseits und Abhängigkeit andererseits, erst dann stellt sich die Entwicklungsaufgabe als Entscheidungs-Alternative. Und so steht in der Entwicklungsabfolge jeweils eine spezifische Lebens-Grundformel auf dem Prüfstand der Bewährung.

Im Sinne dieses epigenetischen Entwicklungsmodells stehen folgende Entwicklungsaufgaben zur Entscheidung an:

Im ersten Lebensjahr fällt die Entscheidung: Urvertrauen gegen Urmißtrauen;

im zweiten und dritten Lebensjahr die von: Autonomie gegen Abhängigkeit;

im vierten/fünften Lebensjahr die von: Initiative gegen Schuldgefühl;

im sechsten Lebensjahr und der Schulzeit die von: Leistung gegen Minderwertigkeitsgefühle;

in der Reifezeit die von: Identität gegen Rollenkonfusion;

in der Adoleszenz die von: Intimität gegen Isolierung.

Jede Krise hat ihre Vorgeschichte und kann in ihrem Verlauf von dieser her gedeutet werden; und die Lösung der Krise, die Artung der Kompromisse und Bewältigungsmodalitäten gehen ein in den weiteren Entwicklungsverlauf, werden Teil des individuellen, einmaligen Entwicklungsschicksals.

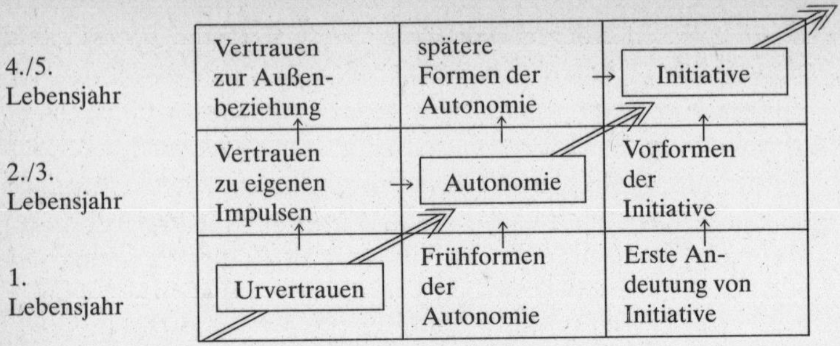

(⋙): epigenetischer Hauptstrang der Entwicklung

(↑→): interdependente Nebeneinflüsse

Abb. 1

Die vollständige (überarbeitete) epigenetische Tabelle findet sich in Abb. 2 (S. 50f.)

3.1 Die pneuma-psychosomatische Verschränkung in der Finalität des Menschseins

Ist uns der Endpunkt einer Entwicklung nicht bekannt, so ist es doch möglich, einen solchen hypothetisch anzunehmen, um damit zu prüfen, ob unter dieser Annahme Entwicklung besser verstanden werden kann als ohne diese Annahme. Ist ein besseres Verstehen möglich, liegt die Wahrscheinlichkeit nahe, daß die von einem bestimmten Endpunkt her gedeutete Entwicklung der Wirklichkeit nahekommt oder ihr entspricht.

Soweit wir Entwicklungsprozesse, die wir überschauen können, betrachten, ist Entwicklung von Anfang an auf ein bestimmtes Ziel bezogen. Die Entwicklung der Menschheit, wie sie bisher abgelaufen ist, können wir rückschauend betrachten. Den Endpunkt der Entwicklung kennen wir nicht, er liegt in der Zukunft. Das gilt auch für die seelische Entwicklung des einzelnen.

Aber es ist möglich, diesen Endpunkt hypothetisch im Sinne einer Konvergenz[2] bisher beobachteter Entwicklungslinien zu

[2] Nach Teilhard de Chardin das Zusammenlaufen von Entwicklungslinien in einem Brennpunkt (siehe: »Konvergenzbeweis«, s. o. S. 23).

erschließen. Nach Teilhard de Chardin weist die Konvergenz der Entwicklung der Menschheit hin auf eine Selbstinnewerdung der Schöpfung in einem höheren Bewußtseinszustand:

»Die ersten Evolutionisten neigten zum Materialismus – und doch kam es ihnen nicht in den Sinn, ihre eigene Gelehrtenintelligenz könnte etwas mit der Evolution zu tun haben. So blieben sie in diesem Stadium auf dem halben Wege zur Wahrheit ... Das Denken gehört also nicht nur als Epiphänomen zur Evolution; die Evolution kann vielmehr so ganz auf einen Fortschritt zum Denken zurückgeführt und einem solchen gleichgesetzt werden, daß die Regungen unserer Seele die Fortschritte der Evolution ausdrücken und ihren Maßstab abgeben. Der Mensch entdeckt, daß er nichts anderes ist als die zum Bewußtsein ihrer selbst gelangte Evolution« (P. Teilhard de Chardin, 1964, S. 210/211).

Weil Bewußtsein sich in Raum und Zeit befindet, ist alles, was sich in Raum und Zeit ereignet, notwendigerweise konvergenter Natur:

»Wie unermeßlich der Umkreis der Welt auch sein mag, so ist er schließlich doch nur dort vorhanden und faßbar, wo sich seine Strahlen zusammenschließen, geschehe dies auch jenseits von Zeit und Raum. Ja, noch mehr: je unermeßlicher er ist, um so reicher, um so tiefer und folglich um so bewußter kündigt sich der Punkt an, in dem sich das von ihm umfaßte Seins-Volumen konzentriert ... Das Universelle und das Persönliche (d.h. das Zentrierte) schließen einander keineswegs aus, sondern sie schreiten in derselben Richtung fort und erreichen zugleich miteinander den Höhepunkt ... Das Universell-Zukünftige kann nur ein Überpersönliches sein – im Punkt Omega.« (a.a.O., S. 252/253)

So eindrucksvoll dieser naturphilosophische Entwurf ist, er kann den einzelnen in seinem Sosein nicht befrieden, weil seine persönliche Erkenntniszentrierung zugleich seine personale Einsamkeit beinhaltet. Es ist sicher richtig gesehen, daß alle Entwicklung, auch die des Denkens und damit des Erkennens, in einem Endpunkt kumuliert. Aber wenn wir von der in den Anfängen nachweisbaren kugelförmigen Ausdehnung des Bewußtseins- und Erkenntnishorizontes ausge-

	Funktionsaspekt	*psychosozialer Verhaltensaspekt*							
		Vertrauen	Autonomie	Initiative	Werksinn	Ich-Identität	Intimität	Generativität	Integrität
55. Lj. und älter	Alter	↑	↑	↑	↑	↑	↑	↑	a. Ich-Integrität/Verzweiflung b. abschließen, transzendieren
45.–55. Lj. 25.–45. Lj.	Krise der Lebensmitte Erwachsenenalter							a. zeugende Fähigkeit/Stagnation b. schaffen, versorgen	
18.–25. Lj.	Adoleszens frühes Erwachsenenalter, Genitalität						a. Intimität/Isolierung b. den andern finden, sich hingeben		
11.–17. Lj.	Pubertät	Nachwirkung der				a. Identität/Rollenkonfusion b. sich selbst finden, Narzißmus			Entwicklung auf

		biogene Primärtriebe / Entscheidung				Entscheidung hin
6./7. Lj.	Trieb-Latenz, kognitiv-operational				a. Leistung/Minderwertigkeitsgefühl b. leisten	
4./5. Lj.	lokomotorisch, genital			a. Initiative/Schuldgefühl b. handeln		
2./3. Lj.	muskulär-anal		a. Autonomie/Scham und Zweifel b. festhalten, loslassen			
1. Lj.	oral-sensorisch	a. Urvertrauen/Urmißtrauen b. Hinwendung				

a.: zur Lösung anstehende Ambivalenz als Entwicklungsaufgabe
b.: psychosoziale Primärantriebe

Abb. 2: Tabelle aus: R. Seiß, Allgemeine Psychologie, Bad Heilbrunn 1974², S. 166

hen, dann ist die subjektive Projektion jenes »Punktes Omega« auf einer Kugeloberfläche a) an jedem beliebigen Punkt möglich und gleich weit vom Ausgangspunkt des Erkenntnisanfangs entfernt und b) entfernen sich die Projektionspunkte der einzelnen Individuen um so schneller voneinander, je größer die Expansionsgeschwindigkeit des Wissens und des Erkennens ist (wie sich die Punkte auf der Oberfläche eines Luftballons zunehmend schneller voneinander entfernen, wenn der Ballon aufgeblasen wird). Die Menschen haben dann ein so expandierendes Erkennen, daß sich die einzelnen nicht mehr erkennen. Sie entfernen sich, entfremden sich mit dem zunehmenden Umfang ihres Wissens voneinander. Dieses kognitive Modell kosmologischer Seinsdeutung kennzeichnet die Einsamkeit des modernen Menschen, der das Erkennen der Liebe übergeordnet hat.

Das Neue Testament sagt dagegen eindeutig, daß alle Erkenntnis, alles Erkennen übertroffen wird von »dem Erkennen der Liebe Christi« (Epheser 3,19). Nicht Atomisierung, auch nicht Zentrierung der Erkenntnisse ist der Weg, sondern Einordnung in eine neue, höhere Ganzheit, von der Christus das Haupt ist und die Ihm Vertrauenden Seine Glieder. Deshalb wünscht sich Paulus, »Ihn zu erkennen und die Kraft Seiner Auferstehung« (Philipper 3,10).

Eine kosmologische Transformation der Wahrheit des christlichen Glaubens in der versuchten Gleichsetzung von Evolution und Heilsgeschichte, wie es Teilhard de Chardin anstrebt, führt zu einer evolutionären Selbsterlösungslehre und wird der Gnadenbedürftigkeit des leidenden Menschen nicht gerecht.

Wer eine persönliche Beziehung zu dem auferstandenen Jesus Christus hat, weiß, daß in Ihm »verborgen liegen alle Schätze der Weisheit und der Erkenntnis« (Kolosser 2,2). Die Unfaßbarkeit des Ewigen liegt nicht im »Punkt Omega« (Teilhard de Chardin), sondern in der unendlichen Liebe Gottes; denn nur mit dem Herzen erkennen wir die Wahrheit, mit dem Intellekt nur die Vergänglichkeit, auch wenn wir diese in das Unermeßliche transponieren.

Der finale Ansatz, auch wenn er nicht zu den exakt wissenschaftlichen Vorgehensweisen gehört, hat im Rahmen der wissenschaftlichen Reflexion durchaus seinen berechtigten Platz. Insonderheit können wir für den einzelnen nach der Konvergenz seiner bisherigen Entwicklung fragen/forschen und den Endpunkt vermuten: »Wer böse ist, sei fernerhin böse, wer unrein ist, sei fernerhin unrein; aber wer fromm ist, sei fernerhin fromm, und wer heilig ist, sei fernerhin heilig«

(Offenbarung 22,11). »Wohin der Baum fällt, da bleibt er liegen« (Sprüche 11,3).

Wir verlassen damit – für die Betrachtung der menschlichen Entwicklung völlig legitim – die Enge des naturwissenschaftlichen Erklärungsansatzes und begeben uns auf das Feld der finalen Deutungen.

Was den Menschen vom Tier unterscheidet, ist die Möglichkeit, den Nächsten zu lieben, seine eigene Endlichkeit zu begreifen und zu verbalisieren und in einen Dialog mit seinem Schöpfer (Gebet) zu treten, um das große Ziel, die Freiheit als Fähigkeit zur bedingungslosen Liebe, zu erlangen.

Der Mensch erweist sich uns durch dieses Entwicklungsziel definiert als eine »transwissenschaftliche Wirklichkeit«. Die Selbstinnewerdung des Menschen läßt ihn ahnen/erkennen, daß er die Sichtbarkeit und Vergänglichkeit transzendiert. Von daher sind finale Deutungen keine ich-schwachen Spekulationen – so erscheinen sie nur dem verkürzenden, naturwissenschaftlichen Denken –, sondern Denknotwendigkeiten zur Darstellung der menschlichen Existenz, wie sie – in welchen Formen auch immer – in den verschiedenen Kulturen aller Zeiten artikuliert wurden und werden.

Das Transwissenschaftliche des Menschen ist nicht an den Grenzen des relativen Wissensstandes des »objektiv« Aussagbaren zu erschauen. Das Transwissenschaftliche ist stets die Innenseite der Dinge, auf welcher Entwicklungsstufe sich dies auch jeweils zeigen mag. So wie der Glaube (= das Vertrauen zu Gott) nicht am Ende des Denkens beginnt, sondern sich mitten im Denken ereignet, so ist das Transwissenschaftliche die Dimension des Heiligen Geistes, der aber auch das Denken beurteilt.

Diese Innenseite bleibt einem am Außen orientierten, »wissenschaftlichen« Ansatz prinzipiell verborgen.

Das Wirkliche und Wahre des Menschen ist seine Innenseite, seine Subjektivität (Individualität); und weil Liebe einmalig ist, individuell und niemals allgemein und prinzipiell, kann es über die Innenseite keine objektiven, beweisbaren, allgemeinen Aussagen geben. Das Innen kann nur bezeugt werden.

Deshalb ist das Ziel der Entwicklung auch individuell. In der

Offenbarung des Johannes heißt es, daß die Erlösten einen neuen Namen empfangen, den nur der kennt, der ihn erhält, und der, der ihn gibt: Das Ziel ist originale, individuelle Einmaligkeit, weil es nur einmal diese Beziehung einer Liebe geben kann. Jede Beziehung in Liebe hat ihren einmaligen unverwechselbaren, nicht vergleichbaren Charakter. Vom Ziel dieser Einmaligkeit her gesehen, stellt sich uns Entwicklung ganz anders dar als vom »Warum?«. Unter dem Aspekt eines zur Liebe und Einmaligkeit Geschaffen-Seins erkennen wir, daß der naturwissenschaftliche Ansatz – ein Ansatz der Macht (Wissen ist Macht) – nur begrenzt gültig sein kann und am Kern unserer Existenz vorbeigeht. Deshalb können wir in der Psychologie auch keine gesicherten Aussagen finden über das, was der Mensch sei. Er ist nämlich nicht das, was er für sich selbst und andere darstellt, sondern er ist das, was er als Beziehung der Liebe lebt. Können (Wissen) impliziert die meßbare, vergleichbare Leistung; Liebe ist prinzipiell nicht vergleichbar und gewährleistet allein Unverwechselbarkeit und Identität, die von der Macht nicht vernichtet werden kann, weil man sie mit ihr nicht messen kann. Deshalb heißt es, daß alles wissende Erkennen nichts nützt, wenn Liebe nicht unser Dasein bestimmt (1. Korinther 13).

K. Holzkamp (1972) kommt in seinen wissenschaftstheoretischen Überlegungen zu dem Ergebnis, ». . . daß Wissenschaft weder Erkenntnis, noch Wahrheit, noch aus Falschheit ihrer Aussage beanspruchen dürfe« (S. 225), weil es etwas Absolutes nur da gibt, wo Einmaligkeit ist. Im Relativen des Vergleichbaren kann Wahrheit nicht existieren.

Wir forschen am Zentrum unserer Existenz vorbei, weil wir nicht anerkennen, daß die Wahrheit kein »objektives Wissen« vom Menschen sein kann. Die Wahrheit ist die Existenz unseres Inne-Seins, die ihre Gültigkeit allein durch die positive Kreativität schöpferischer Liebe erhält. Und hier müssen wir sehen, daß Wahrheit mehr ist als irgendein Bewußtsein. Bewußtsein ist ein formales Instrument des Inneseins; Wahrheit ist subjektive, inhaltliche Teilhabe, die durch das Bewußtsein vermittelt wird: Teilhabe am nicht verfügbaren Ganzen.

Wissenschaft ist »Wissenschaft vom Objekt«. Sie selektiert

mit ihrer Fragestellung. Der Mensch fragt die Natur, er fragt den Menschen, den er zum Objekt der Forschung macht, und wartet auf Antwort. Durch diese Herangehensweise hat sein Wissen eine spezifische Struktur. Es ist ein Macht- und Leistungswissen (M. Scheler). Dieses Wissen ermöglicht Herrschaft über Menschen, Manipulation auch im Raum der Pädagogik (programmierter Unterricht, Verhaltensmodifikation).

Es ist paradox, daß der Mensch durch dieselbe Wissensstruktur, die ihm Herrschaft und Macht ermöglicht, eben Herrschaft und Macht zu überwinden versucht.

Der Mensch wird in der Entfaltung seines Innenaspektes durch die naturwissenschaftliche Herangehensweise zunehmend gebremst vom Außenaspekt des Verhaltens. Nicht zufällig nennen wir unser Zeitalter das Zeitalter der Wissenschaft und zugleich das Zeitalter nach dem Tode Gottes. Beides hängt miteinander zusammen.

Der Außenaspekt überlagert den Innenaspekt. Weil aber der Innenaspekt das eigentliche Menschsein ist (seine Reflexionsfähigkeit und seine Berufung zur Liebe, seine Fähigkeit zu beten), wird sich der Innenaspekt durchsetzen und nicht töten lassen, sondern den Außenaspekt, unsere leiblich-materielle Existenz überwinden (Auferstehung und ewiges Leben).

Der Innenaspekt ermöglicht es, sich zur Aufdringlichkeit und Vordergründigkeit dessen, was vor Augen liegt, in Distanz zu bringen und an der Grenze der naturwissenschaftlichen Herangehensweise nicht mehr nur zu fragen: Warum ist dieses und jenes so und nicht anders, sondern stille zu werden und sich in-Frage-stellen-zu-lassen, nicht mehr primär ein Sehender, sondern ein Hörender zu sein und dem Gefragtwerden standzuhalten: Adam, wo bist du? Und der da fragt und ruft, den nennt die Schrift den zweiten Adam (Jesus Christus). Er verbindet sich mit uns und dadurch werden wir wahr, haben Anteil an der Wahrheit. Die Wahrheit ist unverfügbare Person: »Ich bin die Wahrheit und das Leben«; und das ist mehr als unpersönliche Wahrscheinlichkeit innerhalb der Dimension unserer (wissenschaftlichen) Erkenntnisse.

Weil Jesus ewig lebt (auferstanden von den Toten) ist diese Wahrheit auch eine absolute. Sie ist das Ziel unserer Entwicklung auch über die Sterbenslinie hinaus. Die Finalität unserer Entwicklung weist über uns selbst, auch über unsere Mach- und Verfügbarkeit hinaus in die Wahrheit, die uns frei macht von der Macht der Bilder und/oder dem Götzendienst als einer Verabsolutierung des Relativen.

Die Unverfügbarkeit der Wahrheit liegt im dialogischen Du der Liebe zu Gott. Nur die Liebe Gottes ist für den Menschen wahr, sie ist der »objektiven Erkenntnis« und allen Gaben der Menschen übergeordnet.

Diese subjektive Wahrheit gibt den »objektiven« Wahrscheinlichkeiten ihre gültige Interpretation. Das gilt auch für Daten der Entwicklung. Schon für die Sichtbarkeit gilt, daß der Innenaspekt dem Außenaspekt über- und vorgeordnet und genetisch älter als der Außenaspekt ist. Der Außenaspekt entwickelt sich erst durch (libidinöse) Objektbesetzung im Rahmen der (angeborenen) Formen unserer Anschauungen und unseres Verstandes (Kant). Uns ist ein direkter Zugang zur unsichtbaren Innenseite der Dinge, der Welt nicht möglich. Der naturwissenschaftliche Mensch muß deshalb Brücken bauen, weil er die Dinge in den Grenzen seiner inneren Bedingungen doch nur von außen sieht und ggf. berechnet; der Herr der Welt, dem Wasser und Wind gehorchen, geht über die Wellen. Aber dieser direkte Zugang zur Innenseite der Schöpfung, der Weg von innen nach innen wird nur von dem vermittelt, der alles geschaffen hat: In Jesus Christus ist deshalb alle Erkenntnis und (innere) Macht. Es gibt keinen anderen Weg zurück in das Paradies des Eins-Seins; weil nur der Sohn Gottes das Trennende (= die Sünde) wegnimmt. Wer das nicht akzeptiert, geht auf der Suche nach dem Innen der Schöpfung in die Irre und betritt den Bereich des Okkulten und Dämonischen, wird die Geister, die er ruft, nicht wieder los. Gott hat den von Ihm getrennten Menschen die Augen aufgetan für das Sichtbare (1. Mose 3,7) und ihm alle eigenen Wege, hinter die Dinge zu kommen, verwehrt (5. Mose 18,9–14).

Nach Gruppendynamik, Human-Potential-Bewegung (F. Perls), Bioenergetik (A. Lowens; Schüler von W. Reich) wird jetzt Transpersonalisation zur Psyche-Mode: Auch hier geht es um die Befreiung des Menschen von seiner Bindung an den

Außenaspekt durch Bindung an die andere (PSI-)Wirklichkeit.

Der 1939 in Wien geborene Atomphysiker F. Capra schrieb einen Bestseller in dieser Thematik: Wendezeit. Bausteine für ein neues Weltbild (Bern 1983). Zentrale Aussage dieses Buches ist die Propagierung eines neuen Zeitalters, einzuordnen in eine religiös-evolutionistische New-Age-Spiritualität moderner Esoterik: von der Anthroposophie und dem Musical »Hair« bis hin zu einer synkretistischen Gnosis, in der alles Christliche als überlebt angesehen wird. An den Früchten in Gestalt von Verwirrungen und Nöten kann man erkennen, daß der Weg an Jesus vorbei in die Irre führt.

Nur in der Beantwortung dieser von Gott gestellten Frage: »Mensch, wo bist du?« gewinnt der Mensch seine Identität und damit letztlich sein Menschsein. Er gewinnt es nicht von einem Wissen über sich, und nicht durch Esoterik und Okkultes. Er gewinnt es durch die Versöhnung mit Gott, durch die Fähigkeit zur bedingungslosen Liebe.[3] Liebe und lieben ist ein Innenzustand/Gnadenstand des Seins und kann durch Wissen nicht hergestellt werden.

Liebe ist immer Geschenk, immer Offenbarung. An der Grenze der Machbarkeit, an der Grenze des kritischen Denkens wird der Mensch offen für die Liebe Gottes. Er begreift, daß es nicht gut ist, allein zu sein, erfährt aber zugleich die Begrenztheit der Zweisamkeit. Um nicht an der Dynamik menschlicher Liebe und Leidenschaft zu zerbrechen, bedarf er der Einordnung seiner Liebe in die Liebe Gottes. Er bedarf der Innewerdung des Geistes Gottes, um mit dem Du in einem Höheren verbunden zu sein. Nur so wird der Mensch zu einer tiefen, liebenden Verbundenheit fähig, zu einem Verbundensein, ohne aneinander gebunden zu sein.

Mit dem Autonomwerden des Menschen, mit dem In-Erscheinungtreten seiner reflexionsfähigen Bewußtheit wird die Offenbarung Gottes und seiner Liebe gleichsam »evolutiv notwendig«, damit der Mensch einen Weg hat, das Getrennt-

[3] Jesus sagt: »Was habt ihr davon, wenn ihr die liebt, die euch auch lieben (die eurer Meinung sind)? Solches tun auch die Heiden – liebet eure Feinde (liebt bedingungslos)« (Lukas 6).

sein vom anderen existentiell zu überwinden und dadurch zu bewältigen.

Wenn Menschheit und persönliches Menschsein zur Freiheit gelangen sollen, müssen sie sich der Offenbarungsdimension Gottes öffnen. Denn nur Liebe ist positiv, frei und bleibt. Ein Immermehr an Liebe ist denkbar, während eine grenzenlose Steigerung von Haß nicht denkbar ist, sie bedeutet Tod. Liebe ist ohne Grenze. Die Liebe ist dem Haß überlegen, sie hört niemals auf.

Gottes Liebe ist als transzendierende Finalität wirksam in den nach Seinem Bild geschaffenen Menschen, zum großen Teil unbewußt wirksam und teilweise als eingreifende »Offenbarung« bewußt; bei den übrigen Geschöpfen wirkt sie aus unserer Sicht unbewußt (Römer 1,19 ff.).

Diese transzendierende Finalität einer Liebe, die bleibt, führt den Menschen zu seiner vollen Identität: Diese Liebe ist die Antwort auf die Bedrohung durch den Tod. Die Daseinsmodalität definiert die Identität. Denn die Identität eines Geschöpfes wird bewirkt durch seine Anpassung an die Konstanten seiner Daseinsbedingungen, die es nicht verändern kann.

Weil die Katze ihre Umwelt nicht verändern kann – sie kann keine Mäuse züchten, die ihr in die Schnauze laufen –, ist sie, um überleben zu können, genötigt, sich so zu entwickeln, daß sie sich anzupassen vermag an ihre Daseinsbedingungen (= die Eigenart der Mäuse). Auf diesem Wege der Anpassung wird sie fähig zu überleben und gewinnt sie ihre Identität, wird eine richtige Katze.

Der Mensch verändert seine Umwelt; sie ist ihm nicht oder nicht hinreichend als Konstante gegeben. Er kann deshalb von dieser Umwelt her auch nicht seine Identität finden, letztlich nicht von ihr her definiert werden. Seine Umwelt bestimmt ihn nur vorübergehend, vorletztlich (Rollenzuweisung). Deshalb bleiben alle Rückmeldungen, bleibt alle Metakommunikation – wo ein Mensch dem anderen sagt, wer er sei und wie er wirke – unbefriedigend. Die einzige Konstante, die der Mensch nicht zu verändern vermag – und er ist sich dieser Konstante auch bewußt – ist die Konstante des Todes. Wenn die Anpassung an unveränderbare Konstanten zum identischen Daseinsvollzug zwingt, dann gilt das auch für den Menschen.

Der Mensch wird dadurch zum Menschen, daß er sich an die letzte, ihm verbliebene Konstante (= den Tod) so anzupassen vermag, daß er angesichts des Todes überleben kann. Und das bedeutet Überwindung des Todes in und durch die Kraft der Auferstehung. Nur auf diesem Wege gewinnt der Mensch seine volle Identität.

Bewältigung des Todes erfolgt also nicht durch Verharmlosung, Bagatellisierung oder Heroisierung, geschieht auch nicht durch Umwertung (der Tod als Erlöser). Überwindung ist der einzige Weg; es ist der Weg der Nachfolge Jesu: Er hat den Tod entmachtet in der Auferstehung. Er ist die Kraft, die durch das Wort Gottes (im Evangelium) wirksam wird im Leben eines jeden Menschen, der sich dieser Gnade überläßt.

Deshalb hat Pilatus im Aufblick zu Jesus Christus gesagt: »Siehe, welch ein Mensch!« (= zweiter Adam).

Jesus Christus ist deshalb die Orientierung für jedwede Entwicklung des Menschseins und der Menschheit unter dem Innenaspekt jener Liebe, die bleibt (1. Korinther 13).

Entscheidender als die Evolution unter dem Außenaspekt der Macht (Überleben der Tüchtigen – Darwinismus) ist die Betrachtung der Schöpfung unter dem Aspekt einer »Evolution« der Liebe (Überleben derer, die zur Liebe begnadigt sind). Das bedeutet in der pädagogischen Praxis Beachtung und Förderung des Innenaspektes, der Besinnungsfähigkeit, der Selbstinnewerdung bei den Heranwachsenden. Es bedeutet die Hinführung zu einer Erfahrung des Geschaffenseins nach dem Bilde Gottes mit dem Ziel, etwas zu sein zum Lobpreis Gottes hier in dieser Zeit (als sinngebendes Zeugnis des Zukünftigen) und in der Ewigkeit (aus der dankbaren Anerkenntnis, daß Gott wahr ist).

Wer noch vorgibt, Pädagoge zu sein, kann den finalen, insonderheit den transzendierenden Aspekt der Entwicklung keinesfalls ausklammern. Jeder Pädagoge muß wissen, wozu er erzieht, erst dann kann er sich fragen, wie er erzieht. Pädagogik kann und darf sich nicht reduzieren lassen auf Erforschung des Prozesses selbst. Wenn Pädagogik nicht in der Sinnlosigkeit oder im Götzendienst einer Ideologie enden soll, bedarf sie im Zentrum ihres Selbstverständnisses des geistlichen Aspektes: der Dimension der Offenbarung Gottes in seinem Geist und durch sein Wort des Neuen Testamentes. Das bewahrt die Heranwachsenden vor den Gefahren eines modernen Okkultismus und vor den Sekten des »Neuen Zeitalters«, und es bewahrt die Pädagogen vor falschen Propheten, Irrlehren und Irrlehrern.

4. Evolution unter dem Innenaspekt von Freiheit als Hinweis auf eine geistlich bestimmte Ordnung der Schöpfung und deren Belastung durch die Macht der Angst und des Todes[4]

Von außen gesehen lehren uns alle Geschöpfe, daß Entwicklung Anpassung ist, Anpassung an Konstanten. Erziehung ist ein Spezialfall von Entwicklung. Das aber bedeutet, daß die Erziehung des Menschen drei Aspekte hat: a) Anpassung an die Natur-Konstanten und b) an die vom Menschen selbst geschaffenen Tat-Sachen, die oftmals nicht konstant sind, zumindest aber hinterfragbar. Und c) ist es die Anpassung an den Mitmenschen, der selbst Subjekt ist und erst durch gewählte Verbindlichkeiten zuverlässig (»berechenbar«) wird.

Es lassen sich also unter dem Aspekt der Entwicklung folgende Wirklichkeiten unterscheiden (in Anlehnung an J. C. Eccles, 1982):

Welt I: materielle, grobstofflich-körperliche Welt als außer-

[4] Nach dem derzeitigen Stand der Diskussion über die neu aufgeworfene Frage nach der Gültigkeit des Darwinistischen Konstruktes kann Evolution wissenschaftlich vertretbar nur als Anpassung innerhalb der Entwicklung einer Art (Spezies) verstanden werden, nicht aber als Entwicklung von Arten aus einer einzigen Wurzel; dazu gibt es viel zu viele ungelöste Fragen. Da der Wissenschaft die geistliche Dimension fehlt, ist es ihr unmöglich, eine Schöpfung anzuerkennen – auch dann nicht, wenn sie tatsächlich stattgefunden hat.

subjektive Wirklichkeit. Es ist die Außenwelt im Unterschied zur Innenwelt des Menschen.

Welt II: psychische Welt, die uns in verschiedenen Ebenen des Bewußtseins und Inneseins gegeben ist. Es ist die Welt der spontanen, unreflektierten, aber grundsätzlich reflexionsfähigbewußten und der unterbewußten Erfahrungen. Es ist auch die Welt des Traumbewußtseins.

Welt III: objektiviertes Wissen als Summe aller darstellbaren, für jedermann nachvollziehbaren Erfahrungen und allgemeingültigen Erkenntnisse. Es ist die Welt der Kultur und der Wissenschaft.

Welt IV: aussagbares, aber nicht über Sinnerfahrung und Logik gegebenes Wissen. Es ist die Welt der außerwissenschaftlichen, spirituellen Erfahrungen, die Welt der Esoterik, des Religiösen und Numinosen (einschließlich des christozentrischen Offenbarungswissens). Es ist ein Wissen um eine Wirklichkeit, die uns gewöhnlich nicht gegenwärtig ist, aber im Verlassen des Körpers erfahren wird. Ca. 30 % der Reanimierten berichten sofort nach der Wiedererlangung des körpergebundenen Bewußtseins von dieser jenseitigen Welt, von Licht und Finsternis (M. Rawlings, 1982).

Die Beobachtungen von Rawlings als Herzspezialist bei der Reanimation klinisch Toter bestätigen das Wissen und Ahnen der Menschheit aus alten Kulturen um das Danach. Aber den Weg hindurch durch Tod und Auferstehung hat nur Jesus gelehrt und gelebt. Jesus hat vor und nach seinem Sterben (als Auferstandener) diese andere Wirklichkeit bezeugt. Er wußte, wovon er sprach, aber dies erfaßten und erfassen nur die, die mit Jesus reden (= beten). Und noch heute ist es den »Griechen« (= manchen Intellektuellen, »deren Verstand verfinstert ist«) eine Torheit.

Durch unsere Ausbildung und Schulung in einer wissenschafts- und leistungsorientierten Gesellschaft bleibt der Mensch gewöhnlich in der Entwicklung seiner Erfahrensmöglichkeiten beim kritisch-analytischen Erkennen stehen. Das ganzheitlich-intuitive Denken, in unserer Kultur kaum integriert, verkümmert. Dadurch ist auch die Offenheit für spirituelle Erfahrungen und Wege verlorengegangen. Es kommt kaum noch zur Entwicklung eines transkritischen Realismus (Offenbarungsdimension)[5]. Seit Kierkegaard denken wir die Welt der spirituellen Erfahrungen, die Welt des Glaubens als abgetrennt und mit dem Denken nicht vereinbar. Glauben und Denken erscheinen als Gegensätze. Vom Denken gelangt man zum Glauben durch einen sogenannten Sprung.

Das gilt aber nur, wenn man den Glauben vom Denken her zu erfassen versucht. Der umgekehrte Weg: Vom Glauben her das Denken zu bestimmen, erfordert keinen Sprung, sondern ermöglicht eine harmonische Verbindung von beiden Akten dergestalt, daß der Glaube das größere Gefäß ist (die personal bezeugbare Erfahrung), in dem das Denken (die beweisbare Aussage) bequem Platz hat. Der Glaube ist die umfassendere Dimension, das Denken ist die begrenzte und begrenzende Dimension, begrenzt auf Sichtbarkeit und Zeitlichkeit: »Der Glaube (i. S. des Neuen Testaments) ist ein Überführtsein von Tatsachen, die man nicht sieht« (Hebräer 11,1, wörtliche Übersetzung).

Ich halte es für einen der größten Fehler der Aufklärung und des modernen Denkens, daß in Überschätzung der naturwissenschaftlich-technologischen Erfolge die Erforschung des Menschen ausschließlich unter dem Außenaspekt, unter dem Aspekt der wissenschaftlichen Herangehensweise erfolgt. Die (wissenschaftliche) Herangehensweise von außen führt zu einem »Herrschafts- und Leistungswissen« (M. Scheler) und vernachlässigt die Öffnung für ein metaphysisches Erlösungswissen. Erziehungswissenschaft im Kontext dieses wissenschaftlichen Selbstverständnisses mit dem Konzept der Machbarkeit mußte ein Menschenbild vermitteln, welches die Überzeugung prägt, daß alles aus sei, wo nichts mehr geht, nichts mehr zu machen ist.

Mit dem Sterben schien deshalb alles vorbei zu sein. Aus diesem Grunde konnte auch und kann noch heute Evolution

[5] So unterscheidet der Talmud als Quelle der Träume: Gott, Dämonen, Tote und die Seele des Träumenden selbst (M. Pongracz, J. Santner, 1963, S. 67). Wir haben die Quellen reduziert auf die Leibreize und die psychischen Prozesse (»Tagesreste«, S. Freud).

gar nicht anders gedacht werden als unter dem Außenaspekt von Macht und Kampf (um das Überleben). Durch die Verwissenschaftlichung unseres Welt- und Menschenbildes haben wir nicht nur das Zentrum unserer Existenz verlassen, sondern sind auch in unserem Erkennen Agnostiker geworden (K. Holzkamp, 1972). Wir erkennen und kennen uns nicht mehr, wissen nicht mehr, wer wir sind, weil nur Liebe zum Erkennen des Menschen führt.

Ein Macht- und Herrschaftswissen wird uns aber weder fähiger machen, einander zu lieben, noch unsere Blindheit, unsere Fixierung auf das Modell von Kampf und Selbstverwirklichung überwinden helfen. Wir fragen und sehnen uns nach wahrer Freiheit, aber wir benützen zur Lösung dieser Frage eben dasselbe Instrument, welches uns die Unfreiheit und Entfremdung gebracht hat: die wissenschaftliche Herangehensweise. Nicht die kapitalistische noch eine andere Produktionsweise entfremden den Menschen von sich selbst, sondern die Unfähigkeit zu lieben macht uns zu Fremden und Feinden. Nicht die Ungerechtigkeit in den Besitzverhältnissen macht uns unfähig zu lieben, sondern die Unfähigkeit zu lieben macht uns ungerecht und besitzgierig (aus Angst).

Heute wird allmählich deutlich, daß der darwinistische Ansatz (auch in Gestalt einer Hoffnung auf »marxistisch-dialektische Sprünge« in eine bessere Zukunft durch »neues Bewußtsein«) auf die Frage nach dem, was der Mensch ist und was er werden soll, keine praktisch gültige Antwort zu geben vermag. Daß man so lange an der Erwartung festhielt, von der Evolution her die Frage nach dem Was, Woher und Wohin des Menschen beantworten zu können, liegt an einem grundsätzlichen Mißverständnis über den befragten Gegenstand. Der Mensch ist offensichtlich mehr als sein Knochengerüst und sein aufrechter Gang, und er lebt eben gerade nicht vom Brot allein. Er ist, wie Portmann es formulierte, von Anfang an begeistet, d.h. auf geistige, transzendierende Existenz hin entworfen. Eine solche Existenz läßt sich aber in den Knochenfunden nicht nachweisen. Was den Menschen zum Menschen macht, kann in den Fossilien nicht erkannt werden, weil es nichts Äußeres ist.

Die Bibel stellt den Menschen unter dem Aspekt des Geistes

dar. Gott gab dem geschaffenen Menschen das Bewußtsein seines Geschaffenseins durch Seinen Geist, und das machte ihn zum Menschen. Und es gleicht einer Ignoranz, so zu tun, so zu lehren, als hätte dieser Geist etwas zu tun mit Hirnvolumen und aufrechtem Gang. Man verwechselt hier Geist (hebr.: *ruach*, gr.: *pneuma*) mit Intellekt; und selbst bei Letzterem ist der Bezug zum Körper nicht so eindeutig (J. C. Eccles, 1982).

Es ist völlig unsinnig, eine am Knochenbau orientierte Abstammungstheorie in Beziehung setzen zu wollen zu den geistlichen Aussagen über den Menschen durch die Bibel. Wer das dennoch versucht, hat entweder vom Geist der Bibel nichts begriffen oder nicht verstanden, was Abstammungstheorie im Sinne des Darwinismus ist.

Es soll die Großartigkeit der Hypothese Darwins voll gewürdigt werden, aber deshalb muß um so entschiedener hingewiesen werden auf die Kompetenzgrenze dieses Ansatzes. Erziehung als Spezialfall von Entwicklung darf nicht auf den Aspekt der äußeren Anpassung begrenzt bleiben, sondern muß die spirituelle Dimension im Blickfeld haben, wenn sie zum Mensch-Sein erziehen will. Andernfalls ist der pädagogische Darwinismus vorprogrammiert: Höherentwicklung wird gemessen an der größeren Leistungsfähigkeit eines Systems. Gefragt ist aber in erster Linie Liebesfähigkeit und nicht Macht- und Leistungsfähigkeit, wenn wir uns nicht selbst vernichten wollen.

Entwicklung ist Anpassung an die Konstanten, an die Unveränderbarkeiten der Umwelt (der ökologischen Nische). Das jedenfalls gilt für die äußere, psychosomatische Entwicklung. Für die innere pneuma-psychische Entwicklung gilt eine andere Konstante. Das ist die Konstante des Todes (= das Bewußtsein von Vergänglichkeit). Und hier gilt: Nur die Liebe überwindet den Tod und den Haß; das Licht ist stärker als die Dunkelheit.

Der Mensch überschreitet in seiner Existenz das, was die Wissenschaft von ihm darzustellen und abzubilden vermag. Ohne Wissenschaft zu vernachlässigen oder gar zu verunglimpfen, möchte ich die Tatsachen der Entwicklung unter dem Primat des Innenaspektes des Erlebens und der geistlichen

Erfahrung deuten. Wenn wir Entwicklung so verstehen und die Tatsachen, die uns durch Beobachtung und Experiment erkennbar werden, von dieser Zielsetzung her ordnen und zu begreifen versuchen, werden wir entdecken, welches der Weg des Menschen zur Freiheit ist.

Der Mensch ist ein zutiefst religiöses Wesen, d. h. ein Wesen, das sich sehnt nach Freiheit und Liebe und ahnt, daß diese Freiheit und Liebe ihm gegeben werden muß, daß er sich nicht selbst erlösen kann, sondern der Gnade bedürftig ist: »Sicher ist jedoch – als empirischer Tatbestand –, daß die Religion entweder als solche oder in der Umdeutung zur Ideologie das für die gesamte Menschheit Unentbehrliche ist, das durch alle der Geschichte (und Vorgeschichte) bekannten Zeiten und Völker seine, das gesamte Leben beherrschende, Bedeutung erwiesen hat und nirgends eine Andeutung eines Verlustes dieser Rolle erkennen läßt« (P. Jordan, 1970, S. 151). Wenn wir das anerkennen, bleibt nur die Frage nach dem Wie und Wodurch einer geistlichen Erlösung zur Freiheit und zur Liebe.

Das notwendige Maß ökologischer Anpassungen wird gewährleistet durch Außenorientierung, beim Menschen insonderheit durch Denkprozesse. Die äußere Anpassung schafft die Rahmenbedingungen für die Entfaltung von Innerlichkeit. Die äußere Anpassung, nach dem darwinistischen Ansatz als Kampf ums Dasein beschrieben, bewegt sich als evolutives Geschehen zwischen zwei Grenzwerten. Der eine Grenzwert heißt: noch nicht überlebensfähig, und der andere Grenzwert heißt: nicht mehr überlebensfähig. In einer Entwicklung können Mutanten entstehen, die einen evolutiven Vorteil bilden, aber unter bestimmten Bedingungen können diese Mutanten in der Weiterentwicklung übertrieben werden, so daß sie zum Letalfaktor entarten. Die Entwicklung gerät dann in eine Sackgasse. Das ist besonders dann der Fall, wenn der Wettbewerb der Artgenossen ohne Beziehung zur außerartlichen Umwelt bleibt und so allein Zuchtwahl betrieben wird:

»Die reine, intraspezifische Zuchtwahl kann zur Ausbildung von Formen und Verhaltensweisen führen, die nicht nur bar jedes Anpassungswertes sind, sondern die Arterhaltung direkt schädigen können ... Wenn geschlechtliche Rivalität allein, ohne funktionelle Beziehung zu einer auf die Außenwelt gerichteten, arterhaltenden Leistung in bestimmter Richtung Zuchtwahl betreibt, kann es u.U. zu bizarren Bildungen kommen, die der Art als solcher durchaus nicht nützlich sind. Das Geweih der Hirsche z.B. wurde ausgesprochen im Dienst des Rivalenkampfes entwickelt« (K. Lorenz, 1963, S. 63). Konrad Lorenz weist auf den Argus-Fasan hin, der mit einem wunderschönen Augenfleck auf der Armschwinge vor den Augen der Henne balzt. Je größer der Augenfleck, desto größer die Chancen bei der Henne, um so größer die Zahl der Nachkommen. Auf diesem Wege wird durch Zuchtwahl der Augenfleck und damit die Armschwinge immer größer und schließlich so schwer, daß der Fasan in Gefahr steht, von einem Raubtier gefressen zu werden, weil er mit diesem »Luxus der Lust« nicht mehr richtig fliegen kann. »Aber die Evolution des Argus-Fasans hat sich nun einmal in die Sackgasse verrannt, die darin besteht, daß die Männer in bezug auf möglichst große Armschwingen miteinander konkurrieren« (K. Lorenz, 1963, S. 64).

Hier wirkt also der Aspekt der Innerlichkeit, der Aspekt des Erlebens evolutiv. Der Kampf ums Dasein liefert die Eckdaten (noch nicht... nicht mehr lebensfähig), zwischen denen sich die Innerlichkeit ökologisch eingeordnet entfalten kann. Daraus ergibt sich aber, daß es nach dem Wegfall außerartlicher Feinde keinen echten Kampf ums Dasein im Sinne des Findens und Verteidigens einer ökologischen Nische mehr gibt. So fehlen auch die Eckdaten, innerhalb derer sich der Luxus des Erlebens und des Geistes ungefährdet entfalten kann. Der Luxus des Erlebens ufert aus und gefährdet die Existenz durch Maßlosigkeit. In diesem Sinne zitiert K. Lorenz seinen Freund, den Ornithologen O. Heinroth: »Neben den Schwingen des Argus-Fasans ist das Arbeitstempo des westlichen Zivilisationsmenschen das dümmste Produkt intraspezifischer Selektion« und fügt dann selbst hinzu: »Die Hast, in die sich die industrialisierte und kommerzialisierte Menschheit hineingesteigert hat, ist in der Tat ein gutes Beispiel einer unzweckmäßigen Entwicklung, die ausschließlich durch den innerartlichen Wettbewerb zwischen den Artgenossen bewirkt wird« (K.

Lorenz, a.a.O., S. 65). Beim Tier führt die innerartliche Zuchtwahl ohne äußeren Anpassungszwang zu unzweckmäßigen und auch letalen Formen des Rivalisierens. Beim Menschen kann sich das Rivalisieren mit dem Besitzstreben verbinden und führt in dieser Kombination zu einem Kampf um Einfluß und Selbstbehauptung, der so unbegrenzt ist, wie die Angst des Menschen vor dem Tod oder der Vergänglichkeit grenzenlos ist.

Hieraus ergibt sich, daß das Rivalisieren der Menschen untereinander die Wurzel des Bösen ist. Rivalisieren ist Ausdruck der Angst, zu kurz zu kommen. Der Mensch versteckt sich in seiner Angst vor dem Tod/vor der Vergänglichkeit hinter den Dingen/Gaben. Er baut um sich her eine Mauer aus Steinen und kann die Angst doch nicht aufhalten; sie dringt durch. Der Mensch hat den Geber (Gott) verleugnet und hält sich an die Gabe, merkt aber, daß er damit (= von außen) seine innere Not nicht lösen kann. Der Mensch verwechselt die Gabe, das Geschenk mit dem Geber, mit der Liebe. Und weil er sich nach personaler Liebe sehnt, den Weg zu ihr aber schwer findet, ist er immer wieder versucht, nach den Gaben zu greifen. Er verschafft sich machbare Befriedigung, statt im Frieden zu sein. Der Mensch, der sich vom Geber aller guten Gaben gelöst hat, kämpft und rivalisiert um die Gaben. Sie wurden und werden zu Surrogaten für die Liebe (des Gebers). Er sucht vergeblich Frieden durch Befriedigung.

Die Eckdaten, die der Mensch braucht, um die Entwicklung seines Innenaspektes in Grenzen zu halten, kann er eben nicht aus jenem Rivalenkampf beziehen, da dieser ja selbst Ausdruck für den Mangel an echt begrenzenden Eckdaten ist. Der Mensch kann deshalb seinen Innenaspekt nicht von den Rahmenbedingungen (Eckdaten) her in Grenzen und deshalb auch nicht unter Kontrolle halten. Er verfügt nicht mehr über diese Möglichkeiten. Er bedarf deshalb einer Umbesinnung nach Innen mit dem Ziel, die Eigengesetzlichkeit der Innenseite des Daseins zu erkennen, um durch eine Binnenorientierung die für den Innenaspekt gültigen Ordnungen und Grenzen zu finden. Er muß notwendig dabei inneren Grenzen begegnen, die sich nicht ergeben aus dem Kampf gegen außerartliche

Feinde. Es sind vielmehr Grenzen, die ihm deutlich werden in dem Maße, wie er die innere Ordnung seines Daseins erkennt.

Aber für die Erkenntnis der inneren Ordnung ist der Intellekt als Instrument der Außenorientierung ungeeignet. Der Mensch bedarf zur Erkenntnis der inneren Ordnung der Dimension der Offenbarung. Er muß diese Dimension grundsätzlich anerkennen, wenn er sich auf dem Weg nach innen nicht verlieren will in Phantasie und Spekulation. Phantasie und Spekulation sind eine vom Außenbewußtsein abhängige Innerlichkeit. Jene von den Außenbedingungen unabhängige Innerlichkeit ist eine Innerlichkeit eigener Art. Sie ist identisch mit der Innenseite der gesamten Schöpfung. Diese Innenseite hat äußere Gestalt gewonnen in dem Wort, das Fleisch geworden ist, in Jesus Christus von Nazareth: »Wahrlich, ich sage dir: Wir reden, was wir wissen, und bezeugen, was wir gesehen haben; ihr aber nehmt unser Zeugnis nicht an. Glaubt ihr nicht, wenn ich euch von irdischen Dingen sage, wie werdet ihr glauben, wenn ich euch von himmlischen Dingen sage? Und niemand fährt gen Himmel, außer dem, der vom Himmel herabgekommen ist, nämlich der Menschensohn, der im Himmel ist« (Jesu Selbstzeugnis nach Johannes 3,11–13).

Auf dem Weg nach innen überschreiten wir die seelisch-sinnliche Dimension und werden der geistlichen Offenbarungsdimension gewahr. Als sicheren Führer (Hirten) auf diesem Weg brauchen wir den Einen, der alle Himmel, alle Höhen und die Tiefen der Finsternis durchschritten hat und den Menschen von innen kennt. Wer den Außenaspekt wissenschaftlicher Herangehensweise verabsolutiert, kann den darwinistischen Ansatz nicht relativieren, versucht alles, auch die Eigengesetzlichkeit der inneren Evolution, von außen zu sehen und von der Zweckmäßigkeit her zu begründen. Das aber gelingt nicht; denn Liebe ist utilitaristisch nicht faßbar.

Diese Wendung nach innen bedeutet nicht Leugnung oder Abtötung der Sinnlichkeit und des Außenbezuges (das ist der Weg des Buddhismus), sondern sie bedeutet ein Freiwerden vom Druck der Verhältnisse und vom Druck der Bedürfnisse und Rahmenbedingungen. Die Abtötung der natürlichen Bedürfnisse ist menschenunwürdige Selbstverstümmelung und führt nicht zur Freiheit, sondern ist eine negative Abhängigkeit vom Befriedigungsobjekt. Nicht die große Verweigerung ist Freiheit, sondern die Geborgenheit in der Liebe des Vaters. Jesus Christus sagte der Frau am Jakobsbrunnen nicht: »Töte den Durst ab«; er gab ihr lebendiges Wasser, damit sie nie mehr Durst bekäme. Gewinnung des Neuen und Sekundärwerden des Alten, das ist der richtige Weg nach innen. Nur personale Geborgenheit durchbricht den Zirkel von Bedürfnis und Befriedigung und macht frei vom Zwang der Außenorientierung. Nur für den Außenaspekt ist Freiheit identisch mit Zufall; für die Menschen, denen sich Gott offenbart hat, ist Gott auch der Herr des »natürlich-vergänglichen« Zufalls. Ein solcher Mensch weiß sich geführt und nicht ausgeliefert einem zufälligen Schicksal gehäufter Zweckmäßigkeiten.

Unsere Außenorientierung macht uns blind für die innere Wirklichkeit. Dieses Sich-Verlassen auf das Sichtbare ist wie der Vorhang vor dem Heiligtum; er trennt uns vom Heiligen, von der Wahrheit. Als Jesus am Kreuze starb, zerriß der Vorhang und der Weg nach innen in das Licht Gottes wurde frei. Es geht nicht darum, die Sichtbarkeit, unsere Bedürfnisse zu leugnen, abzutöten, sondern wir können und sollen mitten hindurchgehen in der Kraft und im Namen dessen, der diesen Weg freigemacht hat. Dann erhalten wir den »Durchblick in das vollkommene Gesetz der Freiheit« (Jakobus 1,25).

Höherentwicklung ist Entwicklung zur inneren Freiheit der Liebe und nicht Kampf um das nackte Überleben. Durch den Verlust des Innenaspektes geraten Phylogenese und Ontogenese unter das Selektionsprinzip der Macht, wie es von Ch. Darwin erkannt wurde. Daher bleibt offen, ob die (innere) Evolution durch den Einbruch des Außenaspektes der Macht grundsätzlich verändert oder nur akzidentiell geschädigt wurde.

Die wissenschaftliche Herangehensweise favorisiert denkimmanent den darwinistischen Ansatz und verabsolutiert ihn. Ob das richtig ist, wird nicht nur von der akademischen Zoologie bezweifelt (A. Portmann, A. E. Wilder-Smith), sondern erscheint unter der Bedeutung des Innenaspektes grundsätzlich hinterfragbar.

Der Weg zur inneren Freiheit erreicht im Menschsein die volle Ausformungsmöglichkeit, aber die Wurzeln dieser Freiheit sind verzweigt und reichen tief. Auf diesem Weg zur Freiheit liegt das Spiel der Appetenz, das Spiel der Gedanken, das Spiel der Sprachgestaltung und der schöpferischen Phantasie. Zu dieser inneren Freiheit gehören auch alle Arten der Selbstwahrnehmung, der Reflexion unter Wahrung der Grenze der Verwortbarkeit. Hierzu gehören die Selbstzeugnisse von Innerlichkeit in Träumen, Märchen, Mythen, Gleichnissen und in Erleuchtungen/Offenbarungen. Wir haben für die Phylogenese von Innerlichkeit (Erlebens-Modus) keine einheitliche Theorie, die dem darwinistischen Ansatz für die Phylogenese der äußeren Lebensformen (Anpassungs-Modus) vergleichbar wäre. Es können nur einige Beobachtungen geordnet werden:

Die ersten Anzeichen von Innerlichkeit finden wir im Übergang von einer bloß physiologischen Reizbarkeit zur Sensibilität. A. N. Leontjew (1964) hat den Nachweis geführt, unter welchen Bedingungen die bloße Reizbarkeit zur Sensibilität führt. Er stellte folgende Überlegungen an: In einer homogenen Umwelt besteht für niedere Tiere (Einzeller im Meer) noch keine Notwendigkeit, zwischen assimilierbaren und nichtassimilierbaren Reizen zu unterscheiden. Es ist einfach genug Nahrung von assimilierbaren Reizen vorhanden und den nichtassimilierbaren beigemischt.

Wenn das Umfeld nicht homogen ist oder wenn die Nahrung spezifischer werden muß, weil ökologische Nischen ausgenützt werden müssen, haben jene Organismen einen evolutiven Vorteil, welche zu unterscheiden vermögen zwischen Reizen, die assimilierbare Nahrung sind, und solchen, die unverdaulich sind (= nichtassimilierbar). Ein weiterer evolutiver Vorteil entsteht dann, wenn die unverdaulichen Reize zum Signal für das Vorhandensein von verdaulichen Reizen werden. Für einen Frosch ist beispielsweise das Summen einer Fliege ein unverdaulicher, nichtassimilierbarer Reiz. Wer diesen Reiz als Signal zu erkennen vermag für das Vorhandensein eines assimilierbaren Reizes (der Fliege), wird schneller zum Ziel kommen. Er ist im Vorteil. Er ist sensibel geworden für Reize, die ihn hinweisen auf Nahrung. Dies wäre, am Beispiel ausgedrückt, der Übergang von der bloßen Reizbarkeit zur Sensibilität. Noch ist das Finden der Nahrung vom Zufall abhängig, von der zufälligen Begegnung mit Hinweis-Reizen. Die Speicherung dieser Hinweis-Reize führt zur Programmierung feststehender Richtreize, durch diese wird die Nahrungssuche ökonomischer, zielgerichteter, vom Zufall entlastet.

So entstehen durch die Sensibilität erste innere Freiheitsgrade. Erst mit der Speicherung einer für Vorhandensein von Nahrung typischen Gesamtsituation, bestehend aus vielen Einzelsignalen, und mit der Zurverfügungstellung von angeborenen Formen des Verhaltens entstehen weitere Freiheitsgrade. Die ineffektive Zufälligkeit bei der Nahrungssuche wird ersetzt durch ein instinktiv gesteuertes Appetenzverhalten, das den Organismus mit größerer Sicherheit zur Nahrungsquelle zu führen vermag, zumal im Bereich der Appetenz aus Erfahrungen (zusätzlich zum Instinktprogramm) gelernt werden kann. Somit entsteht allmählich ein innerer Freiraum, der gekennzeichnet ist von einer vorübergehenden, zeitlich mehr oder weniger ausgedehnten Unabhängigkeit vom Druck der Bedürfnisse.

Beim Menschen schließlich kann dieser innere Freiraum durch Reflexionsfähigkeit und durch Verhaltensvorwegnahme erweitert und durch Nachinnennahme der Um-Weltsicht zur Weltanschauung ausgebaut werden. Beim Menschen wird der innere Freiraum zum Hiatus der Besinnung. Und wir täten gut daran, diesen evolutiv gewachsenen inneren Freiraum nicht durch eine sekundäre Außenorientierung und Außenreizabhängigkeit wieder preiszugeben, sondern zu begreifen, daß die Entwicklung der inneren Freiheit letztlich hinzielt auf ein Freisein vom Bestimmtwerden durch die Sichtbarkeit.

Jeder neu gewonnene Freiraum ist gekennzeichnet durch eine Grenze, denn Freiheit ist Geborgenheit in Begrenzung und nicht Abwesenheit von Zwang und Grenze. Zweifellos hat die Innerlichkeit in der Selbstinnewerdung des Menschen ihre höchste Ausprägung erfahren. Dabei soll aber die Frage offenbleiben, ob »bloße« physiologische Reizbarkeit notwendig ohne Innerlichkeit gedacht werden muß, nur weil wir a) nach darwinistischem Ansatz nicht zu erkennen vermögen, daß auf dieser Entwicklungsstufe Innerlichkeit evolutiv einen Vorteil brächte, oder weil uns b) die Annahme bloßer physiologischer Reizbarkeit im Sinne der sparsamsten Erklärung genügt, um das Überleben so einfacher Organismen zu deuten. Es bliebe zu überlegen, ob das für den Außenaspekt der Anpassung durchaus sinnvolle Ökonomie-Prinzip auch für den Innenaspekt Gültigkeit hat. Innerlichkeit als Wegtauchen ist egozentrisch und sinn- und verantwortungslos.

Innerlichkeit, die uns nicht wegführt von der Verantwortung für die Welt, ist eine Innerlichkeit, die die Eckdaten der Außenanpassung im Sinne des darwinistischen Konzeptes vom Kampf ums Dasein anerkennt als Grenzen, innerhalb derer die Ausdifferenzierung der Dimension des Erlebens möglich und evolutiv wirksam werden kann. Die Daten der Außenanpassung bilden nur den Rahmen; die Erfahrung von innerem Erleben bilden Inhalt, Reichtum und Zentrum der Selbstinnewerdung des Daseins mit der höchsten Ausprägung im Daseinsvollzug des Menschen. Erst im Inne-Sein des Menschen vollzieht sich die Verbindung zur Innenseite der Schöpfung, wird der Mensch frei zu einem Existenzvollzug von innen nach außen durch Überwindung der Außenleitung ohne Leugnung des Außenaspektes: »Auf dein Wort hin wollen wir die Netze auswerfen« (der Apostel Petrus zu Jesus Christus).

Wenn wir die Entwicklung solcher inneren Freiräume beschreiben, dann geht dies nicht ohne Angabe jener Grenzen, die zur Gewinnung weitergehender Freiräume jeweils überschritten werden müssen: Die mit der (1) *Sensibilität* gewonnene innere Freiheit (= aufkeimende Selbststeuerung) wird begrenzt durch den Zufallscharakter hinsichtlich der verschiedenen Reizkonstellationen. Die Sensibilität ermöglicht nur einen unmittelbaren Hinweis auf Reize. Indirekte und komplexere Zusammenhänge erscheinen, weil undurchschaubar, noch wie zufällig. Die bloße Sensibilität ohne zusätzliche, systemeigene Programme der Orientierung hat keine Möglichkeit, die Beziehung zur Außenwelt aktiv anzugehen. Ein solcher Organismus kann sich der Außenwelt weder aktiv zuwenden, noch kann er sich ihr aktiv entziehen.

Die Abhängigkeit vom Zufall der äußeren Reizkonstellation

wird überwunden durch die Entwicklung von Gedächtnisleistungen (Reizspeicherung), Aufbau von einem Erwartungshorizont und *Intentionalität* (2).

Erst mit der Entstehung von *Richtreizen* wird der Übergang von einem homogenen Milieu zu einem heterogenen Milieu möglich (N. Leontjew). Durch Richtreize erhält der Organismus Hinweise auf assimilierbare Stoffe. Er wird vom ziellosen Suchen nach assimilierbaren Stoffen entlastet und gewinnt so einen ersten inneren Freiraum.

Aber dieser Freiraum ist begrenzt durch das zufällige Antreffen von Richtreizen. Diese Grenze der zufälligen Begegnung von Richtreizen (Warten auf den Zufall) wird überwunden durch die Koordination von Richtreizen im Erwartungshorizont eines Organismus und deren Verankerung im Erbgang eines Organismus (= *Instinktprogramme* als angeborene Formen des Erkennens und des Verhaltens: »Schlüsselreize« und »Erbkoordinationen«) (3a).

Mittels instinktiver Programme kann das Tier seine Kräfte ökonomischer einsetzen; es gibt Zeiten der Entspannung und des instinktiven Müssens. Die Starrheit der Instinkte kann im »entspannten Feld« (G. Bally) passager aufgehoben sein, es entsteht der Freiraum der *Appetenz* und des *Spieles*, wie wir das bei Jungtieren (bei kleinen Katzen) gut beobachten können. Spiel ist »Appetenz im entspannten Feld« (G. Bally) (3b). Das Agieren mit Instinkten im entspannten Feld, die Betätigung der Appetenz außerhalb der Ernstsituation schafft eine reiche, affektive Ausgestaltung der Innenwelt (Valenzbildung).

Es entstehen sogenannte »Gerundiv-Objekte« (P. Helwig): etwas zu Fressendes, etwas zu Fürchtendes, etwas Bergendes usw.

Dennoch bleibt dieser Freiraum grundsätzlich begrenzt (an das Alter der Jugendzeit gebunden) und durch die Ernstsituation eingeengt.

Erst durch eine Überwindung der instinktiven Starrheit mittels zunehmender Lernanteile gewinnt das Tier neue Freiheitsgrade.

Die Assoziation von Wahrnehmung und Affekt, eine vorherrschende *Neugier* führt zu »Kosmopoliten« (K. Lorenz), zu der Fähigkeit, überall zu Hause zu sein, sich umfassend anpassen zu können an verschiedene Umweltverhältnisse. Es entsteht eine dialogische Beziehung, das Prinzip der Frage und eine Merkmalsstruktur der Umgangserfahrung (4). Es entwickelt sich die Welt der individuellen Erfahrung, des *Lernens*. Dieser große Freiraum wird begrenzt durch die Notwendigkeit, neue Situationen selbst individuell zu orientieren; und das geschieht durch *Versuch und Irrtum*.

Dieses Probierhandeln begrenzt den Freiraum des individuellen Lernens.

Die Erweiterung dieser Grenze erfolgt durch eine Nach-Innen-Nahme des Probierhandelns in die »zentrale Repräsentanz des Raumes« (K. Lorenz), in den Binnenraum der Vorstellungen. *Handeln aus Einsicht*, primäre Aufgabenlösung wird möglich (5).

Die Grenze der Einsicht liegt in der *non-verbalen Kommunikation*. Die Überwindung der Grenze erfolgt durch das Wort als Vehikel symbolischer Verständigung – »Nein« und »Ja« als »erster abstrakter Begriff« (R. A. Spitz). Es entsteht der *Freiraum konkreter und formaler Operationen*. Es ist der Freiraum des Menschseins, der Raum von Reflexivität und wissenschaftlicher Erkenntnis (6).

Die Grenze dieses Freiraumes begegnet uns an der Unfähigkeit, in jeder Situation das Denkbar-Mögliche von dem Wünschbaren hinreichend scharf zu differenzieren. Die Grenze wird überschritten durch Gültigkeitskriterien, die eine Nachprüfbarkeit, Berechenbarkeit und Vorhersagbarkeit gewährleisten. Es entsteht der *Freiraum der Planbarkeit* (7).

Der Berechenbarkeit und Planbarkeit sind Grenzen gesetzt durch einen nicht kalkulierbaren Rest, durch Irrtumsmöglichkeit, Fehlbarkeit und Erkenntnisdefizite. Diese Grenze wird überschritten durch Wagnis und Risiko. Es entsteht der *Freiraum des existentiellen Grenzerlebnisses* (8).

Dieser Freiraum ist prinzipiell labil und ständig bedroht durch den Risikofaktor Mensch.

Hier an dieser Grenze des nicht kalkulierbaren Risikos, der Irrtumsmöglichkeit, an dem Ort der gefährlichen Prognosen und möglichen technischen und/oder menschlichen Fehlsteuerungen scheiden sich die Menschen (»die Geister«) nach der Art und Weise, wie sie sich angesichts dieses Restrisikos verhalten.

Der Mensch hat existentiell drei Möglichkeiten: a) seinen Grenzen zu trotzen, um mittels Macht die Risiko-Angst zu kompensieren, oder b) nach einer höheren Geborgenheit und Weisheit zu suchen, um sich dieser in seiner und mit seiner Begrenztheit anzuvertrauen, oder c) diese Welt zu verlassen (= Flucht, Regression, Sucht, Spiritismus). Im Weg (a) verläßt der Mensch die bis dahin evolutiv gewonnene Freiheit; er belastet sie mit dem einengenden Faktor »Angst«. Auf dem Weg (b) gewinnt der Mensch eine neue Freiheit (jene, die höher ist als seine Vernunft) und wächst so aus Gnade über sich selbst hinaus. Auf dem Weg (c) begibt er sich in irrationale Unorientiertheit. (Abb. 3)

Im Weg (a) verläßt der Mensch nicht nur den ihm phylogenetisch gewordenen Freiraum, sondern verliert zunehmend seine innere Freiheit an die Angst. Er wird zum Spielball der Verhältnisse, die eine Eigendynamik entfalten, der er unterworfen ist (Angst und Rüstungswettlauf).

Weil es in der Evolution keinen Stillstand geben kann, empfangen wir durch den Gebrauch der uns gewordenen Freiheit im Akt einer freien Entscheidung entweder die Geborgenheit in der Liebe Gottes (b), oder wir verlieren auch das, was wir bis dahin an Freiheit gewonnen haben (Weg a, Weg c). Der Weg (a) von Eigenmacht und Selbsterlösung treibt uns angesichts des nichtkalkulierbaren Faktors Mensch zurück in die Zwänge der Angst (= Gleichgewicht des Schreckens) und unterwirft uns schließlich wieder dem Zufall, bringt uns in die Abhängigkeit hochsensibler Abschreckungssysteme, die gleichsam aus Versehen ausgelöst werden können.

Der Weg (b) läßt uns geistlich wachsen im Vertrauen zur Wirklichkeit Gottes; dem Menschen wird der Blick geöffnet für die wahre Freiheit. Die innere Revolution der Liebe überwindet die äußere Evolution der Macht und Anpassung. Und diese neue Geborgenheit schafft die Möglichkeit zu einem Freisein vom zweckbestimmten Denken und Handeln; die biologisch-psychische Existenz der Außenorientierung und Außenanpas-

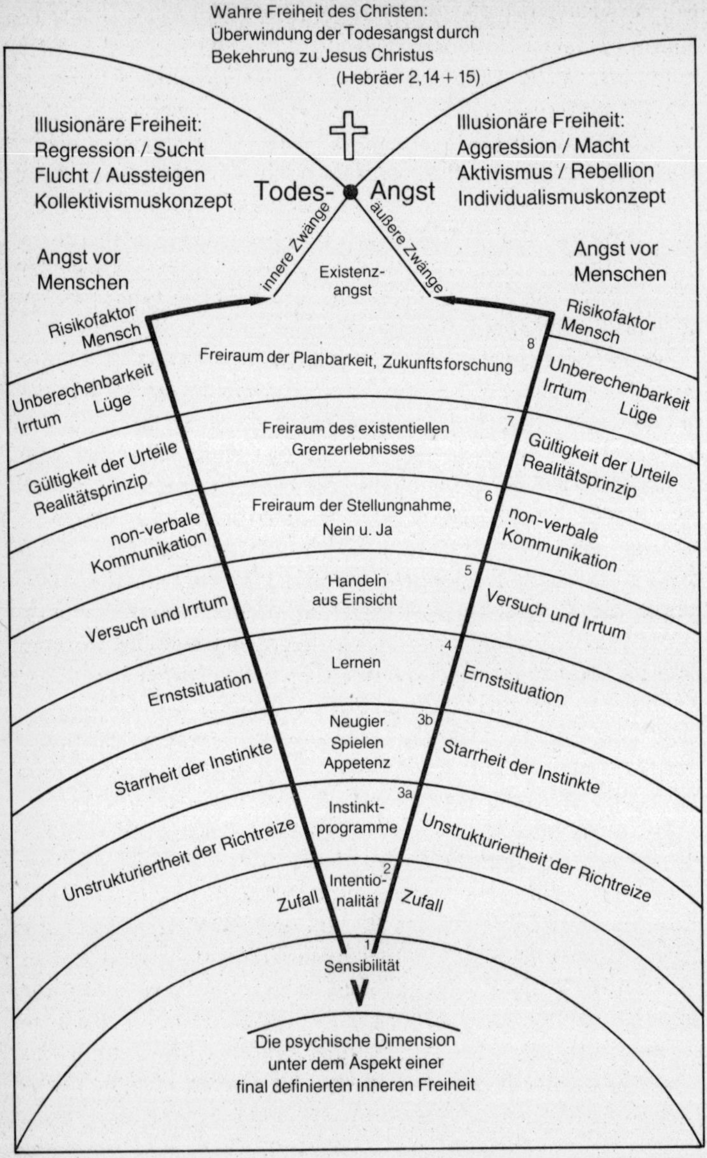
Wahre Freiheit des Christen:
Überwindung der Todesangst durch
Bekehrung zu Jesus Christus
(Hebräer 2,14 + 15)
Illusionäre Freiheit:
Regression / Sucht
Flucht / Aussteigen
Kollektivismuskonzept
Illusionäre Freiheit:
Aggression / Macht
Aktivismus / Rebellion
Individualismuskonzept
Todes- Angst
innere Zwänge
äußere Zwänge
Existenz-
angst
Angst vor
Menschen
Angst vor
Menschen
Risikofaktor
Mensch
Risikofaktor
Mensch
8
Freiraum der Planbarkeit, Zukunftsforschung
Unberechenbarkeit
Irrtum Lüge
Unberechenbarkeit
Irrtum Lüge
7
Freiraum des existentiellen
Grenzerlebnisses
Gültigkeit der Urteile
Realitätsprinzip
Gültigkeit der Urteile
Realitätsprinzip
6
Freiraum der Stellungnahme,
Nein u. Ja
non-verbale
Kommunikation
non-verbale
Kommunikation
5
Handeln
aus Einsicht
Versuch und Irrtum
Versuch und Irrtum
4
Lernen
Ernstsituation
Ernstsituation
3b
Neugier
Spielen
Appetenz
Starrheit der Instinkte
Starrheit der Instinkte
3a
Instinkt-
programme
Unstrukturiertheit der Richtreize
Unstrukturiertheit der Richtreize
2
Intentio-
nalität
Zufall
Zufall
1
Sensibilität
Die psychische Dimension
unter dem Aspekt einer
final definierten inneren Freiheit

Abb. 3

sung wird geistlich überwunden. Der darwinistische Ansatz des Kampfes ums Überleben muß also begrenzt bleiben auf den Außenaspekt der Existenz und verliert damit seinen Charakter als Weltanschauung/Religionsersatz. Das nichtkalkulierbare Risiko des Menschen an der Grenze seiner Möglichkeiten (= Machbarkeit) ist somit das Risiko seines Vertrauens. Es gibt also eine Freiheit des Vertrauens. Sie wird begrenzt durch die »Trag-Weite« der Hoffnungen, die angesichts der Grenzen ausformuliert werden und in Erscheinung treten. Nur in den Grenzsituationen unserer Existenz entsteht die Frage: »Worauf verläßt du dich?«

Wurzelt die Hoffnung im Selbst (Selbstbehauptung im Sinne des Überlebens der Tüchtigen) und ist die Freiheit identisch mit Selbstverwirklichung, so ist die Freiheit so weit bzw. so groß wie das Selbstvertrauen. Nach diesem Konzept eines pädagogischen Darwinismus ist die Hoffnung eine Funktion der Macht, der Leistung, der Machbarkeit. Und sie wird ständig bedroht von der Angst, nichts leisten oder nichts machen zu können. Diese Hoffnung ist bedrängt vom Mißtrauen, sei dieses subjektiv als Folge von Minderwertigkeitsgefühlen empfunden oder sei es objektiv gegeben durch das Vorhandensein von Fremd-Mächtigkeiten. Der Feind einer Hoffnung, die auf Selbstverwirklichung/Leistung basiert, ist die Abnahme der psychophysischen Leistungsfähigkeit (Lebensbilanzkrisis), letztlich der Tod. Unter dem Aspekt des Kampfes ist mit dem Tode alles aus. Nur unter dem Aspekt »Liebe« kann man über den Tod hinaussehen. Die Liebe ist mächtiger als der Haß, stärker als der Tod; die Liebe bleibt. Unter dem Einfluß der Macht verlieren wir also, was wir an Freiheit gewonnen haben, weil durch den Lärm der Macht die Liebe als Möglichkeit nicht mehr gesehen werden kann. Denn unter dem Aspekt des »Kampfes ums Dasein« wird die Feindesliebe als Ausdruck von Schwäche gedeutet und gewertet. Wer die Freiheit mit Macht zu erringen versucht, wird zum Sklaven der Angst. Alle sogenannten Freiheitsbewegungen, die militant vorgehen/vorgingen, sind/waren letztlich zum Scheitern verurteilt.

Es ist erkenntnistheoretisch nicht möglich, Schöpfungsbericht und Evolution im Sinne des Darwinismus zu vergleichen, weil die beiden Ansätze nicht vergleichbar sind. Denn der Darwinismus geht vom Aspekt der Macht aus (Kampf ums Dasein, Selektion und Mutation); Gottes Wort sieht die Evolution unter dem Aspekt von Schöpfungswille und Liebe; Liebe und Macht schließen sich aber hinsichtlich einer Vergleichbarkeit gegenseitig aus. Wenn das begriffen würde, könnte viel Fanatismus ad acta gelegt werden.

Die Evolution ist einen Weg gegangen, dessen – wenn auch nicht bruchlose – Verlängerung den Weg Jesu beinhaltet, so wie er in den Aussagen des Neuen Testamentes uns dargelegt ist. Es ist der Weg einer Liebe, der die Aggressionen überwindet. Insofern erhält die Aussage des Apostels Paulus im Römerbrief ihre volle Gültigkeit, wenn er formuliert, daß das Unsichtbare Gottes, das ist seine ewige Kraft und Gottheit, an den Werken der Schöpfung (der Natur) durch Nachdenken wahrgenommen wird (Römer 1). Die Unsichtbarkeit Gottes ist seine Liebe, die den Tod, die Aggression überwindet. Wir können nur als einzelne den Bruch in der Evolution überbrükken und zum Ziel unserer Entwicklung gelangen, wenn wir Gottes Heiligen Geist empfangen und wieder in persönliche Beziehung treten zu unserem Schöpfer; dann wurzelt die Hoffnung in der personalen Beziehung zu Gott. Dazu haben wir das Wort als Träger des Gebetes. Damit Gott kein bloßes Gedankending ist, hat Er sich in Seinem Sohn offenbart, und dieser ist, weil er lebt (auferstanden von den Toten!), Ansprechpartner im Gebet. Das und nichts anderes ist christlicher Glaube und eine Hoffnung, die alles überwindet, auch die Angst und den Tod.

Die Sprache erschöpft sich eben nicht darin, daß sie Gegenständliches abzubilden und darzustellen hat; ihre Wurzeln reichen tiefer. Sie ist personal, emphatisch erlebte Zugehörigkeit und vermittelt eine Innenwelt, die grundsätzlich anders ist als die materiale Außenwelt. Es ist die Welt von Logos und Rema. Geist ist eben nicht Intellekt/Denken; Geist ist geistliche Dimension: »Ich habe dich bei deinem Namen gerufen; du bist mein.« Gebet ist deshalb nicht Vergegenständlichung oder Vergegenwärtigung Gottes im Sinne eines selbstgemachten Bildes, einer Projektion. Er ist durch das Wort des Evangeliums und Gebet erfahrbare personale Wirklichkeit (Galater 1,11+12).

Wir müssen uns deshalb fragen, ob die Fähigkeit zur Aufstellung großer, wortreicher, gedanklicher Weltentwürfe (Weltformel) nicht zutiefst existentiell ein Suchen ist nach dem erlösenden Wort, nach *dem* Wort, das die Tür öffnet zur Wahrheit, das der Vergänglichkeit übergeordnet ist. Jesus hatte durch das Wort Macht (der Liebe) über die Materie; wir benutzen das Wort zur Bezeichnung von (materieller, sinnlicher) Wirklichkeit. Die Freiheit des Christen besteht darin, daß wir ein Wort haben, welches der Sache übergeordnet ist, eine Liebe, die höher ist als unsere (wissenschaftliche) Erkenntnis.

Nur von außen gesehen erscheint Evolution deterministisch.[6] Diese Einseitigkeit haben große Naturwissenschaftler schon erkannt. Auch Albert Einstein hat im Zusammenhang mit seiner Kritik an der darwinistischen Evolutionstheorie den bekannten Satz geäußert: »Der Alte würfelt nicht: Meine Religion besteht in der demütigen Anbetung eines unendlichen, geistigen Wesens höherer Natur, das sich selbst in den kleinen Einzelheiten kundgibt, die wir mit unseren schwachen und unzulänglichen Sinnen wahrzunehmen vermögen« (Einstein nach Barnett, 1955, S. 134). Für Einstein ist Natur nicht mit Gott identisch; sie betet er nicht an (vgl. Römer 1, 18 ff.).

Auch der bekannte Baseler Zoologe A. Portmann kommt zu dem Schluß: »Leben ist ja immer auch mehr als bloßes Zeugnis für das molekulare Geschehen. Das Lebendige hat noch eine höhere Ordnung. Es ist die Dimension der Innerlichkeit, die wir von uns selbst am gewissesten kennen, die wir aber auch bei anderen Lebewesen am Werk finden« (Portmann, 1956, S. 8).

Da wir von außen das Innen nicht begreifen können, erscheint es als unerwünschter Störfaktor und als Gegensatz. Aber von innen her läßt sich das Außen deuten als das Vergängliche gegenüber dem Bleibenden.

[6] »Ich glaube an die Macht der menschlichen Vernunft, und ich glaube an die Macht der Selektion, und ich glaube, daß die Vernunft vernünftige Selektion treibt« (K. Lorenz, 1963, S. 413).

Von der Wirklichkeit der Innenseite her werden uns auch die Wunder Jesu (etwa die Stillung des Sturmes) verstehbar, aber nicht wissenschaftlich erklärbar. Ein Erklärenwollen wird der Funktion der Wunder nicht gerecht, denn wir sollen uns dem vertrauend unterstellen, der sie bewirkt, damit wir vernehmen, was Er uns damit zu sagen hat. Im Erklären fehlt aber die notwendige Demut, und deshalb sind sie dem Intellekt nur ein Ärgernis.

Frei werden wir niemals durch den groben Außenaspekt der Macht und des Kampfes ums Dasein; frei werden wir nur durch die starke Kraft einer überwindenden Liebe, die man zwar zum Schweigen bringen, aber nicht töten kann. Liebe ist das Zentrum einer verbindenden, positiven Innerlichkeit. So läßt sich die Entwicklung unter dem Außenaspekt von den ursächlichen Bedingungen her partiell erklären; aber die Sinnfrage bewältigen wir nur auf dem Wege der Innerlichkeit.

Die Entwicklung der organischen Welt ist nicht das Ergebnis einer Folge von Zufällen; das Ziel der Entwicklung ergibt sich nicht aus den einzelnen Akten, sondern die einzelnen Akte ergeben sich von einem (inneren) Ziel her. Um Entwicklung retrospektiv zu erkennen, brauchen wir die kausale Betrachtungsweise, um erziehen zu können, den finalen Aspekt.

Erst beide Aspekte ermöglichen eine ganzheitliche Betrachtung von Entwicklung, machen ihre vertikale und horizontale Einbindung sichtbar.

5. Einordnung und Zuordnung im Sinne vertikaler und horizontaler Verankerung unserer Entwicklung als identität-stiftendes Bezogensein

Die existentielle Bedeutung des Innenaspektes im Lebensvollzug ist in der Alltagserfahrung nachprüfbar: »Bevor der Mensch als Person wählend über sich selbst verfügt, ist er selbst seiner eigenen Verfügung immer schon als vorpersonale Natur vorgegeben. Ehe es zum allerersten freien Akt und zu jedem weiteren kommen kann, ist der, der ihn setzt, schon in einem bestimmten Sosein, mit einem individuellen Charakter da, den dann freilich auch die eigenen Entscheidungen mitformen« (A. Görres, 1965, S. 78 f.). Die vorpersonale, seelische Lebensbewegung und die Strukturen, die sie tragen, gehen der wählenden Selbstbestimmung jeweils voraus. Sie bilden die Hintergrunddynamik, mit der eine Person ihre Entscheidungen im Hier und Jetzt trifft.

So gibt es »eine Unzahl unwillkürlicher seelischer Vorgänge, die nicht danach fragen, ob sie dem Erlebenden recht sind oder nicht, über die er nur beschränkt verfügen kann und für die er darum auch gar nicht oder nicht voll verantwortlich ist: Hunger, Schmerz, Müdigkeit, spontane Antriebe, Gefühle und Stimmungen, Neigungen und Abneigungen . . . Erinnerungen, Phantasien, Gedanken, Impulse . . . unbewußte Vorgänge und Psychismen, all das gehört in diesen Bereich des unwillkürlichen, vorpersonalen Geschehens« (A. Görres, a.a.O., S. 78) und ist von personal-bewußten Akten zu unterscheiden.

Wenn man diese Unterscheidung berücksichtigt, ist es für die Entwicklung und Erziehung eines heranwachsenden Kindes wichtig zu wissen, was Verdrängung ist und wie es zu solchen inneren Bestimmungen kommt. Einsicht in diese Zusammenhänge und Verstehen ihrer Genese helfen uns zur Klärung der Frage: »Was geht in einem Menschen/was geht in mir selbst vor?« Und damit steht diese Einsicht in einem direkten Bezug zur Innenseite unserer Existenz. Bedenken wir, daß die Innenseite unserer Existenz die Basis unserer Identität ist. Unsere Identität ist nicht unsere Rolle, denn das wäre eine Außenbestimmung, eine Außenleitung des Menschen. Der Mensch lebt von innen nach außen und nicht umgekehrt (vgl. dazu: R. Seiß, 1983^{2}).

Die Psychoanalyse ist das notwendige Korrektiv zu einer nur äußeren Herangehensweise an den Menschen. Sie vermittelt Einfühlung, Verstehen, Selbsterkenntnis und ermöglicht damit Selbstannahme. Wo Selbstannahme von Rückmeldung und Fremdannahme abhängig gemacht wird, kann sich keine Freiheit entwickeln. Selbstannahme ist das Annehmen unseres Gewordenseins. Deshalb gehört zur Klärung der Identitätsfrage das Verstehen der eigenen Struktur und deren Ordnungsfaktoren (= innere Orientierung).

Die Identitätskrise der Jugendlichen in der Gegenwart hat viele Wurzeln: Eine davon ist die Erziehung zur Geschichtslosigkeit, die Überbewertung der Hier- und Jetzt-Situation und die einseitige Ausrichtung auf eine unsichere, unbestimmte Zukunft (diese Unvernunft wurde nicht bemerkt, weil sie verkauft wurde unter dem zugkräftigen Schlagwort »progressiv«). Eine andere Wurzel liegt im Verlust der Werte und einer gravierenden Gottlosigkeit, die dem Menschen die innere Orientierung nimmt. Innere Ordnung (= seelische Homöostase) in Gestalt personaler Zuordnung und umfassender Einordnung sind Voraussetzungen einer eigenständigen, gesunden Anpassung an den Außenaspekt des Daseinsvollzuges.

Dieses Prinzip von Einordnung und Zuordnung gilt schon auf dem Zellniveau. Wenn man Zellen eines bestimmten Organs herausnimmt und in einer Kultur künstlich weiter vermehrt, teilen sie sich (menschliche Zellen durchschnittlich 50mal) bis sie sterben. Interessant ist, daß sie mit fortgesetzter Teilung ihre Individualität verlieren, immer unspezifischer, anonym werden. Wenn man sie rechtzeitig wieder zurückverpflanzt, ihre Einordnung und Zuordnung wiederherstellt, gewinnen sie ihre alte Individualität zurück und erfüllen wieder ihre Aufgabe gemäß ihrer Ein- und Zuordnung, sie leben und arbeiten sinngemäß/sinnvoll. Später zurückverpflanzte Zellen werden dagegen abgestoßen. Dieses Grundmuster organischen Seins finden wir auch gültig für den sozialen Organismus der Menschen. Wird ein Mensch von der Gemeinschaft isoliert, verliert er seine Einordnung in ein höheres, umfassenderes Ganzes und seine Zuordnung zum Nächsten, wird er einsam und degeneriert zum Partikel einer anonymen Masse. Er erlebt sein Leben sinnlos, weil nichts mehr sinnvoll ist, was er tut. Er weiß aufgrund mangelnder Einordnung nicht mehr, was er soll, und deshalb weiß er auch nicht mehr, wer er ist.

Nicht zufällig spricht das Neue Testament vom Leib der Gemeinde als dem Leib Christi: Organismus und eben nicht (kirchliche) Organisation. Der Leib Christi hat viele Glieder, die durch das Band der Liebe (durch Gottes Geist) einander zugeordnet und Gott eingeordnet sind.

Eine isolierte Selbstliebe (Recht auf Lust, Emanzipation)

führt zur Anonymität, endet letztlich in der Sinnlosigkeit, ist tödlich, weil sie dem Naturgesetz der belebten Natur und dem spirituellen Gesetz Gottes nicht entspricht. Die Nächstenliebe ergibt sich deshalb nicht aus der Selbstliebe. Weil eine solche Liebe von der Rückfrage bedrängt ist: Werde ich auch geliebt, wiedergeliebt, stimmt das Gleichgewicht gegenseitiger Liebe?, gerät eine solche Liebe zwischen zwei Menschen unter den Druck der Rivalität. Nur wenn wir in unserer Liebe unabhängig sind vom Wiedergeliebtwerden, können wir lieben; nur wenn wir allein zu leben vermögen, vermögen wir auch in Partnerschaft zu leben; nur wenn der einzelne seine geistliche Einordnung gefunden hat, kann er sich dem anderen zuordnen, mit dem anderen in Freiheit leben. Die geistliche Einordnung gewährleistet eine personale Verbundenheit ohne gegenseitige Gebundenheit. »Du sollst Gott lieben«; das ist die große Einordnung ... »und deinen Nächsten, wie dich selbst«; das ist die personale Zuordnung. Die horizontale Zuordnung verliert ohne die vertikale Einordnung ihre tragende Mitte und pervertiert zur nackten Anpassungsfunktion mit allen Kennzeichen einer Manipulierbarkeit.

Einordnung und Zuordnung können wir nicht auseinanderreißen. Einordnung und Zuordnung gewährleisten das Bewußtsein der Individualität im Identitätserlebnis.

Einordnung und Zuordnung binden die formalen Kräfte der Anpassung im Hier und Jetzt (die kognitiven Funktionen als Instrumente der Orientierung) an die personale Mitte. Der Prozeß von Loslösung (Aufbrechen der Symbiose von Mutter und Kind) und Individuation wäre ohne Zuordnung und Einordnung nicht möglich; so kommt es zu Störungen der »psychischen Geburt« (M. S. Mahler, 1984), zu Autismus und symbiotischer Psychose.

Zur Einwurzelung in der Vertikalen gehört nicht nur die bewährte Liebe von Mutter und Vater; es gehört dazu das Suchen nach einer Geborgenheit, einem Frieden »höher als unsere Vernunft«. Deshalb muß für den Heranwachsenden der Zeitpunkt kommen, wo er an der Liebe der Eltern zweifelt. Hier ist es gut, wenn die zu Erziehenden und die Erzieher um eine Liebe wissen, die unbezweifelbar ist, die nicht enttäuscht, und das ist die Liebe Gottes. Es ist zugleich die Weisheit, aus der heraus denen, die Gott lieben, alle Dinge zum Besten dienen müssen.

Wenn diese Bergung gebende Liebe aber nicht ihren Grund in der persönlichen Glaubenserfahrung hat, dann ist das daraus resultierende Vertrauen illusionär und neurotisierend (Ekklesiogene Neurose). Deshalb dürfen in dieser weitgespannten Ausrichtung, mit diesem allumfassenden Erwartungshorizont nur diejenigen erziehen, die diese Liebe personal erfahren haben, die wissen, daß Jesus Christus lebt und daß das Gebet zu ihm kein Selbstgespräch ist, sondern ein Reden mit dem Auferstandenen. Christliche Erziehung ohne Vertrauen zu Jesus Christus ist Heuchelei und schafft große Probleme, weil Gott zu einer autoritären Figur werden kann, der die Heranwachsenden moralisch-dogmatisch reglementiert.

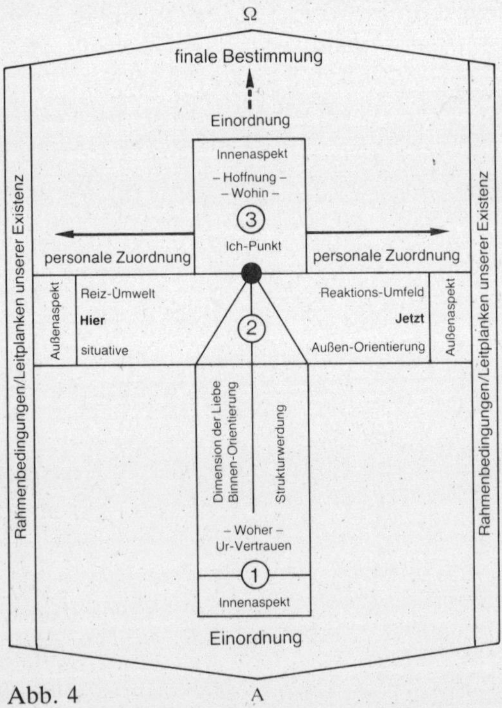

Abb. 4

Im Ich-Punkt verschmelzen Einordnung und Zuordnung mit der kognitiven Beurteilung und Einschätzung der Situation im Hier und Jetzt und gewährleisten die identische Beantwortung der jeweiligen Situation als Ausdruck des Selbstseins. Entwicklung ist innere und äußere Anpassung an das Dasein im Vollzug unserer Existenz. Erziehung als ein Spezialfall von Entwicklung ist auf diesen Sachverhalt geworfen.

Wenn Einordnung und Zuordnung nicht oder nur unzureichend gelingen, kommt es zu Fehlentwicklungen.

Die 3 großen therapeutischen Richtungen (Freud, Adler, Jung) zur Korrektur von Fehlentwicklungen bestätigen das Modell von Einordnung und Zuordnung, insofern sie jeweils eine Dimension dieses Modells in ihrem therapeutischen Ansatz akzentuieren: Freud fragt kausal nach dem Woher (Vergangenheit), Adler fragt final nach dem Wohin/Wozu (Zukunft), Jung fragt nach der Integration der Person im Hier und Jetzt (Gegenwart).

Vergangenheit *strukturell-kausale Einordnung*	Gegenwart *aktuell-konditionale Zuordnung*	Zukunft *strukturell-finale Einordnung*
Frage nach der Werdensgeschichte, dem Antrieb und dem Verhalten	Individuum:	Frage nach der Zielperspektive eines Verhaltens, einer Motivation
← kausal	Leben und Erleben	final →
Psychoanalyse (Freud)	hier und jetzt	Individualpsychologie (Adler)
Woher kommt das?	Was spielt sich jetzt und hier ab? Sich der Situation *stellen*	Wozu führt das, *was soll das?*
Korrektur der Selbsttäuschung durch therapeutische Auflösung unbewältigter Konflikte der Vergangenheit, Nachregulierung der Trieb-Antriebsanpassung	Korrektur der Selbsttäuschung durch realitätsgerechte Ich-Stärkung, Bewußtwerdung der Situation	Korrektur der Selbsttäuschung durch therapeutisches Aufdecken kompensatorischer Tendenzen und Unechtheiten, falscher Ziele, Aufbau neuer Leitlinien (von der Ich-Haftigkeit zur Wir-Haftigkeit)

Abb. 5

Durch das Gebet werden die Grenzen der Psychotherapie ebenfalls gemäß der genannten 3 Dimensionen überschritten: Durch das Beten zu Jesus Christus geschieht Vergebung der Sünden (Vergangenheit), Umkehr zu Gott, neues Ziel (Zukunft) und Leben unter Gottes Angesicht (Gegenwart).

Der Außenaspekt der Erziehung vermittelt vom Hintergrund der vertikalen Einordnung und horizontalen Zuordnung die zur Anpassung notwendigen lehr- und lernbaren Funktionen (Kognitionen) und Verhaltensnormen. Ohne Einbindung durch den Innenaspekt ist die Vermittlung der Anpassungsfunktionen sinnwidrig und entmündigt den Menschen zu einem manipulierbaren Bündel trainierter Funktionen.

Dabei geht es nicht um eine »modern« werdende Rückbesinnung auf alte Werte und Normen. Das wäre nichts anderes als eine Wiederholung der Dilemmasituation (neurotischer Wiederholungszwang einer hohlen Moral), es wäre nur wieder der Pendelschlag nach der anderen Seite. Es geht um eine neue Rückbindung (= Religio) an den lebendigen Gott, damit die geistlichen Tugenden: Friede, Freude, Gerechtigkeit, Selbstbeherrschung eine innere Kraft bekommen: Tut Buße, kehrt um, bittet um Vergebung für die Sünden (die Lügen, denen wir geglaubt haben), denn wir können uns nicht selbst erlösen aus der Knechtschaft der Vergänglichkeit, aus der Macht des Todes. Das ist die Botschaft des Evangeliums, die den Innenaspekt unserer Entwicklung und Erziehung beinhalten soll und kann, wenn Menschen fähig werden sollen, einander zu lieben, damit Friede sei/werde auf Erden.

Unter dem Außenaspekt sind die Entwicklungsmodelle teilinhaltlich, kausal-determinativ (probabilistisch), reaktiv-erklärend. Sie beinhalten: Leistungs- und Herrschaftswissen; Macht.

Unter dem Innenaspekt sind die Aussagen über Entwicklung: ganzheitlich, final, sinnhaft-aktiv, verstehend. Sie beinhalten: metaphysisches Erlösungswissen; Vertrauen, dialogische Existenz (Begegnungsfähigkeit).

6. Begegnungsfähigkeit als immanenter und transzendenter Aspekt von seelischer Entwicklung

Logisch einsichtig und entwicklungspsychologisch nachweisbar läßt sich zeigen, daß die Normen, die Steuerungsprinzipien einer höheren Dimension zugeordnet sind als das, was sie jeweils steuern. Die höhere Ebene ist das Verbindende. Höchste Norm ist von daher das »Band der Liebe«. Normen steuern alle Begegnungen so, daß das letzte Ziel (= die höchste Norm) nämlich, die Verschmelzung/das Eins-Sein, auch angesichts des Trennenden nicht verloren geht/vergessen wird. Wer diese Bedeutung von Gesetz und Norm nicht erkennt und anerkennt, wird dem Menschen trotz Gruppendynamik nicht das tiefe Geheimnis von Begegnung erschließen können; er bleibt stekken an der Oberfläche von emotionalem Feedback. Der Mensch ist geschaffen zu einem Bezogensein in Liebe: Liebe zu Gott und zum Nächsten. Das Gute ist nicht die »gute Natur« des (= im) Menschen, sondern ist durch Gott ein Geschehen zwischen den Menschen, bewirkt durch Gottes Heiligen Geist: »In Christus (= Beziehung zu Gott) geschaffen zu guten Werken (= Beziehungen zu Menschen)«. »Wenn wir im Lichte sind, wie Er im Lichte ist, dann haben wir Gemeinschaft untereinander.«

Das erste Objekt im Bezogensein des Kleinkindes zu seiner personalen Umwelt ist ein Objekt der Treue und der Liebe. Liebe und Treue sind zwei Seiten ein und derselben Medaille. Man kann das eine nicht ohne das andere leben, erleben, haben. Und das gilt nicht nur für die Mutter-Kind-Beziehung, das gilt für jede Beziehung zwischen Menschen, die als Beziehung der Liebe gedacht und gelebt wird. Es gibt keine Liebe ohne Treue. Progressive Thesen, die die Treue als einen alten Zopf diffamieren, stehen nicht auf einem naturwissenschaftlich-psychologischen Fundament, sondern leiden an ideologischen Verzerrungen ihres Denkens.

Mit diesem »ersten Objekt der Liebe« identifiziert sich das Kleinkind, um die Verbote dieses Objektes (der Mutter) zu bewältigen. Es sagt zu seinem eigenen Impuls: »Nein.« Es schüttelt dabei vielleicht selbst den Kopf und spricht zu sich selbst: »Darfst du nicht.«

Auf personaler Ebene sind »Nein« und »Ja« keine Dressate mehr, sondern Einwilligung bzw. Nichteinwilligung des Ich. Das Nein kann gegen jede Lust gesetzt werden, während das Ja zunächst nur Bestätigung des Impulses ist und jeweils einer spezifischen Lust zugeordnet. Erst das Ja auf der normativen Ebene, auf der Ebene des Neins, kann ein grundsätzliches, abstraktes Ja sein als Ausdruck einer personal-normativen Entscheidung. Diese Ebene des Normativen ist der für unsere Entwicklung nicht hinreichend wirksamen instinktiven Ebene übergeordnet, überlagert diese, ist ihr überlegen. Die Normen erhalten ihre positive Qualität allein von der Liebe her: »Die Liebe ist des Gesetzes Erfüllung.«

Das Kind identifiziert sich mit dem Nein/dem Verbot der Mutter aus Liebe zur Mutter. Es sagt nein zu seinen eigenen Impulsen, zu seiner eigenen Lust nicht aus Angst, nicht weil es nachträglich belohnt wird, sondern weil es die Beziehung der Liebe, die Zugehörigkeit nicht stören/belasten möchte. Das Nein repräsentiert einen personalen Bezug und ist der funktionalen Ebene von Bestrafung (Angst) übergeordnet, so wie die Freiheit zum Verzicht dem Recht auf Lust übergeordnet ist im Sinne einer Innenleitung gegenüber einer bloßen Außenleitung als Reaktion auf Lohn bzw. Strafe.

Die Behavioristen können dieses Lernen aus Identifikation[7] nicht erkennen, weil sie vom Tierexperiment herkommend nur am Außenaspekt orientiert sind, und weil sie nicht wissen können, was der innere Prozeß einer Identifikation aus Liebe bedeutet. K. Lorenz beklagt nicht, was die Behavioristen getan, sondern was sie vernachlässigt haben: Sie haben den Menschen vergessen, indem sie aus methodischen Gründen den Innenaspekt vernachlässigten.

Wer die Steuerung des Verhaltens auf den Außenaspekt reduziert, bereitet den Weg in eine Beziehung, die nicht mehr getragen wird von der Begegnung, sondern bestimmt wird von dem Programm gegenseitiger Manipulationen (Verstärkung und Bestrafung) im Sinne eines Gleichgewichts von Kosten und Nutzen, wie es von U. Piontkowski (1976) dargestellt wird.

[7] Lernen aus Identifikation ist nicht dasselbe wie »Modell-Lernen«.

Auch wenn man verschönend von einem nach innen gewendeten Behaviorismus spricht (Piontkowski), so zeigt sich die Perspektive Skinners in einer erschreckenden Realität:

»Was im Begriff ist, abgeschafft zu werden, ist der ›autonome Mensch‹ – der innere Mensch, der Homunkulus, der besitzergreifende Dämon, der Mensch, der von der Literatur der Freiheit und der Würde verteidigt wird.

Seine Abschaffung ist seit langem überfällig. Der ›autonome Mensch‹ ist ein Mittel, dessen wir uns bei der Erklärung jener Dinge bedienen, die wir nicht anders erklären können. Er ist ein Produkt unserer Unwissenheit, und während unser Wissen wächst, löst sich die Substanz, aus der er gemacht ist, immer mehr in Nichts auf. Die Wissenschaft entmenschlicht den Menschen nicht, sie ›dehomunkulisiert‹ ihn, und es bleibt ihr nichts anderes übrig, wenn sie die Abschaffung der menschlichen Spezies vorbeugen will: Wir können froh sein, wenn wir uns von diesem Menschen im Menschen befreit haben. Nur wenn wir ihn seiner Rechte entsetzen, können wir uns den echten Ursachen menschlichen Verhaltens zuwenden« (B. F. Skinner, 1973, S. 205).

Mit Recht verweist H. Balmer in »Geschichte der Psychologie« (Bd. 1, 1982) auf die Tragweite des Behaviorismus:

»Wenn wir den Behaviorismus in seinen Ausprägungen von Watson bis Skinner einfach als Arbeitsmethode ansehen, passiert es nur zu leicht, daß wir gewisse Konsequenzen übersehen, die sich aus der behavioristischen Geisteshaltung ergeben und die nicht beliebige Gegenstände einer relativ unverbindlichen Diskussion sind, sondern jeden einzelnen zentral in seinen Seinsmöglichkeiten treffen.« (S. 97)

Nur wer in einem (= diesem) personalen Sinn »nein« sagen kann, kann personal auch »ja« sagen. Es ist dann das Ja aus Freiheit und Liebe und nicht das Ja aus Belohnung oder Angst eines Ja-Sagers. Es kann nicht darum gehen, den Impuls des Kindes zu brechen. Es geht nicht um die Propagierung von hilfloser Härte, ebensowenig aber um eine amorphe »Liebe«. Das Kind braucht die Erfahrung von Grenzen: gesetzt durch die Unbestechlichkeit einer verantwortlich liebenden Mutter und nicht von außen gesetzt durch »aversive Stimuli« einer anonymen (allgemeinen) Umwelt. Liebe ist immer individuell und deshalb nie prinzipiell-allgemeingültig, lerngesetzlich faßbar.

Das Nein des Verzichtens ist der Anfang des dialogischpersonalen Vertrauens. In der Primärbeziehung ist es die Liebe zur Mutter bzw. zu einer Ersatzperson. In den weiteren Beziehungen ist es die Liebe zum Menschen und schließlich die Liebe zu einem Höheren. Ohne Vertrauen, ohne einen Bezug der Liebe werden Gebote und Normen zur leeren Gesetzlichkeit und hohlen Moral, führen zu Kadavergehorsam und Unfreiheit.

Die Gebote sind deshalb niemals Selbstzweck, sondern beinhalten eine Zugehörigkeit; sie stellen eine Verbindlichkeit dar, ohne die es keine Verbundenheit geben kann. Deshalb hat Jesus von Nazareth gesagt, daß die Gebote für den Menschen da seien und nicht der Mensch für die Gebote. Die Gebote sind solange sinnvoll, wie sie helfen, durch Verbindlichkeit, durch verbindliche Ordnungen Zugehörigkeit, inneren Zugang zu finden zu eben diesen Ordnungen, die sie repräsentieren. Ohne innere Ordnung keine äußere Ordnung. Aber es ist die äußere Ordnung nicht die Ursache, wohl aber Folge und Bedingung zum Sichtbarwerden der autonomen inneren Ordnung. Wenn wir die innere Ordnung verlieren, hilft uns die äußere Ordnung, daß wir die Abirrung erkennen (Funktion des Gesetzes als Leitplanke) und zurückfinden zur inneren Ordnung.

Der Apostel Paulus nennt die Gebote Gottes deshalb einen »Zuchtmeister« zu Jesus Christus hin. Jesus Christus sagte von sich, daß er gekommen sei, die Gebote nicht aufzuheben, sondern sie in Liebe und aus Liebe zu erfüllen. Liebe ohne äußere Ordnung (Eheschließung) ist illusionäre Schwärmerei ohne Zukunft; äußere Ordnung ohne Liebe ist harte Gesetzlichkeit, hohle Moral. Erst wenn dieser Sinnbezug nicht mehr erkannt bzw. nicht mehr anerkannt wird, werden die Gebote zu Erfüllungsgehilfen repressiver Machtansprüche autoritärer Strukturen.

Ohne Einbettung in Liebe verlieren die Gebote ihren existentiellen Sinn. Da der Mensch diese Liebe aber nicht machen, nicht befehlen, aber auch nicht töten kann, versucht er, durch Ideologie, Personenkult, Vaterfigur (Hitler/Stalin) oder Kollektivbewußtsein einen Ersatz zu schaffen für diese personale Beziehung. Aber es ist dann keine Beziehung in Freiheit, sondern Beziehung durch Gebundenheit, erzwungen mittels

Manipulation und Erziehungsdiktatur: Ideologiekonforme Selbstverpflichtungen machen die Menschen vergessen, daß Gehorsam aus Liebe zu Gott die Menschen befreit, während sie durch Opfer aus Angst, Gefügigkeit oder Fanatismus ausgebeutet werden.

Wo der einzelne oder auch ganze Staaten und Menschengruppen von dieser Erziehungsdiktatur verschont blieben und man auch keine Neigung verspürte, die sinnlos gewordenen Gebote (weil außerhalb der Liebe) ideologisch nachträglich sinnvoll zu machen, meinte/hoffte man, das Problem der Gesetzlichkeit, der hohlen Moral und des Mißbrauchs der Gesetze als repressives Machtinstrument zu bewältigen, indem man die Bedeutung des Gesetzes ignorierte in der illusionären Meinung, die sogenannten Sachzwänge würden zur Steuerung unseres Verhaltens ausreichen. Eine rote Ampel reicht zwar aus, das Verhalten des Kraftfahrers zu steuern – und das auch nicht immer –, aber die menschliche Existenz ist viel komplizierter, sie hat einen Sinnbezug und läßt sich nicht im Prinzip von Signal-Ampeln steuern. Der Mensch braucht für sein Leben erst in zweiter Linie die äußere Steuerung, entscheidend für ihn ist die innere Ordnung; und die läßt sich nicht so einfach bewerkstelligen wie eine Verkehrsregelung. Die Enttabuisierung der Gesetze hat den Heranwachsenden in den letzten 15 Jahren eben nicht die »große Freiheit« gebracht, sondern Unsicherheit, Orientierungslosigkeit, Perspektivelosigkeit, Angst, Ungeborgenheit und Unverbindlichkeit und den Verlust der inneren Ordnung – das Gefühl wurde zum »Maßstab« der »schwankenden Gestalten«. Der Heranwachsende erfuhr leidvoll, was theoretisch eigentlich von vornherein hätte klar sein müssen (Seiß, 1973), daß es da, wo es keine normative Verbindlichkeit gibt, auch keine Verbundenheit geben kann. Er wurde ein einsamer Mensch. Wir leben im Zeitalter der Einsamkeit, der Lüge und der Angst. Das ist keine leere Behauptung, sondern die Statistiken der Selbstmorde, der Ehescheidungen, des Terrors, des Drogenkonsums sprechen hier ihre eigene Sprache. Und nicht zuletzt ist die Friedensbewegung Symptom dieser inneren Angst, die aus Gründen der Bewältigung nach außen projiziert wird, um als Bedrohung durch Atomreaktoren und Atombomben erlebt und mittels Demonstration angstkompensierend (entlastend) »bekämpft« zu werden. Daß diese echte innere Not politisch mißbraucht wird, ist nur eines von vielen negativen Zeichen unserer Zeit und Ausdruck der bewußten und unbewußten Bereitschaft, sich selbst und andere zu belügen.

Wer Gott für tot erklärt, wie es eine Richtung deutscher Theologen in Vermessenheit und/oder Unwissenheit tat (Leugnung der personalen, konkreten Auferstehung), sorgt dafür, daß die Götzen herbeigerufen werden. Relativismus und Wissenschaftsgläubigkeit bestimmen das Bild der Gegenwart.

So hat jede Zeit ihre Zeitsignatur. Die Philosophie der Aufklärung, zu ihrem Höhepunkt geführt von Immanuel Kant[8], hat ihren Grenzwert der Selbstüberschätzung erreicht, letztlich deshalb, weil Freiheit, als Unabhängigkeit definiert, den Menschen auf sich selbst zurück verweist. Damit aber verliert er die weiter und tiefer reichende Freiheit: aus der Geborgenheit heraus angstfrei dem anderen, dem Du zu begegnen.

Es gibt nicht nur die ökonomischen Grenzen des Wachstums, sondern es gibt auf falschen Wegen auch Sackgassen des Denkens und der Erziehung: »Grenzen des pädagogischen Wachstums«. Der »pädagogische Darwinismus« (siehe Seiß, 1981) steht vor seinem Offenbarungseid. Im Raum der Erziehung erweist sich der Außenaspekt der Macht und der Machbarkeit als eine Sackgasse der Evolution. Wenn die Pädagogik nicht ihre Blindheit erkennt und begreift, daß Erziehung mehr ist als Anpassung an die bestehenden Verhältnisse, wird sie aus der Sackgasse nicht herausfinden. Die Krisis der Pädagogik ist dann entwicklungspositiv, wenn die grundsätzliche Wendung zur inneren Freiheit und zum Dialog in Liebe führt. Es ist der Weg zwischen Individualismus (Selbstverwirklichung) und Kollektivismus (Abhängigkeit). Es ist Erziehung zur Ich-Du-Beziehung der Begegnungsfähigkeit (M. Buber) gemäß der

[8] Gemeint ist jene Vermessenheit des blinden Verstandes aus seiner Schrift: »Was ist Aufklärung« (1784), wo Kant von der »selbstverschuldeten Unmündigkeit des Menschen« spricht.

Existentialaussage der Bibel: »Es ist nicht gut, daß der Mensch allein sei.« Die Gesellschaft ist/wird gesund, wenn ihre Basis, die Ich-Du-Beziehung, gesund ist/heil wird. Die hier vorgelegte Entwicklungspsychologie hat deshalb die Genese der Objekt-Beziehung (= Objekt der Libido, Freud) im Zentrum ihrer Aussagen. Letztere ist Voraussetzung für das Gelingen bzw. Nicht-Gelingen einer dialogischen Beziehung.

Erziehung kann nur da sinnvoll und ohne Widerspruch zu sich selbst sein, wo sie Entscheidungscharakter bekommt, Entscheidung für eine höhere Dimension, die es als verfügbare Wirklichkeit nicht gibt, sondern nur als eine Wirklichkeit, zu der wir uns mit der Bitte um Teilhabe hinwenden können, von der wir uns aber auch wegwenden können. Es ist die Wiedergewinnung der geistlichen Dimension: Hinwendung zur Wirklichkeit Gottes. »Du sollst Gott lieben und deinen Nächsten wie dich selbst.« Erziehung muß Begegnungsfähigkeit zu Gott hin und zum Nächsten hin zum Ziel haben: »Weiset das Werk meiner Hände zu mir, spricht Gott der Herr« (Jesaja 45,11). Wenn Gott Seine Hände zu uns hin ausstreckt, und wir strecken sie ihm entgegen, dann werden die, die da suchen, auch finden (Jesaja 65; Römer 10,20).

Entwicklung ist verbunden mit Krisen (= Entscheidungen). Es sind altersspezifische Entwicklungsalternativen, die als Entwicklungsaufgabe jeweils zur Entscheidung anstehen. Die Entscheidung für oder gegen einen Existenzvollzug unter der Liebe und dem Gebot Gottes (AT und NT) ist die letztlich bedeutendste Entscheidung, die uns gestellt ist, zu welchem Zeitpunkt unserer Entwicklung sie auch immer in unseren Existenzvollzug einbricht. Es ist die Alternative zwischen Leben und Tod/Segen und Fluch.

Wir müssen in der Erziehung der Heranwachsenden die psychosomatische Verkürzung unserer Existenz überwinden und die Dimension des Geistes Gottes wiederentdecken, wiedergewinnen, indem wir erkennen, daß wir mit Aufklärung, Emanzipation, Selbsterlösung und Selbstverherrlichung nicht zur wahren Freiheit gefunden haben. Auf dem Hintergrund dieser An-Erkenntnis werden wir uns demütigen vor dem lebendigen Gott, der uns aus Gnade ein Offenbarungswissen gibt, das höher ist als unser Intellekt. Wenn das nicht geschieht, bleiben wir in der Unfreiheit, weil wir in der Unwahrheit bleiben. Lüge ist die Mutter der Unfreiheit.

Nicht die gesellschaftlichen Verhältnisse machen uns unfrei, sondern Betrug und Selbstbetrug, »weil sie die Wahrheit in Lüge verkehren« (Römer 1,25). Das von Gott gegebene Gesetz (die Zehn Gebote) hat zwei Zielrichtungen: a) Regulierung der zwischenmenschlichen Beziehung unter dem Gebot der Nächstenliebe und b) die Hinführung zu Gott, dessen Vergebung wir brauchen, wenn wir unter dem Wort des Gebotes unsere Unfähigkeit zu lieben erkennen. In dieser doppelten Zielrichtung bestätigt das Gebot die Grundaussage Jesu über die Liebe: »Du sollst Gott lieben und deinen Nächsten wie dich selbst.« Das ist das Humanum der Begegnungsfähigkeit, Mitte unserer Existenz. Diese Liebe brauchen wir auch als innere Ausrichtung bei der Erziehung unserer Kinder. Wenn Erziehung überhaupt gelingen soll, dann gelingt sie nur durch diese Liebe.

Diese Liebe ist kein Gefühl, sondern beinhaltet den Willen zur Treue, zum Vertrauen gegenüber dem Wort Gottes und dem Nächsten, und das beinhaltet die Bereitschaft zum Vergeben, zum Trösten, zum Ermahnen. Sie vollzieht sich in der immer neuen Bereitschaft, einander in Wahrheit angstfrei zu begegnen.

Wir brauchen diese Erfahrung einer Treue-Beziehung. Sie ermöglicht Urvertrauen und gilt als Basis unserer Entwicklung. Deshalb ist das erste Objekt der Liebe ein Objekt der Treue und der Konstanz. Unsere Entwicklung ist ausgerichtet auf die Zunahme jener bleibenden, den Tod überschreitenden Treue Gottes als einer Verbundenheit, die nicht angewiesen ist auf greifbare, verfügbare Nähe, wie die erotische Liebe.

Menschlich-erotische Liebe – und darin liegt ihre existentielle Tragik – vermag durch starke Faszination das innere Geheimnis der bleibenden Liebe so zu überschatten, daß man für »Liebe« hält, was in Wahrheit nur Negation von Trennung oder Kompensation (= Abwehr) von Verlust-Ängsten ist.

Wenn wir in der Erziehung im Sinne der bleibenden Liebe (= der geistlichen Dimension) nicht wieder zutiefst wahr werden (und dazu gehört auch die Demut, die Begrenztheit des wissenschaftlichen Selbst- und Weltverständnisses zu akzeptieren), dann werden wir auch in unseren pädagogischen Konzepten und Handlungen anthropologisch nicht stimmig verfahren.

III. Bedingungsfaktoren der Entwicklung

1. Die Frage nach der Relation von Anlage und Umwelt als allgemeines Problem von Entwicklung

1.1 Ergebnisse der Zwillings- und Konstitutionsforschung

Noch zu Anfang des 20. Jahrhunderts wurde Entwicklung als ein anlagebestimmtes Geschehen betrachtet; wissenschaftliche und populärwissenschaftliche Meinung sahen in der Entwicklung der Nachwachsenden das Erbgut der Eltern und Voreltern am Werk. Erst W. Stern, einer der Väter der wissenschaftlichen Kinderpsychologie, betonte 1914 das Zusammenwirken von Anlage und Umwelt bei der Entwicklung der Heranwachsenden. Das Verhältnis von Anlage und Umweltwirkung im Prozeß der Entwicklung des Menschen ist bis heute eines der schwierigsten Kapitel der Entwicklungspsychologie.

Die Untersuchungsbefunde enthalten viele Widersprüche und lassen sich deshalb auch tendenziell mißbrauchen. Im Dritten Reich legte man Wert auf Rasse und Erbgut. Und die umfangreichste Untersuchung zu dieser Frage aus dieser Zeit, die Zwillingsforschungen von K. Gottschaldt (1942 und 1959), erbrachte das Ergebnis, daß Persönlichkeitsmerkmale und Intelligenzmerkmale eher als anlagebedingt anzusehen seien.

Unter dem Einfluß milieutheoretisch orientierter psychologischer Ansätze kam die gegenwärtige Psychologie überwiegend zu der Meinung, daß die Macht der Umwelt der entscheidende Faktor für die Entwicklung sei.

Die unterschiedlichen Ergebnisse erklären sich aus den unterschiedlichen Beobachtungsansätzen. Psychische Merkmale sind nun einmal nicht so einfach zu bestimmen wie körperliche Merkmale. Wenn aber Merkmale erst von den

Beobachtern genau umschrieben werden müssen, weil sie als meßbare Merkmale (wie z. B. die Körpergröße) nicht eo ipso gegeben sind, ist auch ein sog. Hof-Effekt möglich, der die Beurteilung beeinflußt. Wenn ein Untersucher z. B. weiß, daß er eineiige Zwillinge, d. h. Menschen bzw. Kinder mit gleichem Erbgut vor sich hat, neigt er dazu, eher die Gemeinsamkeiten zwischen beiden zu sehen, als wenn er nicht weiß, daß es sich um eineiige Zwillinge handelt. Auch kann die körperliche Ähnlichkeit von zwei Zwillingen zu der Erwartung führen, daß auch Ähnlichkeiten im Charakter vorhanden sein müßten. Und wo man Ähnlichkeiten erwartet, entdeckt man sie auch, wenn die Merkmale, wie schon gesagt, nicht als meßbare Größen gegeben sind.

Man sieht also, wie groß die Probleme sind, die überwunden werden müssen, um zu verbindlichen Aussagen in der Frage des Verhältnisses von Anlage und Umwelt in der seelischen Entwicklung zu kommen. Trotzdem bleibt die Untersuchung von Zwillingen die klassische Methode zur Beantwortung dieser Frage.

Wenn eineiige Zwillinge unter verschiedenen Umweltbedingungen aufwachsen, dann sind die Merkmale, die sie später voneinander unterscheiden, auf die Wirkung der Umwelt zurückzuführen. Allerdings ist dieser Schluß nicht so einfach möglich, wie es aussieht, weil die Umweltwirkungen nicht wirklich für vergleichbar gehalten werden können. So ist es durchaus denkbar, daß ein Unterschied nicht ausdifferenziert wird, weil in der Umwelt die dazu nötigen anregenden Reize (Anregungsvariablen) fehlen. Man würde in diesem Fall einen nicht vorhandenen Unterschied dann irrtümlicherweise auf die Wirkung von (fehlenden) Anlagen zurückführen und nicht auf den Ausfall von Anregungsvariablen der Umwelt.

Die Zwillingsforschung hat versucht, diese Fehlerquelle methodisch nach Möglichkeit gering zu halten; und sie hat sich vor allen Dingen auf Einzelmerkmale, die möglichst exakt zu beschreiben waren, beschränkt. Wenn wir ihre Ergebnisse zusammenfassen, kommen wir zu folgenden Feststellungen:

Vitalität, Temperament, Sonderbegabungen (wie Musik, bildnerisches Gestalten, Sprachbegabung, Rechenbegabung) werden als vorwiegend anlageabhängig angesehen.[1] Das gilt vermutlich auch für hohe und niedrige Intelligenzgrade, während im Bereich der mittleren Intelligenz das Verhältnis von Anlage und Umweltwirkung ausgewogen scheint. Im Bereich der mittleren Intelligenz befinden sich die vom Erbgut angebotene Möglichkeit und die vom Milieu bereitgestellten Anregungsreize in einem Gleichgewicht; für diesen Bereich gibt es deshalb auch schichtenspezifische Unterschiede. Die Intelligenzanlage steht gleichsam als eine Art Bandbreite den Einwirkungen der Umwelt zur Verfügung; sie kann sich ausprägen zwischen einer untersten und einer obersten Grenze. An welcher Stelle dieser Bandbreite die meßbare, empirische Intelligenz zu liegen kommt, hängt demnach von den Einwirkungen der Umwelt ab.

Wir haben keine Möglichkeit, die Intelligenzanlage zu messen. Wir wissen nur aus Experimenten, daß intellektuelle Leistungsfähigkeit durch Umwelteinflüsse trainiert werden kann. Deshalb nehmen wir an, daß anlagebedingt vorhandene Potentiale innerhalb einer Spielbreite mehr oder weniger ausgeschöpft werden können.

Genauer werden die Ergebnisse, wenn man Einzelfaktoren der Intelligenzleistung auf ihre Anlage-Umwelt-Relation hin untersucht. So erscheinen numerisches Rechnen, Gestaltwahrnehmung und anschauliche Kombinatorik (= Raumvorstellung)[2], Begriffs- und Wortverständnis, Wort- und Gedanken-

[1] Inwieweit intrauterine Frühprägung z.B. auf Musikalität eine genetische Bedingtheit vortäuschen kann, muß nach den Beobachtungen von Th. Verny (1981) neu gefragt werden. Andererseits sind die Beobachtungen einer Forschergruppe um D. Lykken, Minnesota, die getrennt aufgewachsene eineiige Zwillinge untersuchen, so verblüffend, daß die Milieutheoretiker zum Teil mit Verleumdung reagieren. Vielleicht haben wir Milieuwirkungen nur deshalb überbewertet, weil wir sie vor Augen haben, die 50000 Strukturgene und 50000 Regulatorgene in den DNS-Fäden dagegen nicht (vgl. Zeitschrift: »Geo«, Heft 5, 1983).

[2] Es fällt auf, daß bei Rechengenies in der Regel ein weit über der Norm liegendes Zahlengedächtnis vorliegt, das in Verbindung mit innerer Kombinatorik zu außergewöhnlichen Leistungen führt: So zog Wim Klein aus einer 100stelligen Zahl in 1 Min. 28 Sek. die 13. Wurzel im Kopf. Das ist sicher nicht das Ergebnis von Schulunterricht (vgl. H. Kuhn, 1983).

flüssigkeit eher anlagebestimmt zu sein; während das Problemlösen, und dazu gehört auch das logische Denken, eher lernabhängig ist. Um das zu verstehen, muß man bedenken, daß das Problemlösen zum Verhaltensrepertoire der Umweltsicherung gehört. Von daher ist der Motivationsdruck, d. h. der Anreiz, dieses Verhalten auszudifferenzieren, bei verschiedenen Menschen verschieden groß. Selbstunsichere Menschen können ihre logisch-intellektuellen Möglichkeiten bis zum Rand ausschöpfen, weil ihnen intellektuelle Überlegenheit Sicherheit zu geben vermag.

Wir sehen, wie sehr die meßbar vorhandene Intelligenz von Faktoren der Motivation und der allgemeinen Persönlichkeitsreife abhängt. Demnach gilt es heute als akzeptiert, daß die Intelligenzunterschiede bei annähernd gleichen (schichtenspezifischen) Milieubedingungen zu zwei Dritteln anlage-, d. h. erbbedingt sind (A. R. Jensen, 1973).[3]

An der Erblichkeit von körperlichen Merkmalen – und das gilt auch für das Totalmerkmal der körperlichen Konstitution – gibt es keinen Zweifel. Interessant und zugleich problematisch wurde die *Konstitutionsforschung* aber dadurch, daß ein Zusammenhang behauptet wurde zwischen körperlicher und seelischer Konstitution (psychosomatische Einheit).

Der Psychiater E. Kretschmer hatte intuitiv den Zusammenhang von Körperbau und psychischer Eigenart erfassen können. Ihm war aufgefallen, daß die beiden großen Formkreise von Geisteskrankheiten: die Schizophrenie (das Gespalten-Irresein) und die Zyklothymie (das Manisch-depressive-Irresein, heute Affektpsychose genannt) jeweils einem bestimmten Körperbautyp zuordenbar schienen. Dem Eindruck nach schien der rundwüchsige, wohlbeleibte Pykniker eher dem manisch-depressiven Formkreis, der schlankwüchsige, zarte Leptosome eher dem schizophrenen Formkreis zuordenbar.

Kretschmer nahm nun an, daß es zwischen »krank« und »gesund« fließende Übergänge gibt, so daß es im Bereich der

[3] Der Versuch, Prozentzahlen anzugeben, wird nicht von allen kompetenten Autoren geteilt, zumal die Relation Anlage – Umwelt nicht additiv (A+U) gesehen werden darf, sondern multiplikativ (A×U).

beiden unterscheidbaren Körperbautypen auch unterscheidbare Charaktermerkmale geben müßte und stellte entsprechende Untersuchungen an. Er fand, daß auch die psychisch gesunden Menschen beiden psychotischen Formkreisen vergleichbare, charakteristische psychosomatische Grundgegensätze aufwiesen. Schon 1921 legte er die Ergebnisse seiner Untersuchung dar in dem grundlegenden Buch »Körperbau und Charakter«.

Die Lehre von Kretschmer blieb über Jahrzehnte hin die bedeutendste wissenschaftliche Typologie. Er wirkte mit seinen Untersuchungen weit über die Grenzen Deutschlands hinaus. Sein Ansatz wurde von vielen Forschern fortgesetzt. In seiner 1941 erschienenen 16. Auflage konnte er auf 53000 Fälle verweisen, bei denen in- und ausländische Forscher seine Thesen belegten.

Die Übergangsform zwischen »gesund« und »krank« bezeichnete Kretschmer für den schizophrenen Formkreis als schizoid, für den manisch-depressiven Formkreis als zykloid, die gesunde Ausprägung als schizothym bzw. zyklothym.

Kretschmer beschrieb auch den athletischen Typ, dem er aber einen umschriebenen Charaktertyp nicht zuordnen konnte. Die moderne Konstitutionsforschung vermochte dem athletischen Körperbau auch nicht eine spezifische Ausprägung des Charakters zuzuordnen (Zerssen).

Zusammenfassend ergibt sich folgende charakterologische Zuordnung zu den Körperbautypen:

Der Leptosom-schizothyme zeigt folgende Merkmale:

– ungesellig, still, zurückhaltend, ernsthaft, Sonderling, schüchtern, feinfühlig, empfindlich, nervös, aufgeregt, stumpf, verschlossen, introvertiert.

Der *Pyknisch-zyklothyme* ist gekennzeichnet durch:

– Geselligkeit, Gutmütigkeit, Freundlichkeit, Gemütlichkeit, heiter, lebhaft, witzig, weich, ruhig, gefühlsbestimmt, stimmungslabil, extravertiert. Hinsichtlich einzelner Merkmale hat die experimentelle Konstitutionsforschung der Kretschmerschen Schule folgende Zusammenhänge entdecken können:

Merkmale: **Körperbau** **Charakter**	pyknisch (rundwüchsig)	leptosom (schlankwüchsig)
Persönliches Tempo (Klopfrhythmus) im Durchschnitt	langsam 13 × pro Sek.	rasch 28 × pro Sek.
Arbeitsweise	ungleichmäßig	gleichmäßig
Ermüdung	allmählich auftretend	plötzlich auftretend
Beziehung zu Form und Farbe	Farbbeachter	Formbeachter
Auffassungs-umfang	groß	klein
Umstellbarkeit des Behaltens	leicht umstellbar	schwer umstellbar
Im Konflikt-fall	äußerlich leicht erregt	innerlich erregt, aber beherrscht
Lebensstil	extravertiert	introvertiert

In einem Sammelreferat zur modernen Konstitutionsforschung konnte D. Zerssen (1979) die klassische Typologie Kretschmers im Normbereich des psychisch Gesunden weithin bestätigen. Das zeigt folgende Tabelle:

Körperbau:	Pyknomorph-athletisch	leptomorph
Charakter:	vermännlicht vital extravertiert emotional eher ruhig	verweiblicht, zart unvital introvertiert emotional nervös-verspannt

Auch der gelungene Versuch von W. H. Sheldon, die Typenbegriffe durch Sachbegriffe zu ersetzen, indem er empirisch drei körperliche Grundkomponenten nachweist: Endomorphismus, Mesomorphismus und Ektomorphismus (entsprechend der Funktion der 3 Keimblätter)[3a], führt nicht zu neuen Erkenntnissen hinsichtlich der Genetik somato-psychischer Zuordnungen.

Die scheinbare Einfachheit der Kretschmerschen Typologie, ihre Plausibilität ist ein Wahrnehmungs-(Gestalt-)phänomen und liegt auf der Bildebene (= der Typenschau), während Sheldon aufzeigt, daß diese »einfachen, typischen Formen« Mischungen von Wuchskomponenten sind. Da man aber Seelisches ganzheitlich wahrnimmt, werden Sheldons Komponentenmischungen hinsichtlich ihrer Charakterzuordnung doch wieder als Typen gesehen, wenngleich sie vom Verfasser anders gemeint sind.

1.2 Anlage- und Umweltfaktoren in der Genese geschlechtstypischer Unterschiede

In den letzten 20 Jahren wurde von einer umweltorientierten behavioristischen Psychologie gern behauptet, daß die Geschlechtsunterschiede durch erworbene Rollenstrukturen hervorgebracht würden. Mit Sicherheit spielt die Erwartung im Raum der Erziehung der Geschlechter eine wichtige Funktion, aber es wäre verkehrt, so weit zu gehen, daß man sagt, der Mensch sei von Anfang an ein Neutrum (mit dem kleinen morphologischen Unterschied) und würde erst durch die Erziehung zur Frau bzw. zum Mann gemacht.

Es läßt sich nicht von der Hand weisen, daß der Mensch von Anfang an ein geschlechtsspezifisches Wesen ist. Wir werden nicht als Neutren geboren, sondern als Mann oder als Frau. Es gibt mit Sicherheit über alle anerzogenen Unterschiede hinaus auch solche, die anlagebestimmt sind und der Erziehung sozusagen widerstehen. So kann z. B. nicht bestritten werden, daß die Frau die Kinder gebärt und der Mann sie zeugt.

[3a] Vgl. die Darstellung bei P. Helwig (1952, S. 124–143; 1948/49).

E. H. Erikson konnte den Zusammenhang von physiologischer Funktion und zugehöriger psychischer Modalität bindend aufweisen. Das Faktum des Empfangens und des Zeugens ist nicht nur ein physiologischer Vorgang, sondern bedingt auch psychische Unterschiede, die nicht zu übersehen sind.

Die beiden Geschlechter haben jeweils geschlechtsspezifische Triebrichtungen, die sich gegenseitig ergänzen, denn Geschlechtlichkeit ist ein System wechselseitiger Regulationen, in dem die Signale aufeinander abgestimmt sind.

Normalerweise ist die geschlechtsspezifische Triebrichtung jeweils auf das Gegengeschlecht ausgerichtet. Daß diese Triebrichtung genetisch verankert ist, läßt sich deutlich erkennen an der nicht normalen Triebrichtung einer homoerotischen/homosexuellen Beziehung. Nach Kallmann (1969, in K. Freund, 1969, S. 119) sind homosexuelle Beziehungen bei eineiigen Zwillingen hundertprozentig konkordant.

So wie es morphologisch zwittrige Strukturen gibt, die genotypisch vererbt werden, so gibt es auch eine genetisch bedingte Homosexualität. Die Embryonalentwicklung zeigt ja, daß die Uranlage der Sexualität bisexuell ist. Auf diesen Sachverhalt hat schon Sigmund Freud auch hinsichtlich der psychischen Komponente der Sexualität hingewiesen.

Daß es darüber hinaus auch eine phänotypische Homosexualität gibt aufgrund von Prägung und aufgrund soziokultureller Tendenzen (sozusagen als Modeerscheinung), kann nicht bezweifelt werden. Gemäß ihrer Genese ist die jeweilige Form der Homosexualität mehr oder weniger therapieresistent.

Aus der spezifischen Triebrichtung der jeweiligen Geschlechtlichkeit ergibt sich offensichtlich der kulturell unabhängige Sachverhalt, daß Männer um die Frauen werben und untereinander um die Frauen rivalisieren. Das ist auch bei den höheren Wirbeltieren der Fall. Ob das Imponiergehabe sich im Luxus unzweckmäßiger Balzorgane artikuliert (Riesengeweihe der Brunsthirsche) oder im imponierenden dicken Motorrad oder im öffentlichen Ansehen, ist dabei nur eine untergeordnete Frage.

Im genitalen Regulationssystem herrscht bei der Frau der Modus des Sichöffnens und Umschließens, beim Mann der

Modus des Eindringens. »Beim Knaben bleibt der Akzent auf dem Tun durch phallisch-eindringende Modi; beim Mädchen wandelt er sich früher oder später in ein Sichheranmachen, ein Bewirken und Erobern durch Schmeicheln und Provozieren oder durch mildere Formen des Fallenstellens (sich anziehend machen, liebenswert machen)« (E. H. Erikson, 1971, S. 84).

Nach psychoanalytischer Theorie erfolgt die Ausprägung der geschlechtsspezifischen Triebrichtung in den ersten sechs Lebensjahren entlang der einzelnen Entwicklungsphasen der infantilen Sexualität. »Vielmehr wird jedes Geschlecht durch eine Einzigartigkeit charakterisiert, die seinen Unterschied vom anderen Geschlecht wohl enthält, aber dadurch noch nicht voll bestimmt ist; eine Einzigartigkeit, die auf den vorgeformten Funktionen des künftigen Besämers und der zukünftigen Trägerin von Kindern, gleichgültig innerhalb welchen Systems von Arbeitsteilung und kulturellem Stil, begründet ist« (E. H. Erikson, a.a.O., S. 85).

Hinsichtlich der Intelligenz gibt es nach allen vorliegenden Untersuchungen zwischen den Geschlechtern keine Unterschiede, aber mögliche Unterschiede liegen vor bei speziellen Fähigkeiten. Und diese Unterschiede weisen hin auf die von der psychoanalytischen Theorie dargestellten unterschiedlichen sozialen Modalitäten des Eindringens (beim Jungen) bzw. des Empfangens/Umschließens (beim Mädchen). So schneiden Frauen besser als Männer ab bei Tests in der verbalen Fähigkeit, d. h. in der Fähigkeit des Sichöffnens im Dialog, während Männer bei rechnerischen Fähigkeiten und Raumvorstellungsvermögen überlegen sind, bei Fähigkeiten also, die der Unterteilung des Raumes und dem Raumgreifen zugeordnet werden können (Maccoby und Jacklin, vgl. L. A. Pervin, München 1981, S. 149 f.).

Wenn die Unterschiede zwischen den Geschlechtern gegenwärtig relativ geringfügig erscheinen, so ist dies möglicherweise ein Effekt der Zeitsignatur, einer Zeit, in der Gleichheit großgeschrieben und Angleichung durch eine alles durchdringende Technologie erzwungen wird.

Der Unterschied wird sofort deutlich und groß, wenn man geschichtlich, vorgeschichtlich, mythologisch denkt und anerkennt, daß der Spürsinn uralter Weisheiten und Erfahrungen, wie sie in Mythen und Märchen tradiert werden, bessere Instrumente gibt, Unterschiede auszudrücken, als unsere gegenwärtig konstruierten, zeitabhängigen Testverfahren.

C. G. Jung spricht vom Archetypus (Urbild) der Großen Mutter. Dieser Archetypus hat zwei Aspekte, einen gütigen, wohlwollenden, umhegenden, erneuernden und schützenden (Mutter Erde und Muttererde) und einen gefährlichen. Der gefährliche Aspekt ist gekennzeichnet durch das Verschlingen und Überwältigen. So wie wir von der Erde genommen sind, aus ihr und in ihr geworden sind, so werden wir am Ende wieder von ihr aufgenommen (zu Erde sollst du werden – in den Boden versinken, von der Erde verschlungen werden).

Der Archetypus des Großen Alten beinhaltet das männliche Prinzip. Das Symbol der männlichen Macht ist der Stab in der Hand. Der Stab ist ein Phallussymbol. Im chinesischen Altertum werden Himmel und Erde archetypisch dargestellt: der Himmel als das aktiv befruchtende Prinzip, die Erde als das passiv aufnehmende Prinzip.

In jedem Menschen herrschen beide archetypischen Prinzipien. In der Regel ist eines der beiden Prinzipien das führende. Im Unbewußten des Mannes steckt die Frau (= Anima), und im Unbewußten der Frau steckt der Mann (= Animus).

Die jeweils ererbten kollektiven Bilder des anderen Geschlechtes sind letzte Voraussetzung dafür, die Natur des Gegengeschlechtes zu verstehen. Unsere persönliche Umgangserfahrung reicht offensichtlich nicht aus, um den anderen so zu verstehen, daß man mit ihm eins werden kann. Das innere Bild des Archetypischen ist die Summe der uralten Erfahrungen des Mannes mit der Frau bzw. der Frau mit dem Manne. Die archetypische Struktur wirkt unbewußt und wird nur durch den konkreten Kontakt mit dem anderen Geschlecht im Verlaufe des Lebens teilweise bewußt und dabei modifiziert.

Der erste Eindruck von einer Frau wird dem Mann durch seine Mutter vermittelt, und dieses Bild füllt den archetypischen Rahmen und beeinflußt seine Entwicklung äußerst wirkungsvoll. Der erste Mann, der der Frau begegnet, ist der Vater. Daß diese Begegnung später liegt als die Begegnung des

Mannes mit der Mutter als Frau, ergibt sich aus der Tatsache, daß nur Frauen gebären. Von daher erscheint es nicht zufällig, daß der Mann in der Regel eine größere Abhängigkeit zur Frau hat als die Frau zum Mann. Bezeichnenderweise sprechen wir ja vom Kind im Manne und nicht von der Tochter in der Frau. Der Mann kann im gewissen Sinne Kind bleiben. Wenn es auch im Moment seines Zeugens so aussehen mag, als sei er kein Kind mehr, so kann er das doch nach der Zeugung schnell wieder vergessen. Er kann das Kind (das »große Kind«) bleiben – während die Frau, wenn sie einmal empfangen hat, es nicht vergessen kann, daß sie empfangen hat und gebären muß; sie wird körperlich zwingend zur Mutter und kann deshalb nicht mehr Tochter sein.

Begegnung mit dem anderen Geschlecht erfolgt im Rahmen archetypischer Muster, und die erotische Liebe erfährt von daher auch ihre (archetypische) Mächtigkeit.

Nicht zufällig haben C. G. Jung und K. Lorenz ihre Erfahrungen wechselseitig durch Vorträge an den jeweiligen Instituten ausgetauscht und zur Diskussion gestellt, weil sie von sehr unterschiedlichen Induktionsbasen her zu vergleichbaren Ergebnissen gekommen sind: den angeborenen Formen des Verhaltens (K. Lorenz) ist zugeordnet die des Erlebens (C. G. Jung) als der Innenseite der Instinkte. Auch der auf Verhaltensebene nachweisbare Faktor der Prägung hat möglicherweise eine innere Entsprechung im archetypischen Rahmen, der durch konkrete Umgangserfahrungen seine Ausprägung/Ausformung instinktnahe erfährt.

Bei jeder Partnerbeziehung wirken diese Strukturen mit. Das Bild, welches jeder Mann von seiner Mutter in sich trägt, ist kein genaues Abbild von ihr, sondern geformt und gefärbt vom genetischen Muster des weiblichen Prinzips, seiner ihm mitgegebenen archetypischen Anima. Bei der Wahl der Partnerin spielt diese Anima projektiv eine zentrale Rolle. Da Projektionen rational nicht kontrollierbar sind, kann es zu großen Schwierigkeiten in Partnerbeziehungen kommen, wenn eigenes Innenbild von der Frau und reale Außenwirklichkeit der Ehefrau kollidieren. Dasselbe gilt mit umgekehrtem Vorzeichen für die Wahl des Mannes durch die Frau.

C. G. Jung spricht von Selbstwerdung[4] (= Individuation), und das heißt Versöhnung der inneren Gegensätze. Das Selbst hat eine Mitte (die Identität) und einen Umkreis, der das Bewußte und Unbewußte umschreibt. Das Selbst ist Zentrum der Totalität, wie das Ich Zentrum des Bewußtseins ist (C. G. Jung, 1944, S. 69).

Im Unterschied zu C. G. Jung, der im Prozeß der Individuation eine Integration von bewußten und unbewußten (= Schatten) Teilen zur Ganzheit des Selbst sieht, versteht die moderne tiefenpsychologisch orientierte Entwicklungspsychologie unter Individuation den Gegenpol zur Loslösung von der Mutter im Kontext der »psychischen Geburt« (M. S. Mahler, 1984, S. 21).

Nach C. G. Jungs eigener Erfahrung führt der Weg der Individuation unweigerlich zur religiösen Frage. Er konnte am Ende seines Lebens feststellen, daß keiner seiner Patienten gesund geworden sei, der nicht die Religion gefunden habe. Dazu ist zu sagen: Die Annahme der dunklen Seite führt zwar zu einer Stabilisierung des Systems, aber Annahme des Dunklen ist noch kein Licht. Dessen ungeachtet hat C. G. Jung wesentliches entdeckt.

Die analytische Psychologie C. G. Jungs und die moderne Instinktlehre konnten aufzeigen, daß uralte Menschheitserfahrungen in angeborenen Verhaltensformen und Urbildern der Seele (Archetypen) ihren Niederschlag gefunden haben. Dieser Niederschlag allen menschlichen Erlebens bis zurück zu seinen dunkelsten Anfängen ist kein toter Niederschlag – gewissermaßen als verlassenes Trümmerfeld –, sondern es handelt sich um lebendige Reaktions- und Bereitschaftssysteme, welche auf unsichtbarem und daher um so wirkungsvollerem Wege das individuelle Leben bestimmen.

Unser Bewußtsein verfügt über ein individuell erworbenes

[4] Zu unterscheiden hiervon ist der Modebegriff »Selbstverwirklichung«. Dieser Begriff beinhaltet eine Irreführung; es wird so getan, als wüßten wir, wer wir selbst seien. Faktisch ist es Selbstherrlichkeit (ich bin der Herr, mein Gott), Abkehr von Gott, der unser Herr ist. Selbstverwirklichung als Legitimation von Anspruch und Forderung (Recht auf Lust) fördert den Kampf aller gegen alle. Selbstwerdung dagegen ist Personwerdung durch Integration.

Erfahrungsmaterial von wenigen Jahrzehnten. Das Individuum aber wird erfahrungsgemäß immer wieder vor Aufgaben und Situationen gestellt, zu deren Lösung und Meisterung sein bewußt erworbener Erfahrungsschatz nicht ausreicht. In solchen Augenblicken, die in der Regel als besonders schicksalhafte Notzeiten für unser inneres oder äußeres Leben, als Lebenskrisen und Zusammenbrüche erlebt werden, in Augenblicken, da vor der Unlösbarkeit des Problems der Verstand stillsteht, wo also mit anderen Worten alle rationalen Lösungsversuche gescheitert sind, greift die Seele in einer Art automatischem Selbstregulierungsprozeß zurück auf die instinktiven Anpassungssysteme der kollektiven Wesensseite in uns und auf das ihr in reichster Fülle zur Verfügung stehende kollektive Erfahrungsmaterial von Jahrtausenden.

Diese Entdeckung C. G. Jungs ist in der Tat genial und weitreichend. Und dennoch scheint sich mir C. G. Jung in einem zu irren: Er sieht die Urerfahrung des Archetypus Anima und des Archetypus Animus auf derselben Bezugsebene wie den Archetypus des Religiösen. Die Urerfahrung des Religiösen hat aber noch einen anderen Bezug als den rein zwischenmenschlichen. Dieser Archetypus repräsentiert eine noch tiefer liegende (ältere) Erfahrung. Er ist nicht diese Erfahrung, aber ein Hinweis auf diese, auf die Erfahrung des »Geschaffenseins nach Seinem Bild«.

Dies ist die älteste Schicht menschlichen Daseins. Es ist die Urerfahrung des Menschen in der unmittelbaren Begegnung mit Gott im Paradies. Mit dem Sündenfall wurden den Menschen die Augen aufgetan, und sie entdeckten ihre Nacktheit, sahen ihre Blöße, d.h. sie sahen sich ohne Gott, rein kreatürlich. Sie sahen das Geschöpf und nicht den Schöpfer. Deshalb hat Gott sie in ihrer Eitelkeit dahingegeben (Römer 1).

Diese Jahrtausende währende Erfahrung ihrer Kreatürlichkeit, ihres Fleisches, ihrer menschlichen Ebene hat ihren genetischen Niederschlag in den Archetypen gefunden. Unterhalb dieser Archetypen menschlicher Ebenen liegt aber die Primärerfahrung des Geschaffenseins-nach-seinem-Bilde. Diese wurde durch den Sündenfall überlagert von jener Jahrtausende währenden archetypischen Erfahrung einer in Sünde gefallenen Menschheit. Der natürliche Mensch lebt so lange aus der archetypischen Schicht des kollektiven Unbewußten und bezieht aus diesen Schichten schöpferische Kräfte und Lösungswege und -möglichkeiten von Problemen und Schwierigkeiten, bis er durch den Anruf Gottes in seiner noch tiefer liegenden Primärerfahrung, Primärexistenz getroffen wird. Eine tief im Verborgenen liegende Schicht unseres Daseins vernimmt eine uralte, vertraute Frage: »Adam, wo bist du?« Jeder Mensch kann in diesem Betroffensein der Wurzel seines Daseins innewerden: »Wer aus Gott ist, der hört meine Stimme« (Johannes 8,47).

Diejenigen, die nicht bemerken, daß dieser Anruf den Wurzelpunkt ihrer Existenz berührt hat, haben Ohren und hören nicht. Je mehr sich der Mensch – das ist eine ganz wesentliche Einsicht, die wir auf das Geistliche übertragen müssen – vom Geist der Welt ansehen läßt, um so deutlicher wird er ein Angesehener in dieser Welt. Er wird wie viele um ihn her zu einem Repräsentanten dieser Weltzeit, dieses Weltgeistes: gestaltgewordener Archetypus des in der Horizontale lebenden, gegen Gott blinden Menschen.

So wie nun die Urerfahrung des gefallenen Menschen durch den Geist dieser Weltzeit in jedem lebenden Menschen wieder aktualisiert wird, konkrete Gestalt und Formung annimmt, kann auch die in jedem Menschen noch tiefer liegende Primärerfahrung des Geschaffenseins-nach-seinem-Bilde durch den Anruf Gottes anklingen und durch das Sich-ansehen-Lassen und Ansehen von Himmlischem, Göttlichem mehr und mehr aktualisiert werden. Hier verstehen wir das Schriftwort vom Ansehen Seines Bildes, wodurch wir in Seine Herrlichkeit umgestaltet werden.

Der Sündenfall konnte das Wesen von Mann und Frau nicht ändern, es bekam jeweils nur ein anderes (negatives) Vorzeichen (= Vergänglichkeit).

Auch nach Aussagen der Bibel ist die Frau die Empfangende. Die Eva hat das Böse (den Samen der Schlange) empfangen, die Maria den Heiligen Geist. Die Frau bedarf von daher des Schutzes von seiten des Mannes (der Mann als Priester der Ehe/der Familie). Ohne diesen Schutz verliert sie das Vertrauen und wird offen für die Dimension der Macht. Sie wird nicht vergessen können, daß der Mann doch der zutiefst (von ihr) Abhängige/von ihr Geborene ist. Und sie wird es ihn spüren lassen, wenn er versagt, wenn er ihr den Schutz nimmt (siehe Emanzipation als falsche Reaktion auf falsches Verhalten des

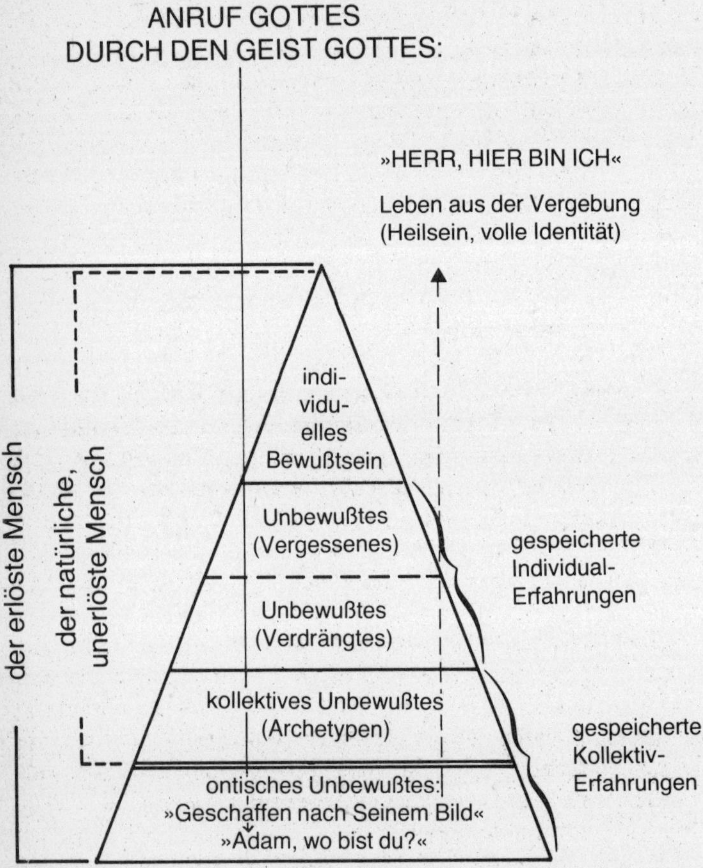

Abb. 6

Nur durch den Anruf Gottes kann das Trennende der Angst und des Todes zwischen Gott und Menschen und von Mensch zu Mensch überwunden werden.

Mannes). Der Mann wird von ihr geprüft, ob er ihr Herr sein kann, oder ob er ihr hörig ist; ob er souverän ist, um in Liebe in der Verantwortung vor Gott zu führen, oder ob er autoritär ist, um seine Schwäche zu vertuschen.

Die Partnerbeziehung ohne Versöhnung mit Gott ist gekennzeichnet von der Relation: Verlangen-haben vs. Herr-sein (1. Mose 3). Der Frau Verlangen wird sein nach dem Manne, und er wird ihr Herr sein (= Rivalität-Exchangemodell von Kosten und Nutzen). Eine Partnerbeziehung unter dem Schutz einer gemeinsamen Beziehung zu Gott durch Jesus Christus bringt die ursprüngliche Relation wieder zur Geltung: Gehilfin-sein vs. Anhangen (1. Mose 2): Er wird Vater und Mutter verlassen und seiner Frau anhangen, und sie wird ihm Gehilfin sein.

1.3 Prägungsvorgänge

In einem als »Blitzlernen« beschriebenen Vorgang wird ein Organismus festgelegt auf bestimmte Umweltkonstellationen, und zwar irreversibel. Eine so entstandene Erlebensnorm wird dann als *geprägt* angesehen. Prägung führt zu einer Bevorzugung (Selektion) bestimmter Reize (Auslöser) für bestimmte (Instinkt-)Handlungen. Die Prägung erfolgt gewöhnlich in einer begrenzten Zeit, während einer sogenannten sensiblen Phase.

Man nimmt an, daß auch beim Menschen in der frühesten Kindheit Prägungsprozesse ablaufen, die im Bereich des Sozialverhaltens eine tragende Rolle spielen. Deshalb sind frühe Fehlentwicklungen mehr als ein gewöhnliches Lernen von falschen Verhaltensweisen, sondern haben vermutlich die Qualität von Fehlprägungen, und deshalb sind sie so schwer oder gar nicht korrigierbar.

Die beiden aus dem Tierexperiment bekannten Beispiele für Prägungsvorgänge sind die Nachlaufprägung und die sexuelle Prägung.

Die Nachlaufprägung wurde von K. Lorenz beschrieben und durch das populärwissenschaftliche Buch »Er redete mit dem

Vieh, den Vögeln und den Fischen« allgemein bekannt. Dort berichtet er von seiner Graugans Martina, die er mittels Heizkissen ausgebrütet und auf sich geprägt hat.

Durch Prägung werden diejenigen Merkmale festgelegt, an denen später die Mutter, die Eltern, die Geschlechtspartner erkannt werden. Es werden durch Prägung artspezifische und keine Individualmerkmale geprägt. Prägungseffekte lassen sich nicht auf Bekräftigungslernen zurückführen.

Bei manchen Tierarten (z.B. Zugvögeln und Wanderfischen) findet eine Prägung an den Herkunftsort statt, zu dem die Tiere späterhin zurückkehren (sog. Orts- oder Heimatprägung). Bei manchen sozial lebenden Wirbeltieren (wie Mäusen und Rhesusaffen) korreliert die spätere Aggressionsbereitschaft mit dem Ausmaß von aggressiven Erfahrungen in der frühen Jugend. Für Haushunde gibt es eine sensible Prägungsphase für ihr späteres Sozialverhalten. Die Phase liegt zwischen der 3. und 14. Lebenswoche mit einem Maximum in der 7. Woche. Viele Hospitalisationssymptome lassen sich im Tierexperiment erzeugen, wenn junge, sozial lebende Tiere isoliert aufgezogen werden. Sie haben später Einordnungs- und Kontaktprobleme und keine affiliativen (Affiliation = Bedürfnis nach sozialer Nähe) Aggressionshemmungen.

Argyle (1969) weist darauf hin, daß Heimkinder später in der Kontaktfähigkeit und Selbstbeherrschung reduziert sind. Die Fähigkeit zur Affiliation, welche durch eine intakte Mutter-Kind-Beziehung grundgelegt wird, wird durch die Geschwisterbeziehung weiter ausdifferenziert. Fällt beides aus oder ist beides ungenügend ausgebildet, fallen auch später die Aggressionshemmungen weg.

Für das Verhalten von Tieren und sicherlich begrenzt auch für das Verhalten von Menschen gilt, daß es nicht eine unbegrenzte Modifizierbarkeit des Verhaltens gibt, vielmehr stehen seiner Veränderbarkeit zwei biologische Konstanten entgegen: das Erbgut und die Früherfahrung in Form von Prägung, durch die die Entwicklungsbreite des Erbgutes möglicherweise eingeengt bzw. spezifiziert werden kann. Zusammenfassend kann festgestellt werden, daß die Deprivationssyndrome bei Tieren Erscheinungsformen hervorbringen, die dem des Hospitalismus ähnlich sind. Sie sind jeweils zurückzuführen auf fehlende oder nicht adäquate soziale Erfahrung während einer bestimmten sensiblen Phase im Verlauf der Entwicklung. Es kann beim Tier deutlich eine innere Spannung beobachtet werden, wenn es an der Berührung und Verfolgung seines Prägungsobjektes gehindert wird. Das zeigt, daß Prägungsvorgänge an positive, affektive Erregungsspannungen gebunden sind. Nach den Beobachtungen von E. H. Hess an Enten korrelieren der Grad der Erregungsspannung und die Wirksamkeit der Prägung positiv.

Auch der Säugling braucht zu seiner Frühentwicklung (Prägung) die seelische und somatische Berührung der Mutter. Die Sprachentwicklung ist vermutlich abhängig von nonverbalen Prägungen auf die menschliche Stimme. Schon am ersten Tag nach der Geburt reagiert der Säugling auf die menschliche Stimme mit synchronen Bewegungsrhythmen. Diese Resonanz bereitet den Boden des späteren Rhythmus der Sprach-Bewegung/Sprachmelodie. Diese interessante Beobachtung W. Condours (1974, nach Oerter/Montada, 1982, S. 525) müßte noch daraufhin geprüft werden, ob sich der subjektive Eindruck objektiv durch ein Spektrogramm belegen läßt. Immerhin könnte in dieser Prägung auf die Mutter-Sprache die Erklärung dafür liegen, daß sich Dialektgrenzen über Jahrhunderte hin recht stabil erhalten. Die die Sprache tragenden Strukturen sind vielleicht irreversible Prägungen im Kontext des Aufbaus frühester Objektbeziehungen; möglicherweise reichen die Prägungsphasen für Sprachmelodie und -rhythmus zurück in das letzte Drittel der Schwangerschaft.

Interessant ist, daß das Auftreten von Angst die Prägungsmöglichkeit beendet. Zu diesem Ergebnis jedenfalls kommt E. H. Hess (1975) in seiner Arbeit über Prägung bei Enten. Es ist zu fragen, ob nicht auch beim Menschen, wo eine Mutter-Beziehung äußerlich vorhanden ist, durch eine allgemein angstbestimmte Atmosphäre die frühe Mutter-Kind-Beziehung so beeinträchtigt wird, daß eine Prägung auf Sprache/Dialog nicht stattfindet (Autismus?).

Sehr wahrscheinlich spielen auch Prägungsvorgänge beim Erkennen von Geschlechtsmerkmalen (neben anderen Faktoren) eine Rolle. Hierin liegt vermutlich auch eine Erklärung dafür, daß es außerordentlich schwer ist, homosexuelle Neigungen zu korrigieren. Die Festlegung des Triebobjektes erfolgt offensichtlich schon in einer Periode der Entwicklung, zu der die reife Triebhandlung selbst noch gar nicht von der Umwelt gefordert wird. Nach den Untersuchungen von K. Leonhard (1964) kann die gegenseitige sexuelle Schaustellung (vor allem bei Hemmung des Hinsehens (Doktorspiele) in der prägenitalen Phase) zum Schlüsselerlebnis in der genitalen Phase werden, so daß die Partnerbindung und damit die zugeordnete (weibliche oder männliche) Triebstruktur festgelegt (geprägt) wird auf das Geschlecht des prägenden Partners.

Die sensible Phase zur Prägung der Geschlechtsidentität liegt zwischen dem achtzehnten Monat und dem fünften Lebensjahr.

1.4 Entwicklungsgefährdende Anlagen und Umweltbedingungen

Zu den *entwicklungsgefährdenden Anlagefaktoren* hatte schon S. Freud eine über dem Durchschnitt liegende Sensibilität gerechnet. Das übersensible Kind ist von einer mittleren Umwelt schon überfordert. Es bedarf einer übermäßigen Rücksichtnahme. Und diese Rücksichtnahme drängt es in eine Sonderrolle bzw. in eine Außenseiterposition, sei es in der Familie, wenn mehrere Geschwister vorhanden sind, oder auch später in der Gruppensituation im Kindergarten und in der Schule. Schultz-Hencke (1947, S. 69 ff.) rechnet auch Hypermotorik und Hypersexualität zu den entwicklungsgefährdenden Erbanlagen, die zu einem schwierigen Lebensweg prädestinieren. Es ist leicht einzusehen, daß Sensibilität im Sinne großer Ansprechbarkeit auf geringe Reize besonders leicht zu Angst- und Schrecksituationen führen kann.

Schon der russische Forscher I. P. Pawlow konnte in Tierexperimenten nachweisen, daß Tiere unterschiedlich stark in der Lage sind, bedingte Reflexe zu bilden und zu bewahren. Auch beim Menschen gibt es offenbar anlagebedingte Unterschiede; und es liegt auf der Hand, daß Kinder mit einer ausgeprägten Fähigkeit, bedingte Reflexe zu bilden und zu bewahren, auch negative Eindrücke länger behalten und damit für Fehlentwicklungen anfälliger sind als Kinder, bei denen sich bedingte Reflexe nur langsam einschleifen oder sich schneller wieder verlieren können. Neuere Untersuchungen aus der Schule um Eysenck konnten bestätigen, daß neurotische Fehlentwicklungen Hand in Hand gehen mit leichter Konditionierbarkeit, d.h. mit leichter Ausbildung von bedingten Reflexen, die bewahrt werden. Es sind nach Eysenck die Introvertierten, d.h. jene Menschen, die mehr nach innen leben, eher verschlossen als umweltzugewandt erscheinen.

S. Freud war aufgefallen, daß Kinder, die sich wirksam negativen (peinlichen) Erlebnissen/Bedürfnissen nicht entziehen können (sei es durch Reiz-Flucht und/oder durch schnelles Vergessen), eher genötigt seien, solche Belastungen des Ichs durch Verdrängung gleichsam aus dem Verkehr zu ziehen, aus dem Bewußtsein auszublenden, und das bedeutet, die freie Verfügbarkeit von Möglichkeiten einzuschränken (Fehlentwicklung: Gehemmtheit und Durchbruchsreaktion).

Aber auch der Gegentyp – der Extravertierte – kann sich fehlentwickeln. Seine Fehlentwicklungen haben jedoch einen anderen Charakter als die des eher ängstlichen, sensiblen, leicht verletzbaren Introvertierten. Die Fehlanpassung des Introvertierten ist eine Anpassung auf Kosten des Ichs. Er ist im klassischen Sinn der Neurotiker. Die Fehlanpassung des Extravertierten erfolgt auf Kosten der anderen. Er ist im klassischen Sinn der Soziopath, der Kriminelle. Auf der einen Seite wirken Rückzug und Selbstaufgabe als Ausdruck von Verletzbarkeit; auf der anderen Seite steht die Gier, die fordernde Haltung als Ausdruck von Frustration und (kompensatorischem) Anspruch. Es liegt auf der Hand, daß die allgemeine Erziehungstendenz der modernen Pädagogik mit ihrer These: »Du hast ein Recht auf deine Lust« der fordernden Seite Vorschub leisten mußte. Damit hat sich im Bereich der Fehlentwicklungen der Akzent von den Gehemmtheiten verschoben auf die Verwahrlosungssymptome, verbunden mit einer geringen Frustrationstoleranz und einer sekundär erhöhten Regressionsbereitschaft (Drogen- und Alkoholmißbrauch als Symptom der Flucht, Aussteigermentalität).

Der Neurotiker im klassischen Sinn hat primär innerseelische Konflikte, die sich sekundär als Anpassungsschwierigkeiten und Verhaltensauffälligkeiten zeigen; der Verwahrloste hat primär Anpassungskonflikte durch nicht gelungene Sozialisation und erst sekundär innerseelische Konflikte.

Die Faktoren einer gefährdenden Umwelt sind viel schwieriger zu erfassen. Es können nur ein paar typische Situationen aufgezeigt werden: So ist als gefährdende Umwelt eine *individuelle, akute Schicksalsschwierigkeit der Mutter* (vgl. A. Dührssen, 1963) anzusehen. Infolge persönlicher Schwierigkeiten kann die Mutter nicht in der Lage sein, sich voll und warm dem Kind zur Verfügung zu stellen. Das gleiche gilt auch für Mütter mit einer *neurotischen Persönlichkeitsstruktur,* durch die eine freilassende, liebende Distanz dem Kind gegenüber nicht zustande kommt, oder wo durch eine pathogene Haltung das heranwachsende Kind in irgendeiner Weise überfordert wird. Es gibt z. B. eine »Affenliebe«, die das Kind überbehütet und schädigt; hinter ihr steht möglicherweise eine unbewußte Ablehnung des Kindes, die mit einer bewußt erlebten oder auch zur Schau getragenen Überbehütung zugedeckt wird; oder die Überbehütung geht zurück auf übermäßige Ängstlichkeit der Mutter. Die Überbehütung äußert sich in Verwöhnung, Nörgeln, besorgter Einengung und führt auf seiten des Kindes zu Reifeverzögerung, Infantilismus und Ansprüchlichkeit im Verhalten. In anderen Fällen wird die Ablehnung des Kindes unbewußt hergestellt, indem dem Kind mit nicht erfüllbaren Erwartungen begegnet wird. Durch diese Erwartungsvorgabe bereitet es der Mutter ständig Enttäuschungen. In Wirklichkeit schafft sich die Mutter nur unbewußt die Basis zu sogenannten »berechtigten Vorwürfen«, die ihre Ablehnung scheinbar begründen und verständlich erscheinen lassen. Wenn man diese unbewußten Zusammenhänge ausformulierte, würde man sagen müssen: »Wäre das Kind fleißiger, ordentlicher, braver, erfolgreicher usw., so würde ich es lieben, weil es aber nicht so ist, bin ich enttäuscht.«

Unsichere Mütter können ihre Unsicherheit mit einer das Kind überfordernden Selbstbestimmungsideologie kaschieren. Letztlich bleibt das Kind dann ohne bergende Begrenzung.

Auch kann ein Kind mit Perfektionismus gequält werden, gemäß der mütterlichen Einstellung: »Ich meine es doch nur gut mit dir.« Perfektionismus drückt sich aus in Mißbilligung, Kritikbereitschaft und Zwang und führt auf seiten des Kindes zu mangelndem Selbstvertrauen, Enttäuschungsbereitschaft und Zwangserscheinungen.

Es gibt auch Mütter, die über eine geringe Triebkontrolle verfügen und die kein schlechtes Gewissen haben, wenn sie ihre Aggression direkt und ungebremst äußern. Ihre Ablehnung äußert sich in Vernachlässigung, strenger Kontaktvermeidung, harter Bestrafung und führt beim Kind zu Fehlentwicklung verbunden mit Trotz, Verweigerung und Verwahrlosung.

A. Dührssen (1963) hat einmal 500 Mütter, deren Kinder neurotische Störungszeichen aufwiesen, nach deren Erziehungsidealen gefragt. »Nur zehnmal hörten wir von diesen Müttern die Antwort: ›Ich möchte ein glückliches und zufriedenes Kind.‹ Von den übrigen Antworten . . . geben wir nachstehend einmal die prägnantesten an: Gehorchen, Parieren, Respekt haben; ›daß man sich sehen lassen kann‹, Sauberkeit, Ordnung, Tüchtigkeit, ›es soll mal mehr sein als wir selbst‹, anpassungsfähig, mutig usw.« (S. 75).

Diese Untersuchungen von Frau Dührssen betrifft die Nachkriegsgeneration, jedenfalls eine Generation vor der Zeit der großen Wende von der autoritären zur antiautoritären Erziehung. So inhaltlich verschieden davon die Erwartungen heutiger Mütter auch sein mögen, die falsche Grundhaltung blieb: Das Kind ist Objekt der Erziehung. Die Ideale und mütterlichen Erwartungen scheinen wichtiger als die Eigenart und Eigengesetzlichkeit des Kindes selbst.

Nach einer in den USA bekannten Untersuchung der Kommunikation zwischen Mutter und Kind (R.D. Hess, 1965) würden wir das gerade geschilderte Verhalten gegenüber dem Kind zum statusorientierten familiären Kontrolltyp rechnen. Das Kind wird kontrolliert aufgrund von Status, Erwartungs- und Rollennormen. Davon unterscheidet Hess den personenorientierten familiären Kontrolltyp. Beim letztgenannten Familientyp wird die individuelle Eigenart des Kindes bei der

Ausformulierung statusabhängiger Forderungen berücksichtigt. Das Verhalten und die Erwartungen der Eltern sind der Tendenz nach individualisierter als bei dem statusorientierten Familientyp.

Hess weist nach, daß die unterschiedlichen Einstellungen den Kommunikationsstil zwischen Mutter und Kind bestimmen. Nehmen wir z.B. an, ein Kind spielt lärmend in der Küche und das Telefon klingelt. In der statusorientierten Familie sagt die Mutter: »Sei still«, oder gibt einen anderen kurzen Befehl. In der personenorientierten Familie sagt die Mutter: »Würdest du bitte eine Minute still sein, ich möchte telefonieren.«

In der Reaktion auf den autoritären Führungsstil der vergangenen Jahrzehnte wurde der kindorientierte, partnerzentrierte, demokratische Führungsstil als der Weisheit letzter Schluß angeboten. Wir müssen aber erkennen, daß die Erziehungsschwierigkeiten und die Fehlverhaltensweisen der Heranwachsenden zugenommen haben. Letztlich liegt dies daran, daß wir partnerzentrierten, demokratischen Erziehungsstil und Toleranz mit Liebe verwechselt haben. Eine so freilassende, partnerschaftliche Erziehung kann ein Kind und auch die Eltern sehr verunsichern und überfordern, wenn nicht eine tragfähige Liebe als Basis vorhanden ist.

Liebe läßt sich nicht in allgemeine Prinzipien fassen; sie ist weder Strenge noch Verwöhnung; sie ist ein Gleichgewicht zwischen Führen und Wachsenlassen (Th. Litt), zwischen Gewähren und Verbieten. Und dieses Gleichgewicht ist vermutlich wichtiger als der Kommunikationsstil. An die Stelle der »naiven« Unmittelbarkeit einer liebenden Überlegtheit im Zusammenleben mit dem Kind sind heute Methoden getreten, Methoden, wie man es »richtig« oder »falsch« macht. Diese allgemeine Verunsicherung ist ein Negativ-Faktor in der Erziehung. Wissenschaftsgläubigkeit und Methodenorientiertheit ließen die zuverlässige Gültigkeit im Verhalten einer liebenden Mutter gedanklich hinterfragbar werden. Die »richtige« Methode hat die »instinktsichere Liebe« überlagert. An die Stelle Bergung gebender, innerer Festigkeit tritt heute die Hospitalisation durch Verunsicherung des Erziehungsklimas.

Neben dieser privaten, persönlichen und allgemeinen zeit- und ideologieabhängigen Belastung der Familie und der Eltern-Kind-Beziehung wird die Entwicklung eines Kindes im besonderen Maße gefährdet, wenn in der Mutter-Kind- bzw. Vater-Kind-Beziehung elterliche Erwartungen zum Tragen kommen, die aus der eigenen Geschichte, aus ungelösten Konflikten der eigenen Vergangenheit (von Vater bzw. Mutter) stammen: »Die Sünden der Väter heimsuchen bis ins dritte und vierte Glied« (2. Mose 20,5). In solchen Fällen geraten die Kinder unter den Druck *traumatisierender Erwartungsphantasien* von seiten der Eltern. Die Kinder werden quasi in die Rolle eines Therapeuten gedrängt, sie werden zu Agenten der ungelösten, nicht bewältigten Konflikte der Eltern. Diese Rollenzuweisung ist in jedem Fall eine Überforderung für das heranwachsende Kind und führt nachweislich zu Fehlentwicklungen.[5]

1.4.1 Neurotisierende Rollenzuweisungen als entwicklungsbelastende Umweltwirkungen (nach H.E. Richter)

War es das Verdienst von S. Freud, erkannt zu haben, was im Kind vor sich geht, welchem Entwicklungsschicksal die Triebe und Antriebe ausgesetzt sind, wo Hemmungen durch Verdrängung entstehen, wo infolge von Hemmungen das Kind in Durchbruchssituationen besonders gefährdet, besonders versuchlich ist, und auf welche Weise es mit inneren Konflikten umzugehen lernt; so fragt die moderne psychoanalytisch orientierte Forschung nach dem, was zwischen dem Kind und seinen Bezugspersonen vor sich geht. Dieser Forschungsansatz arbeitet beziehungsanalytisch.

Eine der bedeutendsten Arbeiten zur Analyse und Klärung von Beziehungen zwischen Mutter und Kind wurde von dem

[5] Diese Erwartungsphantasien sind als neurotisierender Faktor in der Entwicklung des Kindes empirisch belegt und unumstritten. Sie belegen aber zugleich die Weisheit und Gültigkeit von Gottes Gebot: »Du sollst dir keine Bilder (keine Ideologien) machen, weder von dem, was im Himmel ist, noch von dem, was auf Erden ist, bete sie nicht an« (idealisiere sie nicht).

Gießener Psychoanalytiker H.E. Richter erbracht. Richter ist innerhalb von acht Jahren der Frage nachgegangen: »Was suchen die Eltern eigentlich im Kind? Wie sind ihre unbewußten Phantasien beschaffen, die sie auf das Kind beziehen? Gibt es eine Möglichkeit zu verfolgen, daß und wie das Kind diese Phantasien aufnimmt und sowohl in seinen affektiven Beziehungen zu den Eltern als in seinen Identifikationen verarbeitet?« (H.E. Richter, 1963, S. 84).

Richter untersucht, wie die unbewußten elterlichen Erwartungsphantasien die Beziehung zum Kind bestimmen. »Also genügt es eben nicht zu wissen: Wie sieht der elterliche Konflikt aus? Vielmehr ist genau zu prüfen: In welcher besonderen Form soll das Kind zur Konfliktbewältigung verhelfen?« (a.a.O., S. 86).

Diese neurotisierende Rollenzuweisung wird durch die Entwicklung des Kindes im Sinne von Anpassung beantwortet und bedingt eine jeweils spezifisch geschädigte Struktur des Kindes als Basis des sich ausbildenden Charakters. Die stabilisierende Erfahrung des personalen Zugeordnetseins in zunehmender Freiheit (= Partnerschaft) wird überlagert durch die angstbesetzte, destabilisierende Anpassung an eine bestimmte Rollenerwartung von seiten der Eltern.

Richter unterscheidet zwei Arten der Rollenzuweisung von seiten der Eltern an das Kind:

a) elterliche Übertragungen,

b) elterliche narzißtische Projektionen.

Der Begriff *Übertragung* wurde von Freud in die Diskussion und in die therapeutische Praxis eingeführt. Freud beschreibt damit einen bestimmten psychodynamischen Prozeß, der eine affektive Beziehung zwischen Patient und behandelndem Arzt betrifft. »Übertragung nennt man die auffällige Eigentümlichkeit der Neurotiker, Gefühlsbeziehungen zärtlicher wie feindseliger Natur zu ihrem Arzt zu entwickeln, die nicht in der realen Situation begründet sind, sondern aus der Elternbeziehung des Patienten stammen« (Freud, 1940, S. 305). Richter hat beobachtet, daß ähnliche Übertragungsprozesse, wie sie zwischen Patient und Analytiker laufen, auch häufig zwischen Eheleuten, Freunden, Arbeitskollegen und eben auch zwischen Eltern und Kindern laufen können. In diesem Sinne bringen Eltern den Kindern Gefühle entgegen, mit denen sie eigentlich gar nicht das Kind selbst meinen, sondern einen anderen, eine Beziehungsfigur aus der eigenen Biographie (der Mutter bzw. des Vaters).

So kann etwa ein Vater, der in seiner eigenen Geschichte Schwierigkeiten hatte mit einem überlegenen jüngeren Bruder, durchaus in die Lage kommen, daß er bei entsprechenden Erfolgen seines Sohnes sich diesem unterlegen fühlt und auf diese Unterlegenheitsgefühle reagiert (aggressiv oder auch um ihn buhlend). Aber diese Unterlegenheitsgefühle stammen nicht aus der realen Situation, sondern aus der eigenen Geschichte des Vaters und verzeichnen, verzerren die reale Situation.

Die *narzißtische Projektion* sieht im Partner Aspekte des eigenen Selbst. Die Eltern verwechseln das Kind in diesem Fall nicht mit einer Bezugsperson aus der eigenen Geschichte, sondern gewissermaßen mit sich selbst. Die bekannte Formulierung: »Du sollst es einmal besser haben als ich« kann durchaus Ausdruck einer solchen narzißtischen Projektion sein. In diesem Fall wird das Kind als positive Verbesserung des eigenen Selbst erlebt, als eine Weiterentwicklung über die eigenen Grenzen hinaus. So kann eine Mutter in ihrer heranreifenden Tochter gleichsam noch einmal aufblühen und in ihr im Sinne einer Nacherfüllung, eines Nacherlebens, die Enttäuschung eigener, unerfüllter Wünsche auszugleichen versuchen. Sie erlebt die Erfolge der Tochter als die eigenen.

Der Mensch verfährt in allen seinen Partnerbeziehungen nach dem einen oder nach dem anderen Typus. Entweder sucht er im Partner Aspekte des eigenen Selbst, oder er sieht (in der Übertragung) unbewußt eine Person, von der er in der eigenen Kindheit abhängig gewesen ist.

Im folgenden halte ich mich eng an die Untersuchungen von H. E. Richter und stelle die *drei Typen der Übertragung* und die *drei Typen der narzißtischen Projektion* dar.

Ich fasse die Fragestellung noch einmal zusammen, wie sie Richter ausformuliert hat:

»1. Wie kommt der elterliche Anspruch auf die Rolle des Kindes als Substitut eines Partners oder als Substitut eines Aspektes des eigenen Selbst zustande? Wie ist diese Erwartung motiviert?
2. An welchen Merkmalen läßt sich die Erwartung der jeweiligen Rolle ablesen?
3. Wie setzt sich das Kind mit der Rolle auseinander?
4. Inwieweit und in welcher Weise zeigen sich insbesondere verständliche Zusammenhänge zwischen der Rolle und den kindlichen Neurosen?« (a.a.O., S. 103).

Diese Rollenerwartungen stellen für das Kind jeweils spezifische Belastungsmomente für seine Entwicklung dar. Sie engen den Spielraum der kindlichen Reaktion ein und drängen die Entwicklung in eine bestimmte Richtung. Sie wirken traumatisierend auf die psychische Entwicklung des Kindes ein.

1.4.1.1 Mechanismen der Übertragung: Das Kind als Ersatz für einen anderen Partner

Das Kind als Ersatz für eine Elternfigur

Aus der eigenen Entwicklungsgeschichte sind bestimmte Beziehungen durch spezifische Gefühle gekennzeichnet. Es ist deshalb eine ganz normale Erscheinung, daß dann, wenn Eltern eigene Kinder haben, diese alten Gefühle anklingen können und dann in spezifischer Weise die gegenwärtige Eltern-Kind-Beziehung zu beeinflussen vermögen. Im Normalfall können wir nicht von traumatischen Belastungen sprechen. Erst dann, wenn diese auftauchenden Gefühle Konflikte aus der eigenen Vergangenheit wachrufen, die ungelöst und unbewältigt blieben, kann es dazu kommen, daß alte Abwehrmechanismen und Konfliktbewältigungsstrategien aus der eigenen Vergangenheit die aktuelle Situation überlagern. Das Kind gerät dann unter den Druck des elterlichen Anspruchs, die alte Situation gleichsam noch einmal mit den Eltern (also: den ehemaligen Kindern) durchzuspielen.

Dazu ein Beispiel: In bestimmten Entwicklungsphasen des Kleinkindes ist eine Selbstüberschätzung völlig normal. Es ist die Zeit einer primären Selbstliebe; und in dieser Zeit haben die Heranwachsenden Omnipotenzideen. Sie überschätzen die Macht der eigenen Wünsche. Wunsch und Wirklichkeit gehen fließend ineinander über. Eine Sonderform der Kraft des Wünschens haben wir dann zu einem späteren Entwicklungszeitpunkt in der Praxis der Wunschmagie und der Leistungsmagie: »Wenn ich mir ganz fest wünsche, daß morgen schönes Wetter wird, dann wird es auch«, oder: »Wenn ich jetzt mit voller Schultasche über den Graben springe, dann klappt auch die Arbeit.«

Diese Überwertigkeits- und Allmachtsphantasien können bei einer Mutter/bei einem Vater, wenn diese in der eigenen Kindheit diesbezüglich Konflikte (z. B. bei erlebter/erlittener elterlicher Überlegenheit) hatten, in der entsprechenden Entwicklungsphase der eigenen Kinder wieder anklingen. Unter solchen Bedingungen trauen Väter bzw. Mütter ihren Kindern *alles* zu. Zweifel, daß ihre Kinder vielleicht an Grenzen kommen könnten und etwas nicht können werden, machen ihnen Angst. Mit geäußerten Anerkennungen machen die Eltern ihren Kindern nicht gleichsam Mut, sondern schaffen sich in der unbewußten Übertragung eine Situation, die es ihnen möglich macht, sich mit den überwertig erlebten (eigenen) Eltern nachträglich auseinanderzusetzen. Dadurch gerät das Kind in eine Machtposition, die im Widerspruch steht zu seiner altersbedingten Schwäche und Unreife. Es kann sich an der unterwürfigen Mutter nicht orientieren und bricht unter der Last einer ihm zugewiesenen Rolle des Alleskönners zusammen. Weil in einer solchen Beziehung die Mutter die Grenzen des Kindes nicht wahrhaben will/nicht wahrhaben kann, wird der Boden bereitet zu Erklärungsmustern, die bei einer möglichen Infragestellung der Allmacht (bei Auftreten von Schwäche) herangezogen werden können, so daß der Selbstbetrug – das ist in diesem Fall das anerzogene unwahrhaftige Machtgefühl des Kindes – aufrechterhalten werden kann. Die Last bleibt, und das Kind kann vegetative Symptome entwickeln, über Schmerzen klagen, Nahrungsaufnahme verweigern, krank spielen bzw. sein, um der unbewußten Zumutung auszuweichen.

Zu massiven Schwierigkeiten kommt es dann aber in der Regel mit dem Eintritt in die Schule und den immer deutlicher werdenden Leistungsvergleichen zwischen den Kindern. Ein unter diesem Erwartungsdruck hochstilisiertes (vielleicht altkluges) Kind vermag wohl noch eine Zeitlang bei der nötigen Intelligenz diese Rollenfixierung auch in der Schule durchzuhalten. Aber es kommt die Zeit, wo das Kind massive Kränkungen seines Selbstwertgefühles hinnehmen muß, weil es offenbar nicht der Alleskönner ist/sein kann, als den es seine Eltern immer gesehen haben.

Ähnliche innere Mechanismen laufen z.B. auch dann ab, wenn die Mutter bzw. der Vater im Verlaufe ihrer eigenen Entwicklung zu wenig Liebe erfahren haben. Wir haben dann Eltern, die von den Kindern stets mit Liebesbeweisen verwöhnt werden möchten. Das Kind soll dann möglichst immer strahlen, jauchzen, die Mutter umfassen und vor allen Dingen dankbar sein. Die Mutter möchte dann oft unbewußt (an die Adresse der eigenen Mutter gerichtet) eigentlich klagen: »Verdiene ich denn nicht, daß du mich liebst?« Und sie läßt ihre Verzweiflung am Kind aus, das es unbewußt in die Rolle der eigenen Mutter hineinpreßt.

Weil das Kind solchen (quasi-therapeutischen) Rollen nicht entsprechen kann, entwickelt es auf die Dauer depressive Schuldgefühle und massive Selbstvorwürfe.

Das Kind als Gatten-Substitut, d.h. als Ersatz oder im Bilde des gegengeschlechtlichen Partners

Sigmund Freud kommt das Verdienst zu, aufgrund der Analyse von Träumen und vor allem aufgrund seiner Selbstanalyse erkannt zu haben, daß der Ödipuskomplex als zentrales Entwicklungsproblem für die Altersstufe der 5/6jährigkeit erkannt wurde. Freud schreibt in einem Brief an Wilhelm Fließ (vom 15.10.1897) über den Fortgang seiner Selbstanalyse: »Ich habe nichts völlig Neues bis jetzt gefunden, alles Komplikationen, die ich bis jetzt gewohnt bin. Ganz leicht ist es nicht. Ganz ehrlich mit sich sein, ist eine gute Übung. Ein einziger Gedanke von allgemeinem Wert ist mir aufgegangen. Ich habe die Verliebtheit in die Mutter und die Eifersucht gegen den Vater auch bei mir gefunden und halte sie jetzt für ein allgemeines Ereignis früher Kindheit ... Wenn das so ist, so versteht man die packende Macht des Königs Ödipus trotz aller Einwendungen, die der Verstand gegen die Fatumsvoraussetzung erhebt, und versteht, warum das spätere Schicksalsdrama so elend scheitern mußte ... die griechische Sage greift einen Zwang auf, den jeder anerkennt, weil er dessen Existenz in sich verspürt hat. Jeder der Hörer war einmal im Keime und in der Phantasie ein solcher Ödipus, und vor der hier in die Realität gezogenen Traumerfüllung schaudert jeder zurück mit dem ganzen Betrag der Verdrängung, der seinen infantilen Zustand von dem heutigen trennt« (S. Freud, 1950a, S. 193).

»Die Psychoanalyse verifiziert in ihrer täglichen Arbeit die einfache Tatsache, daß Knaben ihre erste genitale Zuneigung den mütterlichen Erwachsenen zuwenden ... und daß sie ihre erste sexuelle Rivalität gegen diejenigen Personen wenden, die die genitalen Besitzer jener mütterlichen Wesen sind« (E. H. Erikson, 1971, S. 81).

In dieser Hinsicht schreibt Erikson mit der ihm eigenen Sensibilität für tiefenpsychologische Zusammenhänge auf dem Hintergrund seines umfangreichen Fallmaterials: »Ein Kind hat eine ganze Reihe von Möglichkeiten, sich mehr oder weniger versuchsweise mit den Gebräuchen, Charakterzügen, Beschäftigungen und Ideen wirklicher oder phantasierter Menschen jeden Geschlechts zu identifizieren. Gewisse Krisen zwingen es, radikal Auswahl zu treffen. Der historische Zeitpunkt aber, innerhalb dessen das Kind lebt, bietet nur eine beschränkte Anzahl sozial brauchbarer Modelle für glückliche Kombinationen von Identifikationsfragmenten« (E. H. Erikson, a.a.O., S. 234). Das gilt auch für die Entwicklung der geschlechtlichen Identität. Der unter normalen, gesunden Bedingungen der Entwicklung günstige Zeitraum hierzu ist die von Freud so gekennzeichnete ödipale Phase.

Aus der allgemeinen Entwicklungspsychologie und aus der

schöngeistigen Literatur ist hinlänglich bekannt, daß es im Alter von 5–6 Jahren eine erste gegengeschlechtliche Beziehung der Liebe gibt. K. Schmeing (1955) spricht von einer mehrfachen Pubertät und verlegt die Kindheitspubertät in die 5/6jährigkeit. Er begründet diese »frühe Pubertät« phylogenetisch, weil sich nachweisen läßt, daß bei allen höheren Wirbeltieren mit dem Übergang von der Tierkindform zur Erwachsenenform die Geschlechtsreife eintritt. Auch beim heranwachsenden Menschen beobachten wir einen Übergang von der Kleinkindform zur Schuldkindform (mit den Proportionen des Erwachsenen) im ersten Gestaltwandel. Dieser erste Gestaltwandel liegt zwischen dem 5. und dem 7. Lebensjahr und bildet den somatischen Kontext der ödipalen Situation. Diese frühe Pubertät hat mithin phylogenetische Wurzeln und ist mit Sicherheit nicht eine Erfindung der Psychoanalytiker.

Gelegentlich lassen sich auch Beispiele für so frühe Kindheitsliebe finden. Ganghofer setzt seine Kindheitsliebe in das 6. Lebensjahr, Hebbel in das 4. Lebensjahr. Ich selbst erinnere mich noch einer Verliebtheit im 1. Schuljahr in ein gleichaltriges, blondes Mädchen mit langen Zöpfen, deren Namen ich heute noch weiß. Von meinem Sohn weiß ich, daß er als 5jähriger auch eine kleine Schulfreundin aus dem 1. Schuljahr hatte, zu der es ihn mit aller kindlichen Leidenschaftlichkeit hindrängte. Hebbels Schilderung seiner ersten Liebe ist besonders eindrucksvoll. In der ersten Stunde, in der er die Schule betrat, hatte Emilie, die Tochter des Kirchspielschreibers, sein Herz gewonnen. »Ein leidenschaftliches Zittern überflog mich, das Blut drang mir zum Herzen, aber auch eine Regung von Scham mischte sich gleich in mein erstes Empfinden, und ich schlug die Augen so rasch wieder zu Boden, als ob ich einen Frevel damit begangen hätte. Seit dieser Stunde kam Emilie mir nicht mehr aus dem Sinn, die vorher so gefürchtete Schule wurde mein Lieblingsaufenthalt, weil ich sie nur dort sehen konnte. Die Sonn- und Feiertage, die mich von ihr trennten, waren mir so verhaßt als sie mir sonst erwünscht gewesen sein würden; ich fühlte mich ordentlich unglücklich, wenn sie einmal ausblieb. Sie schwebte mir vor, wo ich ging und stand, und ich wurde nicht müde, still vor mich hin ihren Namen auszusprechen, wenn ich mich allein befand« (zitiert nach Schmeing, a.a.O., S. 5).

Aus allen Kulturen sind uns Inzesttabus und Inzestmotive hinlänglich bekannt. Sie finden sich auch wieder in Sage und Dichtung. Die vom Sohn auf die Mutter gerichteten Inzestwünsche finden ihren mythischen Ausdruck u. a. in der Ödipussage. Die von der Tochter auf den Vater gerichteten Inzestwünsche finden ihre Widerspiegelung im Elektra-Mythos.

Unter bestimmten Bedingungen können solche Inzestwünsche von den Eltern (vom Vater oder Mutter) aufgegriffen oder gar agiert werden. Richter weist auf eine Sage hin, die den Inzestkonflikt zwischen Mutter und Sohn weniger unter dem Aspekt der Aktivität des Sohnes (wie in der Ödipussage) sieht, sondern umgekehrt unter dem Aspekt des Verführtwerdens durch die Mutter. Es ist die phrygische Sage von Agdistis und Attis.

Eltern drängen ihre Kinder am ehesten dann in die Rolle eines Partnerersatzes, wenn die Ehe zerrüttet oder der Ehepartner nicht vorhanden ist. Unglückliche Verheiratete, Witwen und Witwer haben in der Regel eine sehr enge Bindung zu ihren Kindern. Aber solche engen Bindungen sind nicht zwangsläufig bei Verlust eines Partners oder bei einer schlechten Partnerbeziehung. Sie treten in der Regel nur dann ein, wenn eine affektive Bereitschaft von seiten des einsamen Partners auf das Kind ausgeht.

Der Soziologe G. Wurzbacher (1958, S. 192) weist darauf hin, daß die Eltern-Kind-Beziehung in der Regel leichter zu bewältigen ist als eine komplizierte Gattenbeziehung. Das Ausweichen auf erstere liegt deshalb nahe. Sie ist ja auch zumindest in der Mutter-Sohn-Beziehung instinktnahe abgesichert. Es wäre einmal interessant, statistisch zu untersuchen, ob es bei gestörten Familien mit zwei Kindern (Bruder und Schwester mit geringem Altersabstand) stärkere Bindung zwischen Mutter und Sohn gibt als zwischen Tochter und Vater. Wurzbacher (a.a.O.) zitiert eine Arbeit von Levy, wonach Mütter, die eine verwöhnende Beziehung zu ihren Söhnen auslebten, dadurch gekennzeichnet waren, daß sie selbst überwiegend sexuelle Schwierigkeiten hatten (S. 121 ff.). In dem

Sohn als Gattensubstitut wird die Angst vor der aggressiven Komponente der Sexualität reduziert/gedämpft durch die positive Valenz einer Mutter-Kind-Beziehung.

Umgekehrt kann ein Mann, der in seiner eigenen Werdensgeschichte von seiner Mutter enttäuscht wurde, die Ehefrau später ablehnen und in der Tochter einen Ersatz für sie suchen. Er verwöhnt dann die Tochter mit Geschenken und Zärtlichkeiten und triumphiert, wenn es ihm gelingt, in der Frau Eifersucht zu erwecken. Mittels der Tochter oder auch im Ehebruch mit einer sehr viel jüngeren Frau führt er seiner Ehefrau (symbolisch gesehen der eigenen Mutter) vor Augen, daß er doch ein liebenswerter Sohn/ein liebenswerter Mann sei. In einem inneren Wiederholungszwang arrangiert er Beziehungen, die beweisen sollen, daß andere ihn doch zu lieben vermögen. Gemäß seines gewordenen Lebenskonzeptes nötigt er seine Frau unbewußt, ihn schließlich genauso zu enttäuschen, wie er sich von seiner Mutter enttäuscht erlebt hat.

Bei einer vollständigen Familie bedeutet das heranwachsende Kind in einer solchen Gattenersatzrolle in der Regel eine Konkurrenz gegenüber dem gleichgeschlechtlichen Elternteil. Wenn auch diese Konkurrenzkonflikte nicht offen ausgetragen werden, ja wenn sie sogar in einem gewissen Sinne begrüßt werden (als Entlastung der eigenen nicht hinreichend erfüllten Gattenrolle), so kommt es doch zu mehr oder weniger schweren innerfamiliären Spannungen, zumindest aber zum Protest gegen eine einseitige Rollenfestlegung, wie es z. B. der Fall ist, wenn eine Frau sich von ihrem Mann in die »Mutti-Rolle« drängen läßt und es toleriert, daß die Tochter für ihren Mann das »kleine Weibchen« spielt.

Der sich jeweils zurückgesetzt erlebende Elternteil reagiert entsprechend. Ein zurückgesetzter Vater kann die Liebe seiner Frau zu ihrem Sohn als Affenliebe bezeichnen, den Sohn, wo es nur irgendwo eine Möglichkeit gibt, vor den Augen und Ohren der Mutter abwerten (und der Sohn, wenn er älter wird, den Vater). Die Rivalität des ödipalen Konfliktes wird zeitlich verlängert und kann strukturell werden. Wenn es zwischen den Partnern deshalb zu offenen Streitigkeiten kommt, wird die Rolle des Kindes als Gattenersatz überlagert von einer Rolle des Kindes als Streitobjekt. Besonders problematisch für die Entwicklung eines solchen Kindes kann es werden, wenn es durch Scheidung mit einem neuen Ehepartner des Elternteils konfrontiert wird, dem es dann in seiner Rolle als Gattenersatz weichen muß.

H. E. Richter berichtet von einer Familie, die er über fünf Jahre hin beobachtet hat, wie ein Junge als »Liebling der Mutter« nach der Scheidung der Ehe später einem Freund der Mutter weichen muß und daraufhin in eine massive neurotische Protesthaltung gelangt. Dies läßt deutlich werden, wie weitreichend ein heranwachsendes Kind sich mit dieser Art Rollenzuweisung identifizieren kann.

Dasselbe gilt auch für uneheliche Kinder, wenn z. B. die Mutter später heiratet und der bis dahin als Gattenersatz geliebte Junge zu dem neuen Mann »Vater« sagen muß. Unter solchen Bedingungen kann es sein, daß ein heranwachsender Sohn nie eine wirkliche innere Beziehung zu seinem Pflegevater bekommt, so sehr sich dieser auch um ihn bemüht. Die Mutter steht gleichsam immer dazwischen.

Das Kind als Ersatz für eine Geschwisterfigur

Richter schreibt aus seiner therapeutischen Praxis, daß Eltern häufig auf ihre Kinder eine affektive Einstellung übertragen, die sich ursprünglich auf eine Geschwisterfigur aus ihrer eigenen Geschichte bezieht. Es wird im entsprechenden Alter der eigenen Kinder die gespeicherte, aber unbewußte Erfahrung aus der eigenen Kindheit dergestalt reaktiviert, daß eine kleine Schwester, ein kleiner Bruder oder eine ältere Schwester/Bruder in der eigenen Entwicklungsgeschichte eine große Belastung waren. Die Analyse solcher Schwierigkeiten zeigt auch, daß die Neigung der Mütter bzw. Väter, mit ihren Heranwachsenden Probleme zu bekommen, jeweils die Altersstufe betrifft, in der auch die Probleme mit den Geschwistern aus der eigenen Geschichte lagen. Die spezifischen Forderungen bzw. Anforderungen, die entwicklungspsychologisch eine bestimmte Altersstufe charakterisieren, können überlagert sein von Problemen der eigenen Geschichte. Nicht selten sind die Leitmotive einer solcherart unerledigten eigenen Geschwisterproblematik Rivalitätsprobleme. Wenn das eigene Kind heranwächst, kann dann zur gegebenen Zeit diese Rivalitätsproblematik reaktiviert werden, und die Mutter kann ihr Kind bzw. der Vater kann sein Kind so erleben, als würde die Beziehung von Rivalitätsnöten gekennzeichnet. Im Sinne des »Wiederholungszwanges« (S. Freud) wird die alte Konfliktsituation, die unerledigt liegenblieb, wieder reproduziert. So kann es durchaus sein, daß eine Mutter Anstoß nimmt an den guten Leistungen ihrer Tochter, wenn sie in ihrer eigenen Geschichte eine Schwester gehabt hat, die in der Schule besser war als sie selbst. Die Mutter wehrt dann die Leistung vielleicht als Blaustrumpfigkeit ab oder belegt sie mit der Attitüde, sie sei ja ein halber Junge und kein richtiges Mädchen, sie sei zu ernst u.a., oder sie bewundert sie auch, wie sie ehemals ihre leistungsstärkere Schwester bewundert hat.

1.4.1.2 Mechanismen der Projektion: Das Kind als Ersatz für einen Aspekt des eigenen Selbst

Über die Mechanismen der Projektion soll nicht so ausführlich referiert werden wie bei der Darstellung der Übertragungs-Beziehung.

Die bisher beschriebenen Eltern-Kind-Beziehungen wurden bestimmt durch eine traumatisierende Rollenzuweisung an das Kind, dergestalt, daß die Heranwachsenden einen Ersatz bildeten für einen Partner aus der eigenen Entwicklungsgeschichte. »Zur Genese dieser Struktur der Eltern-Kind-Beziehung wurde dargetan, daß es ungelöste Konflikte mit anderen Partnerfiguren seien, die für die Eltern zum unbewußten Beweggrund wurden, auf das Kind die affektiven Einstellungen zu übertragen, mit denen eigentlich jene anderen Partnerfiguren gemeint seien. Unter dem Einfluß des Wiederholungszwanges reproduzieren die Eltern in diesem Fall mit dem Kind eine ihrem jeweiligen Konflikt entsprechende affektive Konstellation: Sie machen ihr Kind – anstelle ihrer Eltern, ihrer Geschwister oder ihres Ehepartners – zum Adressaten für unerfüllte Liebesbedürfnisse, für angestaute Strafimpulse oder für erworbene Abwehrmechanismen. Die Eltern-Kind-Beziehung folgt hier den Regeln der Übertragung« (Richter, a.a.O., S. 185).

Einen anderen Charakter haben die Beziehungen, wo die Kinder zum Substitut eines Aspektes des elterlichen Selbst werden. Hier sind die Kinder nicht ein Ersatz für einen anderen Partner, sondern gleichsam Verlängerung des eigenen Selbst. Die Eltern (Vater und/oder Mutter) suchen im Kind mit Hilfe der sogenannten narzißtischen Projektion unbewußt sich selbst zu verwirklichen. »Entweder tendieren sie dazu, im Kind ein getreues Abbild ihres Selbst wiederzufinden, oder sie externalisieren (verlegen ins Kind) vornehmlich den idealen Aspekt des eigenen Selbst bzw. ihr Ich-Ideal in der Weise, daß sie mit Hilfe des Kindes eine Nacherfüllung entsprechender eigener Strebung zu erreichen hoffen. Indem sie sich dabei mit dem Kind identifizieren, erleben sie eine Entschädigung für den drückenden Mangel im eigenen Selbstwertgefühl. Schließlich kann es sein, daß sie die eigene negative Identität oder den negativen Aspekt des eigenen Selbst in das Kind projizieren« (Richter, a.a.O., S. 185).

Im erstgenannten Fall soll das Kind so sein, wie man selbst ist (das getreue Abbild), im zweiten Fall so, wie man selbst sein möchte (der ideale Aspekt), im dritten Beispiel, wie man nicht sein möchte (negative Identität).

Schließlich kann das Kind noch in die Rolle eines umstrittenen Bundesgenossen gedrängt werden. Letzteres ist häufig bei zerstrittenen Ehen in der Vorphase der Scheidung der Fall oder auch nach der Scheidung, wenn die Elternteile jeweils versuchen, ihre eigene Position mittels eines Kindes zu stärken, um dadurch den Partner anzugreifen, herabzusetzen, zu schwächen.

Für den Mechanismus einer *negativen Identität* habe ich ein Beispiel aus der eigenen Praxis:

Eine junge Frau kommt zu mir in die Beratung. Nach mehreren Sitzungen stellt sich heraus, daß sie erhebliche Schwierigkeiten im Intimbereich hat, die dadurch entstanden, daß sie ihre Mutter beim Geschlechtsverkehr mit einem fremden Mann überraschte, als sie selbst noch ein Mädchen in der Pubertät war. Nach ihren eigenen Angaben war sie als Mädchen schon sehr früh körperlich gut entwickelt und erinnerte sich eines wiederholten Ausspruches ihrer Mutter: »Geh nicht so gerade, streck deinen Busen nicht so raus.« Diese überaus strenge und moralische Mutter wollte verhindern, daß ihre Tochter »zur Hure« (Ausdruck der Mutter) wurde. Sie projizierte damit eigene, unbewußt befürchtete Impulse (Wünsche) auf ihre heranwachsende Tochter; sie bekämpfte diese Impulse nicht bei sich selbst, sondern external bei der Tochter. Zum Trauma kam es, als die Tochter ihre Mutter beim Geschlechtsverkehr mit einem fremden Mann überraschte. Über die peinliche Situation legte sich das Schweigen. Die Tochter verdrängte ihre negative Identität und erlitt die Konfrontation mit dieser im Verlangen ihres Ehemannes, dem sie zunehmend auswich, weil sie ihn nicht anders erleben konnte als den Liebhaber ihrer Mutter: als Provokateur und Vergewaltiger ihrer (negativen) Sexualität.

Für das Kind am ehesten zu verkraften ist noch die Rolle des getreuen Abbildes, und zwar dann, wenn die Eltern insgesamt das Leben bewältigen und keine antisoziale Außenseiterrolle einnehmen. Schwierig wird es für das Kind aber ganz bestimmt, wenn das ideale Selbst von ihm dargestellt werden soll oder wenn es im Sinne des Sündenbocks zur negativen Identität bestimmt wird oder als umstrittener Bundesgenosse fungiert. Die letztgenannten Rollenzuweisungen sind besonders traumatisierend und hinterlassen tiefe Narben in der seelischen Struktur. In welchem Maße das geschieht, ist von Fall zu Fall verschieden. Insgesamt sprechen aber die Einzelfallanalysen im Rahmen psychoanalytischer Behandlungen dafür, daß viele Menschen nie eine ganze Befreiung von ihren kindlichen Rollenzuweisungen erfahren; sie bleiben Bestandteil ihres Gewordenseins, ihrer Struktur.

Zur traumatisierenden Rollenzuweisung wird auch eine religiöse, eine fromme Erziehung, und zwar dann, wenn Frommsein und Religiosität nicht identisch sind mit der eigenen Person, sondern nur als Rolle gelebt und projiziert werden als

Aspekt des idealen Selbst. Es kommt dann zu Formen der *ekklesiogenen Neurose.*

Die insgesamt negative erzieherische Wirkung von Rollenzuweisungen weist uns hin auf das Problem der Unechtheit, das im Neuen Testament angeprangert wird mit dem Begriff der Heuchelei. Heuchelei und Zuweisung einer frommen Rolle sind für die Entwicklung eines heranwachsenden Kindes eine schwere Belastung wie jede andere Rollenzuweisung auch; und vielleicht ist der Fall noch tragischer, weil sich mit der frommen Rolle ein Absolutheitsanspruch verbindet, demgegenüber der Mensch und insonderheit das Kind ohnmächtig ist: die Eltern können ihre Erwartungen mit dem Anspruch Gottes begründen. Gott wird zum »Erziehungsgehilfen« von elterlichen Erwartungen.

Erwachsene, die sich nie von dieser elterlichen Rollenzuweisung befreien können, die nie ihr persönliches Selbst finden, orientieren sich später an Personen, die ihnen ähnliche Rollen zuweisen. Immer wieder geraten sie in den Sog von Menschen, die in irgendeiner Weise ihre Eltern bzw. deren Rollenzuweisung repräsentieren. Sie können dann später entsprechende Partner heiraten oder beruflich in entsprechende Beziehungen eintreten, so daß sie sich subjektiv wohl fühlen und nicht weiter auffällig werden; es kann aber auch sein, daß sie im Protest gegen die ihnen als Kind auferlegte Rolle steckenbleiben und dabei ebensowenig eine volle Identität erreichen. Sie sind dann nicht sie selbst, sondern sie sind das, was die Mutter/der Vater wollte bzw. nicht wollte, daß sie sein sollten.

Eine oktroyierte Rolle kann so tief verankert sein, daß das Leben im eigenen Theater nicht zum Bewußtsein kommt. Diese Menschen meinen vielleicht, sich selbst verwirklicht zu haben, haben aber – wenn man ihre Geschichte kennt – in Wirklichkeit eine Rolle verwirklicht. Sie leben in einer existentiellen Unechtheit, ohne darum zu wissen. Glücklicherweise ist eine solche totale Vergewaltigung eines Menschen durch eine Rollenzuweisung selten. Max Frisch hat diese Tragik in seinem Drama »Andorra« dargestellt.

Wenn man diese Not der Rollenzuweisung vor Augen hat und aus der Praxis kennt, wird einem deutlich, welch ein

Geschenk, welch eine Gnade es ist, daß es eine Erlösung gibt von dem Bestimmtwerden durch die eigene Geschichte und die der Väter und Vorväter. Die Christen (= Jünger Jesu) können bekennen, daß sie nicht mehr ihrer Struktur ausgeliefert sind; sie haben eine Kraft (= den Heiligen Geist), die Macht der Struktur zu überwinden (Römer 7,15.24.25).

IV. Die einzelnen Entwicklungsschritte als Prozeß einer Veränderung im zeitlichen Kontinuum

1. Die intrauterine Entwicklung keine Rekapitulation der Phylogenese

Die Beschreibung der körperlichen Entwicklung soll in diesem Zusammenhang nicht detailliert abgehandelt werden. Nur soviel soll gesagt werden, daß schon gegen Ende des zweiten Monats alle inneren Organe vorhanden sind. Das Zentralnervensystem entwickelt sich und das Gehirn funktioniert nachweislich. Die äußeren Geschlechtsteile werden sichtbar. Sie haben einen männlichen Charakter (der Mensch beginnt als Mann); erst zwischen der neunten und zwölften Woche setzt die Differenzierung ein: Der Penis bildet sich zurück und die Vaginalspalte vergrößert sich (weibliches Geschlechtsorgan), oder der Penis wird größer und die Vaginalspalte schließt sich (männliches Geschlechtsorgan).

Am Ende dieser Entwicklung sprechen wir auch nicht mehr vom *Embryo,* sondern vom *Fötus* (lat.: das Junge, der Nachkomme). Von nun an ist die Entwicklung nur Ausreifung und Vervollkommnung und Wachstum. Der Herzschlag des Kindes ist mit Instrumenten schon hörbar, das Kreislaufsystem hat sich also ausgebildet. Die inneren Organe arbeiten.

Am Ende des vierten Monats pumpt das kleine Herz schon 30 Liter pro Tag durch das Kreislaufsystem. Im letzten Schwangerschaftsdrittel spricht man schon von einer »fötalen Psyche«, obwohl es keine exakt wissenschaftlichen Nachweise gibt, daß das, was gespeichert wird, im Langzeitgedächtnis bleibt. Daß aber Reize gespeichert werden können, geht daraus hervor, daß der Fötus konditionierbar ist. Er kann Außenreize aufnehmen, verarbeiten, darauf reagieren.

Das ungeborene Kind ist nicht nur direkt durch seine eigenen Sinnesorgane (wenn auch gedämpft) mit der Außenwelt verbunden, sondern auch schon indirekt durch den Blutkreislauf der Mutter, an den es angeschlossen ist. Freude, Trauer, Streß der Mutter werden auf diese Weise übertragen und können sich psychosomatisch auswirken.

Es kommen immer wieder Neugeborene mit schweren Erkrankungen zur Welt, die auf diesem Wege entstanden sind. So gebar eine 17jährige junge Frau in den USA nach einer komplikationslosen Schwangerschaft ein Kind mit drei Magengeschwüren. Das Kind starb zwanzig Stunden nach der Geburt. Die junge Frau hatte die Schwangerschaft ohne körperliche Probleme durchlebt, war jedoch besonders starkem psychischem Streß ausgesetzt gewesen: Die Eltern zwangen die Frau, gegen ihren Willen den Vater des Kindes zu heiraten. Der Vater des Kindes war Alkoholiker und wurde der Frau gegenüber wiederholt gewalttätig (W. Gross, 1982, S. 19).

Die Hautsinnesorgane reagieren zuerst (ca. im 5. Monat), danach arbeitet das Gleichgewichtsorgan, das Gehör beginnt zu funktionieren und desgleichen der Geschmack (ab 6. Monat). Im 7. Intrauterin-Monat kann der Fötus zu bedingten Reflexen auf akustische Reize hin veranlaßt werden.

Japanische Wissenschaftler stellten an 180 Säuglingen eine Gewöhnung an Umweltreize fest, denen die Mutter während ihrer Schwangerschaft ausgesetzt war. Dabei ist interessant, daß akustische Eindrücke schon früher als allgemein angenommen eine Rolle spielen, denn nur 13% der Kinder, deren Mütter während des ersten bis fünften Schwangerschaftsmonates in der Nähe eines Flugplatzes wohnten, ließen sich durch den Fluglärm in ihrer Ruhe stören. Dagegen schreckten 85% derjenigen Säuglinge aus dem Schlaf auf, deren Mütter erst in den letzten 4 Schwangerschaftsmonaten in dieses Lärmgebiet übersiedelten (W. Gross, a.a.O., S. 49).

Seit langem ist bekannt, daß Säuglinge durch die Herzschläge der Mutter, wenn sie über Lautsprecher verstärkt werden, beruhigt werden. Das gilt nicht nur individuell, sondern auch allgemein. Bei erhöhter Herzfrequenz (128 Schläge pro Minute) nimmt allerdings die Ruhe ab und die Unruhe nimmt zu. Auch die Beruhigung, die eintritt, wenn ein Säugling seinen Kopf an die Brust der Mutter legt, wird vermutlich unter anderem darauf zurückzuführen sein, daß er den Herzschlag der Mutter vernimmt.

Ebenso bekannt ist, daß dumpfe, dunkle Rhythmen in der Frequenz des normalen Herzschlages eine massive Regression der Bewußtseinszustände einleiten können.

Es gibt Sprachforscher, die die beiden Urwörter *Mama* und *Papa* auf Rhythmisierung von Lauten zurückführen, denen Entspannungszustände zugeordnet werden können; es ist eine Rhythmisierung in der Frequenz des Herzrhythmus (vgl. R. Seiß, 1967, S. 102–105).

Nach diesen Beobachtungen muß auch gefragt werden, ob die angeborene Musikalität wenigstens zum Teil nicht auch pränatale Prägung sein könnte. B. Brott (ein bekannter Musiker) behauptet: »Als junger Mann war ich verblüfft über meine ungewöhnliche Fähigkeit, manche Stücke ohne Noten zu spielen. Da dirigierte ich eine Partitur zum ersten Mal, und plötzlich sprang mir die Cello-Stimmführung ins Gesicht, und ich wußte, wie das Stück weitergeht, bevor ich das Blatt umgedreht hatte. Eines Tages erwähnte ich das meiner Mutter gegenüber, einer Berufs-Cellistin; ich dachte, es würde sie verwundern, weil es ja immer die Cello-Stimme war, die mir so klar vor Augen stand. Sie war auch verwundert, aber als sie hörte, um welche Stücke es sich handelte, löste sich das Rätsel von selbst. Alle Partituren, die ich ohne Noten kannte, waren diejenigen, die sie gespielt hatte, als sie mit mir schwanger war (W. Gross, a.a.O., S. 51).

Schwierig (bzw. wenn man ehrlich ist, gar nicht) zu beantworten ist die Frage nach dem Beginn des Bewußtseins, zumal wir gar nicht (im naturwissenschaftlichen Sinne) wissen, was Bewußtsein[1] eigentlich ist. Wir kennen es alle als Phänomen, wir können es aber nicht erklären. Es gibt Wissenschaftler (E. Blechschmidt), die davon ausgehen, daß schon im Moment der Befruchtung Bewußtsein entsteht (individuelle Existenz), andere gehen davon aus, daß zwischen der 28. und 32. Woche Bewußtsein beginnt, nämlich zu einem Zeitpunkt, wo die Nervenbahnen des Gehirns und die Großhirnrinde so weit

[1] Man muß unterscheiden: a) Bewußtsein als »Schicht des Seins« (= Überbauung, nicht Überformung der organischen Schicht), b) Bewußtsein als Innesein (= Erlebensweise), c) Bewußtsein als reflexives Gewahrwerden von Innenwelt und Außenwelt. (Vgl. N. Hartmann, 1952², S. 121.)

herangereift sind, daß der Fötus zu reagieren vermag. Prinzipiell ist es richtig, allgemeine physiologische Reizbarkeit von (psychischer) Sensibilität zu unterscheiden. Sensibilität beginnt dann, wenn ein Reiz als Hinweis-Signal (= etwas Bedeutsames) erlebt wird (A. N. Leontjew, 1964). Möglicherweise ist Konditionierbarkeit ein Hinweis auf Bewußtsein (= Sensibilität), wenn auch nicht in der Art, wie wir es, bedingt durch unsere Fähigkeit zu reflektieren und zu verbalisieren, erleben.

Von allgemeinem Interesse ist die Entdeckung des Göttinger Embryologen Blechschmidt, der anhand einer lückenlosen Dokumentation der Embryonal-Entwicklung (mehr als 200 000 Präparate! E. Blechschmidt, 1982, S. 22) zeigen konnte, daß die Entwicklung des Menschen von Anfang an eine Entwicklung auf Menschsein hin ist. Schon bei einem 4 Wochen alten, 4 mm großen Embryo ist die Dynamik der Entwicklungsbewegungen der späteren spezifischen Funktion des fertigen Bewegungsapparates zugeordnet: »Die Entwicklungsbewegungen der Armanlage sind Leistungen, die zum späteren Greifen führen, die Entwicklungsbewegungen der Beinanlagen führen zum Sitzen, Stehen und zum aufrechten Gehen.

Schon in der 9./10. Woche hat die innere Entwicklungsbewegung eine äußere Form hervorgebracht, die eine für den Menschen typische Handgebe-Haltung aufweist« (Blechschmidt, 1965, S. 717). In Zusammenfassung seiner Lebensarbeit formulierte E. Blechschmidt »Das Gesetz von der Erhaltung der Individualität«. Er hält das biogenetische Grundgesetz von E. Haeckel für einen Irrtum und sagt, daß es keinerlei Anzeichen dafür gebe, daß wir zu irgendeinem Zeitpunkt der Entwicklung Tierstadien durchlaufen. Die Ontogenese rekapituliert also nicht die Phylogenese, wie Haeckel annahm, sondern der Mensch ist von Anfang an Mensch. Die »Kiemenbögen« sind keine rudimentären Organe (rudimentäre Fischstadien im Sinne des biogenetischen Grundgesetzes), sondern Beugefalten im Zusammenhang mit der Entwicklung des Kopfes. »Die Individualität eines menschlichen Lebewesens bleibt von der Befruchtung an während der ganzen Dauer der Entwicklung bis zum Tod erhalten, nur das Erscheinungsbild ändert sich« (Blechschmidt, 1982, S. 25).

Der Mensch *wird* nicht zum Menschen, er *ist* von Anfang an Mensch. Der Mensch wird auch später (im Unterschied zur Rollentheorie) nicht Frau oder Mann, sondern ist von Anfang an als Mann oder als Frau entworfen.

Mit der Infragestellung der Rekapitulationsthese wird auch das Entwicklungsmodell in Gestalt eines Stammbaumes der Arten, wie Darwin es gedacht hat, hinterfragbar. Wenn es keine Rekapitulation gibt, dann gibt es auch keine Erbmerkmale von Vorformen des Menschseins in uns, dann gibt es vielleicht auch keine Vorformen des Menschseins, dann stammt der Mensch auch nicht ab von Vorfahren, die Menschen und Affen gemeinsam haben. Ganz in diesem Sinne liegt die These des deutsch-amerikanischen Biochemikers Ch. Schwabe[2], der in der Mitte der 70er Jahre die chemische Struktur des Hormons Relaxin aufgeklärt hat, das im Organismus von Schwangeren produziert wird und beim Geburtsvorgang mitwirkt. Nun entdeckte Schwabe Eiweißstoffe, die mit dem menschlichen Relaxin weitgehend identisch sind, auch bei einigen Tieren, die mit dem *Homo sapiens* entwicklungsgeschichtlich nur sehr entfernt »verwandt« sind, beispielsweise beim Dornhai.

Die Frage, wie dieser urtümliche Hai zu einem Hormon kommen konnte, das nur bei hochentwickelten Säugetieren eine biologisch sinnvolle Aufgabe erfüllt, veranlaßte Schwabe, die gängige Evolutionstheorie gründlich zu überprüfen. Unter Heranziehung fremder Forschungsergebnisse und seiner eigenen Arbeiten kommt er zu einem anderen Modell als Darwin. Für Schwabe ist die Schöpfung im Prinzip schon in den ersten drei Milliarden Jahren abgeschlossen. Sie fand gleichsam in den ersten kurzen Momenten unserer Erdgeschichte unter sozusagen nicht wiederholbaren »Laborbedingungen« (in der Ursuppe) statt. Am Start der Entwicklung waren demgemäß verschiedene Gen-Programme mit unterschiedlichen Chancen und Ausgangsbedingungen: Entwicklungslinien, die sich sozusagen parallel entwickelten. So gesehen würde die Ontogenese nur die eigene Stammesgeschichte rekapitulieren, aber nicht

[2] Der »Spiegel« (Nr. 43, 1983) hat darüber berichtet (S. 269 f.).

die Entwicklungszweige eines sich verästelnden Artenbaumes. Dabei können durchaus Mutation und Selektion eine wichtige Rolle spielen, aber sie führen nicht zum Überschreiten der Grundmuster. So scheint die Mannigfaltigkeit der Arten doch eher auszusehen wie eine Schöpfung, und weniger wie eine Entwicklung vom Niederen zum Höheren, von nur einer »Ur-Zelle« zum gesamten organischen Sein.

Selbst K. Lorenz tut sich schwer mit den sog. Übergängen der Evolution und prägte deshalb den Begriff Fulguration[3], der aber nichts erklärt, sondern nur verschleiert, daß wir möglicherweise etwas suchen, was es gar nicht gibt.

Ein Mensch wird also nicht zum Menschen, sondern ist phylogenetisch und ontogenetisch von Anfang an Mensch. Wir werden also das, was wir schon sind. Unser Leben ist als Entwicklung ein Prozeß der Ausdifferenzierung.

Die ethische Konsequenz ist, daß jeder, der eine Schwangerschaft unterbricht, auch im Frühstadium der Entwicklung ein Individuum tötet und nicht nur einen bloßen Gewebehaufen entfernt.

Diese individuelle Einmaligkeit gilt noch viel mehr für unsere Person. Wir empfinden es alle als Verletzung unserer Würde, der Würde des Menschen überhaupt, wenn wir als anonyme Masse, als bloße Nummer behandelt werden. Jede Frau leidet, wenn sie erleben muß, daß sie nur ein austauschbares Objekt war und als Person vom Partner nicht wahrgenommen wurde.

Die Empfindungen zeigen uns etwas von unserer Bestimmung, vom Wesen des Menschen. Wir sind als Individuen geschaffen, weil wir geschaffen sind, in der Liebe zu leben. Liebe aber ist stets nur individuell möglich, sie ist niemals prinzipiell, objektiv. Liebe ist so individuell, daß es in der Offenbarung des Johannes (Kap. 2,17) heißt, daß die, die in dieser Zeit die Erlösung vom Tod angenommen haben, wenn

[3] K. Lorenz anerkennt, daß die höhere Integrationsebene (= Entwicklungsstufe) aus der niedrigeren nicht deduzierbar sei, wenngleich die niederen Formen die Bausteine liefern zu den höheren Formen. Der Schritt zur höheren Form ist eine »Fulguration« (= Blitzereignis), die »den Charakter des Zufälligen, den einer Erfindung trägt« (K. Lorenz, 1973a, S. 55).

sie nach ihrem Sterben vor Gott kommen, von Gott einen neuen Namen bekommen, den nur Gott kennt und der, der ihn empfängt. So einmalig ist die Individualität des einzelnen, so einmalig ist die Beziehung Gottes zu dem einen Menschen; Liebe ist wirklich individuell, nicht austauschbar, unverwechselbar.

A. Portmann kommt auf Grund seiner Beobachtungen zu vergleichbaren Aussagen hinsichtlich der Einmaligkeit des Menschen.

2. Der besondere Geburtszustand des Menschen als Hinweis auf seine vertrauensbezogene Existenz

Es ist das Verdienst von A. Portmann, daß er mit der Methode der vergleichenden Embryologie feststellen konnte, daß der Mensch eine »physiologische Frühgeburt« ist. Portmann will damit zum Ausdruck bringen, daß der Mensch im Vergleich zu anderen höheren Säugetieren zu früh den schützenden Leib der Mutter verläßt. Portmann sieht einen Zusammenhang zwischen diesem Geburtszustand und der Wirklichkeit des Menschen als einem Wesen, das sich zu sich selbst zu verhalten vermag. Im Hinblick auf den Geburtszustand spricht Portmann davon, daß der Mensch von Anfang an »begeistet« entworfen sei. Wie kam Portmann zu dieser neuen und doch so wesentlichen Aussage?

Nach dem darwinistischen Ansatz gibt es eine Entwicklung vom Niederen zum Höheren. Die Entwicklung wird phylogenetisch so betrachtet, als würde sich zu einem bestimmten Zeitpunkt das Höhere aus dem Niederen heraus entwickeln. In der Übertragung dieses darwinistischen Ansatzes auf die Ontogenese (die Einzelentwicklung) sprachen Charlotte und Karl Bühler (1922) (Klassiker der deutschen Entwicklungspsychologie) noch von einem »Schimpansenalter« des Säuglings in den ersten drei Monaten nach der Geburt. Die klassische vergleichende entwicklungspsychologische Forschung war also fixiert auf die Frage nach dem Zeitpunkt, wo »aus dem Affen ein Mensch« wurde. G. Heberer (1952) spricht vom Tier-Mensch-Übergangsfeld. Dieses bildet eines der zentralen Probleme der Evolutionsforschung. Der Neo-Darwinist K. Lorenz stellt die gleiche Frage: »Ich will vielmehr vom tierischen Verhalten ausgehend, die Frage Johann Gottfried Herders wiederholen: ›Was fehlt dem menschenähnlichsten Tiere (dem Affen), daß es kein Mensch ward?‹« (K. Lorenz, 1967, S. 224).

Anders Portmann: Er fragte nicht nach dem Übergangsfeld, er betrachtete die Entwicklung des Menschen nicht kumulativ, sondern als Entworfensein aufs Menschsein (= »begeistet entworfen«). »Die Idee, man könne aus tierischen Vorstufen die Eigenart des Menschen ableiten, hat zu üblen Täuschungen geführt. Eine der übelsten ist die Idee einer langsamen, aber zwangsläufigen Verbesserung der menschlichen Natur« (A. Portmann, 1967, S. 87).

Ganz im Sinne dieses Denkens formuliert K. Lorenz sein »Glaubensbekenntnis«: »Das volle und warme Gefühl von Liebe und Freundschaft können wir nur für Einzelmenschen empfinden, daran kann der beste und stärkste Wille nichts ändern! Doch die großen Konstrukteure können es. Ich glaube, daß sie es tun werden, denn ich glaube an die Macht der menschlichen Vernunft, ich glaube an die Macht der Selektion, daß die Vernunft vernünftige Selektion treibt« (K. Lorenz, 1963, S. 413).

Durch seinen Ansatz bekam Portmann den Blick frei für eine Neuordnung von Tatsachen und für die Entdeckung neuer Zusammenhänge. Es war bekannt, daß es bei Säugetieren zwei verschiedene Geburtszustände gibt: den Nesthocker und den Nestflüchter. Den Geburtszustand des Nesthockers finden wir im allgemeinen bei niederen Säugetieren (z.B. bei Mäusen), den des Nestflüchters finden wir bei höheren Säugetieren (z.B. bei Pferden, Schafen). Die Merkmale des Nesthockerstadiums sind: geschlossene Sinnesorgane, totale Abhängigkeit von der Mutter, noch nicht abgeschlossene Reifung des Zentralnervensystems. Die Merkmale des Nestflüchterstadiums sind: offene Sinnesorgane, selbständige Fortbewegung und Ernährung, Ausreifung des Zentralnervensystems.

Unter dem Aspekt einer spezifischen, einmaligen Entwicklung des Menschen erkannte Portmann, daß die höheren Säugetiere (z.B. die Primaten) im Mutterleib ein Stadium durchlaufen, welches dem Geburtszustand eines Nesthockers entspricht.

Auch der Mensch macht im Mutterleib eine Veränderung der Sinnesorgane durch, die das Stadium des Nesthockers kennzeichnet: Im 3. Monat der Embryonalentwicklung verwachsen die Augenlider, und am Ende des 5. Monats öffnen sie sich wieder. Zur gleichen Zeit sind auch die Nasenöffnungen vorübergehend geschlossen. Der Mensch wird jedoch nicht als Nesthocker geboren, sondern entwickelt sich intrauterin weiter auf das Stadium des Nestflüchters zu (offene Sinnesorgane u.a.). Aber der Geburtszustand des Menschen entspricht äußerlich scheinbar dem eines Nesthockers. Sieht man jedoch genauer hin, so zeigt sich, daß das so nicht stimmt. In der Ausbildung der Markscheiden in den Pyramidenbahnen des Zentralnervensystems gleicht der neugeborene Mensch viel mehr einem Fohlen als einer Maus oder einer Katze. Aus allen vergleichenden Beobachtungen folgt, daß sich der menschliche Fötus auf den Geburtszustand des Nestflüchters zubewegt, diesen aber nur unvollkommen erreicht. Das Stadium des Nestflüchters erreicht das neugeborene Kind erst im ersten Lebensjahr, wenn es sich selbständig fortbewegen kann. Würden wir als fertige Nestflüchter geboren, müßte die Schwangerschaft demnach zwölf Monate länger (= 21 Monate) dauern. Solche Tragezeiten sind durchaus möglich. Der indische Elefant trägt 21 Monate.

Der Mensch wird deshalb vergleichsweise (physiologisch) zu früh geboren, weil das starke Wachstum des Schädels den Durchtritt durch den Beckenausgang verhindern würde.

So ist der Mensch eine »physiologische Frühgeburt« (A. Portmann, 1956, S. 49 ff.). Er kommt um ein Jahr zu früh zur Welt. Deshalb nennt ihn Portmann einen »sekundären Nesthocker«, primär ist er ein zu früh geborener Nestflüchter.

Aus diesem Sachverhalt leitet Portmann nun die Weltoffenheit des werdenden Menschen ab, seine lebenslange Neugier. Er ist ein außerordentlich lernfähiges »Instinktmangelwesen«

(A. Gehlen, 1950), ein Neugierwesen (K. Lorenz, 1967). Dieser Nicht-Festgelegtheit verdanken wir unsere Intelligenz, aber auch unsere Konfliktanfälligkeit (»Der Mensch, das konfliktträchtige Wesen«, H. Lückert, 1964). Von »experimentellen Neurosen« bei Tieren, durch Eingriffe des Menschen hervorgebracht, abgesehen, sind Neurosen und Psychosen eine Spezialität des Menschen.

Der hohe Grad an Bewußtheit und Offenheit erfordert ein hohes Maß an Vertrauen ins Dasein. An die Stelle der instinktiven Absicherung der Existenz tritt die Notwendigkeit bergender persönlicher Liebe und verbindlicher Ordnungen (Sitte, Moral, Norm, Gesetz): »Sozialer Uterus« (Portmann). Liebe kann durch intellektuelle Orientierung nicht hergestellt werden. Der Intellekt ist ein formales Instrument, das zum Bösen und zum Guten benutzt werden kann. Nur aus einer tiefen, vertrauenden Geborgenheit heraus kann der Mißbrauch des Intellekts vermieden werden.

Der Mensch braucht nichts dringender als ein Vertrauen, das die Trennungsangst, Liebesverlustangst und Todesangst überwindet. Nur so kann er im Lebensvollzug dem Ansturm von Mißtrauen gewachsen sein. Nur im Maße dieser Freiheit von Angst und Mißtrauen werden wir fähig zu lieben. Die Lieblosigkeit ist direkt eine Folge von Angst und Mißtrauen, wie sie von den Massenmedien täglich herausgestellt werden.

Schon innerhalb des ersten Lebensjahres lernt das Kleinkind durch existentielle Erfahrung, daß es einen Unterschied gibt zwischen Sattsein und Gestilltsein (zur Stille-, zur Ruhe-, zum Frieden-Gekommensein), zwischen Befriedigung und Befriedung. Ein wichtiges Ergebnis gründlicher Beobachtung am Säugling ist die Erkenntnis, daß am Anfang unserer Entwicklung nicht die Polarität von Lust vs. Unlust steht, sondern die von Ruhe vs. Erregung. Der Säugling und das Kleinkind brauchen primär Ruhe und erst sekundär Lustbefriedigung. Es ist nicht die Ruhe des In-Ruhe-gelassen-Werdens, sondern es ist die Ruhe einer Befriedung, eines Friedens, der aus der bergenden Nähe der Mutter dem Kind Geborgenheit vermittelt.

Mit dem lauten Ruf nach einem »Recht auf Lust« der sog.

»progressiven Pädagogik«[4] hat man den heranwachsenden Menschen eingeredet, Befriedigung sei die Voraussetzung zur Befriedung. Es ist aber genau umgekehrt. Ohne Befriedung, ohne grundständigen Frieden, ohne grundständige Geborgenheit, gibt es keine nötigungsfreie Befriedigung. Der Mensch lebt eben nicht vom Brot allein. Der Mensch wird krank, wenn er Befriedung mittels Befriedigung von Trieben/Bedürfnissen zu erreichen versucht. Unsere Kliniken sind voll von Menschen, die auf diesem falschen Weg ihren Mangel auszugleichen versuchen. Sie haben sich vollgefressen (Kummerspeck) und doch den Frieden/die Liebe, die sie so dringend brauchen, nicht gefunden: Befriedigung wurde/wird zum untauglichen Ersatz für Liebe. Denn Liebe kann durch nichts ersetzt werden, sie ist einmalig und allem Geschaffenen, allem Vorletzten als das Bleibende vorgegeben.

Schon früh lernt das Kind jenes Vertrauen, welches in die Lage versetzt, Triebaufschub zu leisten, ohne dabei von Angst vor Liebesverlust überwältigt zu werden.

Wo ein Mensch das zur Bewältigung seiner Weltoffenheit notwendige befriedende Urvertrauen, den seelischen Schutz bergender Nähe, nicht mehr erfährt, orientiert er sich an der Gabe, an der Befriedigung, an der Lust und »vergißt«, daß eine innere, liebende Beziehung zum Geber möglich ist. An die Stelle einer personalen inneren, befriedenden Beziehung zum Geber tritt dann die funktionale Befriedigung. An die Stelle einer freilassenden, personalen Liebe tritt eine Frustration schaffende Bindung an Menschen. Wo eine emanzipatorische Erziehung zu einem Geborgenheit zerstörenden Mißtrauen (oft als »kritisches Bewußtsein« kaschiert) führt, erziehen wir keine Reformer, sondern Neurotiker. Weil die Menschen auf

[4] Vgl. H. J. Gamm (1970); A. Plack (1968); H. Kentler (1970). Es wird von mir nicht gegen die »Lust« argumentiert, sondern ich meine, daß die Kopplung von »Lust« und Emanzipation (Erwartung von Freiheit) anthropologisch falsch und verlogen ist. Wir ernten zur Zeit die Früchte dieser Lüge: Die unheilvolle Krankheit AIDS ist ja über entsprechende Kreise, die Sex freizügig praktizieren, zu einer Geißel geworden, die unsere Beziehungen nachhaltig mit Angst besetzen wird. Hier erfüllt sich die Mahnung nach dem Römerbrief, Kapitel 1,26–27.

die Wunder (Gaben) schauten, offenbarte sich ihnen Jesus nicht als der Geber aller guten Gaben (Johannes 2,23+24).

Befriedung ist notwendig zur Entwicklung jenes Urvertrauens, ohne das Begegnung und positive Steuerung des Lebens (positive Beziehungsmuster) nicht möglich werden/sind.

3. Dualunion zwischen Mutter und Kind – die objektlose Stufe

Es gilt als sicher, daß die Geburt selbst vom Fötus schon emotional erlebt wird. Die Urschrei-Therapie (Janov, 1973/1974/1975) meint, auf Träume Erwachsener verweisen zu können, die das Geburtsgeschehen erlebnismäßig-affektiv-symbolisch nachzeichnen. Bei der hohen Wahrscheinlichkeit, daß grundsätzlich keine gespeicherten Eindrücke jemals verlorengehen, ist es durchaus denkbar, daß auch im Traumgeschehen, wo die Realitätskontrolle zurücktritt, solche frühliegenden Erfahrungen der Geburtsszene in Gestalt von bildhaft dargestellten Affekten auftauchen können. Im Einzelfall ist eine solche Aussage wohl selten nachprüfbar, aber generell ist sie möglich.

In einem Foto zeigt A. Janov einen Fingerabdruck an den Unterschenkeln einer 38jährigen Frau, die während eines Urschreierlebnisses (= Primal) den Griffdruck der Finger des Geburtshelfers als Hämatom reproduzierte. Der Arzt hatte unmittelbar nach der Geburt das Neugeborene an den Beinen hochgehoben (Kopf nach unten hängend). Die Körperzellen haben dieses Trauma gespeichert, und die psychosomatische Wiedererinnerung zeigt, daß der Organismus den Schmerz nicht vergessen hatte. Er wurde lediglich vom Geist/Bewußtsein abgespalten (Freud: »verdrängt«).

»Es ist eine kaum zu bestreitende Tatsache, daß Schmerz (in diesem Falle körperlicher Schmerz), der in der frühen Kindheit nicht integriert werden kann, fortan dem System eingeprägt bleibt. Wenn ein Organismus nicht in der Lage ist, aufgrund einer Schmerzüberlastung das, was mit ihm geschieht, zu assimilieren, dann kommt es zu einer automatischen Trennung zwischen Geist und Erfahrungen. Aufgrund dieses Trennungsprozesses bleibt das traumatisierende Erlebnis als eine ständig wirksame, dem Bewußtsein entzogene und darum unauflösbare Kraft erhalten. Wie gesagt, der Körper ist eine Datenbank, die alle ihre Erfahrungen speichert und nichts vergißt, auch wenn das Bewußtsein die Erfahrungen nicht abrufen kann. Nicht nur der ›Geist‹ speichert oder ›erinnert‹ Erfahrungen, sondern auch der ganze Körper. Da Körper und Geist eine Einheit bilden, reagiert der Körper ständig auf Erfahrungen, die abgespalten, kodiert und gespeichert worden sind. Mit anderen Worten, Schmerz (und unbefriedigte Bedürfnisse werden in Schmerz verwandelt) ist ein Zustand des Körpergewebes, und das Gewebe ›erinnert sich‹ auf körperliche Weise«[5] (A. Janov, 1975, S. 327).

Anders ist es mit den objektiven Beobachtungen der Geburt durch Filmaufnahmen. R. A. Spitz konnte zeigen, daß beim Durchtritt des Kopfes durch das Becken eine deutliche Angst/Schmerz-Mimik vorhanden sein kann, die verschwindet, sobald der Fötus durch mangelnde Sauerstoffzufuhr in Ohnmacht fällt. Er hat dann kein Bewußtsein mehr und deshalb auch kein Erleben mehr von Angst. Es kann daraus indirekt erschlossen werden, daß er im Zustand der Bewußtheit auch die Angst erlebt, die er im Moment der Ohnmacht nicht mehr erlebt (die Angstmimik verschwindet).

Das Neugeborene ist durch eine hohe Reizschwelle vor dem Eindringen von unspezifischen Reizen geschützt. Dadurch bleibt das Organ-System in Ruhe. Nur spezifische »Schlüsselreize«, die die lebensnotwendige Beziehung zur Umwelt, insonderheit die zur Mutter, gewährleisten, können diese Reizschwelle passieren.

R. A. Spitz spricht von einer *Dualunion* (einer Zwei-Einheit) von Säugling und Mutter. Während des ganzen ersten Lebensjahres wirkt die biologische Bindung der Embryonalzeit gleichsam psychisch nach. Die hohe Reizschwelle ist die extrauterine

[5] Der Zoologe B. Rensch (1952) hat Fakten für eine Hypothese zusammengetragen, wonach die das psychische Geschehen repräsentierenden Neuronen in den Sinnesorganen zu lokalisieren seien; das gelte insbesondere für die Nahsinne (z. B. Hautsinne).

Embryonalhülle. Wird diese durch starke Reize überwunden, reagiert der Säugling inadäquat. Ein Beispiel hierzu:

Kurz nach seiner Geburt lag mein Sohn im Arm seiner Mutter. Ich betrat das Krankenzimmer und konnte nicht verhindern, daß ein guter Bekannter, der schon im Raum war, mit einem Blitzlicht die Szene fotografierte. Mein Erstgeborener zuckte mit allen Gliedmaßen, der grelle Lichtblitz hatte die natürliche Reizschwelle durchschlagen. Die eingedrungenen Reize, die in das System eingeflossene Energie, konnten nicht adäquat abgeführt werden. Die hohe Reizschwelle bewahrt den Organismus vor einer Häufung inadäquater Reaktionen und erhöht somit den inneren Freiraum zum Aufbau geordneten, angepaßten Erlebens und Verhaltens.

Das bestimmende System des Neugeborenen ist ein System der inneren Reize. R.A. Spitz nennt es das *koinästhetische System.* Spitz bezeichnet damit ein Wahrnehmungs- und Aktionssystem, dessen Zentrum in der Region des Thalamus und des Hypo-Thalamus liegt. Es ist das System der Affekte, und seine somatischen Äußerungen sind visceral. Die Exekutivorgane dieses Systems sind die glatte Muskulatur und die Mimik.

Unmittelbar nach der Geburt, in den ersten Lebenswochen, befindet sich das Neugeborene im Zustand eines primären Narzißmus, d.h. der Säugling »liebt« nur seine Ruhe und Geborgenheit. Er bleibt in allen seinen Äußerungen bei sich selbst.

Über Nahrungserwerb und Hautkontakt entwickelt sich allmählich die Öffnung des Systems zur Umwelt hin. Zunächst wird das Befriedigungserlebnis des Gestilltwerdens mit einem positiven Gefühl besetzt. In Anlehnung an S. Freud spricht die Psychoanalyse von einer libidinösen Besetzung. Ist die Stillung und Sättigung eingetreten, wird auch diese Besetzung wieder zurückgenommen. Das Neugeborene kehrt in den Zustand der Ruhe zurück.

Mit zunehmender Erfahrung dieser positiven Qualität des Befriedigungserlebnisses wird das Umfeld dieses Erlebnisses allmählich akzentuiert. Im Sinne der vergleichenden Verhaltensforschung entstehen sekundäre Valenzen. Psychoanalytisch gesehen findet eine libidinöse Besetzung der bedürfnisbefriedigenden Situationen statt. Schon am 8. Tag reagiert das Kind auf Signale aus seinem eigenen Körper. Nimmt man beispielsweise ein Brustkind nach dem 8. Lebenstag aus dem Bettchen und bringt es in die Stillage, so »erwartet« es Befriedigung seines Nahrungsbedürfnisses unter der Voraussetzung, daß es Hunger hat. Sobald es in die Stillage gebracht wird, beginnt es mit Saugbewegungen der Lippen. Das geschieht nicht, wenn man das Kind waagerecht aus dem Bett nimmt, d. h. nicht in die spezifische Stillage bringt. Die affektive Besetzung der die befriedigende Situation kennzeichnenden Reize ist abhängig von der inneren Bedürfnislage. Das Kind reagiert auf diese der Befriedigung zugeordneten Reize der Außenwelt nur beim eingeschalteten Funktionskreis der Nahrungssuche. Das Neugeborene kennt also weder die Mutter noch die Flasche, noch die Brust. Das Neugeborene reagiert nur auf bestimmte Reize: angeborene und solche, die durch Konditionierung eine positive Bedeutung erhalten haben (= Signallernen).

Trotz dieser unpersönlichen Beziehung zur Mutter wird diese auf rein funktionaler Ebene am spezifischen Charakter der von ihr ausgesandten Signale erkannt. F. Stirnimann (1940) berichtet von einem Säugling, der 10 Tage alt war und wegen Verbrennungen in die Klinik gebracht werden mußte. Als eine Woche darauf die Mutter sprechend das Krankenzimmer betrat, spitzte er, bevor er sie sehen konnte, die Lippen und machte mit dem Kopf suchende Bewegungen. Nie zuvor hatte eine andere Stimme dieses Verhalten ausgelöst. Schon von der 4. Woche an werden akustische und optische Eindrücke aufeinander bezogen. Wenn ein Säugling von vier Wochen eine Person an der einen Stelle sieht, die Stimme dieser Person aber aus einem Lautsprecher an einer anderen Stelle kommt, zeigt er Anzeichen von äußerstem Unbehagen.

Die Signale, die vom Säugling während der ersten acht Wochen aufgenommen werden, gehören hauptsächlich folgenden Bereichen an: Gleichgewichtsempfindung, Muskelspannung, Körperhaltung, Temperatur, Hautsensibilität, Laut-Nuancen, Rhythmus und Vibration. In den ersten Lebenswochen beherrschen die inneren Reize das psychische Feld. Der Säugling muß es erst lernen, zu differenzieren zwischen innen und außen.

In unserer westlichen Kultur wird das koinästhetische System sehr früh und sehr deutlich durch ein anderes Signalsystem, das *diakritische System,* überlagert. Das diakritische System ist das System der optischen Distanzwahrnehmung. Nur bei Künstlern, Tänzern, Akrobaten bleibt die Bedeutung des koinästhetischen Systems deutlicher erhalten als beim Durchschnitt der Bevölkerung.

Das diakritische System steht mit der Hirnrinde in Verbindung. Zu seinen Funktionen gehört das bewußte Denken, die gerichtete Handlung. Einzelne Sinnesdaten, die von den nach außen gerichteten Sinnen aufgenommen werden, werden von anderen Sinnen unterschieden und im Sinne von Raum- und Gestaltwahrnehmung zu einer Ganzheit zusammengeschaltet. Das Exekutivorgan dieses sensorischen Systems ist die quergestreifte Skelettmuskulatur der Gliedmaßen. Ihr System kontrolliert das Zusammenwirken von Erkennen (Sehen) und Tun (wie in der Werkzeugherstellung) stets über die Brücke des Begreifens und steht in Beziehung zum System der Begriffe, zum Sprachsystem, insbesondere im Sinne der darstellenden, erkenntnisvermittelnden Sprache (siehe: laterale Spezialisierung der Großhirnhälften; R. Sperry).

Abschirmung äußerer Reize und Vorherrschaft des inneren, koinästhetischen Systems sind Bestimmungsstücke des Gesamtzustandes und der Befindlichkeit des Neugeborenen. Deshalb ist die innere Dynamik des Neugeborenen eine Dynamik auf der Basis von Erregung/Spannung vs. Ruhe/Entspannung. Die Polarität: Lust vs. Unlust bildet sich erst dann heraus, wenn Objekte (der diakritischen Wahrnehmung) affektiv besetzt werden (mit Lust, mit positiven Qualitäten bzw. mit Unlust, negativen Qualitäten).

Die anthropologisch falsche These der ehemals sog. »fortschrittlichen Pädagogik« von einem »Recht auf Lust« hat letztlich in die Sackgasse der Sinnlosigkeit (Haben statt Sein) geführt. Diese These mußte sich überleben. Aber was der Mensch auch immer sät, er wird es ernten: Früchte der Lüge: Unzufriedenheit, Unfriede, Resignation. Die große »Befreiung« war ein Selbstbetrug. Was der Mensch primär braucht, ist nicht Lust, sondern Ruhe, Geborgenheit und Frieden. Befriedung ist wichtiger als Befriedigung. Und man kann personale Liebe, die allein zu befrieden vermag, niemals durch Befriedigung oder durch irgend etwas anderes ersetzen, nicht durch Güter, nicht durch Macht, nicht durch emanzipatorische »Selbstverwirklichung«.[6]

Nur auf der Basis innerer Ruhe und Geborgenheit ist eine allmähliche Öffnung für äußere Reize (lustvolle und unlustvolle) möglich und sinnvoll. Das gilt nicht nur für den Säugling, das gilt für jede Lebensperiode. Wer die Geborgenheit, innere Mitte und Ruhe verliert, kann das Erlebnis der Sinnleere nur noch betäuben mit Aktivismus, Lärm oder durch Sucht; er verbreitet Lärm, durch den er sich selbst erlebt und der ihn zugleich schützt vor echter Öffnung, die er zutiefst nicht wagt.

4. Differenzierung zwischen innen und außen – Entstehung der ersten Objektbeziehung

Für Erwachsene ist es selbstverständlich, zu unterscheiden zwischen Vorstellungen und Wahrnehmungen als inneren Vorgängen und Objekten der Außenwelt. Jeder Erwachsene weiß, daß das gedankliche Nachvollziehen einer schriftlich vorliegenden Aussage etwas anderes ist als das Schriftstück selbst. Aber es gibt auch beim Erwachsenen Situationen, wo diese Differenzierung nicht so selbstverständlich ist. Die meisten Erwachsenen haben es schon erlebt, daß sie aus einem Traum aufwachten und für einen begrenzten, kurzen Zeitraum nicht wußten, ob sie geträumt hatten oder ob es Wirklichkeit war. Examenskandidaten können durchaus so lebhaft träumen, das Examen bestanden oder auch nicht bestanden zu haben, daß sie am Morgen für einen kurzen Augenblick nicht wissen, was Wirklichkeit und was Traum ist. Bei Kindern ist diese Differenzie-

[6] Die Friedensdemonstrationen sind Ventile der Angst, der inneren Unzufriedenheit und weniger ein Engagement für den wahren Frieden. Deshalb erkennt man auch nicht realistisch, was dem Frieden dient, sondern bleibt auch hier im illusionären Wunschdenken (»Stellt euch vor, es ist Krieg, und keiner geht hin«).

rung von Traumwirklichkeit und Realität noch viel anfälliger gegenüber Irrtümern. Meine Tochter Ina kam mit drei Jahren zu uns ins Bett, weinte und beklagte sich über ihren Bruder Gerson, er habe sie gehauen. Das konnte aber gar nicht sein, denn der Junge schlief fest in seinem Bett. Ina hatte »realistisch« geträumt. Außen und Innen waren nicht hinreichend differenziert.

Die hirnphysiologischen Daten in der Phase des lebhaften Träumens (sog. REM-Phase[7]) zeigen, daß das Gehirn den Traum so behandelt, als sei er eine erregende Wirklichkeit im Außenfeldbezug: Temperaturanstieg, lebhafte Augenbewegung, d. h. innere Orientierung auf die geträumte Wirklichkeit und geringe Ablenkung durch andere Reize (auch störende Außenreize werden häufig in das Traumgeschehen hineinverarbeitet), und der Alpha-Rhythmus im EEG als Zeichen für eine konzentrierte Aufmerksamkeit sind deutlich erkennbar. Der Träumende behandelt sein Innenweltgeschehen wie ein Außenweltgeschehen. Der Traum ist deshalb geeignet zur Konfliktbearbeitung, und es kann auch im Traum zu echten, real verwertbaren Problemlösungen kommen. Die »Tagesreste« (Freud) werden unter dem Druck der »unerledigten Handlung« (Lewin/Zeigarnik)[8] auf der inneren Bühne des Traumes erledigt.

Die Differenzierung zwischen Innen und Außen ist also ein sehr sensibles Geschehen. Man kann experimentell in dieses Geschehen störend eingreifen, beispielsweise mittels Drogen, Pharmaka und durch ekstatische Zustände.

Die Außenorientierung in Gestalt gegenständlicher Wahrnehmung (Dimension der Sichtbarkeit) ist zwar eine deutliche Grenze unseres wissenschaftlichen Erkennens, aber zugleich auch ein Schutz vor einem Ausgeliefertsein an nicht handhabbare, unverfügbare Erfahrungen. Das gilt insonderheit für Eindrücke, die im Bereich der außersinnlichen Erfahrungen liegen (PSI-Bewußtsein).

[7] Phase der *R*apid *E*ye *M*ovements (= schnelle Augenbewegung unter den im Schlaf geschlossenen Augenlidern). REM-Phasen gibt es schon beim Fötus.

[8] Siehe K. Lewin / B. Zeigarnik, 1927.

Die Differenzierung zwischen Innen und Außen und die adäquate Zuordnung von außersubjektiver Wirklichkeit und subjektivem Eindruck müssen gelernt werden; denn die Differenzierung zwischen Innen und Außen ist die Voraussetzung zur Differenzierung zwischen Ich und Nicht-Ich, und dies ist wiederum die Basis der Autonomie. So wie wir in der Übergangsphase zwischen Wachen und Schlafen erleben können, daß es für einen kurzen Augenblick schwierig sein mag, zwischen Traum und äußerer Wirklichkeit zu unterscheiden, so gibt es immer wieder Erfahrungen, die uns zeigen, daß es nicht immer einfach und eindeutig ist, zwischen subjektiver Deutung und objektiver Geltung zu unterscheiden. Wahrnehmung ist eben Hypothesenbildung, und wenn die Informationen nicht ausreichend sind, kommt es zu keiner klaren Entscheidung über das, was Wirklichkeit ist. Die meisten Menschen haben schon einmal in einem Eisenbahnzug gesessen und wußten für einen Moment nicht, als die Szene sich zu bewegen begann, ob sie selbst oder der gegenüberstehende Zug angefahren waren. Erst durch zusätzliche Information, beispielsweise durch das Wahrnehmen von Schienenstößen bzw. deren Ausbleiben, kann der Eindruck, was hier subjektiv und was objektiv ist, sicher festgestellt werden.

Es gibt Experimente mit sog. Umkehrbrillen. Durch diese optische Vorrichtung wird die Außenwelt umgekehrt auf der Netzhaut abgebildet. Subjektiv steht dann die Welt auf dem Kopf. Nach etwa acht Tagen ununterbrochenen Tragens dieser Vorrichtung wird die Welt subjektiv wieder richtig herum erlebt. Die aufgrund des experimentellen Eingriffs zunächst fehlgedeuteten Informationen wurden allmählich wieder korrigiert. Diese Korrektur läßt sich sichtbar machen. Hält man einer Versuchsperson, die eine Umkehrbrille aufhat, ein Gewicht vor Augen, das an einer Schnur hin und her pendelt, so berichtet die Versuchsperson subjektiv von einem Eindruck dergestalt, daß eine Birne am oberen Ende eines langen Stieles sich wie ein Zeiger von rechts nach links bewegen würde. Erst wenn man der Versuchsperson die Schnur mit dem pendelnden Gewicht daran in die Hand gibt, kippt das Bild subjektiv um. Der Schwereeindruck korrigiert den falschen optischen Eindruck sofort. Diese zusätzliche, sehr viel stabilere Information der Schwerkraft führt zur Richtigstellung des Gesamteindruckes.

Die richtige Zuordnung von subjektivem Eindruck und objektiver Außenwelt wird ähnlich wie die Differenzierung zwischen Innen und Außen gelernt durch das Zusammenwirken mehrerer Sinnesdaten. Alle Reize, die wir mit einer psychischen Qualität erleben, erleben wir ja zunächst einmal in uns selbst, im eigenen System. Und es muß gelernt werden, welche Reize nun dem System selbst angehören und welche Reize von außen kommen. Wir wissen ja, daß durch pharmakologische Beeinflussung des Zentralnervensystems (LSD) die innere Sensibilität so verändert werden kann, daß das Erregungsgefälle zwischen direkter Wahrnehmung und indirekter Vorstellung der Außenwelt als Unterscheidungskriterium von innen vs. außen nicht mehr hinreichend gegeben ist.

R. A. Spitz verweist auf Arbeiten von M. Sendens (1933), in denen über Experimente berichtet wird, die man mit operierten Blindgeborenen anstellte, um zu prüfen, wie sie das Sehen erlernen. Man stellte fest, daß die Erwachsenen, wenn sie das erste Mal optische Reize aufnehmen, nur Helligkeit und Farbigkeit sehen, sich aber nicht sicher sind, daß diese seltsamen neuen Empfindungen den Weg durch die Augen nehmen. Nur durch das wiederholte Öffnen und Schließen der Augenlider wird schließlich erkannt, daß die neuen Empfindungen von außen kommen.

Aus Experimenten mit jungen Katzen weiß man, daß das Erkennen von optischen Außenreizen erlernt wird im Zusammenhang mit der Bewegung im Raum. Kleine Katzen, die in der Periode des Sehenlernens passiv bewegt werden, benehmen sich, wenn sie freigelassen werden, wie blinde Tiere. Sie vermögen die Gegenstände der Außenwelt optisch nicht zu erkennen, weil sie nicht lernen konnten, sie durch Handeln zu erfahren.[9]

Wir müssen uns fragen, wo nun in der Entwicklung des Neugeborenen der Ort ist, wo die Differenzierung von Innen

[9] Vgl. R. Seiß, 1974², S. 86–168.

und Außen ihren Anfang nimmt. Es ist offensichtlich die Zone des Mundraumes. Die Psychoanalytiker sprechen deshalb von der Urhöhle. In der oralen Zone treffen sensorische Eindrücke von außen mit solchen von innen (Mundhöhle) zusammen. Außerdem ist die orale Tätigkeit des Saugens eine Muskelaktivität, die im Sinne einer Kopplung von Praxis und Gnosis rückgemeldet wird, so daß der Säugling bemerkt, daß er aktiv an diesem Vorgang beteiligt ist und deshalb in die Lage versetzt wird, zu bemerken, daß er Einfluß zu nehmen vermag auf das Hervorbringen dieser (angenehmen) Erlebnisse.

Im Mundraum ist der Ort, wo differenziert werden muß zwischen assimilierbaren (der Ernährung dienenden) und nichtassimilierbaren Reizen. Ein Gegenstand im Mund, ein Finger im Mund ist ein nichtassimilierbarer Reiz; Milch, Nahrungsmittel im Mund sind assimilierbare Reize.

Wir wissen, daß Säuglinge auch Gegenstände verschlucken, u.a. auch deshalb, weil sie nicht erkennen, daß es keine Nahrung ist. Und sie erkennen es deshalb nicht, weil sie noch nicht zu erfassen vermögen, daß diese Reize von außen kommen; denn die Primär-Erfahrung des Säuglings ist, daß er das, was er im Mund hat, hinunterschlucken muß. Und er behandelt das, was (als Milch und Brustwarze) von außen (von der Mutter) kommt auf Grund des instinktiven Regelkreises so, als wäre es innen (= Dualunion). Wenn etwas anderes von außen in den Mundraum gebracht wird, was ekelhaft schmeckt (etwa Medizin), so wird es nicht aktiv ausgespuckt, sondern es läuft, bedingt durch den reflektorisch erhöhten Speichelfluß, mit diesem wieder aus dem Mund heraus und wird nicht geschluckt. Wenn der Säugling später erkennt, daß er etwas (von außen) in den Mund bekommen hat, lernt er auch zu unterscheiden, ob es eßbar oder nicht eßbar ist, und er kann es im letzteren Fall aktiv aus dem Mund herausbefördern (ausspucken).

Im Mundraum sind Innen-Reiz und Außen-Reiz auf engstem Raum verschränkt. Mittels der Zunge kann der Innenraum des Mundes selbst wahrgenommen werden, aber diese Selbstwahrnehmung steigt in der Regel nicht auf bis ins Bewußtsein. Der Reiz (a), den die Zunge durch Berührung der Wangenschleimhaut aufnimmt, und der Reiz (b), der von der Schleimhaut der Wangen bei der Berührung durch die Zunge aufgenommen wird, heben sich gegenseitig auf.

Es ist das Verdienst von E. von Holst, daß er experimentell die Löschung von natürlicherweise zu erwartenden Reizen nachweisen konnte (Reafferenzprinzip). Dadurch, daß beide Reize (a + b) sich normalerweise gegenseitig aufheben, ist gewährleistet, daß die Urhöhle des Mundraumes offen ist für eine Differenzierung von innen vs. außen. Das »Eigenrauschen« des sensorischen Systems neutralisiert sich selbst.

Vergegenwärtigen wir uns noch einmal das Erlebnis mit dem Zug. Wir sitzen in einem Eisenbahnzug, und plötzlich haben wir den Eindruck, als würde sich der gegenüberstehende Zug in Bewegung setzen. Dann gibt es einen Zeitpunkt, wo der Eindruck umschlägt: Wir fahren selbst, und der andere Zug steht. Wie kommt es zu dem ersten Fehleindruck? In beiden Fällen, d.h. ob wir abfahren oder ob der gegenüberstehende Zug sich in Bewegung setzt, geschieht auf der Netzhaut dasselbe: Reize bewegen sich über sie. Dasselbe gilt, wenn wir den Kopf bewegen und den Blick an einem Objekt entlanggleiten lassen, oder wenn wir den Blick geradeaus fixieren und das Objekt vorüberbewegt wird. Es muß also einen Mechanismus geben, der hier zu unterscheiden vermag zwischen Fremd- (= Objekt) und Eigenbewegung.

E. v. Holst zeigt experimentell auf, daß bestimmte zentralnervöse Erwartungseinstellungen als Korrekturmechanismen wirksam werden. Die Wahrnehmung ist eben ein aktiver Vorgang und nicht, wie die klassische Elementenpsychologie es lehrte, ein passives Abbilden, vergleichbar einem Fotoapparat. E. v. Holst machte folgenden Versuch: Durch einen Klemmring kann ein vorher unempfindlich gemachtes Auge an der Eigenbewegung gehindert werden. Dadurch wird eine passive Bewegung des Augapfels von außen möglich. E. v. Holst ließ die Versuchspersonen zuerst auf ein aufgemaltes Kreuz blicken, das sie fixieren mußten. Dann wurde das Auge der Versuchsperson festgestellt und passiv bewegt. Bei der passiven Bewegung des Auges nach links erlebte die Versuchsperson subjektiv den Wahrnehmungseindruck einer Bewegung des Kreuzes nach rechts. Auch ohne Klemmring kann man dieses Phänomen nachprüfen. Wenn man mit dem Daumen gegen den Augapfel drückt und dabei auf einen Gegenstand sieht, besser noch auf eine großflächige Landschaft mit einzelnen Gegenständen darin, dann erlebt man eine Scheinbewegung der Gegenstände, und zwar entgegen der Druckrichtung des Daumens. So führt die passive Bewegung des Augapfels nach oben zu einer Verschiebung der Abbildung auf der Netzhaut nach unten. Gemäß dieser Netzhautbildverschiebung wird eine Bewegung des Bildes nach unten wahrgenommen. Die Frage ist: Warum bewegt sich der Gegenstand nicht nach unten, wenn ich willkürlich nach oben sehe bzw. nach rechts, wenn ich meinen Augapfel willkürlich nach links drehe? Auf der Netzhaut läuft ja derselbe Vorgang ab wie bei der passiven Bewegung des Auges nach oben bzw. nach links.

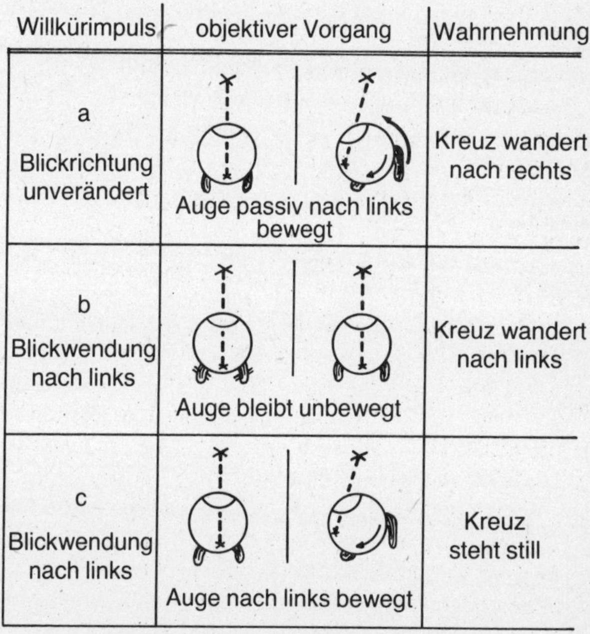

Abb. 7: nach v. Holst aus R. Seiß: Allgemeine Psychologie, 1974², S. 87.

Die Antwort ergibt sich aus einem anderen Versuch. Nach Feststellung des Augapfels bekamen die Versuchspersonen die Anweisung, willentlich eine Bewegung nach links zu intendieren. »Ich will jetzt nach links sehen.« Interessanterweise führte diese Willensintention ohne Bewegung des Augapfels subjektiv zu einem Bewegungseindruck, obwohl ja von der Netzhaut gar keine retinale Bildverschiebung registriert und zum Gehirn gemeldet werden konnte. Bei der Bewegungsintention »links« wird subjektiv eine »Bewegung« des Gegenstandes (des aufgemalten Kreuzes) nach links wahrgenommen (Abb. 7b). E. v. Holst bringt diese Beobachtungen in eine sinnvolle Verbindung: Bei der willkürlich intendierten Bewegung (Blick nach links) wird ein »Verrechnungsbetrag« zentral gespeichert. Dieser im Gehirn hinterlegte Verrechnungsbetrag kompensiert die bei der Durchführung der Bewegung gemeldeten retinalen Verschiebungen und löscht sie, so daß subjektiv Unbewegtheit erlebt wird (Abb. 7c). Fällt dieser Verrechnungsbetrag durch Wegfall der Willkürintention aus, so kann eine durch passive Augenbewegung zur Zentrale gemeldete retinale Verschiebung nicht korrigiert werden. In diesem Fall wird die retinale Verschiebung nicht gelöscht und als Objektbewegung gedeutet (Abb. 7a).

E. v. Holst nennt den durch den Willkürimpuls hinterlegten zentralen Verrechnungsbetrag die »Efferenzkopie«. Diese Efferenzkopie löscht die »Reafferenz« (die durch Eigenbewegung gegebene retinale Reizverschiebung): »Würde es allein diese Reafferenz geben, so müßte ich bei jeder Blickwendung meine Umwelt umherspringen sehen ...« Aber unter normalen Umständen trifft die Reafferenz mit der Efferenzkopie zusammen und hebt diese auf, denn beide sind einander entgegengesetzt (Abb. 8) (E. v. Holst, 1957, S. 234).

Wenn bei einer Zahnbehandlung der Zahnarzt die Wangenschleimhaut anästhetisiert, entsteht beim Patienten der Eindruck, als sei die Wange dick und groß. Dieser Eindruck entsteht deshalb, weil nur ein Signal (die Reize, die von der Zunge ausgehen) den normalen Verlauf nimmt, während das Gegensignal (die Reize, die von der Schleimhaut ausgehen) blockiert ist. Es fehlt, bildlich gesprochen, der Wange das

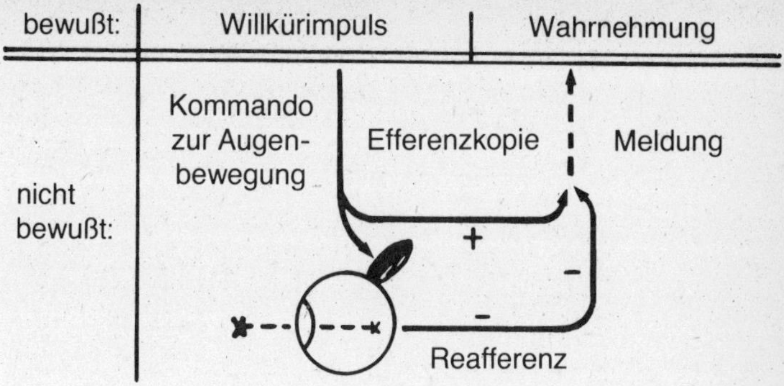

Abb. 8: nach v. Holst, aus: R. Seiß: Allgemeine Psychologie, 1974, S. 88.

Signal »Das war die Zunge«. In diesem Fall kann das Signal, das von der Zunge ausgeht (Berührung der Wangenschleimhaut) nicht mit dem Signal, das von der Wangenschleimhaut ausgeht, verrechnet werden. Im Bild gesprochen: Das Begrenzungssignal fällt aus, die Zunge erscheint groß, so groß wie ein unbekannter Fremdkörper. Das gleiche gilt mit vertauschter Funktion auch für den umgekehrten Fall einer anästhetisierten Zunge.

Nun spürt der Säugling beim Saugen durch die einströmende Milch einen starken Reiz am Gaumen; auch die Brustwarze bzw. der Sauger werden an Lippen und Gaumen wahrgenommen. Das sind jeweils starke Innenreize. Beim Saugen fixiert der Säugling das Gesicht (in Besonderheit die Augenpartie) der Mutter. Die geöffneten Augen nehmen Reize auf, die aber das Erleben des Saugens/Stillens nicht stören, weil durch Reafferenz der Funktionskreis (die instinktive Koppelung von Saugen und Fixieren) geschlossen bleibt. Wenn aber das Stillen unterbrochen wird, die Brust bzw. die Flasche entzogen wird, wird der Funktionskreis unterbrochen, die Fixierung der Augen läuft leer, und es beginnt ein Such-Automatismus (Pendelbewegung wie bei jungen Kätzchen). Dadurch wechseln die Außeneindrücke und gelangen (durch das Saugen nicht gelöscht) zum Bewußtsein. Der starke Innenreiz (einströmende Milch und Brustwarze) wird instinktiv gesucht, und die Augenreize (in Sonderheit die Augen der Mutter) werden als »Außenwelt« bewußt. Das Gesicht, die Außenwahrnehmung wird unterscheidbar von der Innenwahrnehmung der Brustwarze bzw. des Saugers und der einströmenden Milch. Außenreiz und Innenreiz werden dann vermutlich unterscheidbare Bewußtseinsinhalte.

Werden Brustwarze bzw. Sauger wiedergefunden, wird das Gesicht (die Augenpartie) erneut fixiert, die Funktionseinheit ist wiederhergestellt. Die beiden Reize sind nicht mehr isoliert, der Außenreiz verschwindet ins Unterbewußte und geht wie bei einem Suchbild auf in der umfassenden funktionalen Ganzheit: der Erlebnisgestalt des Gestilltwerdens.

Bei jeder Unterbrechung des Stillaktes wiederholt sich diese Erfahrung. Es ist die (wiederholte) Erfahrung vom Bewußtwerden des (isolierten) Reizes von außen, und das Wiedereintauchen/Verschwinden dieses Außenreizes in der funktionalen Ganzheit des Stillaktes. Das wiederholte Auftauchen und das Verschwinden der beiden Reize (Gesicht: außen vs. Milch am Gaumen: innen) im Wechsel von Stillen und Unterbrechung des Stillens führt zwangsläufig zur Bewußtwerdung von Außenreiz vs. Innenreiz. Das ist der erste Schritt zur Differenzierung von Außen und Innen.

Der Fortgang der Differenzierung wird unterstützt durch das Saugen des Säuglings an seinen eigenen Fingern. Er macht dabei die Erfahrung, daß die Berührung von Zunge, Wange und Gaumen von ihm (seinen eigenen Fingern) aktiv hervorgebracht und beendet werden kann. Er produziert selbst die Differenzierung von: Zunge an der Wange (= Eigenrauschen) und Fingern an der Wange (= Fremdeinfluß). Durch solche Leistungen erhält die Innenwahrnehmung einen größeren Grad an Bewußtheit. Und dadurch wird nicht nur das Auftauchen von Außenreizen zunehmend deutlicher registriert, sondern es wird auch der Innenreiz für sich selbst eindeutiger erlebt. Das Geschehen im Mund hat durch das Saugen am eigenen Finger eine zusätzliche sensorische Qualität erhalten. So wie die taktile Wahrnehmung im Mundraum durch den Finger hervorgebracht und beendet wird, so kann das auch durch die Brustwarze bzw. Sauger und die einströmende Milch geschehen. Die Dualunion wird allmählich aufgebrochen, weil der taktile Reiz im Mundraum nicht nur als vorhanden bzw. als nichtvorhanden erlebt wird, sondern als eigenständig hervorbringbar. Die Differenzierung »außen vs. innen« erhält eine aktive Komponente und wird damit in stärkerem Maße bewußtseinsfähig (= aktive Differenzierungsleistung).

Diese eigene Aktivität in der Differenzierung von Innen und Außen im Zusammenhang mit dem Saugen ist die Basis der später notwendigen Differenzierungen zwischen Eigenwillen und Fremdwillen (Steuerungselement).

Mit der Möglichkeit, innen und außen aktiv (= bewußt intendiert) zu differenzieren, ist die Erlebnis- und Funktionsgestalt des Saugens (Einheit Mutter–Kind) auch während des Stillens jederzeit differenzierungsfähig in innen vs. außen (= bewußtseinsfähig). Wenn nun unter diesen Bedingungen das Stillen unterbrochen wird, Brustwarze und Gesicht im Appetenzverhalten gesucht werden, dann werden die optischen Eindrücke im Unterschied zu den taktilen im Mundraum als optische Dimension konstant erlebt. Denn die optischen Eindrücke sind vorhanden sowohl während der Suchbewegung (Vorübergleiten verschiedener Netzhauteindrücke) als auch während der Fixierung der Augen, wenn die Brust wiedergefunden wurde. Diese Konstanz der optischen Eindrücke / des optischen Umfeldes bildet im Prozeß der Differenzierung zwischen Innen und Außen den Wurzelgrund einer dimensionalen Konstanz (= Sichtbarkeit) und ist damit Voraussetzung einer (konstanten) Objektbeziehung. Das Ur-Wir (Künkel), die uroborische Einheit (C. G. Jung) wird aufgespalten in Objekt und Subjekt. Damit ist der Grund gelegt zu einer für den Menschen tragischen Dynamik zwischen Autonomie und Abhängigkeit:[10] »Ihrer beider Augen wurden aufgetan, und sie wurden gewahr, daß sie nackt (d. h. daß sie getrennt) waren« (1. Mose 3,7).

Damit ist die Situation der Nahrungsaufnahme nicht nur ein Erlebnis der Befriedigung (satt werden) und der Stillung (befriedet werden), sondern »es steht dieser Akt der Nah-

[10] Vgl. dazu R. Seiß, 1981, S. 9–17.

rungsaufnahme am Beginn des Übergangs von der ausschließlichen Nahwahrnehmung zur optischen Distanzwahrnehmung. Die Differenzierung innen/außen aktiviert das diakritische Wahrnehmungssystem, welches allmählich an die Stelle des ursprünglichen und primitiven, koinästhetischen Systems tritt« (nach R. A. Spitz, 1967, S. 94 ff.).

So wesentlich für unsere Entwicklung die Ausdifferenzierung des auf Außenwelt-Bezogenseins ist, so liegt doch hier zugleich auch die Quelle des Erleidens des Getrenntseins von der Mutter. Und diese Erfahrung ist der Ursprung unserer diffusen, tiefliegenden existentiellen Ängste (= Trennungs-, Liebesverlust-Ängste). Wie schon gesagt, werden in unserem Kulturraum diese Ängste noch verstärkt, weil die endgültige Unterbrechung des Stillens an der Brust (das Abstillen) und damit die Festschreibung des Getrenntseins zu einem Zeitpunkt erfolgt, wo das Kleinkind noch nicht gruppenfähig ist.[10a] So kann die Differenzierung zur angstkompensierenden Leistung werden und dadurch eine Forcierung erfahren. Forcierte Differenzierung von »innen vs. außen« ermöglicht frühe Bewußtwerdung von Handlungen. Differenzieren und Handeln werden zu Schutzmechanismen der zu früh Alleingelassenen: Autonomer Individualismus als Kompensation und Kollektivismus als Regression werden zu Grundlagen sich bekämpfender Prinzipien/Weltanschauungen (Ost-West-Konflikt).[11] Diese existentielle Grundhaltung der Scheidung/Unterscheidung (= Analyse) als Leistung erfährt in der Sauberkeitserziehung die zusätzliche Qualität des eigenen Bewirkens: Machbarkeit wird zum Lebensprinzip unserer Leistungskultur. Vom Anbeginn an wird die forcierte Differenzierung, die Angst vor dem Trennenden gegengesteuert durch Vertrauen in die eigene Person, den eigenen Wert. Leistung und Egozentrik (= Eigenmächtigkeit) bedingen sich gegenseitig.

In der nachfolgenden Entwicklung wird die Differenzierung

[10a] Vgl. unten S. 209.

[11] Das kollektivistische Dogma der sozialistisch-marxistischen Ideologie steht gegen das individualistische Dogma der »Selbstverwirklichung« in der kapitalistischen, freien Marktwirtschaft. Beide Systeme sind Projektionen des innerseelischen Konfliktes: Autonomie vs. Abhängigkeit.

in der angegebenen Richtung weiter trainiert. So beobachten wir beispielsweise beim Säugling und Kleinkind sogenannte »Experimentierspiele« (K. Bühler, 1922): Das Kleinkind bewegt die Zehen und fixiert diese mit dem Blick. Schiebt man in die Sehlinie eine Pappe, so daß das Kleinkind die Zehen nicht mehr zu sehen vermag, so bewegt es diese doch weiter. Der Blick bleibt dabei ins Leere gerichtet fixierend, und man hat den Eindruck, daß es die Muskeltätigkeit (propriozeptive Reize) und die Spannungsänderungen der Haut in Verbindung mit der Bewegung als »Innenreiz« (Körper-Ich!) wahrnimmt und diese von der Fernwahrnehmung (optischer Bewegungseindruck der bewegten Zehen) differenziert.

Das Kleinkind entdeckt, daß da nicht irgend etwas wackelt, sondern daß es seine eigenen Zehen sind. Eine Katze, die ihren eigenen Schwanz jagt, »weiß« anfänglich vermutlich auch nicht, daß es ihr eigener Schwanz ist, den sie jagt.

Die Differenzierung zwischen Innen und Außen, zwischen Außenwahrnehmung und Selbstwahrnehmung, zwischen Nahsinn und Fernsinn, zwischen Körper-Ich und Selbst-Ich muß erworben werden. Die fortschreitende Fähigkeit der Differenzierung von innen und außen ist Basis des Realitätsprinzips.

Es gibt auch Situationen, in denen die Differenzierung zwischen innen und außen zurückgenommen oder auch hinausgeschoben wird. Das ist dann der Fall, wenn wir Realität schwer bewältigen können, weil sie negativ besetzt ist. Es gibt ein bekanntes Hospitalismus-Symptom: die sogenannten Jaktationen. Die Kinder schaukeln, pendeln mit dem ganzen Körper oder auch nur mit dem Kopf rhythmisch hin und her. Sie sind ausgerichtet auf den starken inneren Reiz (den Rhythmus) und für Außenreize kaum ansprechbar. Die Außenreize werden durch die starken, rhythmisierten Innenreize überlagert. So können negative Eindrücke ausgeblendet werden (partielle Regression durch Zurücknahme der Differenzierung »innen vs. außen«).

Für Jugendliche in der Sinnkrise kann der Diskorhythmus, die Lärmkulisse zu einem so starken Hintergrundreiz werden, zu einem so starken »Eigenrauschen«, daß fremde Reize, Außenreize nicht mehr wahrgenommen werden. Derselbe

Effekt wird erreicht durch Drogen, durch Alkohol und andere Rauschzustände, die die Differenzierung »innen vs. außen« so verändern, daß die Außenorientierung nicht mehr gelingt.

Wer die Differenzierung »innen/außen« nicht lernt, kann auch keinen Dialog mit der Außenwelt ausbilden. Und wenn im Einzelfall ein Dialog mit dem Objekt der Libido nicht oder nur verzerrt oder unvollständig zustande kommt, dann können wir schon am Ende des ersten Lebensjahres beobachten, daß das Kleinkind nur einen »Dialog mit sich selbst« (mit seinen eigenen Gliedmaßen) führt. Was mit vier Monaten noch normal war, ist dann bereits ein (Hospitalismus-)Symptom. Die Differenzierung »innen/außen« bildet sich zurück, das Kind wird autistisch, es »redet« nur noch mit sich selbst/in sich selbst.

Solche zum Dialog mit dem Objekt unfähige Kinder führen dann einen Dialog in verkümmerter Form mit ihren eigenen Gliedern, »besonders mit den Händen und Fingern, die sie auf merkwürdig drehende, windende Weise bewegen. Man sieht im Filmmaterial von hospitalismusgeschädigten Kindern, wie sie die Lippen bewegen, während sie ganz absorbiert auf ihre Fingerbewegung starren.« (R. A. Spitz, 1976, S. 83)

Gelingt im ersten Vierteljahr die Differenzierung zwischen Innen und Außen, sinkt die Reizschranke allmählich, immer mehr Außenreize gelangen in das System und müssen beantwortet werden. Das Eindringen von Außenreizen, die Aufnahme von Energie ist nur dann für das Systemganze sinnvoll, wenn eine adäquate Beantwortung möglich ist.

Bei der Fülle der einströmenden Außenreize wird deshalb zwangsläufig der Punkt erreicht, wo eine adäquate Beantwortung nicht mehr gewährleistet ist, das System wird entstabilisiert. Die Eindrücke sind einschließlich der Gedächtnisspuren wie ein Puzzlespiel, für das die hilfreiche ordnende Struktur noch nicht erkennbar ist.

Nach der Differenzierung zwischen innen und außen muß sich deshalb notwendig eine Ordnung des Wahrnehmungsfeldes herausbilden, um der Entstabilisierung (= Labilisierung) entgegenzuwirken.

Die Strukturierung der Außenreize erfolgt durch affektive

Besetzung, entweder aufgrund einer angeborenen Bedeutung (z. B. Schlüsselreiz: »Gesicht-des-Menschen-von-vorn«) oder aufgrund erworbener Bedeutung (z. B. das Öffnen der Bluse, das Herausnehmen der Brust). Durch ihre affektive Besetzung bekommen diese Reize eine Figurstellung gegenüber anderen unbedeutenden Reizen. Die Figur-Grund-Differenzierung des Wahrnehmungs-Außenfeldes führt zu dessen Strukturierung.

Eine besondere Bedeutung bei dieser Strukturierung des Außenfeldes hat der Schlüsselreiz »Gesicht-von-vorn«. R. A. Spitz nennt ihn den »Objektvorläufer«.[12] Schon vom 2. Monat an hat der Mitmensch im Umfeld des Säuglings eine bevorzugte Stellung. Aber die Beachtung des Gesichtes des Menschen entwickelt sich im Laufe des 3. Lebensmonats zu einer klar umschriebenen artspezifischen Verhaltensweise: dem Drei-Monats-Lächeln. Dieses Lächeln ist die erste soziale Reaktion, das erste Anzeichen dafür, daß der »Objektvorläufer« entwicklungswirksam wird. Der Säugling wendet sich erstmals in seiner Ganzheit dem Mitmenschen in der Umwelt zu (= erste soziale Reaktion).

»Wiederholen wir einige der wesentlichsten Aspekte, deren Symptom die soziale Reaktion des Lächelns ist: Das Kind wendet sich vom Empfang innerer Sensationen den äußeren Wahrnehmungen zu. Es beginnt sich vom Realitätsprinzip leiten zu lassen. Das Vorbewußte und das Unbewußte bilden sich und differenzieren sich voneinander. Die ersten Spuren des Ichs treten in Funktion. Eine Wendung von der Passivität zur Aktivität findet statt. Erfassen wir diese verschiedenen Aspekte als Facetten eines einheitlichen Geschehens, so wird uns klar, daß damit eine neue Ära, eine neue Lebensweise für das Kind begonnen hat, die sich grundlegend von der vorhergehenden unterscheidet und sich auch in seinem Verhalten äußert« (R. A. Spitz, 1960, S. 37). Bei dieser Reaktion handelt es sich um ein instinktives Verhalten. Das Gesicht muß von vorn dargeboten werden (Schema: Auge–Nase–Mund), sonst wird das Verhalten nicht ausgelöst. Außerdem muß das Ge-

[12] Im Sinne der vergleichenden Verhaltensforschung kann man hinsichtlich seiner Bedeutung auch vom »Kumpanschema« sprechen.

sicht des Gegenübers in Bewegung sein. Im Sinne der vergleichenden Verhaltensforschung (K. Lorenz) handelt es sich um einen Schlüsselreiz: Das Lächeln kann auch ausgelöst werden durch eine Attrappe, ein deutlicher Hinweis auf den Instinktcharakter dieser Verhaltensweise. Damit ist klar erwiesen, daß das Drei-Monats-Lächeln noch nicht der persönlichen Mutter gilt. Es ist eine Vor-Objekt-Beziehung, die Konstituierung einer Objektbeziehung hat noch nicht stattgefunden. Die Einzelpersonen, auf die das Kind zu diesem Zeitpunkt mit Lächeln reagiert, sind untereinander austauschbar. Jede beliebige Person, nicht nur die Mutter, kann das Lächeln auslösen. Wird das Gesicht im Profil dargeboten, zeigt der Säugling keine Reaktion.

Daß das Gesicht auch nach dem Entstehen der Objektbeziehung eine zentrale Stellung einnimmt, hat mein Sohn Gerson einmal sehr eindrücklich demonstriert. Er war etwas über ein Jahr alt, und die erste Objektbeziehung, die persönliche Beziehung, war schon herausgebildet. Er spielte mit einem Ball. Der Ball rollte ihm unter die Couch. Ich saß zusammen mit meiner Frau auf der Couch, das Kind neben uns. Ich beugte mich von der Couch herunter, kroch mit dem Oberkörper unter die Couch und blieb mit dem Unterkörper auf der Couch liegen. Meine Frau fragte: »Gerson, wo ist Papa?« Darauf krabbelte der Junge von der Couch herunter unter die Couch, berührte mit seinen Händen mein Gesicht und sagte: »Da!« Der Papa, das war »sein« Gesicht (von vorn). Später zeichnen die Kinder in einer bestimmten Entwicklungsperiode den Menschen als einen sogenannten »Kopffüßler«: ein Kopf ohne Rumpf mit daranhängenden Beinen. Auch diese Bilder zeigen, daß das Gesicht ein zentraler Reiz im Umfeld des heranwachsenden Kindes ist und bleibt.

Im Unterschied zur erlernten Wahrnehmungsgestalt, wo der Gesamteindruck sich ändert, wenn einzelne Elemente sich ändern, wird beim Schlüsselreiz der Eindruck nicht geändert, wenn einzelne Elemente wegfallen. Die Gesamtreaktion ist dann nur schwächer, es sei denn, die verbleibenden Elemente, z. B. der Mund, werden entsprechend übertrieben, um die Wirkung der nicht oder nur schwach vorhandenen anderen

Elemente, etwa der Augen, zu kompensieren. Für die Schlüsselreize gilt die Reiz-Summen-Regel (A. Seitz, 1940). Auch in der geschlechtlichen Objektbeziehung wirken diese Einzelmerkmale als Auslöser summativ: Schminken der Lippen, der Lidschatten und der Augenbrauen führen in ihrer Erregungssummierung vergleichsweise zu einer stärkeren Reaktion als das bei nur einem betonten Merkmal der Fall ist.

Wie bedeutsam dieser Schlüsselreiz »Gesicht von vorn« ist und auch bleibt, können wir alle selbst erfahren. Wenn wir einem Menschen voll ins Gesicht schauen und ihn fixierend im Blickfeld behalten, kommt es zu typischen Übersprungsreaktionen.[13]

Der so Fixierte lächelt oder versucht, dem Blick auszuweichen, oder er reagiert mit der Bemerkung: »Ist etwas?«, »kennen wir uns?« oder »schauen Sie mich nicht so unverschämt an!« Aus der Erfahrung heraus werden diese Übersprungsbewegungen zu Signalen für innere Spannung (= Verlegenheitsgesten).

Dieser Schlüsselreiz »Gesicht-von-vorn« hat als Objekt-Vorläufer eine ganz bestimmte, für die Entwicklung bedeutsame Aufgabe: Es ist das Raster zur Entstehung der ersten Objekt-Beziehung.

Das Kumpanschema dient als erstes soziales Bezugsmuster zur Ablage aller Erfahrungen im Umgang mit der Mutter und mit anderen konstanten Bezugspersonen. Das Kumpanschema signalisiert einen positiven Grundaffekt; es wird deshalb mit Lächeln beantwortet. Nun kommt es aber im Verlaufe der Weiterentwicklung zur Erfahrung der Diskrepanz zwischen positivem Grundaffekt und möglichen negativen Umgangserfahrungen mit den verschiedenen Gesichtern im Umfeld des Kindes. Dieser Konflikt wird gelöst durch Bevorzugung der Mutter als der in der Regel den positiven Grundaffekt bestätigende, positive Valenz. Aber auch die Mutter verhält sich im Einzelfall nicht immer so positiv, daß der Grundaffekt des Kumpanschemas stets bestätigt werden kann. Der Säugling macht auch bei der bevorzugten Mutter ambivalente positive

[13] Vgl. hierzu R. Seiß, 1969.

und negative Erfahrungen. Er muß aber, um die Mutter als Vorzugsperson zu erhalten, diesen Konflikt bewältigen. Und das geschieht dadurch, daß sich eine von der situativen Jeweiligkeit des Verhaltens der Mutter unabhängige Qualität herausbildet, die sich mit dem individuellen Schema der persönlichen Mutter verbindet. Es ist die Qualität der Bekanntheit und zuverlässigen Treue. Wenn das geschehen ist, ist das erste Objekt der Libido, das erste Objekt der persönlichen Bekanntheit entstanden. Das Kriterium dafür, daß diese Entwicklung stattgefunden hat, ist das sog. »Fremdeln«, die »Acht-Monats-Angst« (R. A. Spitz). Das Fremdeln gegenüber anderen Personen, die nicht Mutter sind, ist der Ausdruck dafür, daß die Mutter als das erste Objekt der Libido von der Nicht-Mutter unterschieden werden kann. Das Kumpanschema diente also als Raster zur Verarbeitung positiver und negativer Erfahrungen mit den verschiedenen Gesichtern. Die durchschnittlich häufigste positive Erfahrung betrifft in der Regel das individuelle Gesicht der Mutter: Das »Individualschema« erhält eine positive Besetzungsqualität (= Valenz) und dient nun seinerseits als Raster (Ablage) negativer und positiver Erfahrungen mit dem Individualschema des mütterlichen Gesichtes. Das Individualschema wird gegen situative, stimmungsabhängige Schwankungen abgesichert durch eine neue Qualität, nämlich die der Vertrautheit und personalen Bekanntheit (= Bekanntheitsqualität). Mutter als erstes Objekt der Libido bedeutet, daß der positive Grundaffekt (= Kumpanschema) über Individualschema und Bekanntheitsqualität bestätigt wird; »Nicht-Mutter« bedeutet, daß der positive Grundaffekt nicht durch die Qualität von positiver Individualerfahrung und Bekanntheitsqualität bestätigt wird.

Um diesen Überlagerungsprozeß deutlich zu machen, möchte ich ein Beispiel von meiner Tochter anführen, als diese 1½ Jahre alt war.

Ich hatte meine Tochter ein halbes Jahr lang nicht gesehen. Die Familie war bei Bekannten in Italien. Ich bat die Familie, die Tochter über mein Kommen nicht zu informieren und auch dafür zu sorgen, daß ich ihr allein begegnete. Ich kam die Treppen herauf in die Wohndiele der Familie. Dort spielte Ina mit verschiedenen Spielsachen. Sie schaute auf und behielt mich beobachtend in der Peripherie ihres Gesichtsfeldes, dabei zeigte sie deutliche Verlegenheit. Als ich nichts sagte, wandte sie sich nach wenigen Sekunden ab, um weiterzuspielen. Erst als ich sie anrief, stutzte sie, sah mich direkt an und kam langsam auf mich zu. Ihre Spannung löste sich erst, nachdem ich sie auf den Arm genommen und erneut ihren Namen ausgerufen hatte. Mit Hüpfen gab sie ihrer großen Freude Ausdruck, und die Spannung löste sich.

Es gilt als sicher, daß Affektassoziationen stabiler sind als Wahrnehmungsassoziationen. Wir erinnern uns beim Wiedersehen viel eher an die affektive Tönung einer Situation als an ihre vorstellungsmäßigen Einzelheiten.

Ich hatte bei meiner Tochter ganz den Eindruck, als klängen in ihr emotional positive Affekte an, denen aber keine optischen (rationalen) Erinnerungsvorstellungen zugeordnet werden konnten. Diese Diskrepanz zwischen emotionaler Bekanntheit und rationaler Unbekanntheit bedingte jene innere Unsicherheit, deren Ausdruck ein Verlegensein war. Erst als ich sie anrief, wurde der positive Grundaffekt bestätigt, erkannte sie mich wieder. Das leuchtet ein, denn wir wissen, daß bei der Sprache die Koppelung zwischen Affekt und Wort-Klangbild stärker ist als die Kopplung zwischen Affekt und visuellem Eindruck (bekanntlich macht der Ton die Musik).

An diesem Beispiel wird der Übergang vom Drei-Monats-Lächeln zum Fremdeln verständlich. Auch hier gibt es eine vergleichbare Überlagerung des angeborenen positiven Grundaffekts (Drei-Monats-Lächeln) durch die individuelle positive Umgangserfahrung: Individualschema und Bekanntheitsqualität. So erhält und behält die individuelle Zuverlässigkeit (= Qualität der Treue) als Bestimmungsstück libidinöser Beziehungen ihren Grundwert für den Menschen als soziales Wesen. Dieses Grundmuster gilt für alle menschlichen Beziehungen. Die Beziehung der Liebe ist gekoppelt an Treue (Verbindlichkeit) als einer positiven Qualität, die es möglich macht, schlechte und gute Erfahrungen so zu verarbeiten (zu integrieren), daß die Beziehung nicht zerbricht.

Bekanntheit, Vertrautheit ist der erste Modus, um die

primäre Beziehung (Dualunion) von Mutter und Kind auch über den ersten Schritt des Auseinanderdriftens hinweg durch eine situationsübergreifende Beziehungsqualität zu erhalten. Nach M. Buber ist es die Qualität des »Dazwischen«, die hier entsteht. Das Dazwischen ist mehr als die aktuelle Beziehung selbst. Es ist das allen aktuellen Beziehungen Gemeinsame: das Dazwischen als Hintergrund, der die positive und negative Situationserfahrung trägt, relativiert, integriert. Das Dazwischen ist der Beziehungsgrund gegenüber der Beziehungsfigur, wie sie sich in der situativen Jeweiligkeit ereignet.

Wer ein Erziehungskonzept vertritt, das ein »Recht auf Lust« propagiert, und davon ausgeht, daß Leid prinzipiell vermeidbar und Glück machbar sei, hindert die Menschen an der Entwicklung tragfähiger Liebe und reduziert die Beziehung auf die funktionale Ebene der Vorobjektstufe mit den nicht integrierten (isolierten) Erfahrungen von Befriedigung einerseits und Frustrierung andererseits.

An die Stelle elementarer Bekanntheitsqualität als Faktor der Zuverlässigkeit zur Integration positiver und negativer Erfahrungen im Bezug zum ersten Objekt der Libido, tritt auf höherer, rational-reflexiver Ebene der Wille zur Treue. Geborgenheit und Wille zur Treue sind wichtiger als Emanzipation und Unverbindlichkeit und Toleranz. Liebe ist (zunehmende) Distanz zwischen zwei (oder mehreren) Individuen, die nur durch (zunehmendes) Vertrauen überbrückt werden kann. Emanzipation auf Kosten der Geborgenheit wirkt entwicklungsnegativ. Die Emanzipation ist dem Vertrauen untergeordnet.

5. Vom Objekt des Triebes zur personalen Beziehung – »Nein« und »Ja« als Indikatoren der beginnenden Selbststeuerung

In der Zeit zwischen dem Wirksamwerden des *ersten Organisators* (Drei-Monats-Lächeln) und dem Wirksamwerden des *zweiten Organisators* (Fremdeln) vollzieht sich die Entstehung der ersten Objektbeziehung. R. A. Spitz nennt das Fremdeln die »Acht-Monats-Angst«. Er will damit zum Ausdruck bringen, daß das Kleinkind in diesem Alter vor fremden Menschen Angst hat. Als »fremd« werden vom Kleinkind alle die erlebt, bei denen aus der Sicht des Kindes der positive Grundaffekt ohne individuelle (erfahrungsabhängige) Bestätigung geblieben ist, persönliche, positive Bekanntheitsqualität nicht entstehen konnte. Diese Angst differenziert das soziale Umfeld des Kleinkindes und ermöglicht eine Unterscheidung von Mutter und Nicht-Mutter. Das Kleinkind flieht bei Begegnungen mit fremden Menschen zur Mutter, schmiegt sich an diese und weicht vor allen Dingen dem Blick der Fremden aus: es »fremdelt«. Die bedeutsamste und zentrale Bekanntheitsqualität ist in der Regel die leibliche Mutter. Diese Beziehung zum »ersten Objekt der Libido« (S. Freud) entscheidet über die Entwicklung von Ur-Vertrauen. Der Blick der Mutter ist vertraut, die anderen Blicke muß das Kind deuten lernen.

Das ungetrübte Glück einer Geborgenheit bei der Mutter hält aber nicht lange an. Mit zunehmender Expansion des Kleinkindes, vor allen Dingen im Zusammenhang mit dem Beginn des Laufenlernens, macht das Kleinkind die Erfahrung, daß Mutter etwas verbietet. Die Mutter greift in das Expansiv-Sein des Kleinkindes ein. Es muß sich mit dem »Nein« der Mutter auseinandersetzen. Im Verlaufe dieser Auseinandersetzung erwirbt es den semantischen Gebrauch von Wort und Geste »Nein«.

Die Entwicklung des Neins ist der nächste wichtige Schritt in der Sozialisation des Kleinkindes. Der Gebrauch des Neins kennzeichnet den Beginn der symbolischen verbalen und/oder non-verbalen Verständigung.

Für R. A. Spitz ist der Gebrauch des Neins als Geste und Wort Kriterium für das Wirksamwerden des *dritten Organisators*. Die Beziehung zwischen Mutter und Kind wird auf eine neue, höhere Ebene gehoben. Sie ist gekennzeichnet durch ein mögliches Nein hinsichtlich einer angebotenen Beziehung (Verneinung) und beinhaltet folglich auch die bewußte Annahme (Bejahung) einer Beziehung. Die Beziehung zwischen Mutter und Kind bekommt die Qualität eines persönlichen

Vertrages (= eines Sich-Vertragens) in Gestalt einer personalen Entscheidung als Zuneigung/Zuwendung oder als Abneigung/Abwendung: Einwilligen oder Nicht-Einwilligen in ein Beziehungsangebot.

Wir wollen die innerseelische Dynamik, die diese Entwicklung ermöglicht, näher betrachten.

Der größere Aktionsradius, das intensiv erlebte Expansivsein des Kleinkindes, das nun laufen kann, stößt unvermittelt auf eine Erfahrung, die es stark tangieren muß: Die Mutter, das erste Objekt der Libido, setzt der neu erworbenen und neu entdeckten Möglichkeit des Expansivseins deutliche Grenzen. Mutter sagt »nein« und hindert damit den Antrieb des Kindes, bestraft das Kind auch gelegentlich wegen seiner Aktivitäten. Das Kind erlebt erstmals eine deutlich spürbare Einengung.

Die erste Objekt-Beziehung wird dadurch sehr belastet. Im Kleinkind entsteht der Konflikt, entweder den Impuls (auf Hinfassen, Anfassen, Umherkrabbeln usw.) aufzugeben, um die Beziehung zur Mutter nicht zu belasten, oder dem Impuls nachzugeben, ihn durchzusetzen und Spannung und Ärger (d. h. Getrenntsein) in Beziehung zur Mutter in Kauf zu nehmen.

Das Kind muß diesen ersten Konflikt zwischen »Selbst« (Autonomie) und »ernährender Mutter« (Abhängigkeit) bewältigen. Und es bewältigt ihn durch einen »Mechanismus«, der das zweite zentrale Bestimmungsstück persönlicher Liebe ist: durch identifikatorische Einordnung.

Das Kind gibt aus Vertrauen zur Mutter, d.h. aus freier Entscheidung, seinem eigenen Impuls eine Richtung im Sinne einer Einwilligung in das Verbot der Mutter. Damit lernt das Kind sehr früh, einen Weg zu beschreiten, der eine reife menschliche Beziehung erst möglich macht. Es ist der Weg von Einordnung und Zuordnung. Erst durch verbindliche Einordnung in ein umfassenderes Ganzes und durch emotionale, tragende Zuordnung kann die Antinomie von Autonomie vs. Abhängigkeit bewältigt werden. Mit dieser Einwilligung reflektiert das Kleinkind erstmalig seinen Impuls im Kontext seines personalen Bezuges. Es beginnt der Prozeß der Selbststeuerung als Voraussetzung von Selbstwert und Selbstsein.

Aber zunächst hat die Übernahme des Neins von seiten des Kleinkindes noch nicht diese Bedeutung. Das Kind sagt zwar nein, schüttelt vielleicht auch mit dem Kopf, aber es folgt noch dem eigenen Impuls. Es sagt nein und tut doch das Gegenteil. Das Kind spürt zwar affektiv den Widerstand und Widerspruch der Mutter hinsichtlich seiner eigenen Impulse, aber es imitiert lediglich in unmittelbarer Nachahmung aus Gründen der Spannungsabfuhr das Verhaltensmuster (= das Nein) der Mutter und signiert/registriert bei sich selbst (im Körperschema) eine neue, ungewohnte affektive Situation: die Situation der Mißbilligung des eigenen Impulses; Geste und Wort »Nein« werden so zum Bedeutungsträger einer bestimmten affektiven Befindlichkeit. Im Laufe wiederholter Imitationen verselbständigt sich allmählich diese Bedeutung und löst sich los von der aktuellen Situation des gerade ablaufenden Prozesses: Die äußere Nachahmung erhält den Charakter einer imitativen Repräsentation (J. Piaget), das Verhalten der Mutter bekommt Modellcharakter. Das Nein in Geste und Wort ist nun ein bedeutsamer Ausdruck der Mißbilligung im Umfeld des Kindes, der »spielend« verstanden wird und im Signalgedächtnis fest verankert ist; aber in seiner abstrakt verbietenden, symbolischen Bedeutung/Gültigkeit wird er noch nicht erkannt. Deshalb kann das Kind auch noch nicht verbal gehorchen. Es gibt zwar unter Protest nach, wenn die Mutter handgreiflich eingreift, aber bis zu diesem Eingreifen übt es das Kennenlernen dieser neuen affektiven Situation in der Beziehung zur Mutter. Das Kind probiert im Kontext des Vertrauens zur Mutter, wie weit es gehen kann. Und in diesem Freiraum der am Widerstand bewußt werdenden eigenen Impulswelt wird das »Nein« auf dem Weg über die eigene (nicht gebilligte) Handlung von einem (emotionalen) Signal der Mutter zu einem Mittel, die eigenen Impulse als nicht erwünscht zu kennzeichnen. Das Kind kann mit dem Freiraum seiner Handlungsmöglichkeiten noch nicht umgehen, es kann die Balance zwischen Fremdimpuls und Eigenimpuls noch nicht bewältigen, aber es lernt die Signierung der eigenen Impulse und bewertet diese schließlich als »nicht gebilligt« bzw. »gebilligt«. Und das ist die Voraussetzung zur Herstellung der Balance zwischen Autonomie und Abhängigkeit. Die Nachahmung von Nein in Geste und Wort (noch ohne Symbolwert) wird dann spielerisch, Umwelt assimilierend geübt.

Nur bei einer guten, intakten Mutter-Kind-Beziehung (gelungene Ausdifferenzierung des ersten Objektes der Libido) wagt das Kind den Freiraum der eigenen Impulse ohne Angst (in dieser Weise spielerisch) auszuweiten bis zu jenem Punkt, wo das negativ besetzte Eingreifen der Mutter erwartet wird. An diesem Punkt begegnet dann das Kind der Grenze, die dem »Spielchen« ein Ende bereitet. Es ist eine Grenze, die zur Orientierung für das Kind notwendig ist. An dieser Grenze nimmt die Mutter vorübergehend die positive Zuwendung zurück.

Nur bei schwachen Müttern, die dazu noch ihre Schwachheit mit der These von der antiautoritären Erziehung kaschieren und legalisieren können, führt dieses »Spiel« schnell zu innerer Desorientierung in der Beziehung, weil das Kleinkind den Widerstand der Mutter nicht zu spüren bekommt und deshalb auch nicht das Ende des »Spielchens« zu spüren vermag: Das Kind bleibt ohne den notwendigen Dialog über die Abgrenzung der »Reviere« (= Impulse). Damit verliert die Mutter ihre Funktion als Identifikationsobjekt, weil orientierbare Konstanz eine notwendige Voraussetzung zum Gelingen der Identifikation ist. Das Kleinkind wird existentiell verunsichert, weil die Mutter in dieser wesentlichen Entwicklungsphase keine Hilfe (durch Widerstand und Festigkeit) zur Orientierung bietet. Das Kleinkind wird einem Freiraum ausgesetzt, den es nicht bewältigen kann. Die antiautoritäre Erziehung führt nicht zur Freiheit, wie behauptet, sondern zur Unfreiheit durch angstmachende Verunsicherung bei vorhandener äußerer Scheinfreiheit.

Kleinkinder ohne gelungene Objektbeziehung (d. h. ohne ein situationsunabhängiges Vertrauen gewonnen zu haben) beharren entweder auf dem eigenen Impuls, verstärken ihn aggressiv und nehmen die weitere Belastung der ohnehin gestörten Beziehung zur Mutter in Kauf, oder sie gehen den Weg einer gefügigen Anpassung, eines »Gehorsams« aus Angst. In beiden Fällen gewinnen sie keine freie Verfügbarkeit über ihre Impulswelt, keine Fähigkeit der Einordnung in eine umfassendere Ganzheit aus Vertrauen, keine Freiheit in Geborgenheit. In beiden Fällen gibt es eine Regression auf die Vor-Objekt-Beziehung, auf die Stufe des unpersönlichen Dressates (lerntheoretisch: Signallernen im Kontext einer Außenleitung).

Wenn aber die erste Objektbeziehung entwicklungsgemäß ausgebildet wurde und als positive Beziehung wirksam war und erst die gegenwärtige Konfliktsituation von (mütterlichem) Verbot und (kindlichem) Widerstand die Beziehung so überfordert, daß diese nicht mehr im (bis dahin gewachsenen) Vertrauen bewältigt werden kann (vielleicht weil sich die Mutter angegriffen und/oder zur Erziehung in dieser Phase als unfähig erlebt), erhält die gesamte Beziehungssituation eine negative, persönliche Tönung. Das Kind erlebt die *Mutter als Angreifer* und identifiziert sich mit dem ad hoc entstandenen, an die Impulsverneinung gebundenen negativen Aspekt der Mutter. Das Kind identifiziert sich mit dem Angreifer. Diese *»Identifikation mit dem Angreifer«* (A. Freud, 1966, S. 85) ist ein »Konflikt-Abwehrmechanismus«.

Identifikation mit dem Verursacher von Konflikten und Unsicherheit kann als Konfliktabwehr-Mechanismus im Alltag gut beobachtet werden. Als mich meine Tochter (5 Jahre) fragte, wo denn die Engel seien, und ich ihr sagte, daß man diese nicht sehen könne, aber sie seien da, bearbeitete sie diesen Konflikt, diese Bedrohung von etwas, was man nicht sehen kann, dadurch, daß sie sich mit den Engeln identifizierte. Als ich vom Kolleg nach Hause kam, hörte ich sie mit ihrem gleichaltrigen Freund laut singend und rhythmisch stampfend die Treppen herunterkommen. Sie sangen gemeinsam: »Wir sind alle Engel und sind unsichtbar, wir sind ...«

A. Freud berichtete von einem kleinen Mädchen (4 Jahre): »Sie traut sich nicht, das Vorzimmer der Wohnung zu überqueren; die Dunkelheit macht ihr Gespensterangst. Aber sie erlernt es einmal plötzlich und ist jetzt imstande, den gefürchteten Raum mit allerlei sonderbaren Bewegungen zu durchlaufen. Nach kurzem teilt sie ihrem kleinen Bruder triumphierend das Geheimnis ihrer Angstbewältigung mit. ›Du brauchst dich im Vorzimmer nicht zu fürchten‹, sagt sie. ›Du mußt nur spielen, daß du selber der Geist bist, der dir begegnen könnte.‹ Ihre magischen Gebärden dabei erklären sich offenbar als die von ihr vermuteten Bewegungen der Geister.« (A. Freud, 1966, S. 87)

Dieser Abwehrmechanismus ist hochwirksam und auch bei Erwachsenen sehr verbreitet. So war z. B. die antiautoritäre Welle im Konzept der modernen Pädagogik nichts anderes als die »theoretische Ausformulierung« eines solchen Abwehrmechanismus. Die strukturleitende Schicht der Intellektuellen, insonderheit der Pädagogen, wurde durch die rebellierende Jugend verunsichert und wehrte diese Infragestellung ab, indem sie sich mit dieser Jugend identifizierte und/oder solidarisierte: Sie formulierten die pädagogische These von der antiautoritären Erziehung und sahen das »Heil« in der Emanzipation als pädagogischem Prinzip: Wir sind auch dagegen, wir propagieren die Ablösung von den etablierten Verhältnissen. Gegenwärtig sind Friedensbewegung und Friedensdemonstration jenes große Konflikt-Abwehr-Spektakel der Identifikation: man trägt Atombomben aus Pappe, wirft sich hin und spielt Atomexplosion, trägt Totenmasken.

Im Karikieren und Nachäffen von Verhaltensweisen, die autoritäre Personen zeigen (etwa Lehrer, die von Schülern nachgeäfft werden), begegnen wir ebenfalls diesem Abwehrmechanismus der »Identifikation mit dem Angreifer«. Diese (negative) Identifikation mit dem Angreifer ist Identifikation mit dem Aspekt der Macht.

Mit der Darstellung des Angreifers, der Übernahme seiner Gesten und Worte (Nein) und seines aggressiven Verhaltens verwandelt sich das Kind aus einem Bedrohten in einen Bedrohenden und bewältigt so seinen Konflikt.

»Ein anschauliches Beispiel dieser Art berichtet Jenny Wälder aus der Behandlung eines fünfjährigen Knaben. Zur Zeit, in der die Analyse sich dem Material über die Onanie mit den dazugehörigen Phantasien nähert, verfällt der sonst schüchterne und gehemmte Junge in einen Zustand wilder Aggression. Seine sonst passive Haltung verschwindet, von seinen femininen Zügen ist nichts mehr zu bemerken. Er attackiert in der Stunde die Analytikerin als brüllender Löwe. Er trägt eine Rute mit sich herum und spielt Krampus; das heißt, er schlägt im Stiegenhaus, zu Hause und in der Stunde nach den Menschen. Großmutter und Mutter beklagen sich, daß er Versuche macht, sie ins Gesicht zu schlagen. Die Beunruhigung der Mutter erreicht den Höhepunkt, als er beginnt, mit Küchenmessern zu hantieren. Die Arbeit in der Analyse zeigt dann, daß die aggressive Aktivität des Kindes keiner Enthemmung seiner Triebregungen entspricht. Er ist von einer Befreiung seiner männlichen Tendenzen noch weit entfernt. Er hat nur Angst...

Die Aktivität mittels Gebrüll, Rute und Messer dient also der Darstellung und Vorwegnahme seiner Befürchtungen. Er hat die Aggression der Erwachsenen, ..., introjiziert und wendet sie jetzt aktiv gegen dieselben Personen seiner Außenwelt zurück.« (A. Freud, a.a.O., S. 89)

Verhält sich aber die Mutter an jener Grenze unbestechlich, liebevoll und bestimmt, so befürchtet das Kleinkind die Trennung, den Ärger, den Liebesverlust von seiten der Mutter. Und diese negativen Erlebnisse kollidieren mit der Tendenz, den eigenen Impuls durchzusetzen. Nun steht das Kleinkind vor der Entscheidung: a) die Abwendung der Mutter in Kauf zu nehmen und dem eigenen Impuls zu folgen oder b) den eigenen Impuls zu blockieren, um die Nähe der Mutter zu erhalten. Ein gutes Objekt verhilft zu einer *Identifikation mit dem Nein der Mutter im Kontext von Vertrauen.* Aber über Vorhandensein vs. Nicht-Vorhandensein dieses Vertrauens entscheiden nicht nur die individuelle Lebensgeschichte, sondern auch die gesamtgesellschaftlichen Bedingungen, und diese sind von Kultur zu Kultur verschieden.

Bei einer durch die Verselbständigungstendenz nicht belasteten Mutter-Kind-(Objekt-)Beziehung wird der Mechanismus der Identifikation vom Kind positiv, d.h. nicht zur Abwehr (das ist Identifikation mit dem Aspekt der Macht), sondern zur Lösung des Konfliktes gebraucht (das ist Identifikation mit dem Aspekt der Liebe).

Wenn eine gute Objektbeziehung besteht, die Mutter Liebesobjekt und Identifikationsobjekt ist, dann tut das Kind das, was die Mutter will, nicht aus Angst, Abwehr oder Gefügigkeit, sondern aus personaler Liebe. Es gewinnt dadurch seine Aktivität zurück, ohne die Zuwendung der Mutter zu verlieren und ohne an der Liebe der Mutter zu zweifeln.

Es entdeckt mit der Übernahme des Fremdwillens die Fähigkeit, die eigene Impulswelt zu steuern. Nunmehr ist das Nein nicht nur Nachahmung eines beobachteten Ausdrucks, sondern entspricht einem inneren Bild des Widerstehens gegen den eigenen Impuls. Und dieses innere Bild des Neins kann jedem eigenen Impuls übergeordnet werden. Damit wird ein Impuls aus dem spontanen, unreflektierten Geschehensablauf auf der Ebene von Aktion und Reaktion herausgehoben auf die Ebene bewußter Ablehnung oder Annahme. Durch das Nein kommt der Impuls, der gebremst wird, deutlich ins Bewußtsein und damit in die freie Verfügbarkeit. Es differenziert sich das Bewußte vom Unbewußten, das Reflektierte vom Unreflektierten. Wort und Geste »Nein« sind so Ausdruck einer ersten situationsübergreifenden Steuerinstanz mit dem Merkmal von personaler Freiheit.[13a]

Das Wort und die Geste »Nein« sind sozusagen der »erste abstrakte Verhaltensbegriff« (R. A. Spitz). Damit ist die Fähigkeit entstanden, sich zu entscheiden: einen Impuls freizugeben, oder zu verzichten in Freiheit, aus Liebe. Daraus folgt, daß die Erziehung zur Verzichtsfähigkeit (aus Liebe zu einem Größeren, Höheren, einem Ganzen) positives Bestimmungsstück unserer Freiheit ist (und eben nicht das sogenannte »Recht auf Lust«) (vgl. Matthäus 4,1 ff.).

Tragende Elemente jeder Beziehung der Liebe sind: a) Zuverlässigkeit und (Wille zur) Treue, b) Identifikation mit dem positiven Aspekt des anderen (Zuordnung), c) Verzicht auf eigene Impulsdurchsetzung zugunsten der positiven Beziehung, zugunsten des höherwertigen Eins-Seins in Liebe (Einordnung).

Kulturanthropologisch vergleichende Untersuchungen

[13a] Der Zusammenhang von personaler Freiheit und Spiritualität des Menschen wird im Anhang (S. 319ff.) gesondert abgehandelt.

(M. Mead, Erikson, Wickler, Parin u. a.) machen deutlich, daß die Probleme in einer Gesellschaft im Zusammenhang stehen mit der Erziehung der Kinder in dieser. M. Mead (1971) unterscheidet eine post-, kon- und präfigurative Gesellschaftsform.

In der postfigurativen Gesellschaftsform herrscht die Großfamilie vor, mehrere Generationen leben zusammen; in der konfigurativen dominiert die Kleinfamilie; in der präfigurativen Gesellschaft wird die Kleinfamilie durch Auflösungstendenzen bedrängt. Während in der Großfamilie durch Modelllernen Verhaltensnormen und Einstellungsnormen weitergegeben werden, müssen in der konfigurativen Gesellschaft die Modelle schon ersetzt werden durch tradierte Normen/Erwartungen: so tut man das, so verhält man sich, so denkt man. In der präfigurativen Gesellschaftsform werden auch die tradierten Normen relativiert, weil sie infolge der hohen Veränderungsgeschwindigkeit und Mobilität in der modernen Industriegesellschaft nicht mehr greifen. In der modernen Industriegesellschaft mußte es deshalb zur Diskrepanz zwischen tradierten Erziehungsnormen in der Kindheit und den Erfordernissen des Erwachsenen kommen. In der präfigurativen Industriegesellschaft ist die Veränderung der Verhältnisse der tradierten Erziehung gleichsam davongelaufen. Die alten Erziehungsnormen und Erziehungsmerkmale unserer Kultur blieben noch erhalten, aber sie paßten nicht mehr in die Landschaft der Erwachsenen; und diese Diskrepanz wirkt sich negativ aus. Der Verlust der Tradition und der tradierten Normen wurde weiterhin kompensiert durch eine Überwertigkeit der intellektuellen Funktionen: Denken lernen, Lernen lernen (H. Lückert auf dem Grundschulkongreß 1969). In diesem Sinne konnten die Psychoanalytiker Parin u. a. (1974) bei einem Vergleich der westlichen Zivilisation mit den Erziehungsmodellen der Dogon (westafrikanischer Stamm) zu dem Urteil kommen: »Die Weißen denken zuviel.«

Nun kann man natürlich fragen: Ist es überhaupt möglich, zuviel zu denken? Es ist möglich, nämlich dann, wenn das Denken mangels tradierter Ziele zum Selbstzweck wird (Denken lernen). Solange es noch übergeordnete Werte und Ziele gibt (Tradition, Gesetz, Normen) und nicht alles hinterfragbar wird, ist das Denken einem Ziel verpflichtet, ist es in einen übergeordneten Sinn eingebunden. Wenn sich aber das Ziel aus dem Denken und das Denken vom Ziel her ergeben soll, dann entsteht ein in sich geschlossener Zirkelprozeß. Der Mensch kann sich eben nicht am eigenen Denken, am eigenen Zopf aus seinen Verhältnissen herauskatapultieren. Der Alltag zeigt, daß sich das Handeln vom Ziel her ergibt und daß sich nicht umgekehrt das Ziel zufällig aus dem Handeln ergibt.

Die Untersucher weisen nach, daß das »zu viele Denken« im Zusammenhang steht mit der vergleichsweise sehr frühen Trennung des Kleinkindes von der Mutter. Das Kind in der westlichen Zivilisation wird zu einem Zeitpunkt abgestillt, wo es noch nicht gruppenfähig ist und kann demzufolge von der Gruppe auch nicht aufgefangen werden. Es spürt das Alleinsein als ein Getrenntsein von der Mutter und erlebt demzufolge seine individuelle Bewußtheit stärker und vergleichsweise früher. Dieses individuelle Bewußtsein ist im Zentrum gekennzeichnet vom Erleben des Alleinseins im Sinne der Trennungsangst als Grunderlebnis dieses Alleinseins. In unserer Kultur wird die Differenzierung (= Trennung) relativ früh erzwungen. Das Kind ist früh auf sich selbst geworfen. Nicht zufällig ist in unserer Kultur der Existentialismus entstanden. Er hat die Reflexion der Angst im Zentrum seines philosophischen Bemühens. Mit Angst und ohne Halt in tradierten Normen und Lebensmodellen, ohne stabilisierende Gruppe (= Großfamilie), muß das vom Grunderlebnis der Einsamkeit/der Existenzangst gefährdete Kleinkind das Nein der Mutter dramatischer, gleichsam bedrohender erleben. Das Verbot wird zum Präzedenzfall des Vertrauens, zur Beziehungskrise. Unter den Bedingungen der modernen Zeit und den »progressiven« pädagogischen Thesen ist die notwendige, im Vertrauen bleibende Stabilität der Mutter nicht mehr so einfach möglich. Die Identifikation aus Liebe mit dem positiven Aspekt der Mutter wird erschwert. Gibt es trotz dieser erschwerten Bedingungen ein stabiles Vertrauen in der Mutter-Kind-Beziehung, spielt hierbei die geistliche Dimension: »Frömmigkeit« (das Band des Gebetes und der bleibenden Liebe) eine entscheidende Rolle.

Das Neue Testament sagt prophetisch von unserer Zeit: Die Kinder werden den Eltern ungehorsam (zum Ungehorsam erzogen) (2. Timotheus 3,1–7). »Die Liebe zwischen den Menschen wird erkalten« (Matthäus 24,12). Wir sehen, wie weit uns emanzipatorische Konzepte, negatives Denken, Forderungs-/Anspruchshaltung, Selbstverwirklichungsideologie von der Liebe entfernt haben.

Nein/Ja als Steuerinstanz ist die Basis der Ich-Entwicklung: Möglichkeit zur Eigenverantwortung, zur Gewissensbildung und zur inneren Freiheit. Erfolgt der Gebrauch von Nein im Kontext von Vertrauen, steht auch die beginnende Selbststeuerung unter dem günstigen Vorzeichen einer Selbstannahme. Daraus wird der Liebe zum Nächsten in Freiheit der Weg bereitet. Erfolgen dagegen Nein und Ja im Kontext von Angst, sind Zweifel und Mißtrauen die Basis des werdenden Selbst (später kompensiert durch die Ideologie der Selbstverwirklichung), erhält die Selbststeuerung ein negatives Vorzeichen.

Mit der Entwicklung der steuernden, inneren Instanz reicht der lerntheoretisch-behavioristische Ansatz zur Abbildung unserer Existenz nicht mehr aus, er muß erweitert werden durch den strukturellen Ansatz, durch die klassische Frage der Psychoanalyse: »Was geht im Menschen vor?« (S. Freud).

Die steuernde Instanz (das Ich) vermittelt, harmonisiert und konstruiert Zusammenhänge (= gibt Erklärungen). »Das Ich erträgt keine Widersprüche« (H. Nunberg, 1959, S. 178). Es gewährleistet den Ausgleich zwischen Trieb und Umwelt.

Mit der Möglichkeit zur Selbststeuerung wird die Sauberkeitserziehung über den Status eines bloßen Dressates hinausgehoben zu einem Akt der willentlich-personalen Einwilligung oder Verweigerung. Die psychosozialen Modalitäten des Besitzens, das Festhalten, Beisichbehalten und Loslassen erfahren hierbei ihre schwerste Prüfung im Spannungsfeld von Autonomie und Abhängigkeit. Wenn hier das Vertrauen auf die Gültigkeit des »Vertrages« im Kontext personaler Liebe und wechselseitiger Regulation (Rücksichtnahme) verlorengeht, das Sichvertragen entsprechend leidet und schließlich zerbricht, dann beobachten wir a) eine Regression auf vorgängige Beziehungsmuster (auf die Ebene des Objektvorläufers): das

Kind wird weinerlich, anspruchsvoll, will befriedigt werden bzw. es reagiert frustriert-aggressiv; oder wir beobachten b) eine unechte Progression: eine eingebildete, vorgetäuschte Fähigkeit, die meint, ohne die Liebe, das Vertrauen des anderen auskommen zu können.

6. Selbststeuerung und Verantwortung

6.1 Die Sauberkeitserziehung als Bewährungsfeld der Selbststeuerung

In der Sauberkeitserziehung, der ersten großen Bewährungsprobe der Selbststeuerung, macht das Kind mit seiner Entscheidungsfähigkeit und Steuermöglichkeit eine wichtige Erfahrung. In der analen Phase hat das Kind eine Vielzahl von verschiedenen Handlungsmustern zu koordinieren, die es lernen muß. Im Zentrum steht die Dichotomie von Loslassen und Festhalten. Durch diese neuen Fähigkeiten wird das Unabhängigkeitsbedürfnis des Kindes von der Mutter gefördert und ist zugleich Triebfeder für neue kindliche Spiele. Es experimentiert in seinen Spielen mit immer neuen Gegensätzen wie:

wegwerfen – wiederholen z.B. von Gegenständen,
aufmachen – zumachen z.B. von Türen,
füllen – ausleeren z.B. von Behältern.

Diese Kette von Gegensatzpaaren, die das Kind neu entdeckt, wird auch als Ausdruck analer Grunderfahrungen verstanden. Zur gleichen Zeit gewinnt der Schließmuskel und die damit verbundene Entleerung das anale Interesse des Kindes durch die autoerotische Befriedigung von drücken und pressen. Dieses anale Interesse wird vom Kind, abhängig von der Reaktion der Mutter, als »gut« oder »böse« verstanden. Denn durch die Reaktion der Mutter wird zugleich ein Stück vom Kind selbst angenommen oder abgelehnt, was sich wiederum in der späteren Kind-Körper-Beziehung und in der sozialen Modalität von Geben und Nehmen widerspiegeln kann.

Der Kot ist eines der ersten und wertvollsten »Spielzeuge« des Kindes, da er autoerotische Befriedigung bedeutet. Diese wird »in eine Art Objektliebe umgewandelt, indem das Interesse von der intransitiven Sensation gewisser Organempfindungen auf die Materie selbst verschoben wird, die diese Empfindungen verursachte.«[14]

Hier setzt die Reinlichkeitserziehung ein. Je mehr die pädagogischen Maßregeln in einen Reinlichkeitsdrill ausarten, desto mehr wird das ursprüngliche Objekt kaschiert und durch andere mit ähnlicher Konsistenz ersetzt. Hierzu wird von Kindern der Sand bevorzugt. Das Spielen mit Sand und Matsch ist die symbolische Triebbefriedigung analerotischer Triebe. Das Kind beginnt seine Lust nach Schmutz zu verdrängen. Dies geht sogar so weit, daß es beginnt, den inneren Wunsch nach Reinlichkeit zu bilden, um nicht mit den Forderungen der Umwelt in Konflikt zu geraten; es gibt die Schmutzlust zugunsten einer tolerierten, weniger direkten Triebbefriedigung auf.

Der Kinderreim ist eine Form der symbolischen Ersatzbildung, er bietet die Möglichkeit (durch das provokatorische Aussprechen) der verbotenen Triebbefriedigung. Das Spielen mit Sand und Matsch zeigt mit Hilfe der Beobachtung bei einzelnen Kindern den Verdrängungsgrad ihrer analerotischen Triebe. Je ängstlicher es ist, je mehr Hemmungen es überwinden muß, desto größer der Anteil an Sublimierung oder Reaktionsbildungen.

Durch den Fortschritt im Reinlichkeitssinn des Kindes kann dieses mit der Zeit selbst den Sand nicht mehr annehmen. Es beginnt die »infantile Steinzeit«. Dies bedeutet, daß sich das Kind zum Sammler entwickelt, es beginnt z. B. besondere Kieselsteine zu sammeln. Die Konsistenz des Sandes bzw. des Kotes, also etwas Übelriechendes, Wäßriges und Weiches, wird durch etwas Geruchloses, Trockenes und Hartes ersetzt; es erinnert lediglich die Tatsache, daß Steine, Murmeln und sonstige Gegenstände genau wie Kot und Sand von der Erde aufgehoben werden, an die ursprüngliche Verbindung.

[14] Aus Ferenczi: Zur Ontogenie des Geldinteresses, zitiert nach H. Nitsch-Berg, 1978, S. 131.

Diese gesammelten Muscheln, Steine etc. werden zu primitiven Geldmünzen umgewandelt, es entsteht ein schwunghafter Geldhandel unter den Kindern. Die Verbindung von Kot zu Geld wird auch in dem Märchen »Der Goldesel« dargestellt und ist Kindern somit nichts Fremdes. Die hohe Bewertung der körpereigenen Produktionen läßt sich an der Verschiebung auf die Sammelobjekte ablesen. Der Verdrängungsmechanismus der analerotischen Interessen wird durch die Machtposition der Eltern gegenüber dem Kind beschleunigt bzw. stark beeinflußt.

Der Gebrauch von Nein und Ja, von Lassen und Tun, Verweigerung und Hingabe steht nun in der Interaktion zwischen Mutter und Kind voll zur Verfügung, ist nunmehr gekoppelt mit Eigenmachtgefühlen (Trotz!).

Das Kind entdeckt die Möglichkeit, Mutter glücklich zu machen, oder sie zu strafen und sich zu verweigern, d. h., etwas von ihr Gewünschtes nicht zu machen. Nach beiden Richtungen hin bekommt das »Machen« eine Überwertigkeit: a) als Möglichkeit zur Bewältigung der Trennungsangst und der Angst überhaupt, b) als Ausdruck des Protestes (Identifikation mit dem Bedrohenden – selbst drohen) und als Ventil für Frustration. Das Grundproblem ist und bleibt die Bewältigung des Getrenntseins, die Spannung von Autonomie vs. Abhängigkeit. Sammeln und Besitzen werden zum Attribut von Autonomie und Macht, und das gilt auch für das, was man selbst macht, durchdrückt, durchsetzt. Diese Attitüde analer Aggression findet sich in Verbindung mit der lauten Äußerung analen Vokabulars in vielen Protestveranstaltungen, wo es darum geht, das eigene Konzept (Produkt) anzupreisen und »durchzudrücken«.

Ebenso, wenn auch verborgener, findet sich die regressive Attitüde des »genüßlichen« Sichentspannens in langen Sitzungen auf dem WC mit Zeitung und Pfeife/Zigarette.

Je stärker das Spannungsfeld zwischen Autonomie und Abhängigkeit, um so deutlicher wurde in unserer leistungsorientierten Zivilisation das Machen zum Prinzip der Lebensbewältigung. Es ist deshalb nicht verwunderlich, daß in unserer Kultur das Machen so eine große Rolle spielt: »Jeder ist seines

Glückes Schmied.« I. Kant formulierte die zentrale These der Aufklärung und sprach von der Befreiung des Menschen aus seiner selbstverschuldeten Unmündigkeit. Goethe schrieb im Faust: »Am Anfang war die Tat.« Und Jahrzehnte war das »Made in Germany« Ausdruck der Leistungsfähigkeit, des »Gewußt-Wie« etwas zu machen ist, Inhalt des Selbstverständnisses der Industriegesellschaft (»Macht- und Herrschaftswissen«, H. Schelsky, 1957).

Wir haben die Geborgenheit durch Tradition verloren, die Tradition wurde als Hemmschuh des Fortschritts (H. Lückert, 1969) angesehen, und wir haben nun keinen Ersatz für diesen Verlust. Gegen die erhöhte Existenzangst bot sich nur das »Machen« als Instrument der Kompensation an. Die Flucht in die Machbarkeit kennzeichnet die Pathologie unserer Kultur: Selbstkonzeptforschung, Selbstverwirklichung, Selbstmachen bis hin zum Selbstmord (»Freitod« genannt) kennzeichnen den Weg des selbstherrlichen Menschen. An die Stelle des Habenwollens trat das Machen als Lebensmuster. Das naturwissenschaftliche Erfolgsprinzip der Machbarkeit wurde gedankenlos auf die Erziehungs- und Gesellschaftsprobleme des Menschen übertragen. Auf die Versuchung vom Bedürfnis her folgt die Versuchung vom Tun her (es wird uns schon gelingen) (Matthäus 4,5–6).

Das Kind dagegen erfährt noch die Grenze seines Bewirkens, reagiert darauf und entwickelt ein Gefühl von »Scham und Zweifel« (E. H. Erikson), von Unzulänglichkeit. Es muß die Tatsache verarbeiten, daß es das Tun mit den Händen zwar beobachten kann, nicht aber das, was unten und hinten geschieht, wenn es etwas »macht«. Wenn aber hierauf viel Wert gelegt wird, kann es Unsicherheit und Zweifel entwickeln hinsichtlich dessen, was sich nicht restlos kontrollieren läßt.[15]

Um die Balance von Autonomie und Abhängigkeit in dieser Phase bewältigen zu können, »bedarf es eines entschieden ausgeprägten und überzeugend fortbestehenden Zustandes

[15] Der Erwachsene verdrängt diese Unsicherheit oder überkompensiert, leugnet seine Grenze, weil er bei sich selbst bleibt und nichts hat, worauf er sich noch verlassen könnte.

frühen Vertrauens. Das Kind muß das Gefühl bekommen, daß sein Grundglaube an sich selbst und an die Welt (der bleibende Schatz, der aus den Konflikten der oralen Phase gerettet wurde), durch seine plötzlichen gewalttätigen Wünsche, selber zu wählen, sich fordernd anzueignen und eigensinnig auszuscheiden und wegzuwerfen, nicht in Gefahr gerät. Innere Festigkeit muß es gegen die mögliche Anarchie seines noch ungeübten Urteils schützen, gegen seine Unfähigkeit zu unterscheiden, was es festhalten und was es loslassen will. Seine Umgebung muß ihm Halt geben in seinem Wunsch, auf eigenen Füßen zu stehen, damit es nicht von dem Gefühl überwältigt wird, sich vorzeitig und töricht exponiert zu haben, dem Gefühl, das wir Scham nennen, aber auch vor jenem sekundären Mißtrauen sollte man es bewahren, jenem Blick nach rückwärts (Regression), den wir Zweifel nennen.« (E. H. Erikson, 1971, S. 79)

Die im Zusammenhang mit elementaren Körperfunktionen erfahrenen Modi des Bekommens, des Sichnehmens, Festhaltens, Festbeißens und Loslassens, des Sichtrennens bilden die Grundmuster in der Beziehung zu den belebten und unbelebten Objekten.

Ist aufgrund frühkindlicher Beziehungs- und Kommunikationsstörungen die Ausbildung dieser Grundmuster der psychosozialen Modalitäten verhindert, verzerrt oder wesenhaft eingeschränkt, entgleist der Dialog an einer bestimmten Stelle und persistiert, weil er mit zunehmendem Abstand zu diesem Zeitpunkt, bestimmt durch die Weiterentwicklung, von der Umwelt immer weniger verstanden und deshalb zunehmend falsch beantwortet wird. Die Entgleisung des Dialoges entwikkelt sich zum Symptom. Die wechselseitige Regulation wird zerstört, und die Integrationskraft des Ichs reicht nicht aus, um die Kluft des Mißverstehens überbrücken zu können. Wir beobachten diese Entwicklung bei »schizophrenen« Kindern. Die Psychoanalyse vermag zu erkennen, was die Ansprache und damit der Anspruch (an die Umwelt) eines solchen Symptoms ist. Der Dialog kann nachgeholt werden. »Das Ich schizoider (und auch schizophrener) Menschen ist von der Notwendigkeit beherrscht, die Prüfung und Integration der

Erfahrung zu wiederholen, weil im Zeitpunkt des wirklichen Geschehens das Gefühl für die Vertrauenswürdigkeit der Ereignisse inadäquat blieb« (E. H. Erikson, a.a.O., S. 200).

Gelingt dem Ich die Integration der verschiedenen Modalitäten im Kontext von Autonomie und Abhängigkeit, erhält das Kind ein Eigenmachtgefühl, die Möglichkeit, sich selbst zu behaupten und durchzusetzen, sich gegen die Bedürfnisse und Mächtigkeiten der anderen, der Mitwelt und Umwelt abzugrenzen. Es wird gruppenfähig und damit auch »bildbar in der Gruppe« (= soziale Schulreife) (siehe Kapitel 4, 5 und 7).

Der durch die Selbststeuerung möglich gewordene aktiv abgrenzbare Freiraum nach innen (als Raum der Entscheidung) und nach außen (als Raum, in dem Einflußsphären abgesteckt werden) bedarf jeweils einer übergreifenden Klammer, damit inneres und äußeres Sichabgrenzen nicht in die Isolierung führen.

Für den Raum der inneren Abgrenzung ist die Klammer das Selbstvertrauen. Und für den Raum der äußeren Abgrenzung (Kompetenzkonflikte) ist die Klammer das Sympathie-Vertrauen und/oder (im späteren Leben) das normative Vertrauen, das Vertrauen zu einer eingegangenen, ungeschriebenen oder geschriebenen (vertraglichen) Verbindlichkeit, ohne die es keine Verbundenheit geben kann, ohne die ein Sich-Vertragen immer wieder schnell erschüttert werden kann.

Unsere Freiheit, das folgt aus dieser Entwicklungsdynamik von Autonomie vs. Abhängigkeit, ist letztlich keine äußere, sondern eine innere. Kein Mensch gelangt auf der Basis von Aggression und Protest zur Freiheit; allenfalls zur Autonomie; aber Freiheit ist mehr als Autonomie, weil sie nicht begrenzbar ist, denn sie ist identisch mit der Fähigkeit zu lieben. Nur auf der Basis von Liebe ist Freiheit möglich, die dem Nächsten dient. Auf der Basis von Mißtrauen und Angst erschöpft sich (äußere) Freiheit im Dagegensein, ist Freiheit machtabhängige, angstbedrohte Autonomie. Die Freiheit der Liebe Jesu am Kreuz zeigt den Mächtigen ihre Ohnmacht. Ohne diese göttliche, angstfreie Qualität ist Feindesliebe Dummheit, Feigheit, Ignoranz, Angstabwehr, ideologische Blindheit oder Selbstüberschätzung.

Je älter der Mensch wird, um so mehr kann sein Vertrauen in den Nächsten durch negative Erfahrungen bedroht und bedrängt werden.

Und hier entscheidet sich, ob das Potential an Urvertrauen hinreicht, diese negativen Erfahrungen zu kompensieren. Und es stellt sich die grundsätzliche Frage, ob der Mensch zur Bewältigung seines Lebens nicht ein Vertrauen nötig hat, das sein Selbstvertrauen übersteigt, um gegen alle negativen Erfahrungen aus seiner Umwelt dennoch in der Liebe zum Nächsten bleiben zu können. Gott hat in seiner Weisheit den Menschen die Gnade der Buße und den Heiligen Geist angeboten, damit sie aus einem Vertrauen zu leben vermögen, welches »höher ist als unsere Vernunft«, als alles, was der Mensch zu geben vermag.

6.2 Ausbau der Dialogfähigkeit durch Entwicklung von interessen- und situationsübergreifendem Vertrauen

Das sich gesund entwickelnde Kleinkind, das »nein« sagt zu sich selbst, verzichtet nicht um des Verzichtens willen (Askese) noch aus Angst (Gefügigkeit), sondern es verzichtet aus Liebe zur Mutter. Damit wird der Grund gelegt zur Fähigkeit einer inneren Freiheit auf der Basis von Vertrauen, zu einem Sich-Zuwenden oder Sich-Abwenden. Und hier liegt auch der Anfang einer Dialog-Beziehung.[16] Der Mensch ist das dialogfähige Wesen.

Heute wird vielfach die Entscheidungsfreiheit als die Freiheit des Menschen bezeichnet. Aber das stimmt entwicklungspsychologisch nur bedingt. Denn, wie wir zeigen konnten, entscheidet sich das Kind nicht für irgend etwas, sondern es identifiziert sich mit einer Person, mit der es in Liebe verbunden ist. Die Freiheit des Menschen ist die Freiheit eines Verbundenseins in Liebe. In dieser Liebe liegt die überwindende Kraft gegenüber der Angst und dem Tod. Es war die

[16] Gemeint ist hier ein Dialog auf personaler Ebene mit dem Merkmal der Freiwilligkeit und Entscheidungsfähigkeit.

Bindung des Jesus Christus von Nazareth an den lebendigen Gott, aus der heraus es ihm möglich wurde, freiwillig (um unserer Sünden willen) sich kreuzigen zu lassen. Diese innere Freiheit macht uns dialogfähig, fähig zur Frage aus zweckfreier Neugier; es ist die Frage als Beginn eines Gesprächs, kein Ausfragen oder Abfragen. Nicht unsere Wahlmöglichkeit macht uns frei, weil sie uns nämlich nicht die Angst zu nehmen vermag, sondern die Bindungsfähigkeit macht uns frei. Es ist für die Lebensbewältigung unserer heranwachsenden Kinder entscheidend, ob sie das Ja und Nein im Kontext dieser Liebe gelernt haben.

Es wurde schon dargelegt und sei noch einmal zusammengefaßt: Nein und Ja im Kontext von Geborgenheit und Liebe führen zu einem *kritischen Vertrauen,* das es möglich macht, angstfrei nein zu sagen (eben nicht aus Trotz) und angstfrei ja zu sagen (eben nicht aus Hörigkeit). Hier ist das neugierige Fragen ein Sich-Öffnen.

Das Nein und Ja im Kontext von Angst dagegen führt zu einem *kritischen Mißtrauen:* Es ist entweder das aggressive Nein des Protestes (Scheinfreiheit) oder das Ja jener Ja-Sager, die aus Angst und Gefügigkeit ihr Nein nicht zu artikulieren wagen (Scheingeborgenheit).

Das aggressive Nein auf der Basis kritischen Mißtrauens ist auch die Basis »emanzipatorischer Pädagogik«;[17] ideologisch aufgewertet als Konzept der Selbstverwirklichung, endet es aber in der Ungeborgenheit und Sinnkrise. Diese Entwicklung ist um so unverständlicher, als sich unschwer erkennen läßt, daß die beiden zentralen Qualitäten von Liebe: Treue und Identifikation mit einem Höheren entwicklungspsychologisch vorgezeichnet sind: Der Mensch ist geschaffen, um in der Liebe zu leben. Das erste Objekt der Libido ist ein Objekt der Bekanntheit, der Treue und Verbindlichkeit. Zur Liebe gehört also a) der Wille zur Treue und die immer neue Herstellung des Vertrauens durch das Einander-Vergeben. Zur Liebe gehört

[17] Th. Wilhelm, der sich sehr kompetent mit dem Grundaxiom der emanzipatorischen Pädagogik auseinandersetzt, nennt das geforderte »kritische Verhalten« der Emanzipationstheorie »eine rational getarnte Form der Auflehnung gegen alles« (Th. Wilhelm, 1975, S. 151).

ferner die fortschreitende Bewährung dieses Vertrauens im angstfreien Nein und Ja. Zur zentralen Qualität der Liebe gehört also b) die Überwindung des Trennenden durch Identifikation mit dem Liebenden. Hier ist der Weg vorgezeichnet zur Überwindung der Angst, zu kurz zu kommen, und der Angst, vom anderen vernichtet, vereinnahmt zu werden. Zu dieser Angstfreiheit können sich die Menschen gegenseitig nicht befreien. Wann und wo auch immer sie es dennoch versuchen, sind sie vergleichbar blinden Blindenleitern. Denn unsere Angst ist letztlich ein Abkömmling der Todesangst: der Angst vor dem endgültigen Verlust. Nur im personalen Bezug zu Jesus Christus, der mit seinem Tod am Kreuz dem Tod die Macht genommen hat, kann diese Angst überwunden werden. Deshalb empfiehlt uns das Evangelium eine geistliche Verbundenheit und definiert die Liebe zum Nächsten und zu sich selbst aus einer grundständigen (= versöhnenden) Beziehung der Liebe zu Gott. Auf der Basis dieser heilen Beziehung des einzelnen zu Gott ist ausgesagt, daß es nicht gut ist, daß der Mensch allein sei und daß ihm deshalb eine Gehilfin zur Seite gegeben ist (1. Mose 2,18). Diese Freiheit in Liebe ist Voraussetzung unserer dialogischen Existenz.

Diese dialogische Existenz, darauf weist Martin Buber hin, ist eine Existenz des Vertrauens, in der auch das Nein nicht trennt, sondern nur die zum Leben notwendige Individualdistanz schafft; in der auch das Ja nicht bindet, sondern eine Zuwendung zum anderen aus der Distanz heraus beinhaltet.

Die Objektbeziehung differenziert aus zu einer Distanz-Dialogbeziehung, die im dialogfähigen, freien Nein und Ja erstmalig ihre konkrete Ausformung erhält.

Dieses Vertrauen basiert auf der Erfahrung der beiden Menschen, letztlich von Gott geliebt zu sein, und verbindet deshalb die Menschen, ohne daß sie sich aneinander binden. Gottes Liebe schafft eine Verbundenheit ohne Gebundenheit, vergleichbar einem Vertrag vor einem und zugunsten eines Übergeordneten, der ein Sich-Vertragen und Einander-Vergeben möglich macht.

Mit der weiteren Entwicklung wird nach dem Maße des Vertrauens die Distanz zwischen dem »Selbst« und der »ernährenden Mutter« (S. Freud) zunehmend größer. Schon in den Anfängen der Entwicklung der Kommunikation entscheidet diese freilassende Liebe über Aufbau vs. Nicht-Aufbau einer Dialogfähigkeit.

In einer Zeit, in der es überhebliche Menschen gewagt haben, die Wirklichkeit Gottes, die konkrete Auferstehung Jesu (das Grab war leer) zu leugnen, nur weil es rational nicht einsehbar ist (obwohl doch geschrieben steht, daß der natürliche, sogenannte »gesunde« Menschenverstand nichts von diesem Geheimnis zu vernehmen vermag), und aus Gott ein »Ereignis der Zwischenmenschlichkeit« gemacht haben, müssen wir uns nicht wundern, daß die Entwicklung von »Nein« und »Ja« zunehmend bedrängt wird von Mißtrauen und Angst. Weil die Menschen ohne Gott die totale Geborgenheit durch die Verhältnisse schaffen wollen, überfordern sie sich gegenseitig und ihre jeweiligen Verhältnisse derart, daß die selbstgemachten Frustrationen den Zirkel von Angst und Mißtrauen verstärken.

Wo Angst und Mißtrauen überhandnehmen, bricht die Brücke zwischen Menschen und Völkern trotz gegenteiliger Beteuerungen und Bemühungen schlußendlich doch zusammen. Damit erstirbt auch der echte, wahre Dialog des Sicheinander-Erkennens. Nicht das Wissen, sondern das Vertrauen ist Basis des Sich-Erkennens. Wissen, Standpunkte werden *diskutiert,* Liebe äußert sich im *Dialog.*[18]

Wir erkannten, daß schon die Acht-Monats-Angst nicht eine Angst ist aufgrund vorangehender negativer Lebenserfahrungen im Umgang mit einer bestimmten Person oder Sache, sondern der Ausdruck eines erstmaligen Unterscheidens zwischen Mutter und Nicht-Mutter. Die fremde Person ist als Nicht-Mutter negativ besetzt. Mit Auftreten der Acht-Monats-Angst (dem Fremdeln) wird die Mutter als erstes Objekt der Libido, d.h. als persönliche Mutter erkannt, erkannt an den und durch die Interaktionserfahrungen. Sie ist das Objekt, mit dem der Dialog einschließlich des Nein und des Ja im Kontext erlebten Vertrauens erstmalig erfahren wird.

[18] *discutere* (lat.) = zerschlagen, zerteilen; *dialogus* (lat.) = Zwiesprache.

Dialogfähigkeit (Botschaften senden und empfangen können) wird zum Merkmal des Belebten und erhält auf personaler Ebene die Qualität von freiwilliger Zuwendung bzw. Abwendung. Der Dialog vermittelt dadurch in einem immer tieferen Sinn von innerer Lebendigkeit und Anteilnahme das Bewußtwerden eines Aufeinander-Bezogenseins. Daß wir heute miteinander (unverbindlich) diskutieren, ist ein Zeichen unserer Unbelebtheit, ein Zeichen dafür, daß wir uns nicht mehr in Wahrheit von Person zu Person begegnen, sondern nur noch als Funktionäre Argumente und Standpunkte vertreten, Standpunkte, die austauschbar sind.

R. A. Spitz hat in sehr detaillierten Untersuchungen die Vertrauensdimension des Dialogs herausgearbeitet und der Aussage Martin Bubers von der »dialogischen Existenz des Menschen« einen psychologischen Inhalt gegeben.

R. A. Spitz hatte Kleinkinder, die nie zuvor eine 30 cm große Puppe gesehen hatten, beobachtet. Die Kleinkinder reagierten darauf mit Angst. Ähnlich reagiert ja auch der Erwachsene auf das starre, unbewegliche Fixiertwerden durch ein Gegenüber mit Verunsicherung.

Die Angst vor unbelebten Artgenossen, seien es Attrappen oder tote Artgenossen, ist auch aus tierpsychologischen Beobachtungen hinreichend bekannt. D. Hebb zeigte, daß Affen auf Gipsmodelle eines Affenkopfes derselben Art mit Angst und Aggression reagieren. Die von Harlow aufgezogenen Affenkinder, die nur künstliche Ersatzmütter (Drahtgestelle mit Sauger und Drahtgestelle mit Frotteestoff) kannten, waren später unfähig, Sozialkontakte zu bilden, und sie hatten unkontrollierte Angstausbrüche; ihre Aggressionen blieben ungehemmt (M. Argyle, 1969).

Die affektiv-emotionalen Signale, die zwischen Artgenossen hin- und hergehen und diese verbinden, fallen bei Attrappen aus. Und deshalb wirkt hier die Unbelebtheit besonders gravierend, weil die Erwartungen nicht erfüllt werden. Das wiederum führt zu Spannungen, Erregungen, Ängsten und Aggressionen. Bei allen anderen unbelebten Gegenständen, also mit Ausnahme der Attrappen, treten längst nicht solche Ängste auf, weil deren Unbelebtheit von vornherein erwartet wird.

Und das Nichtreagieren auf einen Reiz hin bestätigt lediglich die Erwartung. Anders ist das eben bei Attrappen von Artgenossen. Hier wird eine lebendige Reaktion erwartet. »Das Unbelebte kann keinen Dialog mit dem Kind führen, selbst wenn es eine kunstvolle Mechanik besitzt« (R. A. Spitz, 1976, S. 17).

Der Dialog in der Mutter-Kind-Beziehung (Objektbeziehung), einschließlich ihrer funktionalen Vorläufer, wird zum Kriterium der Differenzierung zwischen lebendig und tot, zwischen lebendiger Seele und toter Materie.

Als meine Tochter Ina fünf Jahre alt war, beobachteten wir folgende Szene: Ihre gleichaltrige Freundin aus der Nachbarschaft hatte eine neue Puppe zu Weihnachten bekommen. Diese konnte laufen und sogar »Mama« sagen. Die Freundin führte Ina diese Puppe vor. Ina war sichtlich beeindruckt und wurde unsicher, ob diese nun lebe oder nicht. Nach einer Zeit des beobachtenden Nachdenkens sagte Ina schließlich: »Aber lebig (= lebendig) isse (ist sie) nicht; wenn du sagst: Heb den Arm hoch, dann kann sie das nicht tun.«

Das ist ein klassisches Beispiel dafür, wie mit der Aufforderung: »Hebe deinen Arm hoch« und der erwarteten Reaktion (ob das Heben des Armes geschieht) das Eingehen bzw. Nicht-Eingehen auf einen angebotenen Dialog geprüft und vom Kind als Kriterium des Lebendigseins benutzt wird. »Ich halte es für höchst wahrscheinlich, daß mangelnde Rückkoppelung das Hauptkriterium ist, an welchem das Kind das Belebte vom Unbelebten unterscheiden lernt« (R. A. Spitz, a.a.O., S. 17).

Das Kind beobachtet und bevorzugt Belebtes vor Unbelebtem, was zeigt, daß die Rückmeldung ein befriedigendes Erleben für das Kind ist. Das Kind braucht auch die Rückmeldung zur Ausdifferenzierung von Ursache und Folge (= Kausalkategorie), um vom Effekt her Verhalten aufzubauen und zu modifizieren (= operante Konditionierung).

Solange die Differenzierung »belebt vs. tot« sich im Anfangsstadium befindet, führen nur klare, eindeutige Unterscheidungen zu eindeutig angstfreien Zuwendungen.

Spitz beobachtete bei uneindeutigen Situationen Angst im Verhalten der einjährigen Kleinkinder. Das ist beispielsweise der Fall, wenn ein unbelebtes Objekt wie ein menschliches Wesen aussieht, aber nicht die richtige Größe hat, oder wenn das Unbelebte sich bewegt und schließlich, wenn das Unbelebte Laute von sich gibt. Ähnlich angstvoll und erschrocken reagieren ja Menschen, wenn ein für tot gehaltener Mensch, ein Scheintoter, plötzlich seine Lippen bewegt oder sich aufrichtet oder gar redet.

In diesem Zusammenhang hatte ich einmal ein Erlebnis, das mich diesen genannten Sachverhalt deutlich erleben ließ: Ich stand auf eine Stehlampe gestützt am Eingang eines Kaufhauses und wartete schon längere Zeit auf meine Frau. Als zwei etwa 15jährige Mädchen an mir vorübergingen, drehte sich plötzlich eines der Mädchen erschrocken um und sagte: »Der bewegt sich ja.« Ich muß wohl so sehr den Eindruck von Unbelebtheit vermittelt haben, daß die plötzliche Beobachtung von Merkmalen des Lebendigseins nicht erwartet wurde, nicht zugeordnet werden konnte.

Die Belebtheit ist etwas aus dem eigenen Dasein Vertrautes. Das Unbelebte, Unbekannte, vor allem wenn es plötzlich auftaucht, und das nur scheinbar Belebte (Nicht-zum-echten-Dialog-Fähige) lösen Angst aus oder führen allenfalls nur zu einer verhaltenen, vorsichtigen Zuwendung.

Im Verlaufe der weiteren Entwicklung überwindet das heranwachsende Kind die Angst vor dem Unbekannten und Unbelebten, indem es Unbelebtes projektiv so umdeutet, daß es, wenn es dazu geeignet ist, wie belebt behandelt werden kann. So werden unbelebte Dinge, die Merkmale von Belebtheit aufweisen (wie ein rollender Ball oder ein lautgebender Brummkreisel), zu »belebtem Spielzeug«. Sie sind für die projektive Deutung gut geeignet.

Mit der Überwindung der Angst vor dem Unbelebten wird der Weg frei für Aggressionen gegenüber dem Unbelebten. Denn das Unbelebte leistet keinen Widerstand (wie beispielsweise die Mutter), ist also zur Aggressionsabfuhr gut geeignet. Bevorzugt sind hier wiederum die Objekte, die unbelebt sind, aber Qualitäten von Belebtheit haben. Als quasi teilbelebte Objekte setzen sie Dialogerwartungen, die aber frustriert werden, so daß sie Frustrationsaggressionen auslösen. Andererseits können sie als Ersatzobjekte für die belebten Objekte stehen und Aggressionen, die letzteren gelten, projektiv aufnehmen. Als »Übergangsobjekte« (D.W. Winnicott, 1969) leisten sie für die Realitätsbewältigung so wichtige Integration von aggressiven und libidinösen Impulsen und tragen dazu bei, die Spannung zwischen Autonomie und Abhängigkeit zu bewältigen.

Das Übergangsprojekt ist also nicht nur Ersatz für libidinöse Bedürfnisse (Schmusetier), sondern kann auch als Instrument zur Abfuhr von Aggressionen verwendet werden (der Teddy, der gegen die Wand geknallt wird oder dem die Arme ausgerissen werden). Auch der junge Mann kann zu seinem Motorrad, wenn dieses nicht anspringt, aggressiv sagen: »Du alter, blöder Bock, nun spring doch endlich an!«

R.A. Spitz weist darauf hin, daß ein Kind, das aufgrund einer mangelnden Mutter-Kind-Beziehung am Dialog den Unterschied zwischen »belebt« und »unbelebt« nicht hinreichend differenzieren konnte, später Erwachsene wie Übergangsobjekte behandelt und diesen gegenüber ähnlich aggressiv ist wie gesunde Kinder gegenüber unbelebten, toten Gegenständen, an denen sie ihre Wut auslassen können. Der gesund entwickelte Dialog scheint »ein Instrument zu sein, dessen sich die innerseelischen Vorgänge bedienen, um die Triebe im Rahmen der Objektbeziehung lenkbar zu machen« (R.A. Spitz, 1976, S. 78).

Die innerseelische Dynamik der Triebe und Antriebe wird aufgebaut am und durch das Modell der Mutter-Kind-Interaktionen, in denen die Dialogform internalisiert, d.h. als Norm/Regel von außen nach innen genommen, ins eigene System eingebaut wird. Im zunehmenden Bewußtwerden des Dialoges gelangt das »innere steuernde Objekt« in die Reflexionsebene und wird Teil der Selbstrepräsentanz (des sich entwickelnden Selbstkonzeptes) (H. Stierlin, 1971, S. 81–99).

Wird die Mutter-Kind-Interaktion überwiegend negativ erlebt/erlitten, bleibt das innere Objekt vom Selbst getrennt, es wird nicht in das Selbstkonzept integriert.

Wird die Entwicklung des steuernden inneren Objektes zu früh gestört (beispielsweise durch eine ängstliche Mutter, durch Trennung von der Mutter, durch partiellen oder totalen Affektentzug), wirkt sich das auf die nachfolgende Entwicklung negativ aus.

Ist das innere steuernde Objekt (das Modell, wie man mit Belebtem und Unbelebtem umgeht) nicht hinreichend entwickelt, entsteht eine Unsicherheit gegenüber den Triebimpulsen in Bezug auf die Umwelt. Das Kind bildet Triebängste aus, oder es entwickelt innere Zwänge, die es vor den Trieben sichern müssen. Die Bewältigung und Integration zwischen Autonomie (Eigenimpuls) und Abhängigkeit (Umwelt) wird erschwert. Nein und Ja im Kontext von Vertrauen fördert den Dialog, erweitert die Erfahrung des eigenen und des anderen Belebtseins, Nein und Ja im Kontext von Mißtrauen erschwert und beendet schließlich den Dialog. Die Verhaltens- und Erlebens-Steuerung wird von der Person getrennt, wird anonyme Interaktion.

Die Sicherheit in der Mutter-Kind-Beziehung wird deshalb zur Sicherheit und zur Kompetenz des inneren steuernden Objektes, so daß es möglich ist, die eigenen Wünsche und Interessen so zu erleben, als wären sie in voller (dem guten Dialog entsprechender) Übereinstimmung mit dem Gegenüber. Zwischen Eigeninteressen und Fremdinteressen wird demzufolge zunächst nicht unterschieden. Wird aber im Vollzug einer Interaktion Nicht-Übereinstimmung erfahren, ruft das beim Kleinkind Desorientierung, Angst und Aggression hervor. Kleinkinder, die man vor dieser Nicht-Übereinstimmung zu schützen/zu bewahren versucht, werden nicht genötigt, Eigeninteressen gegenüber Fremdinteressen wahrzunehmen. Die Trotzphase findet nicht statt. Eine Integration von Aggression und Libido, von Autonomie und Abhängigkeit, auf höherer Ebene wird verhindert, und die Kinder bleiben aggressiv-egoistisch (erwartend und fordernd), oder sie bleiben in einer paranoid empfindlichen Schmollhaltung mit der Bereitschaft zur Regression.

Die Aufrechterhaltung des (guten) Dialoges über die Spannung zwischen Autonomie und Abhängigkeit hinweg festigt das innere steuernde Objekt. Es integriert dann nicht nur das Nein und Ja im personal-vertrauenden Bezug, sondern es übernimmt mit der Differenzierung der Sachbeziehung am Ende des ödipalen Konfliktes das Nein und Ja auch gegenüber den unbelebten Objekten in Gestalt von Abwendung und Zuwendung (= Interessendifferenzierung). Und so wie das vertrauende Nein und Ja im personalen Bezug die Konstanzbildung in einer Objektbeziehung ermöglicht, so bewirkt die freie Entscheidung in der Beziehung zu den unbelebten Objekten der Außenwelt die Entstehung von Konstanten (= Merkmalen) in der Außenwelt.

Bei der Entwicklung von Intentionalität haben die belebten Objekte konditionalgenetisch den Vorrang vor den unbelebten Objekten. Und die unbelebten Objekte differenzieren sich von den belebten durch das Kriterium der Nicht-Dialogfähigkeit: Ein Stein kann nicht antworten. So wie die ambivalenten Erfahrungen mit dem gleichen belebten Objekt (dem Objekt-Vorläufer) eine situationsunabhängige neue Qualität der Bekanntheit/Vertrautheit hervorbringen, so daß das individuelle, erfahrene Objekt (die persönliche Mutter) vom allgemeinen Menschen-Objekt, dem Kumpanschema, unterschieden werden kann, so gibt es gleichermaßen auch ambivalente Erfahrungen mit den apersonalen Objekten der Umwelt, was in ähnlicher Weise ebenfalls zur situations- und bedürfnisunabhängigen Qualität der Bekanntheit führt. Es ist die neue Qualität der Objekt/Ding-Konstanz. Die ganzheitspsychologische Wahrnehmungstheorie (Ehrenfels, Ehrenstein, Köhler, Koffka, Petermann u.a.)[18a] hat aufzeigen können, daß die Mechanismen der Figur-Grund-Differenzierung und die Vorzugsgestaltbildung in Abhängigkeit von den emotional-affektiven Besetzungen der Objekte (=Nein und Ja) die Außenwelt im Sinne einer persönlichen Umwelt individualisieren.

Die Dynamik der Selbststeuerung kann sich in dem Maße angstfrei (= störungsfrei) und optimal entwickeln, wie ein Freiraum der Geborgenheit[19a] besteht, so daß die Bewegung der Hinwendung und auch die der Abwendung innerlich ohne Verlust der Dialogwilligkeit und Dialogfähigkeit erlebt werden

[18a] Siehe Th. Herrmann (1976).
[19a] Vgl. R. Seiß, 1971, S. 51.

kann. Je größer die Spannungen, die Distanzen, die Verschiedenheiten zwischen zwei Menschen sind, die durch situationsübergreifende, vertrauende Liebe überbrückt werden müssen und können, um so reifer und reicher ist eine Liebesbeziehung. Ohne diese Brücke des Vertrauens führt die Distanz in die Isolierung, und die Nähe wird zur Bedrohung; der Dialog scheitert an der Fixierung auf Merkmale.

Dieses überbrückende Vertrauen ist kein abstraktes Konstrukt, sondern läßt sich konkret festmachen in einem »Nahraum der Geborgenheit« (R. Seiß, 1974²), der sich darstellt als die Summe der Sicherheit gebenden, weil konstant (= zuverlässig) erlebten Beziehungen zu den personalen Objekten der Mitwelt und den apersonalen Objekten der Umwelt.

Prototyp eines »Nahraumes der Geborgenheit« ist das vom Ernstfall entspannte Feld. Es ist das Feld spielerischer Begegnung mit der Umwelt.

Im Spiel, als »Appetenz im entspannten Feld« (G. Bally, 1945), wird auch beim jungen Tier die Welt der Objekte spielerisch, d. h. frei von Triebdruck, kennengelernt und steht als »Wissen« für den Ernstfall des triebdynamisch gespannten Feldes zur Verfügung. Für den »Homo Ludens«[20] ist die spielerische Neugier zentrales Merkmal seines Wesens. Und die Objektwelt ist der Spielraum seiner Möglichkeiten. Diese aber sind zugleich Existenzangst kompensierende Notwendigkeit.

»Die Unabhängigkeit von einem das Tier im Augenblick beherrschenden Triebziel bringt es mit sich, daß verschiedene, für verschiedene Triebziele relevante Eigenschaften des Gegenstandes gleichzeitig intim gemacht und ad acta gelegt werden; und diese »Akten« liegen als Engramme im Zentralnervensystem des Tieres offensichtlich nach Gegenständen geordnet. Denn nur das dinghafte Wiedererkennen des Gegenstandes, zu dem das ganze Arsenal der Konstanzphänomene der Wahrnehmung nötig ist, ermöglicht es dem Tier, auf Objekte zurückzugreifen und ihre latent gewußten Eigenschaften zu benutzen, wie dies nachweislich geschieht, wenn trieb-

[20] Vgl. J. Huizinga, 1956, S. 16–20.

dynamisch gesehen der Ernstfall eintritt. Das Erlernen der den Dingen anhaftenden Eigenschaften, unabhängig vom augenblicklichen, physiologischen Zustand und Bedarf des Organismus, wirkt objektivierend in des Wortes buchstäblicher und gewichtigster Bedeutung. Erst durch dieses »Neugier-Lernen« entstehen Gegenstände in der Umwelt des Tieres wie des Menschen. Gehlen hat in diesem Sinne sehr recht, wenn er sagt, »der Mensch baue sich seine Umwelt selbst auf, denn seine Welt ist eine gegenständliche Welt!« (K. Lorenz, 1967, S. 236)

»Es ist nämlich die dauernde, neugierige Kommunikation mit der außersubjektiven Wirklichkeit, in der wir mit Gehlen eines der konstitutiven Merkmale des Menschen sehen, ohne allen Zweifel ein persistierendes Jugendmerkmal . . . Alles rein sachliche Forschen des wissenschaftlichen Menschen ist echtes Neugierverhalten, ist Appetenzverhalten im entspannten Feld – und in diesem Sinne Spiel!« (K. Lorenz 1967, a.a.O., S. 242)

Der Mensch ist eine dialogische Existenz. Und im lebenszeitlichen Neugierverhalten steckt das dialogische Prinzip der Frage. Und dieses Fragen kontrolliert den Dialog, der mittels Sprache an die Selbststeuerung gebunden werden kann, so daß das Fragen immer personal bleibt und sich nicht verselbständigt. Die Frage des Menschen betrifft ihn selbst. Mit der Entwicklung von Reversibilität und logischer Operation (im Schulalter) wird aus der naiven Frage die Hypothese, und das Hinterfragen wird möglich. Dadurch wird die Neugier der Geborgenheit entrissen und pervertiert zur Spionage: Der Dialog stirbt, wenn Mißtrauen uns trennt.

Zuverlässigkeit und Berechenbarkeit durch Kenntnis der Merkmale (= die Konstanzerlebnisse in Hinsicht auf die Objektwelt) führen zu einem Maße an äußerer Sicherheit, die der instinktarme, lebensunsichere Mensch begierig aufgreift und als seine Möglichkeiten ausbaut. Mißtrauen schafft Sicherheitsbedürfnis, Sicherheitsbedürfnis drängt zur Absicherung nach außen, und diese bewirkt beim Gegenüber neues Mißtrauen. Die Neugier gerät unter die Herrschaft der Angst, aus Neugier wird interessengeleitete Forschung (J. Habermas, 1975). Die Brücken des Vertrauens werden abgebrochen, und die Beziehung bricht auseinander in die Spannung »Autonomie vs. Abhängigkeit« – in Individualismus vs. Kollektivismus. Das gilt für das Mißtrauen unglücklich heranwachsender Kinder ebenso wie für die von Angst und Mißtrauen geschüttelte Menschheit.

M. Buber weist in einer klaren Analyse darauf hin, daß durch das Mißtrauen der Dialog zwischen den Menschen sich verirrt hat in den Abstraktionen von Individualismus (Autonomie) vs. Kollektivismus (Abhängigkeit). Ohne die Frage nach tragfähigen Pfeilern der Brücke des Vertrauens werden wir diese Antinomie nicht bewältigen können, weder im Einzelfall noch gesamtgesellschaftlich:

»Trotz aller Wiederbelebungsversuche ist die Zeit des Individualismus vorüber. Der Kollektivismus hingegen steht auf der Höhe seiner Entwicklung, obgleich da und dort einzelne Zeichen der Auflockerung sich zeigen. Hier gibt es keinen anderen Ausweg als den Aufstand der Person um der Befreiung der Beziehung willen. Ich sehe am Horizont mit der Langsamkeit aller Vorgänge der wahren Menschengeschichte eine große Unzufriedenheit aufsteigen, die allen bisherigen unähnlich ist. Man wird sich nicht mehr bloß wie bisher gegen eine bestimmte herrschende Tendenz um anderer Tendenzen willen empören, sondern gegen die falsche Realisierung eines großen Strebens, des Strebens nach Gemeinschaft, um der echten Realisierung willen. Man wird gegen die Verzerrung und für die reine Gestalt kämpfen, wie sie die gläubigen und hoffenden Geschlechter des Menschen geschaut haben.

Ich rede hier von Taten des Lebens; aber wodurch sie allein erweckt werden können, ist eine vitale Erkenntnis. Ihr erster Schritt muß die Zerschlagung einer falschen Alternative sein, die das Denken unserer Epoche durchsetzt hat, der Alternative Individualismus oder Kollektivismus. Ihre erste Frage muß die nach dem echten Dritten sein; wobei unter einem echten Dritten eine Anschauung zu verstehen ist, die weder auf eine der beiden genannten zurückgeführt werden kann, noch einen bloßen Ausgleich zwischen beiden darstellt.« (M. Buber; 1982, S. 163f.)

Die Liebe ist die Bereitschaft zur Versöhnung. Das gilt für die Dialogbeziehung, wie sie sich am Anfang unseres Lebens mit dem Nein und Ja herausbildet. Das gilt auch für Erlösung aus der Unversöhntheit zwischen den beiden großen Machtblöcken, die in ihrer Einseitigkeit erstarrt, abgekapselt sind und sich hinter ihren Ideologien verschanzt haben. Es ist der in die Gesellschaft projizierte Gegensatz von Individualismus (westliches Lager) und Kollektivismus (sozialistisch-marxistisches Lager), der uns letztlich zerstört, wenn wir (= jeder einzelne) den Weg der Versöhnung mit und durch Gott nicht annehmen wollen. Es gibt für die Nichtannahme keinen Grund und auch keine Entschuldigung.

»Wie das Leben fälschlich meint, zwischen Individualismus und Kollektivismus wählen zu müssen, so meint das Denken fälschlich, zwischen einer individualistischen Anthropologie und einer kollektivistischen Soziologie wählen zu müssen. Die fundamentale Tatsache der menschlichen Existenz ist weder der einzelne als solcher noch die Gesamtheit als solche. Beide für sich betrachtet sind nur mächtige Abstraktionen.

Diese Sphäre, mit der Existenz des Menschen als Menschen gesetzt, aber begrifflich noch unerfaßt, nenne ich die Sphäre des Zwischen. Sie ist eine Urkategorie der menschlichen Wirklichkeit... Von hier wird das echte Dritte ausgehen müssen... Nur in der lebendigen Beziehung ist die Wesenheit des Menschen, die ihm eigentümliche, unmittelbar zu erkennen.

Auch der Gorilla ist ein Individuum, auch der Termitenstaat ist ein Kollektiv, aber Ich und Du gibt es in unserer Welt nur, weil es den Menschen gibt, und zwar das Ich erst vom Verhältnis zum Du aus.« (M. Buber, 1982, S. 163ff.)

Die Spannung zwischen Sichabgrenzen und Sichöffnen (Sich-in-Abhängigkeit-Begeben) ist ein dynamisches Fließgleichgewicht im Kontext von Autonomie und Abhängigkeit, das mit Beginn der Selbststeuerung strukturbildend an der Ausdifferenzierung der personalen Identität beteiligt ist, einer Identität, die erst abgeschlossen ist, wenn der Mensch mit Gott, mit seinem Nächsten und mit sich selbst versöhnt ist. Unter dieser Bedingung stabilisiert sich das Fließgleichgewicht zwischen Ich und Du in dem Maße, wie beide nicht mehr Liebe geben und nehmen wollen (Dimension des Haben-Wollens, labiles Gleichgewicht), sondern wie beide in Liebe sind (Dimension des Seins – stabiles Gleichgewicht).

6.2.1. Vertrauensverlustängste im Vorschulalter und ihre Folgen

Säuglinge sterben nicht nur an körperlicher Unterernährung, sie sterben auch an seelischen, affektiven Defiziten.

Nach den Untersuchungen von R. A. Spitz (1960, 1967, 1976) unterscheidet man in der Fachliteratur einen partiellen und einen totalen Entzug affektiver Zufuhr. Entzug affektiver Zufuhr führt zur Störung des existentiellen Vertrauens. Unter affektiver Zufuhr versteht Spitz alles, was in der Erziehungseinheit von Mutter und Kind von der Mutter aus an positiven Affekten (Wärme, Zuwendung, Stimmfühlung) auf das Kind einwirkt. Der partielle Entzug ist viel häufiger als ein totaler Affektentzug. R. A. Spitz untersuchte detailliert die Folgen der Mutter-Kind-Trennung im ersten Lebensjahr.

»Partiellen Entzug« definiert Spitz mit dem Zeitraum der Trennung eines Kindes von der Mutter, das vor der Trennung mindestens sechs Monate in einer guten Beziehung zur Mutter gelebt hat.

Während der Zeit der Trennung von der Mutter und dem Versorgtwerden durch unausgebildete Pflegerinnen, von denen die Kinder nur mehr oder weniger unzulängliche affektive Zufuhr erhielten, entwickelte sich bei den betroffenen Kindern zunehmend eine spezifische Symptomatik:

Im ersten Monat wird das Kind weinerlich und klammert sich an die Besucher an, die mit ihm Kontakt aufnehmen. Im zweiten Monat verwandelt sich das Weinen in Schreien; Gewichtsverluste werden beobachtet, und die Entwicklung, sowohl körperlich wie auch seelisch, verlangsamt sich deutlich. Im dritten Monat beobachten wir dann Kontaktverweigerung, geringere Beweglichkeit; die Kinder liegen meist im Bettchen auf dem Bauch. Schlafstörungen werden häufiger. Der Gesichtsausdruck wird starrer, die Motorik lahm, das Kind antriebsarm. Nach dem dritten Monat hört das Schreien auf und macht einem leisen Wimmern Platz. Das Kind wirkt lethargisch, der Gesichtsausdruck ist starr. R. A. Spitz nannte dieses Syndrom »anaklitische Depression«.

Im dritten bis fünften Monat nach der Trennung befindet sich das Kind in einer kritischen Periode. Wird es in dieser Zeit der Mutter wieder zugeführt oder kommt es zu einem annehmbaren Muttterersatz, so bilden sich die Störzeichen schnell zurück. Wird diese kritische Zeit überschritten, bleiben seelische Narben zurück, die die weitere Entwicklung belasten. Die »anaklitische Depression« hat Ähnlichkeit mit dem Bild der Depression beim Erwachsenen, unterscheidet sich aber von dieser grundlegend dadurch, daß sie durch ein Defizit an Anlehnung (anaklitisch, gr. = sich anlehnen) ausgelöst wird. Diese anaklitische Depression finden wir nur, wenn die Beziehung zur Mutter vor der Trennung gut war. Die anaklitische Depression stört die Entwicklung der ersten Objektbeziehung.

Deutlich anders sind die Symptome bei Kindern, die schon nach drei Monaten einer guten Mutter-Kind-Beziehung von der Mutter getrennt wurden, d. h. zu einem Zeitpunkt, bis zu dem das Kleinkind noch keine Vor-Objekt-Beziehung (»Objektvorläufer«) ausbilden konnte. Diese Kinder bleiben in ihrer Entwicklung stark zurück. Ende des zweiten Lebensjahres erreichen diese Kinder nur 45 % des Entwicklungsstandes normaler Zweijähriger. Im Alter von vier Jahren kann eine beträchtliche Anzahl von diesen Kindern noch nicht einmal stehen, laufen oder sprechen. Interessant ist auch, daß die Resistenz gegen Infekte abnimmt. Deshalb liegt die Sterblichkeit dieser Kinder deutlich über dem Durchschnitt. Man spricht vom Hospitalismus-Syndrom. Die anaklitische Depression und der Hospitalismus zeigen uns, daß die mangelnde Fähigkeit zur Ausbildung von Objektbeziehungen die gesamte Entwicklung auf allen Gebieten der Persönlichkeit stark beeinträchtigt. Diese beiden Störungen bieten uns, wenn wir sie in den Rahmen unserer Gesamtdarstellung einordnen, den unwiderlegbaren Beweis für die kardinale Bedeutung der Nestwärme im ersten Lebensjahr.

Das Fehlen der Objektbeziehung hemmt die Entladung aggressiver Impulse nach außen. Das Kleinkind kann nicht die

Erfahrung machen, daß es trotz seiner Wutanfälle (seiner aggressiven Äußerungen) geliebt wird. Das Kleinkind richtet deshalb die Aggressionen gegen sich selbst (ein typisches Symptom ist das Schlagen des Kopfes gegen die Wand).

Wo es keine Objektbeziehung gibt, kann auch kein »Übergangsobjekt« die Aggressionen aufnehmen. Bei einer nicht entwickelten Objektbeziehung hat der Säugling keine Möglichkeit, mit Beginn der ersten Zahnbildung die damit verbundenen Schmerzen nach außen zu projizieren. Er hat es schwer, das Negative aus sich herauszubringen, und muß es schließlich als zu sich gehörig annehmen; Aggression wird zu einem Bestimmungsstück seiner Daseinsbefindlichkeit und kann sich so positiv verstärken: Sich selbst Schmerz zufügen bedeutet dann sich selbst erleben, und das ist von der vitalen Ökonomie her gesehen immer noch wichtiger als Apathie. Hier entsteht das Bild einer sadistisch-masochistischen Verwirrung. Vermutlich ist – das wissen wir aus den Selbstverstümmelungen von schwer gestörten Jugendlichen (z. B. sich eine glühende Zigarette in die Haut drücken oder sich mit einer Klinge schneiden) – die Aggression eine Möglichkeit der Spannungsabfuhr bei einem Kleinkind, dessen Instinkt nach Beziehung ins Leere geht und frustriert wird, es erlebt diese Aggression als entspannend-positiv.

A. Dührssen berichtet nach dem Selbstzeugnis von Kindern, die sich die Haare ausreißen, daß diese sich in diesem Augenblick erleben würden (= eine »positive« Unterbrechung ihrer Lethargie durch Selbstaggression).

Nach einer guten Mutter-Kind-Beziehung, die *bis zum zweiten Lebensjahr* andauert, ist eine nachfolgende Trennung von der Mutter noch belastender als eine Trennung innerhalb des ersten Lebensjahres (Bowlby, 1973). Muttererersatz wird dann oft rundherum heftig abgelehnt. Der ganze Ausdruck des Kindes weist darauf hin, daß es verzweifelt ist, manchmal ist es wochenlang ohne Unterbrechung bekümmert. Es ist der Zustand einer verzweifelten Auflehnung. Diese Kinder schreien sehr viel, oder sie wimmern vor sich hin. Sie sind schwer oder gar nicht zu trösten, Nahrung wird häufig abgelehnt. Der Schlaf ist gestört, sie schlafen nur nach völliger Erschöpfung ein.

Dieser Zustand kann einige Tage, bis zu einer Woche anhalten. Dann wird das Kind ruhiger; aber es ist die Ruhe einer Apathie und nicht die Ruhe einer Entspannung.

Allmählich löst es sich aus diesem Zustand und nimmt die Umwelt wieder wahr und reagiert wieder positiv auf fremde Umgebung. Trotz dieser allmählichen Öffnung nach außen bleibt es doch weithin regrediert auf infantile Verhaltensweisen. Die Kinder können wieder anfangen einzunässen, sie masturbieren, sprechen nicht mehr, bestehen darauf, getragen zu werden. Oft werden solche Kinder für geistig zurückgeblieben gehalten. Aber auch hier muß das Geschehen differenzierter gesehen werden. Nicht alle Kinder reagieren so. Sicher ist aber, daß jene Kinder am meisten leiden, die die innigste und glücklichste Beziehung zur Mutter hatten. Kinder, die bis zu ihrer Trennung von der Mutter keine gute Beziehung zur Mutter hatten oder häufig wechselnde Ersatzmütter, finden sich schneller mit der Situation ab und reagieren auch schneller aufgeschlossen. Unerfahrene Pflegerinnen können ein solches Kind bevorzugen, halten es für gesund im Vergleich zu dem auffälligen Verhalten von Kindern aus einer guten Mutter-Kind-Beziehung. In Wirklichkeit ist aber die heftige Ablehnung eine gesunde und normale Reaktion, während die »Bravheit« eine unverbindliche, unpersönliche Anpassung darstellt, die sehr viel kritischer zu bedenken ist, als auf den ersten Eindruck hin zu vermuten wäre.

Eine solche äußere Anpassung an die negative Situation (= Lernschicksal) geht einher mit einer Verdrängung der Triebe und Bedürfnisse nach Wärme und Geborgenheit (= Triebschicksal; struktureller Aspekt). Die Kinder können eine körperliche Müdigkeit entwickeln. Sie drücken dann mit der Sprache des Körpers ihren Schmerz des Nicht-Angesprochenseins aus. Und weil diese Sprache von der Umwelt in der Regel nicht verstanden und damit auch nicht verbalisiert werden kann, überschattet, durchdringt dieser Schmerz die spätere Existenz, wird medikamentös »behandelt« und persistiert als Symptom einer neurotischen Müdigkeit/Schlafsucht: »Der Körper verallgemeinert physisch wie psychisch (gespeicherte) spezifische Schmerzen; dieser Prozeß der Verallgemeinerung (von unbewältigten) Schmerzen bildet das Wesen der Neurose« (A Janov, 1975, S. 328 f.).[21]

Ich hatte einmal einen jungen Mann in der Beratung, der darüber klagte, daß er schon am Morgen mit einem dumpfen Kopf und einem Müdigkeitsgefühl aufwache, so daß er bei Schreibtischarbeit außerordentlich mit der Müdigkeit zu kämpfen habe. Er beschrieb dieses dominierende Gefühl mit dem Ausdruck innerer Lähmung, Apathie und Spannung. Wir wissen, daß es so etwas wie eine neurotische Schlafsucht gibt (Schlaf als Flucht aus der Wirklichkeit). Wir wissen ferner, daß der Funktionskreis des Schlafens im Übersprung (ein Begriff aus der vergleichenden Verhaltensforschung, s. R. Seiß, 1969) erregt werden kann, so daß im »Übersprung-Gähnen« Spannung abgeführt wird. Von daher ist es denkbar, daß innere Spannungszustände und Tendenz zur Flucht aus der Wirklichkeit auch bei dieser neurotisch-symptomatischen Müdigkeit eine Rolle spielen. Der junge Mann träumte eines Tages, daß er von seiner Freundin verlassen wurde, und wachte aus dem Traum auf, fühlte sich, obwohl er acht Stunden durchgeschlafen hatte, wie gerädert, und hatte im Kopf dieses charakteristische Gefühl von Gelähmtheit und Dumpfheit. Dieser Traum war ein Schlüsselerlebnis zu seiner Symptomatik. Unter dem Erleiden von Verlassensein (Liebesverlustangst) und dem hilflosen Ausgeliefertsein an diese Situation (nichts machen können) stellte sich im Traum wie ehemals in der Wirklichkeit dieses quälende Symptom ein.

Lebensgeschichtlich konnte in diesem speziellen Fall gezeigt werden, daß es Phasen dieser pathologischen Müdigkeit gab und andere Zeiten, in denen der junge Mann nichts von dieser Müdigkeit wußte. Die Phasen der pathologischen Müdigkeit waren stets verbunden mit dem Erleiden von Trennungsängsten und einem hilflosen Ausgeliefertsein an die Situation. Als Säugling erlebte er die frühe Trennung von einer Pflegemutter, später dann den Wechsel der Familie durch Wiederheirat der Mutter. Als junger Mann zog er mit einem Mädchen zusam-

[21] Die Formulierungen in den Klammern sind Erläuterungen vom Verfasser.

men, das er projektiv als mütterlich erlebte, aber da er Befriedung durch Befriedigung suchte, programmierte er sich selbst eine Frustration seiner elementaren Bedürfnisse nach Anlehnung, und es kam zu deutlichem Anstieg dieser Symptomatik. Die Wurzeln dieser Entwicklung ließen sich in diesem Fall zurückverfolgen bis ins erste Lebensjahr, wo es zu einem Verlust der ersten Objektbeziehung kam. Für dieses spezielle Entwicklungsschicksal kann angenommen werden, daß die lebensbegleitende, innere Befindlichkeit der Apathie, Lähmung und Müdigkeit zurückgeht auf das Zustandsbild einer anaklitischen Depression in der frühesten Kindheit.

Als erwachsener Mann brauchte er zur Überwindung seiner chronischen Müdigkeit starke äußere Reize und/oder starke innere Bedürfnisse/Triebe. Wachheit war also nicht grundständig aus einer Geborgenheit heraus als vitale Neugier gegeben. Auch im Tierexperiment (M. B. Arnold, 1944; J. H. Massermann, 1950) kann Apathie hervorgerufen werden, wenn Orientierungsverlust (durch ambivalente Situationen) zur Ausweglosigkeit führt.

Es läßt sich feststellen, daß Kinder im *zweiten und dritten Lebensjahr,* wenn die Mutter-Kind-Beziehung gut ist, eine Trennung nicht länger als einen Tag ausgleichen können. Trennungen, die länger als einen Tag dauern, führen schon zu Verhaltensweisen, die Merkmale der Regression zeigen. Es ist die Zeit, in der die Mutter (das erste Objekt der Libido) die Außenorientierung (durch »Sekundäre Valenzbildung«, W. Fischel, 1949) entscheidend vermittelt, so daß bei Trennung sehr schnell ein Orientierungsnotstand eintritt, der zu Angst führt, Angst reduziert wiederum die Orientierungsmöglichkeit, und das erhöht wiederum die Angst. Das Kleinkind kann diesem Zirkel nicht entrinnen, es muß also den Realitätsbezug leugnen/verdrängen.

Es scheint auch nicht möglich, ein Kind in diesem Alter allmählich an die Trennung zu gewöhnen. Kommt die Mutter zunächst noch täglich zu Besuch, so zeigen sich schon die ersten negativen Verhaltensweisen; je seltener die Mutter dann kommt, um so deutlicher setzen schwere Regressionen ein. Es hat keine Anpassung an die Trennung stattgefunden. Die

Kinder werden apathisch, gleichgültig, lutschen häufig am Daumen, sitzen träumend in der Ecke. Zu anderen Zeiten sind sie unvermittelt aggressiv. Sie hören fast ganz auf zu sprechen, nässen häufig wieder ein, essen zunehmend weniger und ohne Appetit, schmieren das Essen über den Tisch u. a.[22]

Anders ist es dann bei Kindern, die *älter als drei Jahre* sind. *Drei- bis fünfjährige Kinder* können meist genau schildern, wie sie sich im Krankenhaus gefühlt haben. Sie glauben, sie dürften nie wieder nach Hause, oder sie betteln die Mutter an, sie wieder mit nach Hause zu nehmen. Im allgemeinen empfinden diese Kinder die Trennung von der Mutter als eine Strafe. Nach der Rückkehr ins Elternhaus sind die Kinder erst langsam bereit, wieder Kontakt aufzunehmen. Sie sitzen zunächst bedrückt in einer Ecke und gewinnen über das Spiel mit ihren Puppen etc. (wobei die Krankenhausszene oft im Mittelpunkt des Spielens steht) erst allmählich wieder Kontakt zu den Eltern.

Aus den Beobachtungen geht hervor, daß alle Kinder bis zu fünf Jahren unter der Trennung von der Mutter leiden. Erst in der Altersstufe *über fünf Jahre* werden die Kinder zunehmend besser mit der Trennung fertig, und das um so eher, je positiver die Beziehung zur Mutter bis dahin war, d. h. ein stabiles Ur-Vertrauen vermag Existenznöte auszugleichen. In welchem Maße es bei Kindern über fünf Jahren dennoch zu pathologischen Reaktionen kommt, hängt entscheidend von der Vorbereitung auf die Trennung ab, von der Behandlung der Kinder während der Trennungszeit und von der Art und Weise der allmählichen Wiedereingliederung in den Alltag im Elternhaus.

Zusammenfassend läßt sich erkennen, daß die Säuglingszeit und darüber hinaus die ersten sechs Lebensjahre hinsichtlich der Herausbildung eines positiven Entwicklungspotentials

[22] Wer sich ein Bild machen möchte von den Folgen einer Störung in der Mutter-Kind-Beziehung durch Trennung des Kindes von der Mutter, mag sich den interessanten Film FT 2332: »Die Trennung – Kinder im Krankenhaus« über die staatlichen Bildstellen besorgen und ansehen.

(Ur-Vertrauen) entscheidend an eine gute Mutter-Kind-Beziehung gebunden sind.

Die positive Beziehung des Kindes zur Mutter oder einer anderen konstanten Bezugsperson in der Vorschulzeit ist Gleichnis jener großen Geborgenheit, die der Sterbende erfährt, der ein Kind Gottes ist. Eine gute Mutter-Kind-Beziehung vermag das heranwachsende Kind wirksam getrost zu machen in und trotz der Angst.

So wie junge Tiere (beispielsweise junge Schafe) bei Unruhe zur Mutter rennen und saugen und sich durch das Saugen beruhigen oder wie Rhesus-Affen bei Angst zu einem Drahtgestell laufen, das mit Fell überzogen ist und nicht zu dem Drahtgestell ohne Fell, an dem sie aber saugen können, so wird auch ein Kleinkind nicht beruhigt dadurch, daß es ernährt wird und satt ist (befriedigt), sondern dadurch, daß es zur Ruhe kommt, daß es gestillt wird und umhüllende Bergung/Befriedung und Geborgenheit erfährt.

R. A. Spitz folgert deshalb aus seinen Beobachtungen zutreffend, daß die tiefen, existentiellen Ängste des Menschen Trennungsängste und Liebesverlustängste sind.

Kulturanthropologisch vergleichend ist es interessant, daß die Qualität und der Charakter der Existenzängste in Abhängigkeit von Zeit und Umstand der ersten normalen Trennung (Abstillen) von der Mutter gesehen werden müssen. Nicht zufällig ist der Nährboden der Existentialphilosophie die europäische Kultur. Psychodynamisch orientierte Entwicklungspsychologie, wie sie hier dargestellt wird, sieht einen Zusammenhang zur Entwicklung des Kindes in unserer Kultur. Im Prinzip beschreibt der Existentialismus die Folgen der seelischen Entwicklung unter den Bedingungen moderner Gottlosigkeit in einer leistungsorientierten Gesellschaft, insofern der Mensch beschrieben wird als »in die Welt geworfen« (M. Heidegger, 1979) und um sich selbst (angstvoll) sorgend.

Beim Kind der westlichen Zivilisation erfolgt die entscheidende, erste Trennung von der Mutter (das Abstillen) schon früh (um die Zeit der beginnenden Sauberkeitserziehung): Ende des ersten Lebensjahres. Es ist das ein Zeitpunkt, zu dem die Objektbeziehung noch nicht voll ausgebildet ist. Das wiederum bedeutet, daß die Ängste noch diffus als unbestimmte Ängste erlebt werden. Das Kind realisiert noch nicht den Zusammenhang von Ängsten und Alleinsein. Weil noch keine Objekt-Beziehung ausgebildet werden konnte, ist das Alleinsein ein primäres Allein-Gelassensein, ein In-die-Existenz-Geworfensein und weniger ein Verlassensein-von-der-Mutter. Es herrscht deshalb eine diffuse Angst vor. In unserer Kultur mußte deshalb die (Existenz-)Angst solch eine zentrale Bedeutung erhalten.

Bei den Dogon[23] erfolgt die Abstillung des Kindes viel später (in der Dreijährigkeit), und das bedeutet, daß die Trennung von der Mutter durch die Gruppe aufgefangen werden kann. Der einzelne Dogon zeigt, wenn er in der Gruppe lebt, wenig Angstbereitschaft.

Beim europäischen Kind wird die diffuse Angst teilweise kompensatorisch reduziert durch die Leistung der Differenzierung von Innen und Außen. Diese Differenzierungsfähigkeit wird in unserer Kultur schon früh gefordert. Sie erreicht in der Sauberkeitserziehung ihren ersten Höhepunkt. Hier ist Innen das, was das Kind bei sich behält, und Außen ist das, was es herausgeben muß. Dieses Behalten und Hergeben ist eine erste, geforderte, bewußte Leistung. Das Kind muß etwas »machen«. Die Trennungsangst wird teilweise durch diese Aktivität kompensiert. Das heißt, beim europäischen Kind haben das differenzierende, aktive Unterscheiden von Innen und Außen und das (in den Topf) »Machen« eine angstdämpfende Funktion, zugleich wird das »Machen« mit Aggressionen besetzt (Rebellion-»Machen« und anales Vokabular sind eng miteinander verflochten).

Mit dem Deutlichwerden der »Grenzen des Wachstums«, dem Ende der Machbarkeit und Leistungsideologie beobachten wir gegenwärtig nicht nur eine hohe Angstbereitschaft (zusätzlich verstärkt durch die Massenmedien und Friedensbewegung) bei jungen Erwachsenen, sondern auch eine steigende Häufung der Fälle von Pubertätsmagersucht und eine Zunahme von Autismus bei Vorschul- und Schulkindern. Alle Sym-

[23] Siehe Kapitel IV. 6.1.

ptome haben eines gemeinsam: die Angst zu leben, das Leben nicht zu bewältigen, als Folge eines Vertrauensverlustes. Auf allen Entwicklungsstufen wirkt der Vertrauensverlust entwicklungsnegativ.

Die vergleichende Anamnese von Magersüchtigen (fast ausschließlich Frauen) zeigt, daß die anhaltende Rollendiskussion und die Diffamierung des »Nur«-Frau-Seins (Küche, Kinder, Kirche) die Identifikation des jungen heranwachsenden Mädchens sehr erschwert hat. Im Einzelfall kommt als Belastungsfaktor noch eine Mutter hinzu, die sich selbst als Frau nicht angenommen hat oder vom Partner nicht angenommen wurde. Ohne Vertrauen kann eine positive Identifikation (verinnerlichte, situationsunabhängige Selbstannahme) nicht stattfinden. Der Anblick der werdenden Weiblichkeit (sekundäre Geschlechtsmerkmale) wird abgelehnt, und durch Nahrungsverweigerung wird die Entwicklung dieser Merkmale symbolisch und konkret gestoppt. Es kann bei Bewußtwerden der inneren Dynamik vorübergehend zur Freßsucht kommen oder beide Symptome alternieren. Mit der Magersucht wird Rache genommen (»Das hast du aus mir gemacht!«) und gleichzeitig die Angst vor der Weiblichkeit gedämpft. Mit der Freßwelle (oft mit nachfolgendem Erbrechen) wird der Kummer oral gestillt (Kummerspeck). Die Träume zeigen, daß im Fressen und Erbrechen Empfangen und Gebären symbolisch dargestellt werden können.

»Eine Psychologin, die ein Jahr lang an einem psychopädagogischen Zentrum gearbeitet hat, das praktisch sämtliche Fälle von psychischen Störungen an Mittelschulen (11 bis 15 Jahre) in der Provinz Bergamo überprüft, berichtete mir, daß ihr während ihrer Amtszeit kein einziger Fall von Magersucht begegnet war. Dies ist eine hochinteressante Beobachtung, da in Bergamo bäuerlich-patriarchalische Familienmuster noch allgemein die Regel sind und die Kinder eine traditionelle religiöse Erziehung erhalten, die die Rolle der Frau mit Familie und Hausarbeit zu identifizieren pflegt« (M. Selvini-Palazzoli, 1982, S. 287).

Wenn durch Vertrauensverlust eine Beziehung gestört, zerstört wird, beobachten wir, daß der nächste Entwicklungsschritt nicht gewagt wird. Es besteht Angst vor den labilen Phasen der Veränderung. Es fehlt das Vertrauen, den alten Ort loszulassen und den neuen zu ergreifen. Es fehlt der »Nahraum der Geborgenheit« (Seiß, 1971) – sei es aus einem Mangel an Nestwärme oder aus einer Überbehütung und der daraus resultierenden unrealistisch hart erlebten Wirklichkeit. In jedem Fall bilden Vertrauensmangel – Angst – Orientierungsmangel – Unsicherheit – Vertrauensmangel einen negativen Zirkel, der nur durchbrochen werden kann, wenn Strukturen deutlich werden, die eine Orientierung und positive Identifikation ermöglichen. Hier ist das Wort Gottes eine entscheidende Hilfe, denn es gilt situationsübergreifend.[24]

Auch beim Autismus sind Angst und Mangel an Vertrauen in das Dasein zentrales Merkmal dieser schweren Störung: Angst steigert die allgemeine Empfindlichkeit, Störbarkeit, diese wiederum steigert die Schreck- und Angstreaktionen. Die Folge dieses Teufelskreises ist, daß das Vertrauen immer weiter (tiefer) zurückgedrängt wird, bis es nicht mehr ausreicht, einen Dialog durchzustehen. Zur erfolgreichen Therapie kam es in den bekannten Fällen, wenn Zuwendung auch gegen die Abwehr von seiten des Kindes durchgehalten wurde, um die Überzeugung aufzubrechen: Wenn ich mich selbst isoliere, kann ich nicht isoliert (abgewiesen) werden.

Die technisch-zivilisatorisch bedingte Isolierung (Spezialisierung), die Erziehung zur Isolierung (Selbstverwirklichung und Emanzipation), die Diffamierung von Familie als »heile Welt« und von Ehe als »alter Zopf« haben zu Entwicklungsbedingungen geführt, die es unmöglich machen, lebensnotwendiges Vertrauen wachsen zu lassen. Emanzipation auf Kosten von Geborgenheit erzeugt neurotisierende Entwicklungsbedingungen.

[24] Nicht zufällig sind die Therapie-Erfolge bei Rehabilitationszentren, die die Möglichkeit anbieten, sich zu bekehren, größer als bei Einrichtungen, die sich allein auf die Zwischenmenschlichkeit verlassen; geistliche Erneuerung (= Wiedergeburt) reicht weiter, greift tiefer als jeder Humanismus.

7. Selbstbehauptung in der Gruppe als Basis der Beschulbarkeit

Die Selbststeuerung im Gebrauch von Nein und Ja, von Abwendung und Zuwendung erfuhr durch die Sauberkeitserziehung ihre erste Bewährung, verbunden mit der Erlebnisqualität des autonomen Bewirkens (s. o. S. 182f.).

Zu dem Greifen, Behalten und Hergeben und Loslassen gesellte sich dann die Erfahrung eines aktiven Einsatzes von Bewirkensmöglichkeiten gegenüber Dingen (= Eigenmachtgefühl) und gegenüber Personen (= Selbstwertgefühl). Unter finalem Aspekt entsteht daraus schließlich Initiative. Mit der Finalität wird Handlung vorweggenommen. Ergab sich bisher das Ziel aus der Handlung, ergibt sich nunmehr die Handlung vom Ziel her. Damit entstehen Handlungsräume, die als Macht- und Einflußreviere gegen Interessen anderer abgegrenzt, vor dem anderen geschützt, von ihm freigehalten werden.

Es ist hinlänglich bekannt, daß eine Schaukel lange unbenutzt zur Verfügung steht, aber gerade in dem Moment, wo ein Kind zu schaukeln beabsichtigt, will auch das andere Kind plötzlich schaukeln. Die Schaukel gehört in das »Revier« möglicher Aktivitäten. Im Umgang mit Dingen, Personen und in der Erfahrung von Wirkmöglichkeiten lernt das Kind Materialqualität, Personenmerkmale und Funktionsqualität kennen. Aber weil diese Umgangserfahrungen noch stark ichzentriert sind, weil sie der Stärkung von Initiative und Selbstbehauptung dienen, ist das Kind zwar gruppenfähig, d. h., es findet seinen Platz, seine Rangordnung in der Spielgruppe, aber die Begegnung ist noch eine vermittelte, vermittelt durch Dinge und Funktionen, und noch kein Gewahrwerden des Bezogenseins. Die Kontakte sind kurzfristig, situativ und spontan, sie betreffen nicht mehr als zwei oder drei Kinder.

Die Entwicklung der Selbstbehauptung ist zweiphasig: Am Beginn wird die Autonomie des Bewirkens gesucht, in der das Kind die Eigenmächtigkeit am Widerstand der Fremdmächtigkeiten (Personen und Sachen) erfährt. Durch das Kennenlernen und Verfügen über Materialqualitäten wird es frei zur Entfaltung von Initiative, beginnt das planmäßige, zielgerichtete, konstruktive Spielen, und es gewinnt ein Spüren für das Dazwischen (das Atmosphärische) in einer Beziehung (= Begegnung) mit Personen in dem Maße, wie die eigenen Ziele und Initiativen mit denen anderer kollidieren oder harmonieren. Es entdeckt die Bedeutung des anderen hinsichtlich der eigenen Ziele und Initiativen. Jetzt wird Selbstbehauptung an planende Vorwegnahme gebunden, kooperatives Bewirken, gemeinsame Initiative werden möglich.

Das Sichbehaupten gegenüber Fremden weicht nach und nach der Möglichkeit, in freier Interessenabstimmung gegenüber Personen und Sachen diesen zu begegnen. Das Kind ist sich hinreichend seiner Selbststeuerung, d.h. seiner selbst, sicher und kann die Stärkung durch Besitz, Macht und Funktionsmöglichkeit ein wenig loslassen. So wird es fähiger, die Eigengesetzlichkeit von Dingen und Personen wahrzunehmen, und kann diese dann auch im Spiel konstruktiv berücksichtigen. Das Kind bemächtigt sich nicht mehr der Dinge im »Nein« und »Trotzdem«, sondern es setzt sich mit ihnen auf der Ebene des Sichbegegnens auseinander. Damit wird es auch fähig, aus einem inneren Bedürfnis und nicht nur aus äußerem Zwang Rücksicht zu nehmen auf andere. Das Kind ist voll gruppenfähig: Es kann seine Stellung in der Gruppe behaupten und vermag anderen zu begegnen. Die Gruppenfähigkeit ist eine erste Voraussetzung zur Beschulbarkeit (O. Kroh, 1944, S. 112).

Solche Entwicklungsprozesse sind viel zu komplex, als daß sie im Paradigma von S (= Reiz) und R (= Reaktion) abgebildet werden könnten. So gehört der behavioristische Optimismus der 60er Jahre hinsichtlich einer kompensatorischen Frühförderung schon der Geschichte an. Dieser Optimismus verband sich mit der Ideologie der Chancengleichheit (= gleiche Startbedingungen zum Zeitpunkt der Einschulung durch Ausgleich von Defiziten). Die wissenschaftliche Erfolgskontrolle zeigt aber, daß die zum Teil kostspieligen Förderungsprogramme den erhofften Erfolg einer dauerhaften Verminderung von Leistungsunterschieden nicht erbrachten (Oerter/Montada,

1982, S. 734 ff.). Sobald die Förderung ausbleibt, geht der Vorsprung der geförderten Gruppe wieder verloren.

Offensichtlich ist die Gesamtgesellschaft in einem Gleichgewichtszustand, so daß die einzelnen Komponenten nicht dauerhaft aus der Gleichgewichtslage herausgedrückt werden können. Jede forcierte Einseitigkeit destabilisiert deshalb das Gesamtsystem, und was als Fortschritt angepriesen wurde, erweist sich schnell als belastende und frustrierende Utopie der Machbarkeit nach dem lerntheoretisch-behavioristischen Konzept.

Wenn wir ideologiefrei und unabhängig von Modetrends nach dem Zeitpunkt der *Beschulbarkeit* fragen, hilft uns der interkulturelle Vergleich weiter. Und dieser Vergleich zeigt, daß es in allen Kulturen (Primitiv- und Hochkulturen) um die Zeit der Fünf-/Sechsjährigkeit herum das Phänomen der Beschulung gibt (E. H. Erikson, 1971).

Die Kulturinvarianz des Zeitpunktes der Beschulbarkeit macht deutlich, daß hier Entwicklungsprozesse in Erscheinung treten, die weniger als lernabhängig und eher als reifedeterminiert angesehen werden müssen. Diese Entwicklungsprozesse betreffen deshalb auch nicht einzelne Funktionen, sondern den gesamten Menschen: sein »Weltbild«. Um die Sechsjährigkeit herum geht eine kleinkindhafte Daseinsbefindlichkeit zu Ende, und ein neues Daseinsverständnis zeichnet sich ab. W. Hansen hat diesen Wandel exemplarisch beobachtet: »Als mein Sohn 2 Jahre und 10 Monate alt war, spielte er häufig mit einem zehnjährigen Jungen. Eines Tages war er im Garten emsig dabei, sein Holzpferd zu füttern. Er holte Gras, hielt es dem Pferd vors Maul, holte neues Gras usw. Der Zehnjährige schaute ihm spöttisch zu und sagte schließlich überlegen: ›Das Pferd frißt ja gar nicht, das ist ja immer noch derselbe Haufen Gras!‹ – ›Doch, das frißt, das Pferdchen!‹ sagte Peter bestimmt. ›Dann müßt's doch weniger werden. Kann ja auch nicht fressen, das olle Holzpferd!‹ Nun wurde Peter erregt und antwortete schon leicht weinerlich: ›Aber mein Pferdchen hat deeßt. Das hat großen Hunger. Der Onkel Kutscher hat Gras deholt, das hat das Pferdchen alles defressen.‹ Der Zehnjährige nörgelte weiter. Da ergriff Peter voll Erregung sein Holzpferd und steckte es mit dem Kopf in den Grashaufen, so daß das Hinterteil hoch stand: ›Aber nu kann es fressen!‹ Aber auch das überzeugte den Zehnjährigen nicht: ›Ha, Kerl, nu kann's überhaupt nicht fressen, muß ja ersticken. Oder kannst du etwa nach oben schlucken?‹ Peter sah ihn einen Augenblick ratlos an, dann stieß er das Holzpferd, immer erregter werdend, ein paarmal heftig mit dem Kopf in den Grashaufen und fing schließlich an zu weinen. Das steigerte sich so, daß die Mutter eingreifen mußte und ihn nur mit Mühe wieder besänftigen konnte« (W. Hansen, 1949, S. 240).

Im Unterschied zur »sozialen Schulreife« (= Bildbarkeit in der Gruppe) sprechen wir hier von einer »motivationalen Schulreife«. Es ist Schulreife aus dem Antrieb heraus, erwachsen sein zu wollen. Aus diesem Antrieb resultiert eine schulrelevante Arbeitshaltung, von Erikson »Werksinn« genannt. Die motivationale Schulreife ist das Zentrum der Beschulbarkeit und der intellektuellen Fähigkeit übergeordnet.

Interessant ist nun, daß dieser Wandel im Weltbild des Kindes einhergeht mit einer körperlichen Veränderung, die als »erster Gestaltwandel«[25] beschrieben wurde. Es ist der Übergang von der Kleinkindform zur Schulkindform. Mit diesem endogenen Prozeß der körperlichen Entwicklung scheint es zusammenzuhängen, daß der Zeitpunkt der Beschulbarkeit kulturinvariant ist. Wir müssen uns also fragen, ob es von dieser körperlichen Veränderung her eine Beziehung gibt zum Wandel des Daseinsverständnisses beim Kind. Die Erklärung hierfür liegt vermutlich darin, daß die körperliche Veränderung des ersten Gestaltwandels zusammenfällt mit dem Abschluß der »infantilen Triebentwicklung« (S. Freud). Es ist die Zeit, in der der ödipale Konflikt ausgetragen wird: Das heranwachsende Kind erlebt erstmalig seine Einzigartigkeit in seiner geschlechtsspezifischen Ausprägung. Es unterscheidet sich vom Gegengeschlecht und wird zugleich von diesem angezogen. Die Modalitäten des Eindringens (männliche Komponente) und des Sichöffnens, des Empfangens (weibliche Kompo-

[25] Vgl. hierzu W. Zeller, 1952.

nente) werden in das System der Selbststeuerung eingearbeitet.

Daß die Psychoanalytiker hier nicht Ostereier entdeckt haben, die sie selbst versteckten, läßt sich belegen. Vergleichend-genetisch beobachten wir bei allen höheren Säugetieren mit dem Abschluß des ersten Gestaltwandels die Fähigkeit zur Fortpflanzung, die Geschlechtsreife. Erster Gestaltwandel und Ausreifung der Geschlechtlichkeit gehen also Hand in Hand. Nur beim Menschen ist der Beginn der reifen Geschlechtlichkeit um vier bis sechs Jahre verzögert und in die Zehn- bis Zwölfjährigkeit (Vorpubertät) verlegt.

Aber wir beobachten beim Menschen im Zusammenhang mit dem ersten Gestaltwandel der Sechsjährigkeit ein Rudiment dieser Kopplung von Gestaltwandel und Fortpflanzungsfähigkeit: die deutliche Intention zum Gegengeschlecht hin.

Schon 1904 hat S. Hall unabhängig von diesem vergleichend-genetischen Aspekt auf Parallelen hingewiesen zwischen einem sogenannten Vorläufer der Pubertät in der Sechsjährigkeit und der eigentlichen Pubertät in der Dreizehn-/Vierzehnjährigkeit. So ist beispielsweise mit Abschluß der infantilen Sexualentwicklung das Milchzahngebiß fertig und mit dem Abschluß der Pubertät das bleibende Gebiß.

Interessant ist in diesem Zusammenhang auch, daß in der Sechsjährigkeit die Kinder aggressiv-expansiv werden, sie lösen sich von der Mutter ab und streifen in Rudeln in der näheren Umgebung des Hauses und innerhalb der Grenzen eines bestimmten Wohnbezirkes umher. Dasselbe beobachten wir wieder in der Vorpubertät und in der Pubertät. Auch in der Pubertät kommt es zu Banden- und Hordenbildungen, die ihre Umgebung verunsichern, auch sie gehen mit ihrem Vorhaben bis an die Grenze des innerlich und äußerlich Möglichen.

Diese Beobachtungen decken sich mit dem Phänomen, daß Wirbeltiere, die im Zusammenhang mit der Geschlechtsreife territorial werden, ihr Territorium ebenfalls expansiv (aggressiv) abstecken und verteidigen.

H. Gesell (1950, S. 127), dem wir die umfangreichsten Längsschnittbeobachtungen verdanken, kommt für diese in Frage stehende Altersstufe zu folgender Feststellung: »Das

Sechsjährige interessiert sich für Ehe, die Herkunft der Babys, Schwangerschaft und Geburt, das andere Geschlecht ... Sie kichern über Badezimmerwörter wie Puschpusch oder Pi-Pi.« Es spielt sexuelle Spiele (sogenannte Doktorspiele). Die Kinder messen sich gegenseitig im Spiel die Temperatur und untersuchen sich gegenseitig, Mädchen wollen in diesem Alter häufig gerne Knaben sein und versuchen auch im Stehen zu urinieren. Sie registrieren, daß die Knaben etwas haben, was ihnen fehlt, und entwickeln ihre Phantasien hierüber.

Das Sechsjährige hat ein ausgesprochenes Interesse am Heiraten. Sie überlegen sich, wen sie heiraten möchten. Sie wissen, daß der Partner dem anderen Geschlecht angehört. Ein Mädchen kann den Vater, Bruder, Onkel oder einen kleinen Freund heiraten wollen, der Junge die Mutter, die Tante, die Schwester oder eine kleine Freundin.«

Ich selbst erinnere mich noch an meine erste »Freundin« in der Sechsjährigkeit, ich weiß sogar noch ihren Namen. Sie hatte lange, blonde Zöpfe, die ich gern um meinen Hals legte, wenn ich nach der Schule mit ihr spazieren ging.

Mein Sohn hatte in der Fünfjährigkeit eine kleine Freundin, die in das erste Schuljahr ging, das meine Frau als Lehrerin betreute. In jedem unbeobachteten Augenblick, in dem es ihm gelang, das Haus zu verlassen (wir wohnten in einer Dienstwohnung auf dem Schulgelände), begab er sich in die Schulräume und suchte seine Freundin. An den Nachmittagen fuhr er mit dem Roller die Dorfstraße hinauf zu ihr, um sie zu besuchen.

Zur gleichen Zeit zog er die Fliegerpelzstiefel an, die »Papa gehören«, fühlte sich groß und stark und sagte gelegentlich zu meiner Frau, die mir bei einer Abreise vergaß, das Frühstücksbrot mitzugeben: »Papa kann ruhig hungern.« Er wollte lieber mit Mama alleine sein und den Vater bei der Mutter ersetzen, verdrängen.

Eine Studentin meines Seminars erinnert sich aus ihrer Siebenjährigkeit daran, daß sie bei Spaziergängen immer an der Hand des Vaters gehen wollte, während ihre Brüder lieber rechts und links neben ihrer Mutter gehen wollten. »Als ich etwa sieben Jahre alt war, wollte ich einen Onkel heiraten, der uns recht oft besuchte.« Eine andere Studentin weiß von ihrem fünf Jahre alten Bruder zu berichten, daß er häufig sagte: »Wenn ich mal groß bin, heirate ich die Doris (Tochter eines Bekannten meiner Mutter), werde Bahnwärter und wohne mit ihr und der Mami im Bahnwärterhäuschen.«

Eine andere Studentin erinnert sich an die Zeit ihrer Fünfzehnjährigkeit, wo sie mit ihrem Cousin (vier Jahre) und ihrer Cousine (sechs Jahre) in einem Bett geschlafen hat: »Um endlich Ruhe vor ihnen zu haben, stellte ich mich schlafend. Aber anstatt zu schlafen, begannen die beiden zu testen, ob ich auch tatsächlich schliefe. Als sie ihrer Sache sicher waren, daß ich schliefe, knöpften sie meine Pyjamajacke auf und begannen damit, mich sehr genau zu untersuchen. Sie waren sehr vorsichtig, ja fast zärtlich. Ich habe dort gelegen und habe es genossen, denn bis dahin hatte noch niemand meine Brust gestreichelt.«

S. Freud spricht von einer Zweizeitigkeit der Objektwahl der Libido: die infantile und die pubertäre Objektwahl.

In der infantilen Objektwahl erfolgt die Einübung von Zärtlichkeit. Diese Erfahrung ist notwendig, um die in der reifen Geschlechtlichkeit auftretenden groben, teilweise aggressiven Züge der Sexualität zu puffern. Die Vorpubertät knüpft an die Zärtlichkeitserfahrungen der infantilen Objektwahl und Objekterfahrung an.

Im Märchen von Rapunzel wird die Zärtlichkeit der beginnenden Pubertät dichterisch umschrieben: Rapunzel war das schönste Kind unter der Sonne, zwölf Jahre alt und lebte von einer Hexe eingesperrt in einem Turm ohne Aufgang. Aber Rapunzel hatte langes, blondes, schönes Haar. Dieses Haar ließ es herunter, und ein Königssohn kletterte daran hoch zu ihr. Die beiden entflammten in einer ersten großen Liebe zueinander. Die alte Hexe vertrieb den Königssohn, und durch einen Fluch erblindete er. Er suchte jahrelang verzweifelt nach Rapunzel, und erst nach Jahren sah Rapunzel ihn, und die Tränen aus ihren Augen, die auf seine Augen fielen, brachten seine Augen wieder zum Sehen, und sie erkannten sich.

Galt der Gebrauch von Nein und Ja am Beginn der Selbststeuerung der Abwehr von Fremdwillen und der Stärkung des Eigenwillens (Trotzphase), diente die Selbststeuerung also der

Abgrenzung nach außen (wer hat Macht, Einfluß, Befugnis, Besitz über wen oder was?), so tritt nun die Person des anderen Geschlechtes in das Spannungsfeld von Nein und Ja. Und zu der Frage: Wer hat welchen Besitz, Einfluß über Sachen und Personen, tritt nun die Frage: Wer dringt in den anderen ein, erobert ihn (körperlich bzw. seelisch), wer öffnet sich, läßt in sich eindringen, an sich manipulieren (körperlich bzw. seelisch)? Die Begegnungsfähigkeit (Ende der Trotzphase, Beginn der Initiative) erfährt eine geschlechtsspezifische Ausrichtung/Zuspitzung.

Die gegengeschlechtliche Anziehung bekommt starke Impulse aus einer verlorengegangenen Wirklichkeit, die aus der Erinnerung herüberklingt: der Wunsch nach Einssein mit dem Gegenüber (früher die Mutter, jetzt der Partner); es ist die (letzte) Hoffnung nach Überwindung alles Trennenden. Hinzu kommt das neugierige Gewahrwerden des zu erkennenden »kleinen Unterschiedes«. Diese paradiesischen Wünsche nach dem Einswerden mit dem anderen, die auch später nur im günstigsten Fall punktuell im orgastischen Verschmelzungserlebnis erfahren werden können, werden da, wo sie erstmalig intensiv auftreten, auch schnell als unerfüllbar und zum Scheitern verurteilt erlitten. Die Lösung des ödipalen Konfliktes besteht in dem endgültigen Verzicht auf das »Paradies«, auf eine Rückkehr zum Einssein mit dem anderen.

Das Kind muß schmerzlich erfahren, daß es mit dieser Forderung: Liebe haben, d. h., das Objekt der Liebe besitzen zu wollen, den anderen, die Situation und sich selbst überfordert. Das Kind muß erfahren, daß es den anderen nicht besitzen und nicht völlig in ihn eindringen kann (nicht verschmelzen kann).

Im ödipalen Konflikt erleidet, erfährt das Kind erstmalig die Kompetenzgrenze der Modalität des Besitzens und des Habenwollens. Liebe kann man nicht abfordern und festhalten. Es erfährt erstmalig in seiner Existenz die Wahrheit des Wortes: »Der Mensch lebt nicht vom Brot (= vom Habenwollen und von der Bedürfnisbefriedigung) allein, sondern von einem jeden Wort, das aus dem Munde Gottes uns persönlich erreicht.«[26] Die Selbststeuerung erhält ihre personale Mitte in Gestalt von Liebe, die sich in der Begegnung zwischen Menschen ereignet und vollzieht, aber ihre tiefste Wurzel nicht in der Zwischenmenschlichkeit hat (Gott kann nicht reduziert werden auf ein Ereignis der Zwischenmenschlichkeit), sondern in der Liebe und dem Frieden, den Gott allein zu geben vermag.

Die infantile Sexualentwicklung findet mit der Bewältigung des Ödipuskonfliktes ihren Abschluß: »Ein einziger Gedanke von allgemeinem Wert ist mir aufgegangen. Ich habe die Verliebtheit in die Mutter und die Eifersucht gegen den Vater auch bei mir gefunden und halte sie jetzt für ein allgemeines Ereignis früher Kindheit: Wenn das so ist, so versteht man die packende Macht des Königs Ödipus trotz aller Einwendungen, die der Verstand gegen die Fatumsvoraussetzung erhebt, und versteht, warum das spätere Schicksalsdrama so elend scheitern mußte ... Die griechische Sage greift einen Zwang auf, den jeder einmal kennt, weil er dessen Existenz in sich verspürt hat. Jeder der Hörer war einmal im Keime und in der Phantasie ein solcher Ödipus, und vor der hier in die Realität gezogenen Traumerfüllung schaudert jeder zurück mit dem ganzen Betrag an Verdrängung, der seinen infantilen Zustand von seinem heutigen trennt« (S. Freud, 1950 a, S. 193).

Das Nein und Ja betrifft nun nicht nur die Möglichkeit der Selbststeuerung in der Abgrenzung nach außen gegen den Fremdwillen: das Rivalisieren um Besitz, Macht und Einfluß; das Nein und Ja betrifft nunmehr auch die Abgrenzung nach innen[27] gegen den Druck der eigenen Bedürfnisse (»Über-Ich«, Freud, 1960). Das Kind erfährt erstmalig, daß zur personalen Liebe Verzichtbereitschaft, und d. h. auch Versöhnungswille, gehört. Das Kind spürt existentiell, daß inneres Verzichten etwas zu tun hat mit dem endgültigen Verzicht auf eine totale Geborgenheit im anderen und durch einen anderen: Eine

[26] Aus der Versuchung Jesu (nach Matthäus 4).
[27] Vergleiche die Kapitel IV. 5 und 6. Das Selbstvertrauen (Ich-Funktion) wird verstärkt durch ein internalisiertes normatives Vertrauen (Über-Ich-Funktion).

Rückkehr ins »Paradies«, ein Eins-Sein ist nicht möglich. Die reaktive Stärkung des Selbst-Wertes mit allen Konsequenzen von Rivalisieren um Macht und Einfluß, einschließlich der Angst zu verlieren, bildet den permanenten Lösungsversuch aus diesem Dilemma; die Sehn-»Sucht« nach dem Paradies bleibt.

Diese Erfahrung ist notwendig, weil sie den (inneren) Weg öffnet für das Suchen nach einer überpersönlichen Geborgenheit: nach der Geborgenheit in einer Gruppe, in der verbindliche (= verbindende) Normen und Gesetze herrschen. Und es wird der Boden bereitet für die Internalisierung von allgemein gültigen, absoluten Normen für unsere Existenz (die Zehn Gebote), die der junge Mensch später in der Pubertät zur Abklärung seiner Identität benötigt. Der Mensch braucht die Unbestechlichkeit gültiger Normen (diese können logischerweise nicht von einem Menschen gegeben sein, sonst wäre dieser Mensch Superdiktator, Weltherrscher), damit er zur Reife gelangt und fähig wird, sich einer Liebe zu öffnen, die des Gesetzes Erfüllung ist (= geistliche Dimension unserer Existenz).

Der vergesellschaftete Mensch ist eine vom ständigen Diskurs überlastete Kümmerform unseres Menschseins und kann jene Unbestechlichkeit nicht erreichen, die allein Voraussetzung echter Liebe ist.

Die Bewältigung der ödipalen Situation durch die innere Verzichtfähigkeit ist deshalb unerläßlich für unsere Personwerdung.

Wir müssen alle lernen, oft durch leidvolle Erfahrungen, daß nicht das Habenwollen (Bekommen, Sichnehmen, Geben, Besitzen bzw. das Gleichgewicht von Geben und Nehmen) Basis der Liebe ist, sondern das versöhnungsbereite und verzichtsfähige Dennoch des Vertrauens in die Stabilität einer Ich-Du-Beziehung, die durch den freien Willen trotz aller Unvollkommenheit aufrechterhalten wird (= Geheimnis der Ehe als Gleichnis der Liebe Gottes). Es gehört zu den modernen Illusionen anthropologisch nicht stimmiger Aussagen über Freiheit, wenn man meint, auf das Gesetz, auf Normen, beispielsweise auch auf den Vertrag der Ehe verzichten zu

können, in der Hoffnung, der Mensch wäre von sich aus zu einer Liebe fähig, die diese Ordnungen überflüssig machen könnte. Die Menschen überfordern sich auf diese Weise selbst, und sie belasten ihre Liebesfähigkeit mit dem Druck der Nötigung, durch Liebe[28] eine Partnerbeziehung aufrechtzuerhalten bzw. immer wieder herstellen zu müssen. Dieses Konzept scheitert schließlich daran, daß man Gefühle nicht machen und ihnen nicht befehlen kann.
Besteht dagegen eine gegenseitige willentliche Verpflichtung aus einem gegebenen Versprechen: »Bis der Tod uns scheidet«, dann können im Rahmen dieser (gesetzlichen, vertraglichen) Geborgenheit die regenerativen Kräfte der Liebe wieder wirksam werden, ohne daß die zarten Gefühle der Liebe und Zuneigung befrachtet werden mit einer Last, die eben gerade diese Gefühle, die so herbeigesehnt werden, verhindert. Liebe kann man weder fordern noch erwarten, Liebe ist freiwillig, und Freiheit ist eben Geschenk und Gnade.

Der endgültige existentielle, innere Verzicht auf die totale libidinöse Geborgenheit im Du beendet den ödipalen Konflikt und die infantile Triebentwicklung; und an die Stelle einer das Trennende überwindenden inneren Weiterentwicklung zum Eins-Sein hin, zur Verschmelzung, tritt eine Orientierung nach außen. Diese Umorientierung von innen nach außen wird schon vorbereitet durch die Bewußtwerdung des ödipalen Beziehungs-Konfliktes. Die bis zu diesem Zeitpunkt einlinige, unidirektionale Mutter-Kind-Beziehung wird durch das Auftreten von gleichgeschlechtlichen Rivalitätsgefühlen gestört und aufgelockert. Die bis dahin einzigartig und dominant erlebte Beziehung zur Mutter wird zu einer Beziehung, die mit einer anderen, ebenso intensiv erlebten (der zum Gegengeschlecht) in Konkurrenz tritt. Das kleine Mädchen liebt den Vater und rivalisiert mit der Mutter; der kleine Junge liebt die Mutter und fühlt sich in seiner Liebe bedroht durch den Vater. Durch Konkurrenz- und Rivalitätsgefühle wird das Bezogen-

[28] »Liebe« wird hier im landläufigen Sinn verstanden als Zuneigung, d. h. als emotionale Qualität mit oder ohne Einschluß gemeinsamer Interessen, nicht aber im Sinne eines (normativen) Willens zur Treue.

sein bewußt, werden die Intentionen auf den anderen hin und von dem anderen weg aktiv eingegangen und erlebt. Die bis dahin einfach gelebte Beziehung zu Personen und Gegenständen wird zu einer bewußt erlebten Beachtung des Bezogenseins zu Personen und Gegenständen. Das Kind lebt nicht nur die Beziehung, sondern es kann dazu Stellung nehmen, sie wird als »das Dazwischen« und als andauernd erlebt: »Wenn ich groß bin, heirate ich Tante Gila.« Dadurch kann das Herstellen einer Beziehung zu Personen, und in der Generalisierung dieser Möglichkeit auch zu den Sachen, zu Dingen und Situationen Inhalt des Strebens werden. Das Ende der infantilen Triebentwicklung führt zu einer Umorientierung von innen nach außen, führt zur Bewußtwerdung der Dimension des Bezogenseins auf Personen und Sachen. Mit der deutlichen und intensiven Hinwendung zur Außenwelt sucht das Kind eine neue Geborgenheit zur Kompensation des endgültigen Verlustes des inneren Eins-Seins. Das Kind erlebt erstmalig existentiell die Begrenzung menschlicher Liebesfähigkeit.

Die Bewältigung des inneren Alleingelassenseins erfolgt durch Verstärkung des Machtaspektes: sich »Liebe« nehmen oder zur »Liebe« nötigen. S. Freund sprach a) vom »narzißtischen Modus« und b) vom »anaklitischen Modus«. Im Modus a) wird der Versuch, sich Liebe zu nehmen, indem man den anderen »aus Liebe« verschlingt (»ich habe dich zum Fressen lieb«), zu einem Merkmal des Charakters. Im Modus b) wird der Versuch, durch ein Sich-Anlehnen, Sich-Unterstellen, das Liebe-Bekommen abzusichern, zum Merkmal des Charakters. Aber beide Modalitäten führen zu einer Grenze: Bei a) wird die Grenze deutlich an der Enttäuschung, daß der andere nicht mehr da ist (weil man ihn schon »aus Liebe« aufgefressen hat), bei b) dadurch, daß man sich selbst verliert (weil man sich ganz »aufgeopfert« hat). Die unausweichliche Erfahrung, daß das Alleinsein nicht aufgehoben werden kann, hat als ständige Bewältigungsweise die Spannung zwischen Autonomie und Abhängigkeit hinterlassen (Antinomie von »Herr und Knecht«). Rivalisieren und der Geiz um Liebe und Geliebtwerden etablieren sich als Existenzradikal. In Verschränkung mit der Wendung nach außen wird diese Dynamik zum Motor individualistischen Leistens vs. kollektiven Absicherns. Das »Kriegen« (= bekommen) und Verlieren (= aufgeben), die Dimension des Habens hat gesiegt über die Dimension des Seins.

Die Relativierung der bis dahin spontan gelebten Beziehung zur Mutter bedingt beim Kind den Verlust seiner bisherigen Identität. Es muß sich existentiell neu definieren. Und es definiert sich neu mittels der Möglichkeit, Beziehungen herzustellen zu Personen und Sachen. Dadurch wird die Außenorientierung (= die kognitive Entwicklung) zum zentralen Impuls der von S. Freud so genannten »Latenzphase«. In dieser Zeit beobachten die Kinder scharf, wie ihr Verhalten und Tun von Erwachsenen beurteilt wird (siehe »Werksinn«, Erikson, a.a.O.). Ihr Tun ist nicht einfach Nachahmung, Mit-Tun, sondern Selbst-Tun im Kontext von Bezogensein und Außenorientierung. Wenn Eltern in dieser Phase bestimmte Verhaltensweisen konditionieren, besonders hervorheben, kann es geschehen, daß das Kind sich bevorzugt in dieser bestimmten Verhaltensweise angenommen erlebt und sich so durch eine bestimmte Rolle neu definiert. Das führt unter ungünstigen Bedingungen, wenn die Beachtung des Verhaltens sich in den Vordergrund schiebt und das »Dazwischen des Bezogenseins« zurücktritt, zu einer hysterischen Struktur, zu einem Fassadenleben, zu einem Leben im eigenen Theater, wo man nicht mehr miteinander spricht (von Person zu Person), sondern nur noch unverbindlich argumentiert und diskutiert: die Konstanz des Bezogenseins geht in der Relativität einer Außen-(= Verhaltens-Rollen-)Definition unter.

Mit dem Bewußtwerden des Bezogenseins auf Personen und Sachen, der Entwicklung des »Werksinns« findet die Umorientierung statt vom Weltbild des Vorschulkindes zum Weltbild des Schulkindes. Die alte Identität »Wünschen = Sein« wird überlagert von der neuen Identität des naiven Realismus: Sehen = Sein. Diese Entwicklung von einem triebdeterminierten Bezug des Vorschulkindes zu einem zunehmend sachorientierten Bezug des Schulkindes läßt sich auch in zahlreichen speziellen Entwicklungsverläufen erkennen, so zum Beispiel in Bereichen kognitiver Entwicklung, in der Entwicklung des

Spieles, in der Entwicklung der verbalen Identifikationsmuster (Märchen, Sagen, Robinsonaden, Abenteuer), in der Entwicklung des moralischen Urteils.

Durch das Bewußtwerden des Bezogenseins auf die Gegebenheiten der Außenwelt wird auch der Innenaspekt des Erlebens deutlicher als Aspekt der Daseinsbefindlichkeit abgehoben. Die Differenzierung »innen vs. außen« wird auf eine höhere Ebene gehoben: »Nach-innen-gerichtet-Sein« (= Innesein) und »Nach-außen-bezogen-Sein« werden in der Selbststeuerung des Ich zu entscheidenden alternativen Dimensionen: introvertiert vs. extravertiert.

8. Im Vorfeld des Naiven Realismus

8.1 Symbole, Spiele und Märchen als Vermittler zwischen Innen und Außen

Durch den semantischen Gebrauch von Nein und Ja konnte die Interaktion als Zuwendung bzw. Abwendung (zu Personen und/oder Sachen) symbolisch repräsentiert werden. Auf dieser Basis erfolgte die innere Repräsentanz des Bezogenseins nach außen vs. innen. Es bildete sich ein inneres steuerndes Objekt heraus, welches die Intentionen regelt.

»Das innere Objekt ermöglicht es dem Menschen, sich mit Teilen seiner Selbst, eben den inneren Objekten, in Beziehung zu setzen, so daß ein innerer Dialog entstehen kann . . . Der Mensch kann gleichsam sich selbst fragen, was er tun soll, und braucht nicht nach anderen zu suchen, die ihm das vorschreiben« (K. König, 1981, S. 23).

Das Bewußtwerden dieser inneren Bewegtheit als Ausdruck der Selbststeuerung ist offensichtlich ein weitergehendes und feiner differenzierendes Merkmal als der äußere Bewegungseindruck, um zwischen »belebt« und »unbelebt« zu unterscheiden. Das zeigt die schon zitierte Äußerung meiner Tochter Ina, als sie fünfjährig von ihrer Freundin eine Puppe vorgeführt bekam, die laufen und auch Mama sagen konnte: ». . . aber lebig (= lebendig) ist sie nicht, wenn du sagst: Heb die Arme hoch, dann tut sie das nicht!« Ina erkannte, daß innere Bewegtheit (= etwas zu sich sagen und danach tun) Merkmal des humanen Lebendigseins ist: Der Mensch ist eben das Wesen, das sich zu sich selbst zu verhalten vermag (Binswanger, 1962).

Die innere Bewegtheit, die innere Abstimmung zwischen der Selbstrepräsentanz und den inneren Objekten geht der freien Entscheidung von Ja und Nein gegenüber einer bestimmten Handlungsintention voraus, ist dieser vorgegeben. Diese innere Bewegtheit schafft die Voraussetzung zu einer nur dem Menschen eigenen geistigen Beweglichkeit und Kreativität.

Winnicott nimmt einen psychischen Zwischenbereich des Illusionären an (vgl. »Übergangsobjekt«), in dem Elemente und Gesetze der Außenwelt und solche der Innenwelt verschmelzen. Das Kind unterstellt Dinge der Außenwelt den Gesetzen der Innenwelt und testet die Grenze zwischen Phantasie und Außenwelt in Symbol, Magie, (Tag-)Traum und Märchen.

Wir bilden Umwelt nicht fotografisch ab, sondern interpretieren sie durch unsere innere Wirklichkeit, und das auch, wenn es uns nicht bewußt wird. »Man sieht nur mit dem Herzen gut« (»Der kleine Prinz«). Und auch unser Handeln wird entscheidend getragen/mitbestimmt von unserer »Tiefenperson«. »Die Bewußtheit (Wachheit) wird in bestimmten Fällen zur Hilfe gerufen. Es handelt sich hier also um einen auxiliaren Prozeß . . . Im allgemeinen leben wir aus der Tiefenperson, und diese funktioniert grundsätzlich auch ohne herangezogene Bewußtheit.« – ». . . sollte der Herbeiruf der sog. Bewußtheit nicht aufzufassen sein als das Einschalten oder Einspringen des Ich-Punktes, als des spezifischen Trägers heller Wachheit? Und dies, wie schon angedeutet, besonders angesichts von Störungen und Schwierigkeiten. Das Ich ist eine Kontrollinstanz. Das Hellmachen, mich in mir Sammeln seine Funktion (alltagssprachlich: ›Ich muß mich jetzt zusammennehmen‹)« (E. Rothacker, 1949, S. 11–15).

In den bekannten Spielen mit Bauklötzen, verschiedenen Gegenständen und Puppen, die einmal dieses, einmal jenes bedeuten können, findet die innere Bewegtheit ihren lebhaften

Ausdruck, ebenso wie in Märchen und Träumen. S. Freud hat in seiner Deutungspraxis diese innere Entsprechung berücksichtigt.

Formal betrachtet ist die innere Bewegtheit das freie Spiel der *Assimilationen* (J. Piaget), und inhaltlich betrachtet ist es das wechselvolle Spiel unterschiedlicher affektiver Besetzungsqualitäten (= libidinöse Besetzung, S. Freud).

Der formale Aspekt stellt sich uns besonders dar im Bereich von Nachahmung und Symbolspiel, obwohl dabei auch Besetzungsqualitäten eine wichtige Rolle spielen. Der inhaltliche Aspekt kommt deutlicher zum Ausdruck in den Märchen, obwohl auch beim Märchen formale Strukturen spielerischer Assimilation aufgewiesen werden können.

Im Symbolspiel wird das Objekt als Funktion einer bestimmten Verhaltensweise des Subjekts »erkannt«. Im Sinne des Konstruktes vom »Gestaltkreis« (v. Uexküll, 1928, V. v. Weizsäcker, 1940) wird das assimilierte Objekt nur als ein von der Handlung (= vom Bewirken) her definiertes »Merkmal« erfaßt, das seinerseits durch den und von dem Handlungsvollzug (dem »Wirkmal«) wieder gelöscht werden kann. Dieses Realisieren und Löschen von Merkmalen durch das Handeln ist dann reine Assimilation, wenn es frei von der Nötigung zur Anpassung, d.h. im (trieb-)»entspannten Feld« (G. Bally, 1966) als Spiel vollzogen wird.

Dieses Spiel bei Kindern (auch bei Jungtieren) schafft einen inneren Reichtum verfügbarer, möglicher Assimilationsmuster, die im Ernstfall dann über Erfolg und Mißerfolg hinsichtlich der Bewältigung einer bestimmten Situation entscheiden können. Damit wird erreicht, daß viele Situationen vom Spiel her schon bekannt (erkannt) sind, so daß die energiereiche und schwierige Akkomodation nur dann gefordert ist, wenn eine bislang unbekannte Situation bewältigt werden muß (vorausgesetzt, daß eine Flucht nicht möglich ist).

In diesem Sinne ist das Symbolspiel eine Vorbereitung auf die »ernsthafte« Begegnung mit der Außenwelt im naiven Realismus.

Das Individuum erfährt und beherrscht die Umgebung mittels der ihm zur Verfügung stehenden assimilativen Schemata, und neue Erfahrungen werden in die vorhandenen Assimilationsmuster eingefügt, an diese angelagert. Begegnet das Kind Situationen, wo es mit den ihm zur Verfügung stehenden Handlungsschemata nicht zurechtkommt, so daß es an die Grenze der Assimilation stößt, ist es gezwungen, entweder aufzugeben, auszuweichen oder das Assimilationsmuster zu verändern. Diese Veränderung nennt Piaget den Prozeß der *Akkommodation.*

Aus den noch relativ einfachen Verhältnissen des V. und VI. Stadiums der sensomotorischen Periode (Ende des zweiten Lebensjahres) gibt Piaget ein Beispiel: Wenn ein Kind im Laufstall Gegenstände, die außerhalb der Gitterstäbe liegen, durch ein Hindurchgreifen zu sich herangeholt hat und bei diesen wiederholten Übungen an einen Gegenstand gelangt (beispielsweise einen Stock), der sich nicht so einfach hereinholen läßt wie andere kleinere Gegenstände, so läßt es diesen entweder fallen, gibt auf, oder es entdeckt zufällig oder probierend, daß durch Drehung des Stockes in eine Lage parallel zu den Gitterstäben dieser hereingeholt werden kann. Das Assimilationsmuster des Sehens, Greifens und Heranziehens wird erweitert (akkommodiert) durch das Drehen des Gegenstandes: »Wenn der Akkommodationsprozeß wirkungsvoll und erfolgreich vollzogen wird, wenn so durch die Umstrukturierung eines Handlungsschemas oder eines ganzen Systems von Handlungen und Operationen ein widerstrebender Gegenstand endlich erfolgreich in das veränderte Schema integriert wird, dann versteht, wie Piaget sagt, das intelligente Wesen die neue Situation und den neuen Gegenstand« (Seiler, nach H. Nitsch-Berg, 1978, S. 214).[29]

Auch die Akkommodation kann wie die Assimilation spielerisch vollzogen werden. Die spielerische Akkommodation zeigt sich in der Nachahmung. Im Unterschied zur Nachah-

[29] In der Assimilation führt (dominiert) das Subjekt im Anpassungsprozeß; in der Akkommodation führt das Objekt. Als komplementäre Prozesse bestimmen sie jegliches Verhalten mit unterschiedlicher Gewichtung nach genetischer Stufe, Situation und individueller Struktur (Typus). Der »Extravertierte« läßt sich vom Objekt führen, der »Introvertierte« wird vom Subjekt geführt (C. G. Jung, 1950[8]).

mung bezeichnet Piaget die reine Assimilation als das Spiel im ursprünglichen Sinn. Die Assimilation wird durch den Aufforderungscharakter der Umwelt provoziert/stimuliert, während die spielerische Akkommodation vom inneren Bild der Handlungsmöglichkeiten evoziert wird.

Bis zur inneren Umorientierung im naiven Realismus herrscht das Symbolspiel vor. Obwohl das Kind schon sprechen kann, sind die konventionellen Sprach-Syngramme noch viel zu abstrakt und wesensfremd, um die innere Bewegtheit darstellen zu können. Das Kind hat seine »Privatsprache«, seine persönlichen Symbole, mit denen es sein Wirklichkeitserleben artikuliert. Von daher ist es verständlich, daß maßstabsgerechtes Spielzeug diesem Bedürfnis nach Symbolspiel nicht gerecht zu werden vermag. Im Symbolspiel herrscht die Phantasie über die Wirklichkeit. Das symbolische Spiel ist nach Piaget dem vorlogischen, egozentrischen Pol des Denkens zugeordnet: Durch die »verzerrende Assimilation« wird die Wirklichkeit den Wünschen des Kindes entsprechend umgestaltet. »Vom Gesichtspunkt des Bezeichneten aus erlaubt das Spiel dem Kind, die erlebten Erfahrungen wieder zu durchleben, und tendiert eher zu einer Befriedigung des Ich als zu einer Unterwerfung unter die Wirklichkeit. Vom Zeichen aus gesehen, bietet der Symbolismus dem Kind eine lebendige und dynamische persönliche Sprache, die unentbehrlich ist, um seine subjektiven Erfahrungen auszudrücken, die nicht in die kollektive Sprache übersetzt werden können. Das symbolische Objekt macht den bezeichneten Gegenstand in einem Grade präsent und aktuell, den das verbale Zeichen niemals erreichen wird, da das Symbol-Objekt ein wirkliches Substitut des bezeichneten Gegenstandes ist« (Piaget, nach H. Nitsch-Berg, a.a.O., S. 287).

Die im Zusammenhang mit der Bewältigung des ödipalen Konfliktes verstärkte Außenorientierung (äußere Geborgenheit als Kompensation der verlorengegangenen inneren Geborgenheit), wie sie uns im Naiven Realismus der Schulanfänger entgegenkommt, erfordert eine stärkere Anpassung des Ich an die äußere Wirklichkeit. Das aber bedeutet, daß der allgemeine kollektive Sprachgebrauch mehr und mehr die symbolische »Privatsprache« überlagert. Denn ohne allgemeingültige Sprache kann ein Konsens und damit Verbindlichkeit hinsichtlich Außenorientierung nicht erreicht werden. Damit tritt auch das Symbolspiel allmählich in den Hintergrund, und der Akzent verschiebt sich zusehends auf die spielerische Akkommodation, auf die Nachahmung von Modellen: Einstellungs- und Verhaltensweisen hinsichtlich der Bewältigung von Außenwelt (= »Werksinn«, E. H. Erikson).

Die im Symbolspiel des prälogischen Denkens gewonnene innere Bewegtheit geht nicht verloren. Sie wird gleichsam nur zurückgestellt (»latent«, S. Freud). Als schöpferische Phantasie (vom einfachen Tagtraum bis zur kreativen Leistung) beinhaltet sie die schöpferische Potenz des Menschen; das gilt für den Einzelfall und gesamtgesellschaftlich.

In der Ausdifferenzierung der Reversibilität (s. u. S. 256ff.) um die Sieben-/Achtjährigkeit herum begegnet uns wieder diese innere Bewegtheit; diesmal aber ist es nicht die der Wunschbilder, der Illusionen des psychischen Zwischenbereichs, sondern es sind die Innenbilder der realen Außenwelt, die dem freien Spiel von Assimilation und Akkommodation zur Verfügung stehen. Damit kann die wirkliche Außenwelt in Beziehung gesetzt werden zu einer möglichen, gedachten, innerlich vorweggenommenen, innerlich dagegengestellten Außenwelt. Aus der Illusion im Vorfeld des naiven Realismus wird die Hypothese des kritischen Realismus. Das Gemeinsame von Spiel und Märchen, Träumen, Sagen, Mythen und Hypothesen ist die Wandlung: die Bewegtheit auf der »inneren Bühne«.

Mit zunehmendem, kompensatorischem Vertrauen auf die Orientierung der Außenwelt (Wissen ist Macht) werden Symbolspiele, Märchen und Sagen aus dem (leistungsorientierten) Denken der westlichen Zivilisation ausgeblendet. Aber gerade in der modernen Zeit werden die Folgen dieser Ausblendung deutlich. »Die Weißen denken zuviel«, und sie lösen dabei die humanen Probleme nicht. Es kann uns deshalb nicht wundern, wenn innere Bewegtheit und Phantasie in Gestalt moderner Märchen als Utopie und Ideologie auftauchen, die den Blick verstellen für die Realität und das Mögliche für das Wirkliche halten. So verdrängt der Marxismus den Privatbesitz und nährt die Illusion vom Paradies auf Erden, wo alle alles besitzen: Das Verdrängte äußert sich als Symptom der Riesenerwartung. Und weil wir Angst haben vor der großen Ent-Täuschung, halten wir immer neue Täuschungen, Selbsttäuschungen und Lügen fest. Der Außenaspekt (der Sachzwang) ist nicht immer so stark, daß er, wenn überhaupt, sofort die Unhaltbarkeit solcher Lügen und Täuschungen zu korrigieren vermag.

Gegen ein Übergewicht von Phantasie und ungebremster Assimilation hilft nur ein angstfreies Vertrauen. Angst dagegen verzerrt die Wirklichkeitssicht.

Es wurde schon festgestellt, daß nur im Kontext von Vertrauen das Gleichgewicht von Assimilation und Akkommodation gewährleistet sein kann.

Wenn es auch im Verlaufe der Entwicklung eine unterschiedliche Akzentverteilung gibt zwischen assimilativen und akkommodativen Prozessen, so gewährleistet ein dem Organismus innewohnendes Gleichgewichtsstreben (Piaget) ein immer beweglicheres und zugleich stabileres Gleichgewicht zwischen Assimilation und Akkommodation, eine immer bessere Anpassung an und Bewältigung von Realität.

Erst wenn durch die starke Außenorientierung in der Latenzphase ein Gleichgewicht hergestellt ist zwischen der vorangehenden Vorherrschaft assimilativer Prozesse und der im Werksinn (E. H. Erikson) des Naiven Realismus dominierenden akkommodativen Prozesse, geht die Phase des voroperativen, irreversiblen Denkens zu Ende, und das konkret-operationale, reversible Denken kann sich entfalten.

Zwischen dem fünften und siebenten Lebensjahr finden sich zahlreiche Übergänge zwischen (assimilatorischem) Spiel und anpassendem (akkommodativem) Forschen, und es wird immer schwieriger, die Grenze zwischen Spiel und Arbeit festzulegen.

Die für Außenorientierung belastende, vom Realitätsprinzip nicht akzeptierte formale und inhaltliche innere Bewegtheit findet ihren Ausgleich und Ausdruck in der Identifikation mit Märchen, Märchenfiguren und im Traum.

In der symbolischen Repräsentanz des assimilativen Spiels, in der voroperationalen Phase kann das Kind Beziehungen innerlich erleben, auch dann, wenn diese äußerlich nicht gegenwärtig sind. Die innere Bewegtheit kann dabei (in Abhängigkeit von der Besetzungsquantität) so intensiv erlebt werden, daß das Kind Mühe hat, Wunsch und Wirklichkeit zu unterscheiden. Es lebt nach dem Daseinsmodell: Wünschen = Sein.

Aber zunehmend macht das Kind die Erfahrung, daß die äußere Wirklichkeit doch eine andere ist als die innere Wunschwelt. Diese Erfahrung drängt sich dem Kinde erstmalig besonders auf, wenn durch Verbote und Gebote die Mächtigkeit des Fremdwillens gegen die eigene Wunschwelt steht. Später, zum Zeitpunkt des Naiven Realismus, der starken Außenorientierung, steht das Kind sich selbst, d. h. mit dem Realitätsprinzip, den eigenen Wünschen entgegen (Realitätsprinzip vs. Lustprinzip).

Aber zunächst einmal dokumentiert sich die Eigengesetzlichkeit der Außenwelt in den Verbot setzenden und Gebot gebenden Interventionen eines fremden Willens.

Um die Irritierungen und Frustrierungen auszugleichen, die Situation zu bewältigen, weicht das Kind aus in eine Welt, die ihrer inneren Bewegtheit entspricht. Es ist die Welt der Märchen.

Entwicklungspsychologisch läßt sich feststellen, daß das Märchenalter im dritten/vierten Lebensjahr beginnt und etwa im achten/neunten Lebensjahr ausklingt. Dieser Sachverhalt läßt sich triebdynamisch verstehen:

Das Kind, das seit Beginn der Autonomie (erste Trotzphase) sein eigenes Bewirkenkönnen im Umgang mit der Mutter (insonderheit im Zusammenhang mit der Sauberkeitserziehung) entdeckt und sich seiner Eigenmacht (Destruktion gegenüber Sachen) und seines Selbstwertgefühls (sich durchsetzen gegenüber anderen Kindern und Erwachsenen) inne wird, stößt zunehmend auf die Barriere einer Realität, die seine Wünsche begrenzt, seine Aktivitäten beschneidet. Es kommt zu einem inneren Impulsstau, den das Kind im bewußten Daseinsvollzug nicht auszugleichen vermag. Es leidet an der eigenen Ohnmacht und kompensiert diese Ohnmacht durch eine Allmachtsphantasie. Die Symbolspiele reichen offensichtlich nicht aus, um die innere Wirklichkeit nachhaltig zu entspannen. Neben den Symbolspielen übernehmen die Märchen die Funktion der inneren Entspannung. In allen Völkern gibt es Märchen, alle Kinder haben gleichsam eine psychodramatische Bühne für ihre innere Bewegtheit zur Verfügung.

Das Kind kann den Konflikt zwischen Lust- und Realitätsprinzip (dem von außen Gesetzten und dem im Naiven Realismus selbst Erzeugten) rational nicht lösen. Es setzt sich affektiv gegen diese Begrenzung zur Wehr und weicht aus in die Märchenwelt, in der diese (rationalen) Grenzen nicht bestehen.

Für das animistisch-magische Wunschdenken des Kleinkindes ist das Märchen die Möglichkeit, seine anstehenden Triebkonflikte, die es weder real zu bewältigen noch bewußtseinsmäßig zu verbalisieren vermag, auf dem Wege über Symbolfiguren in einem rational nicht einsehbaren Raum (»Es war einmal ...«, »Hinter den sieben Bergen ...«) zu agieren. Für das Kleinkind ist das Märchen eine andere Wirklichkeit, in der es mit seinen Wünschen, seinen Bedürfnissen und Befürchtungen so zu leben vermag, als würde es real darin leben. In dieser Eingangsphase des Märchenalters ist das Märchen mit dem Träumen der Kleinkinder auf einer Ebene zu sehen.

Kleinkinder können bekanntlich zwischen Traum und Realität schwer oder gar nicht unterscheiden. Meine Tochter, damals vier Jahre alt, kam an einem Morgen weinend zu uns gelaufen mit dem Ausspruch: »Der Darson (= Gerson, ihr vier Jahre älterer Bruder) hat mich gehaun.« Der ältere Bruder schlief aber. Sie hatte es »nur« geträumt.

Mit zunehmender Verstärkung von Eigeninitiative und Sachbezug (= Übergang zum »Naiven Realismus« im fünften/sechsten Lebensjahr) wird es dem Kind zunehmend schwerer, das Märchen als die ganz andere Wirklichkeit zu akzeptieren. Die Bedeutung des Märchens im Existenzhaushalt des Kindes verändert sich nun. Das Märchen wird zunehmend zur Welt der Wünsche, Hoffnungen und Ängste im Sinne einer Ersatzwirklichkeit, dem Tagtraum vergleichbar. Das Märchen fungiert jetzt als Projektionsfläche für unerledigte Konflikte und Bedürfnisse. Wie im Tagtraum, so auch im Märchen, werden unerfüllte Wünsche erfüllt, nicht lösbare Konflikte gelöst, oder es findet einfach eine Regression statt in die heile Welt kindlicher Allmachtsphantasien, in eine von der Realität nicht gebremste und kontrollierte Assimilation (als passagere und partielle Regression auf frühere, bewährte Anpassungsmuster der Daseinsbewältigung).

Das Märchen ist nun nicht mehr eine subjektiv-reale Welt für sich, sondern eine Restwelt mit dem Charakter einer Quasi-Wirklichkeit, eine affektbesetzte Enklave inmitten der Realwelt. Im Erleben der Kinder findet dieser Sachverhalt in einer beobachtbaren ambivalenten Einstellung seinen Ausdruck: Einerseits können Kinder einem Märchen, wenn es ihnen vorgetragen wird, zuhören, andererseits registrieren sie ihre Hingegebenheit als unrealistisch und können unvermittelt äußern: »Aber das gibt es ja gar nicht.« Dennoch finden sie die Märchen schön, wenn sie ihnen vorgetragen/erzählt werden.

Die Märchen repräsentieren also in der Eingangsphase (ME) die ganz andere Wirklichkeit, in der das Kleinkind im Sinne der Wunscherfüllung lebt; in der Ausgangsphase (MA) stehen sie dem Kind als Projektionsfläche für unerledigte Konflikte zur Verfügung. Inmitten einer zunehmend rationalen Daseinsbewältigung dienen sie als Rückzugsbasen, wenn rational (noch) keine Lösungen gefunden werden.

Die den Märchen folgenden Sagen (S), Robinsonaden,

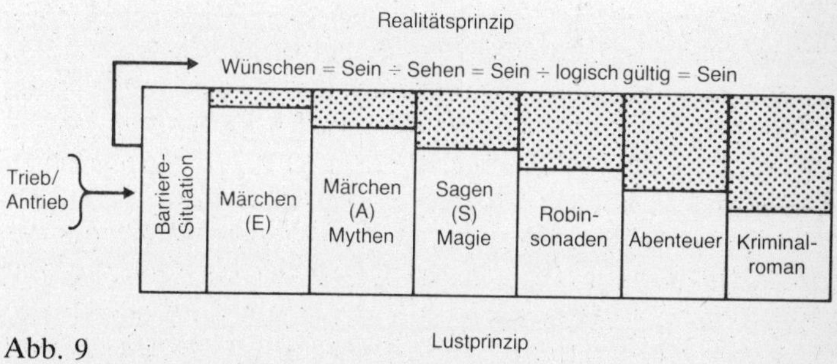

Abb. 9

aus: R. Seiß: »Humane Pädagogik«, Bad Heilbrunn 1981, S. 138.

Abenteuer- und Kriminalgeschichten rücken zunehmend dichter heran an den Modus rationaler Bewältigung der Existenz.

Märchen und Sagen haben die Funktion, die Realität zu stabilisieren, indem sie diese von unerfüllten Wünschen entlasten, einen vorübergehenden »Feldwechsel« ermöglichen und/oder durch Verschärfung der inneren Welt das Aggressionspotential abbauen, damit es nicht zu tätlichen Feindseligkeiten kommt.

Wir haben es ja beim Menschen, wie bei allen höheren Wirbeltieren, mit einem hochkomplexen System zu tun. Hochkomplexe Systeme sind aber dadurch gekennzeichnet, daß sie einen bestimmten kritischen, instabilen Zustand nur in Ausnahmefällen durch die Veränderung einer einzigen Variablen mittels Rückkoppelung stabilisieren können. Der Binnenzustand eines hochkomplexen Organismus gleicht einem ultrastabilen System, das gekennzeichnet ist durch eine Schaltung, die über den einfachen Rückkoppelungsmechanismus leistungsmäßig hinausreicht: »Falls nun die Umweltänderungen dergestalt sind, daß kein einziger Wert der betreffenden Variablen einen stabilen Zustand herbeiführen kann, tritt eine Neuschaltung in Funktion, das System macht gleichsam einen Sprung und sucht entlang neuer Variablen seinen alten stabilen Zustand. Falls auch diese Variablen nicht zum gewünschten Ergebnis führen, folgt ein weiterer Sprung usw., bis die Stabilität endlich erreicht ist« (Ashby, nach W. Wieser, 1959, S. 54 f.).

Die einzelnen Bereiche, in denen die Stabilität gesucht wird, werden *Felder* genannt: »Ein ultrastabiles System . . . muß die Eigenschaft haben, alle seine Felder zu verlassen, die es in kritischen Zustand versetzen, um jenes beizubehalten, in dem ein stabiler Zustand erreicht werden kann« (a.a.O., S. 54 f.).

Wichtig ist noch der Gedanke, daß der Feld-Wechsel zur Erreichung eines stabilen Zustands reversibel aufgefaßt werden muß. Es kann *vorübergehend* in ungewöhnliche Beziehungsmuster, Erlebnisformen, Verhaltens- und Darstellungsweisen übergewechselt werden, die nach Wiederherstellung der inneren Stabilität den gewohnten, durchschnittlich häufigsten Bewältigungsformen des Alltags Platz machen. Zu diesen möglichen Feldern gehören auch die Märchen, Sagen, Tratschgeschichten und Träume. In diesem Feldwechsel liegt die Basis einer therapeutischen Hilfe bei hochkomplexen Systemen. Die Bewältigung einer akuten inneren Krise erfolgt mittels Entspannung der Konfliktsituation durch ein passageres Überwechseln auf ein Ersatzfeld, das die Konfliktspannung so weit zu absorbieren vermag, daß sich eine Konfliktlösung im problematischen Außenbezug anbahnen kann. Schon die Beobachtungen auf einer elementaren Ebene des Verhaltens bei situativen Spannungen zeigen dies. So streicht sich jemand, der gerade einen Vortrag hält, über die Stirn, oder knetet am Kinn, wenn er in Schwierigkeiten gerät. Dieses Verhalten läßt sich interpretieren mit der These vom Feldwechsel. Die Spannungen des Nachdenkens, die durch die inneren Denkbewegungen absorbiert werden, sind in dem Moment frei, wo eine Denkblockade den Abfluß der Spannung in die Denkbewegung verhindert. Aus ökonomisch-energetischen Gründen wird in diesem Fall die Spannung vorübergehend in das System des äußeren Verhaltens gelegt (Stirn-Streichen, Am-Kinn-Streichen). Dieser Feldwechsel bewahrt das innere System vor der Verspannung, so daß in einem relativ entspannten Feld das innere Suchen nach einem Ausweg aufrechterhalten bleiben kann. Außerdem bleibt die ins äußere Verhalten verlegte und dadurch gebundene Spannung in der schnellen Verfügbarkeit. Das Spannungsfeld bricht nicht zusammen. Wenn ein Ausweg gefunden wurde, so daß das Nachdenken weitergehen kann, wird die Spannung von außen wieder nach innen genommen: Das Kinnreiben oder andere entspannende Reize und Bewegungen hören auf. Die aktuelle Krise wird bewältigt (vgl. R. Seiß, 1969, S. 75–114).

Die psychokathartische Wirkung von Märchen, Rollenspiel und Psychodrama beruht auf einem ähnlichen Feldwechsel, nur erfolgen diese auf einer höheren Ebene komplexer Systeme. Innere Konflikte, die im Realitätsbezug keine angemessene Lösung erfahren, werden vorübergehend auf ein anderes Feld verschoben oder auch, wenn sich keine realistischen Lösungen abzeichnen, immer darauf gehalten.

Meine Tochter Ina hatte als achtjähriges Mädchen ihren

neuen Filzschreiber versehentlich zusammen mit Papierresten verbrannt. Als sie das wahrnahm, war sie nicht fähig, sich real der Situation zu stellen und entweder den Verlust anzunehmen oder diesen den Eltern mitzuteilen, verbunden mit der Bitte nach einem Ersatz. Vielmehr schrieb sie einen Brief an den Nikolaus (am nächsten Tag war zufällig Nikolaustag) und teilte diesem ihren Wunsch nach einem neuen Filzstift mit. Sie bekam von den Eltern, die diesen Brief fanden, einen neuen Stift. Ein paar Tage später erzählte sie diese Geschichte Freunden der Eltern, die auf Besuch waren, mit folgenden Worten: »... da schrieb ich einen Brief an den Nikolaus – ich weiß natürlich, daß es keinen Nikolaus gibt, aber in meiner Phantasie gab es ihn.« Sie war vorübergehend aus dem Feld des Realitätsbezuges übergewechselt in ein anderes Bezugssystem außerhalb der Realitätskontrolle. In diesem Bezugssystem konnte sie ohne inneren Konflikt die peinliche Situation darstellen und fand dadurch die innere Kraft, den Eltern den Verlust »durch die Blume« mitzuteilen.

Wenn das Suchen des Möglichen die Funktion des passageren Ausweichens verliert und die Qualität des Wirklichen erhält (bzw. durch eine Diktatur zugewiesen bekommt), wird der Mensch zur Heuchelei erzogen und baut sein Leben auf Lügen auf; die Entwicklung des einzelnen oder auch die einer Gesellschaft werden pathologisch. Man lebt zweigleisig und unterscheidet die offizielle (linientreue) Sprache (Meinung) von der privaten Sprache (Meinung).

Das Märchenalter kommt um die Achtjährigkeit herum zum Abschluß, weil mit der Reversibilität eine innere geistige Beweglichkeit entstanden ist, die es prinzipiell erlaubt, das Wirkliche unter das Primat des Möglichen zu stellen, ohne dabei die Wirklichkeit aus dem Auge zu verlieren. Das aber gibt dem heranwachsenden Kind das Erlebnis der Herrschaft über den Außenaspekt (= Beginn des wissenschaftlichen Welt- und Selbstverständnisses) durch ein Primat des denkbar Möglichen.

In den Märchen als der »anderen Wirklichkeit« wird vorstrukturiert, was später zur Bewältigung der eigenen und der anderen/fremden Innenwelt benötigt wird. In der Vorpubertät und in der Pubertät gewinnen daher die Märchen wieder an Bedeutung; nun repräsentieren und differenzieren sie die innere Welt, die nicht mehr hinter die sieben Berge verlegt wird, die vielmehr in den Tiefen der Seele liegt, im Raum des rational Unaussprechlichen.

Die Märchen sind Möglichkeiten zur Begegnung mit einer Welt des Erlebens und Erleidens, die als eine verfügbare Wirklichkeit nicht gegeben ist und die deshalb des Gleichnishaften zu seiner Darstellung bedarf. Leid ist kognitiv grundsätzlich nicht zu bewältigen. Wer nicht prinzipiell das Leid annimmt und Abstand gewinnt zur Utopie der Selbsterlösung, um im Akzeptieren seiner Erlösungsbedürftigkeit den Weg in und durch Jesus Christus zu finden, gerät an die Grenze seines rationalen Weltbildes; das Gleichgewicht zwischen Assimilation und Akkommodation auf der Ebene formaler Operationen bricht auseinander; die Angst ist stärker. Und die Utopie/Ideologie bestimmt dann auch das Denken: der Verstand verfinstert. Im Unterschied zum Tier wird der Mensch am Ende seiner Entwicklung doch offenbar als das Wesen, das zu lügen vermag und der Lüge glaubt, weil er vorgibt, die Wahrheit zu erkennen, das Leben bewältigen zu können. Er vermag wider besseres Wissen entgegen empirischer Daten an einer (falschen) Hypothese festzuhalten (K. Holzkamp). Das gilt für den Einzelfall und für die Pathologie einer Gesellschaft. Wer den lebendigen Gott verwirft, glaubt den Götzen der Lüge.

8.2 Von den Objektkonstanten zu den personalen Konstanten durch die Entwicklung verbindlicher und transparenter Regelungen des sozialen Bezogenseins

Für das Kleinkind, so erkannten wir, ist das Märchen die ganz andere Wirklichkeit. Für das Schulkind wird das Märchen (bis etwa zur Achtjährigkeit) zu einer von der rationalen Weltsicht gelösten inneren Welt, vergleichbar einer Enklave, ausgegrenzt aus der naiven Erfahrungsfülle der Realität.

Deshalb bezeichnet das Schulkind die Märchen gelegentlich

als nicht wahr. Das Märchen als eine vom Rationalen her nicht einsehbare Wirklichkeit (»... hinter den sieben Bergen«) eignet sich dazu, die durch Verbote und Gebote belastete Unmittelbarkeit und Direktheit in bezug auf Personen und Sachen effektiv auszugleichen.

Die Beziehung, die in der Realität gehindert wird, wird im Märchen, als einer anderen Form von Wirklichkeit, ungebrochen vollzogen. Die Konstanz des Bezogenseins aus einer triebdeterminierten Relation heraus, wie sie nach dem Modell der Mutter-Kind-Beziehung als magisches Weltbild beim Vorschulkind gegeben ist, wird auf diesem Wege illusionär im psychischen Zwischenbereich, im Übergangsfeld zwischen Innen und Außen unbeschadet der realen Verhältnisse aufrechterhalten. Das Märchen hat eine ähnliche Funktion wie das Übergangsprojekt.

O. Kroh (1944) beschreibt diesen illusionären Zwischenbereich als die Stufe des »Phantastischen Realismus«. Der Phantastische Realismus ragt hinein in den Aufbau der naiv erfahrenen und erfaßten Wirklichkeit und durchsetzt diese mit einer Wunschwirklichkeit.

Wenn ein Kind aus dem ersten Schuljahr sagt, es habe am Sonntag einen Hasen mit der Hand gefangen, dann ist das keine Lüge (vorsätzliche Unwahrheit), sondern eine phantastische Entstellung (= spielerisch-assimilative Verzerrung) der Wirklichkeit. Die Wunschwelt überlagert passager die Wirklichkeitssicht. Was hier im ersten Schuljahr noch völlig normal ist, muß im vierten Schuljahr schon als Fehlverhalten gekennzeichnet werden. Wenn ein Kind (aus Angst vor Strafe und/oder aus dem Wunsch heraus, anerkannt zu werden) aus der Schule nach Hause kommt und behauptet, eine gute Arbeit geschrieben zu haben, wo sich im nachhinein herausstellt, daß es nach Rückgabe der Klassenarbeiten sehr wohl wußte/hätte wissen können, daß die Arbeit doch mangelhaft war, dann ist für das betroffene Kind der Wunsch stärker als die Wirklichkeit. Bei Erwachsenen sprechen wir dann von Erinnerungstäuschungen, die ganz ähnlich bedingt sein können. F. W. Nietzsche hat diese Zusammenhänge in dem bekannten Aphorismus festgehalten: »Das habe ich getan, sagt mein Gedächtnis, das kann ich nicht getan haben, sagt mein Stolz, und schließlich gibt das Gedächtnis nach.«

Wird dieser Mechanismus einer phantastischen Entstellung von Wirklichkeit in die Charakterstruktur inkooperiert und zu einer Strategie der Daseinsbewältigung, entwickelt sich daraus die Symptomatik der Pseudologia Phantastica. In diesem Fall gehen Dichtung und Wahrheit durcheinander, werden nicht klar geschieden, sind auch für den Betroffenen nicht klar zu unterscheiden. Die Erinnerungen sind dann durchsetzt von »privaten Märchen«, die der Betroffene selbst als solche nicht mehr hinreichend zu identifizieren und von der Wirklichkeit zu unterscheiden vermag.

Im Bereich des Sachbezuges spricht die Wirklichkeit eine harte Sprache. Die Wirklichkeit ist immer durchsetzungsstärker als die Bilder, die wir uns von ihr machen. Das gilt insbesondere für die Gesetzmäßigkeiten in der außersubjektiven physikalischen Welt. Das gilt aber nicht in demselben Maße für die psychosoziale Wirklichkeit des personalen Bezogenseins. Hier entstehen die Wirklichkeiten durch Konstanzen, welche im Sinne eines Aufbaus sozialer Regelungen im Verlaufe der Entwicklung sozialen Verhaltens gesetzt werden. Auch hier gehen anfänglich private Märchen, private Deutungen des sozialen Verhaltens, der sozialen Signale und festgelegte öffentliche Regelungen durcheinander. Solange das noch der Fall ist, ist das Bezogensein hinsichtlich Klarheit und Eindeutigkeit problematisch. Zur Entwicklung konstanter, zuverlässiger sozialer Beziehungen ist auch hier eine klare Differenzierung von Innen und Außen, von Wunschwelt und Wirklichkeit notwendig. Um diese Differenzierung zu leisten, muß die Fähigkeit wachsen, die Spannung von Autonomie und Abhängigkeit, den Wechsel von Nähe und Distanz zu ertragen. Das Realitätsprinzip für die soziale Wirklichkeit ist die Fähigkeit zum Verzicht und zum Leiden. Je weniger diese Fähigkeit gefördert und ausgebildet wird, um so phantastischer wird die soziale Wirklichkeit von der Wunschwelt verzerrt (bis hin zu utopischen sozialistischen Vorstellungen). Auch für die soziale Beziehung ist das Realitätsprinzip eine notwendige Voraussetzung zum Aufbau lebensbewährender, sozialer Konzepte.

Ohne die Fähigkeit, zwischen phantastischer Realität und objektivem Sachverhalt zu unterscheiden, bleibt die soziale Verantwortlichkeit unentwickelt (egozentrisch), weil die eigene Perspektivität für andere ohne Transparenz und die Person deshalb ohne hinreichend deutliche Konstanz bleibt, so daß das Bezogensein nicht verläßlich reguliert werden kann.

Bei der Entwicklung der sozialen Bezugsmuster müssen kognitive und affektive Aspekte in ihrer Interdependenz gesehen werden.

Die Erforschung der moralischen Entwicklung, des Lernens, Behaltens und Einhaltens von Regeln ging zu Beginn unseres Jahrhunderts von der Psychoanalyse aus. Die klassische Aussage »Wo Es ist, muß Ich werden« (S. Freud) macht deutlich, daß der Trieb (das Es) einer Reglementierung bedarf. Für Freud war die Fünf- bis Sechsjährigkeit mit der Lösung des ödipalen Konfliktes durch die Identifikation mit dem gleichgeschlechtlichen Elternteil (oder einer entsprechenden Bezugsperson) jener Prozeß, der die Verinnerlichung von Verboten und Geboten gewährleistet.

Wenn Verbote und Gebote auch schon früher im Zusammenhang mit dem semantischen Gebrauch von Nein und Ja die Selbststeuerung begründen, so bezieht sich letztere doch auf die Annahme oder Verwerfung eigener auftauchender Impulse. Erst in der ödipalen Beziehung bzw. mit Lösung derselben richtet sich die Selbststeuerung inhaltlich auf das personale Bezogensein, weil die Bedeutung von Beziehungen zu Personen und Sachen erfaßt wird. Jetzt werden Beziehungen intendiert, angenommen, gesucht, abgelehnt und verworfen. Überschaubarkeit ist aber notwendig, wenn die Verfügbarkeit über das Aufnehmen oder Ablehnen von personalen Beziehungen nicht chaotisch werden soll. Von daher entsteht die Notwendigkeit, das Bezogensein zu Personen (genauso wie das Bezogensein zu Sachen) durch Regeln zu strukturieren. Es sind Regeln, die den unterschiedlichen Grad an Zuverlässigkeit und Verbindlichkeit kenntlich machen.

An die Stelle der triebdeterminierten, instinktnahen Verbundenheit in der bis dahin erlebten Primärbeziehung tritt eine neue Bewußtheit des Bezogenseins, weil sie in Konkurrenz zu anderen Beziehungen erlebt wird. Dieser neue, höhere Bewußtseins- und Differenzierungsgrad des Bezogenseins erzwingt entwicklungspsychologisch auch eine neu zu definierende Verbundenheit.

Solche Regeln als Konzepte akzeptierter Verhaltensweisen werden nicht nur »interaktionistisch konstruiert« (E. Turiel, 1982), sondern auch im klassischen Sinn der Psychoanalyse verinnerlicht.

Die Neudefinition der Verbundenheit geschieht durch die Erfahrung der eigenen und der fremden Zuverlässigkeit hinsichtlich einer signalisierten und/oder erwarteten Zu- bzw. Abwendung.

Wo es keine Verbindlichkeiten gibt, kann es auch keine (definierten) Verbundenheiten geben. Für diese Verbindlichkeiten, die eingegangen werden müssen, gibt es geschriebene und ungeschriebene Gesetze. Geschriebene Gesetze, vereinbarte Regelungen geben eine größere Sicherheit, entlasten die Beteiligten mehr als ungeschriebene Gesetze. Nicht die geschriebenen Gesetze in einer Ehe (der Ehevertrag) setzen die Partner unter Druck, sondern die ungeschriebenen Vereinbarungen nötigen den Partnern eine ständig neue Anstrengung ab, um sich gefühlsmäßig dem Vereinbarten zu stellen. Eine Ehe mit Vertrag muß sich in Krisenzeiten nicht ständig auf die Aufrechterhaltung der ungeschriebenen Vereinbarung konzentrieren, sondern kann sich vielmehr um die inhaltliche Neubesinnung mühen und kümmern, weil an den Fakten des Vertrages nicht gerüttelt werden kann.

Auch die Identität einer Person wird entscheidend mitbegründet und ausgewiesen durch solche definierten (geschriebenen und ungeschriebenen) Beziehungskonstanten. Das »Über-Ich« speichert die Regeln für Zuwendung, Abwendung und Kooperation. Es sind Regeln, die für eine Beziehung wichtig (»richtig«) und bedeutsam (»wertvoll«) sind.

Die Regeln gehören zu den Beziehungen und bilden mit den Sich-Beziehenden eine Einheit. Mit ihrer Annahme und Anerkennung sind die Regeln genauso wirklich und für die Dauer ihrer Gültigkeit genauso unveränderlich wie die Beziehungsperson selbst, sie sind ein Teil dieser, sie sind internalisiert. A.

Görres (1965) unterscheidet beim Aufbau der Person einen Bereich des freien Wollens und der freien sittlichen Werthaltung und nennt diesen Bereich den Zentralbereich der Person: Personenmitte. Davon unterscheidet er einen vorpersonalen Bereich der spontanen, unfreien Lebensvorgänge, es ist der Raum des Mögens und Könnens. »Weil die vorpersonale seelische Lebensbewegung und die Strukturen, die sie tragen, jeweils der wählenden Selbstbestimmung vorausgehen, müssen wir die ihnen eigentümliche Ordnung, die Unordnungen, Fehlprägungen und Fehlhaltungen von der Ordnung und den Unordnungen und Fehlhaltungen der Personmitte selbst sorgfältig unterscheiden« (S. 79).

Für sozial lebende Individuen ist es notwendig, daß Triebe, Bedürfnisse, Interessen geregelt und reglementiert werden. Das gilt für alle höheren Wirbeltiere, das gilt auch für den Menschen.

Wer es als Kränkung empfindet, daß die Natur der Menschen einer Reglementierung bedürfe, kann natürlich behaupten, daß »die ursprüngliche Natur, die ja gar nicht böse sein kann«, einer Reglementierung nicht bedürfe, weil der »gesund entwickelte Trieb sich selber Richtung, Maß und Ziel setzt« (A. Plack, 1968, S. 337 ff.).

Ein Blick auf die Geschichte der Menschheit zeigt uns, daß diese Aussage von der Natur des Menschen, die gar nicht böse sein könne, utopisch ist. Wenn sie wahr wäre, dann wäre die Entwicklung der Moral nichts anderes als ein Zuwarten und Hoffen, »daß die menschliche Natur, wenn sie nur in Ruhe gelassen wird, aus sich selber heraus ein Verhalten entwickelt, das dem Individuum wie der Gemeinschaft am besten entspricht« (A. Plack, a.a.O., S. 345). Ähnlich dringend ist das verzweifelte Hoffen von K. Lorenz, der feststellt, daß das volle warme Gefühl von Liebe und Freundschaft nur einzelnen Menschen gegenüber empfunden werden kann, und daß daran der beste und stärkste Wille nichts zu ändern vermag. »Doch die großen Konstrukteure können es. Ich glaube, daß sie es tun werden, denn ich glaube an die Macht der menschlichen Vernunft, ich glaube an die Macht der Selektion, und ich glaube, daß die Vernunft vernünftige Selektion treibt. Ich glaube, daß dies unseren Nachkommen in einer nicht allzufernen Zukunft die Fähigkeit verleihen wird, jene größte und schönste Forderung wahren Menschtums zu erfüllen« (K. Lorenz, 1963, S. 413).

Jeder denkende Mensch, der aus seiner Sicht und von seiner Induktionsbasis her unser Dasein gründlich reflektiert, kommt letztlich zu religiösen Aussagen, indem er seine jeweils relativen Erkenntnisse verabsolutiert. Verabsolutierung des Relativen ist aber Götzendienst. Die Christen wissen, daß sie weder mit einer guten Natur rechnen können noch auf eine vernünftige Selektion angewiesen sind, die den besseren Menschen hervorbringt, sie wissen, daß die in Jesus Christus offenbarte Liebe die Erfüllung des Gesetzes schon hier und jetzt ist. Wer sich also vor Gott demütigt und seine Erlösungsbedürftigkeit anerkennt und seine Erlösung annimmt, erfährt schon hier, daß die Regeln und Gesetze nicht aufgehoben sind, daß wir ihrer noch bedürfen, aber daß es eine Liebe durch Gottes Geist gibt, die es möglich macht, den tötenden Buchstaben des Gesetzes zu überwinden und nach dem Geist des Gesetzes und nicht nach dessen Buchstaben (als Instrument der Herrschenden) in Liebe zu leben.

Empirische Untersuchungen haben, wie konnte es auch anders sein, die humanistischen Utopien widerlegt: »Das Konzept einer weitestgehenden Selbstregulierung ließ sich empirisch nicht stützen; vielmehr brauchen Kinder Orientierungshilfe, soziale Vorbilder, die Vermittlung von Normen sowie eine Interpretation der Umwelt und ihrer selbst im Sinne der Entwicklung einer eigenen Identität« (H. Nickel/U. Schmidt-Denter, 1980, S. 85). Der Mensch kann nur dann in Freiheit sein, wenn er eingeordnet ist im Sinne von Einordnung und Zuordnung in eine höhere Ordnung – wenn er weiß, was er soll, und insofern er will, was er soll. Gesund ist er dann, wenn er kann, was er soll, d. h., wenn er der Herr und nicht der Knecht seiner vorpersonalen Strukturen/Ordnungen ist. Der Mensch steht eben nicht außerhalb der Natur, sondern ist ein Teil von ihr.

So wie die höheren Wirbeltiere Insinkte haben, um die Dynamik von Lust vs. Realitätsprinzip zu regulieren, so hat der

Mensch Normen, Sitten und Moral nötig, um diese Dynamik von Lust vs. Realitätsprinzip zu bewältigen.

Der Behaviorismus geht von der Annahme einer tabula rasa aus. Er nimmt an, daß das Kind von Geburt an weder gut noch böse sei, sondern durch die Erziehungseinflüsse (durch Konditionierungen) das wird, was es diesen Einflüssen gemäß werden muß: »Geben Sie mir ein Dutzend gesunder Kinder, wohlgebildet, und meine eigene besondere Welt, in der ich sie erziehe! Ich garantiere Ihnen, daß ich blindlings eines davon auswähle und es zum Vertreter irgendeines Berufes erziehe, sei es Arzt, Richter, Künstler, Kaufmann oder auch Bettler, Dieb, ohne Rücksicht auf seine Talente, Neigungen, Fähigkeiten, Anlagen, Reize oder Vorfahren« (B. Watson, 1930, S. 134 f.).

Es scheint so zu sein, daß es der Mensch zutiefst als Kränkung empfindet, erlösungsbedürftig zu sein; er will diese Begrenztheit nicht akzeptieren, er will selbst Herr sein, selbstherrlich sein: »Die Verähnlichung mit der Gottheit ist der letzte Beweggrund des Menschen, der Nerv aller seiner Aktivitäten, die Achse, um die das Rad des Lebens kreist. Diese Ähnlichkeit ist das verborgene motivum fascinosum in jeder Einzelmotivation des Menschen« (A. Görres, 1968, S. 26).[30]

Es bleibt also dabei: Wir können die Notwendigkeit der inneren Selbststeuerung nicht an äußere Signale knüpfen; der Mensch als reflexionsfähiges Wesen ist primär innengeleitet und nicht außengesteuert. Es müssen sich also im Verlaufe der Entwicklung im Aufbau der Selbststeuerung Gewohnheiten, Sitten, Konventionen und moralisches Verhalten herausbilden, um das Bezogensein, das soziale Ordnungsgefüge zu ermöglichen.

Schon M. Weber (1964) unterschied zwischen Sitte, Konvention und Ethik. Als Sitte bezeichnete er Übereinkünfte, die gebräuchlich sind und getan werden, weil man es so tut. So zog man früher beim Grüßen beispielsweise den Hut, was man heute nicht mehr tut; so ißt man bei uns mit Messer und Gabel, in China mit Stäbchen. Das Abweichen von der »guten Sitte« wird zwar bemerkt, und es wird meist mit negativem Affekt

[30] vgl. hierzu H. E. Richter, 1979.

darauf reagiert, aber es gibt zur Aufrechterhaltung von Gewohnheiten und Sitten keine Sanktionen. Nur der Druck dessen, was alle tun, was man tut, regelt hier die Aufrechterhaltung bestimmter Gewohnheiten und Sitten.

Bei Konventionen ist das schon anders. Hier muß der Betroffene mit Sanktionen rechnen. Er wird gemieden, ausgestoßen, verstoßen, geächtet. So war das Baden »oben ohne« in den 50er Jahren noch (wegen Erregung öffentlichen Ärgernisses) als Verletzung der Konvention strafbar. Heute gilt das nicht mehr.

Die Ethik wiederum unterscheidet sich nach M. Weber von der Konvention dadurch, daß bei Übertretung oder Mißachtung die Sanktionen härter sind und daß garantierte Normen sie begründen. E. Turiel (1982) sieht zwischen Sitte und Konvention einerseits und Moral andererseits nicht nur einen graduellen Unterschied, sondern einen Unterschied grundsätzlicher Art, insofern Sitten und Konventionen als Bestandteile sozialer Systeme durch Konzeptualisierung sozialer Interaktionen im Verlauf der seelischen Entwicklungen strukturiert werden; Moral dagegen ist die Konzeptualisierung von Gerechtigkeit bzw. Unrecht, das als universell betrachtet wird. Es ist eine Norm, die zum Individuum gehört (S. 148 ff.). Die innere Norm wird also prinzipiell unabhängig von sozialer, einverständlicher Regelung gesehen. Turiel verweist auf Untersuchungen, die zeigen, daß Kinder aller Altersstufen zwischen Moral und interaktionistisch hergestellten Konzepten sozialer Regulation unterscheiden. So wäre Diebstahl auch dann falsch, wenn er durch Konvention erlaubt oder nicht ausdrücklich verboten wäre. Die größte Anzahl der Befragten (Heranwachsende und Erwachsene) schlossen sich dieser Aussage an.

Die moralischen, durch Normen geregelten Verhaltensweisen dienen in allen Kulturen gleichsam dazu, die Beschädigung des Lebens angesichts unserer bösen Natur möglichst gering zu halten. Solche Regelungen gibt es als moralanaloges Verhalten auch beim Tier (beispielsweise Tötungshemmung: Eine Krähe hackt der anderen kein Auge aus).

So wie die Intelligenz als Gleichgewicht zwischen assimilativen und akkommodativen Prozessen der Objektwelt gegenüber eine Anpassungskonstanz gewährleistet, so strebt die soziale Selbststeuerung auf ein Gleichgewicht zwischen Eigenwille und Fremdwille, zwischen Autonomie und Abhängigkeit. Dieses Gleichgewicht (eingekleidet in die Forderung nach Gerechtigkeit, Gegenseitigkeit und Gleichheit) ist der Endpunkt der moralischen Entwicklung. Nach Piaget sind die Herstellung einer kognitiven Organisation und die Herstellung einer sozialen Ordnung analoge Prozesse.

Für das Kleinkind gilt das Urteil der Eltern. Diese Urteile werden von den Eltern abgesehen und übernommen (Modelllernen), und sie werden (vor allem mit fortschreitendem Alter zunehmend) verbal übermittelt.

Als meine Tochter Ina ein Jahr alt war, zelteten wir in Südfrankreich hinter den Dünen zwischen Ginsterbüschen auf einer Lichtung. In den Ginsterbüschen waren eine Unmenge kleiner grüner Spinnen. Ich wollte probieren, ob es eine angeborene Abneigung (wie teilweise experimentell bestätigt) gibt gegen Insekten, insonderheit Spinnen. Ich führte meine Tochter an die Ginsterbüsche, zeigte ihr die Spinnen und sagte zu ihr: »Nimm dir eine Spinne«. Sie wehrte ab. Erst als ich mich mit ihr über die Spinnen unterhielt und anfing, von den Spinnen zu schwärmen, wie schön sie seien und daß sie doch Hunger hätten und etwas essen müßten, faßte sie Mut und wollte die Spinnen mit ins Zelt nehmen. Aber anfassen mußte ich sie. Sie hat sie dann im Zelt mit Gras »versorgt« und in einem Glas beobachtet. Nach einer Weile gab sie diesen Spinnen einen speziellen Namen und stellte damit eine positive Beziehung zu ihnen her. Sie nannte sie Plastik-Spinnen (sie waren so grün wie der Plastikeimer, der am Zelt stand). Sie hatte durch sekundäre Valenzbildung meine Bewertung übernommen und die angeborene Verhaltensregel überlagert.

Mit zwei Jahren hatte sie von mir die Anweisung erhalten, im Bett keine Schokolade zu essen. Von ihrer Mutter dabei ertappt und zur Rede gestellt, sagte sie frei heraus: »Papa ist doch nicht da.« Das Verbot galt nur so lange, wie das Signal (der Verbot setzende Vater) anwesend war. Das Verbot war noch nicht verinnerlicht. Es funktionierte nur (einem Stoppschild vergleichbar), wenn das Signal gesehen werden konnte.

Erst wenn die Selbststeuerung durch den semantischen Gebrauch von Nein und Ja eine personale Mitte erhält, so daß das Kind in der Lage ist, zu den Reizen der Umwelt, zu Belohnung und Strafe Stellung zu nehmen und in freier Entscheidung sein Verhalten zu steuern, beginnt die Entwicklung des erwachsenen Ichs, des Über-Ichs und der Eigenverantwortung. Durch Stellungnahme wird das Verhalten zur Situation in Beziehung gesetzt. Die Regeln werden als Bestandteile der gegebenen Situation angesehen.

Kinder im Kleinkindalter spielen einfach mit, ohne eine feste Regel zu beachten. Das Kind spielt mit, indem es das Verhalten einfach nachahmt. Im allgemeinen stört es dann auch die älteren Kinder nicht, wenn es die Regeln nicht beachtet.

Erst mit dem Bewußtwerden des Bezogenseins gewinnt die Regel die Qualität einer naiv gegebenen sozialen Wirklichkeit. Sie wird als von Erwachsenen übernommen betrachtet und hat eine unantastbare Gültigkeit. Sie ist so naiv real wie das naiv realistische Weltbild dieser Altersstufe. Der subjektive Aspekt der Übereinkunft wird noch nicht gesehen. Dementsprechend wird die Bewertung einer Tat und das Maß an Strafe in Abhängigkeit gesehen vom objektiven Schaden; die Absicht, die subjektive Verantwortung (Rechtfertigungspflicht) wird noch nicht wahrgenommen.

Die Strafe wird im Sinne des psychologischen Weil auch einfach als reale Folge des Fehlers (der Verbotsübertretung) erlebt. Nach den Beobachtungen von Piaget sagen z. B. Kinder im Vorschulalter, daß jene Kinder sich mit dem Messer schneiden würden, denen es verboten worden ist, mit dem Messer zu spielen. Sie empfinden es auch als eine gerechte Strafe, daß die Brücke, die von den Apfeldieben benutzt wird, zusammenbricht. Die Strafe ist eine »reale« Folge des verbotenen Tuns. Sie ist es auch dann, wenn sie von den Eltern oder anderen Autoritäten, Kräften und Mächten der Natur erfolgt. Die Strafe ist eine äußere Zwangsläufigkeit der Verbotsübertretung.

Piaget spricht in diesem Zusammenhang vom »moralischen Realismus«. Es ist die einfache Struktur des Kindes, welches sich am Buchstaben des Gesetzes orientiert, weil es noch nicht fähig oder (später als Erwachsener) nicht willens ist, den Sinngehalt, den Geist des Gesetzes zu erfassen und entsprechend individuell zu differenzieren.

Eine sinngemäße Anwendung der Regel würde eine Variationsbreite des Verhaltens ermöglichen, durch die Kinder in dieser Altersstufe überfordert werden. Auch Jugendliche und Erwachsene können auf dieser Stufe des naiven, moralischen Realismus stehenbleiben, wenn der zentrale personale Bereich der Ethik ohne Sinnmitte bleibt. Er kann dann »vordergründig« alles hinterfragen. Die Folge ist eine »Legitimationskrise« der gegenwärtigen Jugendlichen: »Warum soll ich das tun?« (Shell-Studie 1980, S. 53).

Erst wenn der Höhepunkt des naiven Realismus überschritten und die reale Außenwelt distanzierter erlebt wird, ist eine Weiterentwicklung zur autonomen Moral hin möglich, bei der die Urteile auf sozialen Überlegungen beruhen und flexible Interpretationen (Ausnahmen von der Regel) zulassen.

Fassen wir an dieser Stelle die Entwicklung des Bezogenseins noch einmal zusammen, so erkennen wir zwei unterschiedliche Aspekte:

a) den interaktionistisch-konzeptuellen (E. Turiel) und

b) den identifikatorisch-selbststeuernden Interpretationsansatz.

Der erstgenannte Aspekt beschreibt die Entwicklung der sozialen Regeln von außen (von der Interaktion her), der zweite Aspekt fragt nach dem, was im Kinde vor sich geht.

Der erstgenannte Aspekt wird in der Fortsetzung des Ansatzes von Piaget durch Kohlberg (s. u. S. 278f.) aufgegriffen.

Der letztgenannte Aspekt betrifft die Prozesse der Differenzierung des Bezogenseins zur Mitwelt und zur Umwelt in der Dimension des Erlebens. Die Stufen dieser Differenzierung werden nachfolgend dargestellt:

Am Beginn steht die Differenzierung zwischen *Innen und Außen;* darauf baut auf die Differenzierung zwischen *Mutter und Nicht-Mutter* (»Fremdeln«).

Mit Beginn der Selbststeuerung unterscheidet das Vorschulkind zwischen Eigenwillen und Fremdwillen, es differenziert das *Ich* vom *Nicht-Ich*.

In der ödipalen Situation wird das Bezogensein rivalisierend erlebt und dadurch auf eine andere Bewußtseinsstufe gehoben. *»Ich und Du«* wird als herstellbares und ablehnbares und von außen (d.h. von anderen) bedrohbares Verbundensein erlebt: Das Kind entdeckt das »Zwischen« (M. Buber) als Vorform der personalen Liebe.

Die Ich-Du-Beziehung wird ausgehend von der Eltern-Kind-Beziehung übertragen auf die Beziehung zur Kleingruppe: Aus dem Ich und Du wird ein *»Ich und die anderen«*. Vergleichbar und parallel hierzu wird die Welt als naiv-gegenüber erlebt (Ich und die Welt).

Mit Beginn der Reversibilität in der kognitiven Entwicklung, der zunehmenden Distanz zum eigenen Standort, wird aus dem »Ich und die anderen« ein *»Ich unter den anderen«*.

Mit Beginn der Individualisierung heißt es dann: *»Die anderen und Ich«*.

Und schließlich lautet die Formel der Identität: *»Ich unabhängig von den anderen«*. Und das ist die Voraussetzung für das Erleiden der Einsamkeit, und es ist die Nötigung zur Bewältigung des Konfliktes von Nähe vs. Distanz.

Diese Hauptaufgabe der Reifezeit ist dann die Basis zum Erleben der Begrenztheit menschlicher Liebesfähigkeit. Es wird rational-reflektierbar bewußt, was in der ödipalen Situation schon existentiell erlebt wurde, nämlich, daß es kein Zurück gibt ins Paradies, kein totales Eins-Sein mit dem anderen. Dieses Erleiden schafft die Voraussetzung zur religiösen und geistlichen Fragestellung, macht bereit, die Erlösungsbedürftigkeit des Menschen zu erkennen und anzuerkennen.

Und wenn es zur Umkehr (das ist Buße) kommt, empfängt der Mensch durch Jesus Christus den Heiligen Geist und damit die Fähigkeit zu einer Liebe, die prinzipiell unabhängig ist vom Wiedergeliebtwerden. Aus der Unabhängigkeit vom anderen wird die Möglichkeit: *»Ich lasse mein Leben für die anderen«*.

9. Der Naive Realismus – die erste Stufe des Sachbezuges

Mit dem Bewußtwerden der Beziehung und des Bezogenseins auf Personen und Sachen fand die Umorientierung statt vom Weltbild des Vorschulkindes, das die Welt magisch-anthropomorph erlebte (Wünschen = Sein), hin zum Weltbild des Naiven Realismus (Sehen = Sein).

Den Übergang vom magischen Weltbild des Vorschulkindes zum Naiven Realismus der beginnenden Schulzeit kann man gut ablesen an den zeichnerischen Gestaltungen des heranwachsenden Kindes. Am Anfang der Entwicklung steht, sobald das Kind mit einem Bleistift umgehen kann, das Kritzelstadium. In diesem Stadium wird noch nichts abgebildet, sondern es wird eine Möglichkeit, etwas zu produzieren, wahrgenommen und geübt. Das Kritzelstadium dient (auch beim Bauen, beim Spielen mit Sand und Kneten) dem Kennenlernen der Materialqualitäten, der Erfahrung des Widerstandes von Seiten des Materials.

Der kindliche Realismus beruht dann darauf, daß das Kind bemüht ist, die visuelle Erscheinung der Realität wiederzugeben. Das kann beispielsweise darin bestehen, daß die übernommenen Schemata (etwa für Haus und Baum) durch eigene Beobachtungen und Eindrücke zeichnerisch ergänzt werden. Der Druck von seiten der Realität wird so groß, daß das Kind Schwierigkeiten hat, etwas zu wissen, etwas zu kennen, was es nicht visuell als Erscheinung abzubilden vermag. Wir finden zur Bewältigung dieses Konfliktes eine Stufe der zeichnerischen Entwicklung, die die klassische Entwicklungspsychologie als Stufe der »Röntgenbilder« bezeichnet hat. Im Naiven Realismus ist das Sein identisch mit dem Sehen. Alles, was das Kind nicht sieht, aber was dennoch seiend ist, verunsichert das Kind. Deshalb zeichnet das Kind nicht nur das, was es sieht, sondern es zeichnet alles, was es weiß. So stellt das Kind das unsichtbare Innere eines Gegenstandes dar, als ob dieser durchsichtig sei. Es kann beispielsweise die Knödel im Bauch eines Menschen darstellen, oder auch den Tisch im Haus durch die Fassade hindurch erscheinen lassen.

Der Naive Realismus (Sehen = Sein) schlägt durch auf die innere Wirklichkeit: Das Nicht-Sichtbare (= das Nicht-Reale) wird sichtbar (= real) gemacht. Die Unsicherheit über den Wirklichkeitsgehalt der inneren Bilder wird dadurch bewältigt, daß sie vom Kind auf die Hilfe des unsichtbaren Wissens gestellt werden. Die inneren Phantasiebilder werden so behandelt, als hätten sie Abbildcharakter.

Eine Untersuchung des Inhaltes des kindlichen Denkens muß vor allem zwei Probleme allgemeiner Art in Betracht ziehen. Das erste ist, festzustellen, ob das Kind so wie der Erwachsene zwischen einer physikalischen Wirklichkeit, die für alle Individuen dieselbe ist, und anderen Wirklichkeitstypen zu unterscheiden weiß, die nur für den einzelnen (oder für eine beschränkte Gruppe von Individuen) bestehen, weil sie das Produkt einer mentalen Aktivität sind: der spielerischen, phantastischen, onirischen (träumenden) oder kognitiven Aktivität. Es geht also zunächst um das Problem: Was ist für das Kind Wirklichkeit? Das zweite Problem ist, wie das Kind zwischen der phantastisch produzierten inneren Wirklichkeit und dem inneren Abbild der realen Außenwelt zu differenzieren lernt.

»Gibt es für das Kind eine objektiv-materielle Wirklichkeit, die von der anderen, nur aus den Produkten seines Denkens bestehenden Wirklichkeit substantiell verschieden ist? In Wahrheit genügt es nicht, so sagt Piaget, der Welt der Dinge zugewandt zu sein, um den Wirklichkeitsgrad zu bestimmen, der dieser Welt zugesprochen wird. Den Dingen zugewandt sein, bedeutet nämlich eigentlich noch gar nichts, zumindest so lange nicht, bis einige Teile einer bis dahin undifferenzierten Wirklichkeit als Bestandteile einer uns allen gemeinsamen und selten nach unserem Willen zu verändernden Außenwelt zu erscheinen beginnen – während wiederum andere Teile derselben Wirklichkeit sich als Bestandteile einer individuellen Wirklichkeit gestalten, die keine materiellen Merkmale besitzt und wesentlich plastischer und wandelbarer erscheint. Dann kann also eine dieser beiden Welten als wahrer und realer erlebt werden als die andere; überdies können in beiden weitere Unterteilungen bestimmt werden zwischen Teilen oder Zonen, wobei einer jeden von ihnen ein verschiedener Grad von ›Wirklichkeit‹ zukommt« (G. Petter, 1968, S. 263).

Das Denken bewegt sich vom subjektiven zum objektiven Pol. Die Situation wird nicht nur vom eigenen Standort her gesehen. Wissenschaftliches, objektives Arbeiten ist Bemühung um Loslösung vom eigenen Standpunkt. Die subjektive Schätzung wird durch Meßinstrumente ersetzt. Aber bei der Interpretation der »objektiven« Daten tritt das Problem erneut auf und ist hier schon sehr viel schwieriger zu lösen. Wenn es konkurrierende Sichtweisen/Bezogenheiten gibt, dadurch Vergleichbarkeit und einen höheren Grad von Abbild-Bewußtsein, dann bedarf es auch einer größeren Distanz zu diesen inneren Abbildungen der Wirklichkeit, um den eigenen Standpunkt, die eigene Stellungnahme zu finden.

Dazu ist es notwendig, daß äußere Wirklichkeit und inneres Abbild davon (= Denken darüber) hinreichend scharf differenziert werden. Die subjektiven (phantastischen) Innenbilder müssen von den Abbildern, die auch innen (im Binnenraum der Vorstellungen) erlebt werden, hinreichend sicher unterschieden werden. Erst wenn im Inneren der vorstellenden Aktivitäten die Differenzierung zwischen dem (getreuen) Abbild von Wirklichkeit und dessen subjektiven (phantastischen) Ergänzungen voranschreitet, kann das Kind allmählich seinen Standort im Bezug zur Außenwelt relativieren und in seinen Handlungen berücksichtigen.

Es bedeutet schon einen erheblichen Fortschritt in der kognitiven Entwicklung, wenn auf der Ebene der Beobachtung und Wahrnehmung die subjektive Sicht der Dinge zurücktritt. So neigt ein Kleinkind beispielsweise noch dazu, bewegten Gegenständen Leben und Bewußtsein beizulegen, weil es selbst lebt. Mit sieben Jahren ist ein Wendepunkt, wo die Kinder nicht mehr meinen, daß alles, was sich bewegt, auch lebendig sei. Mit elf Jahren ist Bewegung überhaupt kein Kriterium mehr für Belebtheit. Welche bewegten Gegenstände als belebt oder unbelebt bezeichnet werden, hängt auch von der alltäglichen Umgangserfahrung ab. So behaupten unter den Achtjährigen die meisten, daß ein Hund, ein Baum und der Mond leben. Weniger behaupten, daß ein Fluß, eine Uhr, ein

Auto leben, und die wenigsten behaupten, daß ein Fahrrad, ein Bleistift, ein Stein lebt (E. B. Hurlock, 1970, S. 435).

Zunächst beurteilen Kinder und auch Erwachsene (sonst gäbe es keine Vorurteile) von ihrem eigenen Standort aus, vom Hintergrund der Selbstwahrnehmung, der eigenen Vorstellungen. Was den Erklärungs- und Assimilationsmustern nicht entspricht, wird, wenn sich von der vorhandenen Erfahrungsbasis her keine Möglichkeit zur Akkommodation anbietet, abgestoßen.[31] Deshalb ist es beispielsweise für viele Erwachsene ein Problem, sich der geistlichen Dimension, der metaphysischen Erfahrung zu öffnen, weil sich hierzu von der eigenen Erfahrungsbasis her (von der Sichtbarkeit her) kaum Ansätze bieten. Dies ist eine in der Informationstheorie bekannte Erscheinung (sogenannter Assimilationskontrast): Informationen, die im Toleranzbereich der eigenen Meinung liegen, werden akzeptiert. Wird der Toleranzbereich jedoch überschritten, weichen die Informationen von der eigenen Ansicht wesentlich ab, so werden diese verworfen; es kommt zu keiner Angleichung. In Extremfällen kann sogar ein gegenteiliger Effekt eintreten, derart, daß der Informationsempfänger seinen Standpunkt noch radikaler vertritt.

Die Relativierung des eigenen Standortes führt in bezug zur physikalischen Außenwelt zu objektiven Erkenntnissen, in bezug auf uns selbst verbleiben wir in der Relativität, verabsolutieren unseren Standpunkt (= Götzendienst), versanden in der Pluralität oder gewinnen die geistliche Dimension (= transkritischer Realismus).

Die Entwicklung der Fähigkeit, den eigenen Standort zu relativieren, erfolgt allmählich. Eine abrupte Infragestellung des eigenen Standortes kann nicht integriert werden und führt eher zur Regression. So wird die Situationsbeurteilung gemäß Unmittelbareindruck (Primat der wahrnehmenden Aktivität)

[31] Es kommt vor, daß Jugendliche ohne die nötige Intelligenz und das notwendige Wissen zum »kritischen Denken« erzogen werden, die dann mangels Denken ihr kritisches Bedürfnis reduzieren auf die Aussage: »Das kann ich mir einfach nicht vorstellen.« Hier pervertiert das auf Objektivität ausgerichtete kritische Bewußtsein in einen unwissenschaftlichen Subjektivismus.

erst allmählich von der Möglichkeit bedrängt, die Situation sich innerlich anders vorzustellen, sie anders zu beurteilen, als es der Unmittelbareindruck nahelegt (Primat der vorstellenden Aktivität).

Das Kind kann sich bis zu einem bestimmten Alter nicht von dem anschaulich Gegebenen lösen und in die »Schuhe des anderen schlüpfen«, d.h. die Sache von der anderen Seite sehen. Piaget nennt dieses anschauungsgebundene Denken *irreversibel* (nicht umkehrbar) und unterscheidet davon das *reversible* (umkehrbare) Denken.

In diesem Zusammenhang machte Piaget einen eindrucksvollen Versuch: Auf einem Quadratmeter Karton werden drei Berge verschiedener Größe und Farbe (der kleinste grün, der mittlere braun, der größte grau) im Raum verteilt angeordnet. Das Kind bekommt nun die Aufgabe, zu sagen, wie es die Berge sieht; und dann soll es angeben, wie eine Puppe, die auf der anderen Seite des Modells plaziert wird, die Berge sieht. Die 7- bis 8jährigen können sich noch nicht von ihrer Perspektive lösen und meinen, daß die Puppe die Berge genauso sehe. Etwas ältere Kinder legen sich schon Rechenschaft darüber ab, daß eine Standortänderung des Betrachters ebenfalls Änderungen in der Raumbeziehung der drei Berge mit sich bringen müsse, aber es gelingt ihnen noch nicht, alle Beziehungen umzudenken: Sie begnügen sich deshalb mit der gedanklichen Umstellung einer Beziehung, z.B. der von vorn und hinten oder der von rechts und links.

»Das Denken gewinnt Reversibilität genau in dem Augenblick, in dem ein wirkliches Ereignis oder eine wirkliche Handlung im Geiste, d.h. im Binnenraum der Vorstellung, gerade nicht mehr das Merkmal einer wirklichen Handlung besitzt, sondern das Merkmal einer möglichen Handlung, einer Handlung, die im Geiste ausgelöscht, als nicht vollzogen, als nicht erfolgt betrachtet werden kann« (G. Petter, a.a.O., S. 33).

Ich habe vor meiner Tochter (8 Jahre) und meinem Sohn (12 Jahre) eine halb mit Wasser gefüllte viereckige Kognakflasche aus der Vertikalen in die Horizontale geneigt. Meine Tochter sagte spontan: »Das ist jetzt mehr.«

Ihr Bruder: »Hast du denn etwas hinzugetan?«

Tochter: »Ach so, das kann ja gar nicht mehr sein.«

Wenn es meiner Tochter möglich gewesen wäre, sich vom Hier-und-jetzt-Eindruck zu lösen und den Vorgang der Neigung der Flasche in Gedanken umzukehren, d.h. die Flasche wieder aufzurichten, hätte sie entgegen dem subjektiven Eindruck erkennen können, daß es nicht mehr Flüssigkeit sein konnte. Der Unmittelbareindruck war für sie stärker als ihre vorhandene Möglichkeit, den Vorgang in Gedanken rückgängig zu machen und logisch gegen den Eindruck anzudenken. Auf der Ebene des reversiblen Denkens ist es möglich, daß kognitive Inhalte gleichzeitig gegenwärtig sind, die auf der Ebene irreversiblen, anschauungsgebundenen Denkens nicht gleichzeitig gegeben sein können.

Im anschaulich Gegebenen kann eine Kugel nicht zugleich an Ort A und Ort B sein, aber in der Vorstellung ist es möglich, zu denken, daß eine Kugel, die in A ist, noch in B sein könnte, wenn sie von B nach A bewegt wurde. Durch diese innere Distanz zu dem anschaulich Gegebenen entsteht eine große geistige Beweglichkeit. Es wird möglich, das anschaulich Gegebene mit dem »Es-könnte-auch-anders-sein« zu konfrontieren. Das anschaulich Gegebene wird nicht einfach gesehen mit dem Urteil: »So ist es«; es wird kritisch, mit Bedacht angesehen unter der Frage- und Infragestellung: »Es könnte ja auch anders sein.«

Damit gerät das Wirkliche unter die Frage nach dem Möglichen. Die wirkliche, real gegebene Welt wird durch die geistige, subjektive Welt hinterfragbar. Die Wirklichkeit kommt auf den Prüfstand der Möglichkeit (der Hypothese). Hier wiederholt sich auf höherer Ebene (auf der Ebene des Denkens), was sich schon im Bereich der Wahrnehmung nachweisen läßt: Die wahrnehmende Aktivität wird der vorstellenden Aktivität untergeordnet. Denn schon Wahrnehmung ist Hypothesenbildung. Das zeigen beispielsweise die sogenannten Kippfiguren, Figuren, die spontan, vom Willen nicht beeinflußbar, in ihrer wahrgenommenen raum-bildlichen Gestalt dem Eindruck nach umschlagen können.[32]

[32] Z.B. Pokalprofilmuster u.a.; siehe R. Seiß, 1974^2, S. 96 f.

Der Mensch ist genötigt, sein enzyklopädisches Wissen durch ein subjektives (Welt-) Bild zu strukturieren. Damit gerät die Wirklichkeit unter die Herrschaft des Bildes (Ideologie). Die Gültigkeit eines Weltbildes ergibt sich erst in der Praxis des Lebens. Die Praxis scheidet auf die Dauer utopische Vorstellungen von realen Darstellungen.

Das reversible Denken ist die Ausgangsbasis zur Herrschaft des Geistes. Neben die anschauliche Aktivität tritt die innere, die vorstellende Aktivität. Der Weg zu dieser kognitiven Leistung beginnt damit, daß bei der Beobachtung des anschaulich Gegebenen ein Aspekt mitgedacht werden kann, der im Augenblick anschaulich nicht gegeben ist.

Dazu folgende Beispiele von J. Piaget:

a) Die »kinematischen Kurven«

Es sind dies Kurven, die aus dem Zusammenspiel zweier gleichzeitiger Bewegungen entstehen. An einer um ihren Mittelpunkt drehbaren Holzscheibe in horizontaler Lage ist nahe am Rand ein Bleistift befestigt. Die Kinder werden aufgefordert, die Form der Spur vorauszusagen, die entsteht, wenn die Scheibe gedreht wird. Dann wird die Scheibe durch ein Dreieck und ein Quadrat ersetzt. Ein Kind von fünf Jahren antwortete beim ersten Versuch (Kreis): »Der Bleistift wird einen Kreis beschreiben.« Der Versuchsleiter fragt warum, und das Kind antwortet: »Weil ein Kreis da ist.« Daraufhin der Versuchsleiter: »Und wenn wir den Bleistift in das Loch an der Ecke des Vierecks stecken?« (Das Viereck wird in Drehung gebracht, aber ohne Bleistift). Das Kind antwortet: »Ein Viereck. Ich kann aber kein Viereck zeichnen.« Versuchsleiter sagt: »Schau mal« (dreht das Viereck und zeigt dem Kind die Spur). Das Kind sagt: »Nein, ein Kreis.«

Kinder dieser Altersstufe vermögen sich noch nicht entgegen dem Unmittelbareindruck die richtige Spur zu denken. Noch schwieriger ist es für ein Kind dieser Altersstufe, zwei gesehene Bewegungen kooperativ zu verbinden. Wird beispielsweise die Holzscheibe senkrecht angebracht, so daß sie sich rollend entlang einer Pappwand bewegen kann (Abb. 10 a), so muß das Kind, wenn es die kinematische Kurve vorhersagen soll, zwei Bewegungen in Gedanken kombinieren: die Drehbewegung der Scheibe um ihren eigenen Mittelpunkt parallel zur Tischkante am Papprand entlang. Meine Tochter (8 ½ Jahre) bietet zuerst folgende Lösung (Abb. 10 b). Und als sie damit nicht zufrieden ist, zeichnet sie die zweite Lösung (Abb. 10 c).

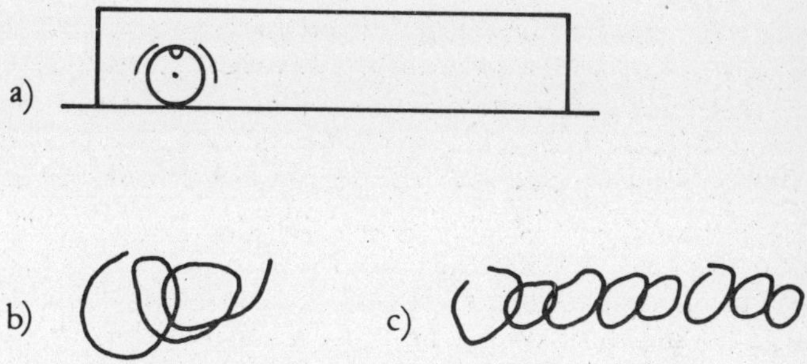

Abb. 10

Die richtige Lösung wird erst um die Elfjährigkeit herum von den Kindern gebracht. Es gibt auch Erwachsene, denen es schwerfällt, sich vom anschaulich Gegebenen zu lösen und in Gedanken die Anordnung der Dinge von der anderen Seite zu sehen und zu beschreiben.

b) Bestimmung der Position eines Punktes auf einer Fläche

Die Stellung eines Punktes in einer Ebene zu bestimmen, ist mit Sicherheit eine komplexere Operation. Diese Komplexität ist der Tatsache zuzuschreiben, daß diese Bestimmung nur gelingen kann, wenn mehrere Meßoperationen durchgeführt und beide Dimensionen berücksichtigt werden (Länge und Breite).

Zur Untersuchung dieser Leistung, verschiedene eindimensionale Messungen zu koordinieren, wurde von Piaget folgende Versuchsanordnung verwendet: Er benutzte zwei weiße, durchsichtige, rechteckige, gleich große Blätter und legte diese so auf den Tisch, daß sie im Gesichtsfeld des Kindes lagen: das eine Blatt rechts oben, das andere links unten. Auf dem Blatt rechts oben war ein Punkt P mit Rotstift eingezeichnet. Die Kinder wurden aufgefordert, auf dem anderen Blatt den Punkt so einzuzeichnen, daß er sich in derselben Lage befand, wie der auf dem ersten Blatt. Ob die Aufgabe richtig gelöst wurde, konnten die Kinder selbst durch Übereinanderlegen der durchsichtigen Blätter nachprüfen. Es wurden den Kindern Buntstifte, Lineal und Faden zur Verfügung gestellt.

Kinder unter 4½ Jahren gingen ohne die Hilfsmittel vor und probierten einfach, den Punkt einzuzeichnen. Erst von etwa 7 Jahren an wurden Meßversuche unternommen. Es handelt sich dabei aber um isolierte, eindimensionale Messungen. Entweder wurde nur in waagerechter oder nur in senkrechter Richtung gemessen oder sogar nur in schräger Richtung. Erst vom 9. Lebensjahr an wird eine Dimension gemessen, das Ergebnis festgehalten und die andere gemessen und zur ersten Messung in Beziehung gesetzt. Das bedeutet, daß erst auf dieser Altersstufe das Kind sich von dem, was es im Augenblick tut (die eine Dimension messen), soweit zu lösen vermag, daß es die andere messen kann, ohne das Ergebnis der ersten Messung zu vergessen. Beide Messungen werden im Sinne eines Koordinatensystems zueinander in Beziehung gesetzt, und der Punkt wird richtig lokalisiert.

c) Perlenversuch

Der Perlenversuch ist wohl das bekannteste Experiment von Piaget in diesem Zusammenhang. Zwei gleichgeformte, gleichgroße Glasgefäße (A + A') sind gleich hoch mit Glasperlen gefüllt. Die Perlen des Gefäßes (A) werden in ein schmaleres, höheres Gefäß (B) umgeschüttet oder auch in ein niedrigeres, breiteres Gefäß (C). Auf die Frage, ob in dem Gefäß B oder C jetzt mehr, weniger oder gleich viele Perlen seien wie in A', läßt sich das Kind von seinem Unmittelbareindruck leiten und antwortet von daher. Es sagt in der Regel, daß in dem schmalen Gefäß mehr Perlen seien, und gefragt, warum, sagt es, weil es (vergleichsweise zu Gefäß A') höher hinauf mit den Perlen angefüllt sei. Oder es sagt, es seien mehr, weil das Gefäß (C) viel breiter sei. Das Kind vermag noch nicht die Dimensionen Höhe und Breite in Relation zu setzen.

Erst mit 7 Jahren vermögen die Kinder zunehmend zu erkennen, daß in beiden Gefäßen jeweils gleich viele Perlen wie in A' sind. Als Begründung wird z.B. angegeben: Die

Perlen stehen höher, aber dafür ist das Glas schmaler. Oder: Es waren vorher gleich viele, also müssen es jetzt auch gleich viele sein. Oder: Es sind gleich viele geblieben, wir haben keine herausgenommen und auch keine hinzugetan. Es kommt auch vor, daß Kinder die gedankliche Umkehrung formulieren: Wenn wir sie zurückschütten, sind es wieder so viele wie hier (A').

Es sind also zahlreiche gedankliche Operationen, die zur Lösung des Problems führen. Die einzelnen Gedankenoperationen werden gegenseitig von der Problemstellung her und auf das Ziel der Problemlösung hin kontrolliert. Jede zur Bewältigung des Problems gebrauchte (mögliche) Operation erfolgt innerhalb eines Systems von Operationen desselben Typus. Diese typengleichen Operationen nennt Piaget *Gruppierungen*. So sind an der Lösung der Perlenaufgabe beteiligt: die Operationen der Komposition (Höhe und Breite werden in Beziehung gesetzt), die der Identität (keine Perlen werden hinzugetan und auch keine weggenommen) und die der Reversibilität (wir können die Perlen zurückschütten). Diese wechselseitige Kontrolle der einzelnen Denkoperationen gleicht einem Fließ-Gleichgewicht, das nach Ausgleich der defekten Struktur (= Problem) strebt. Ist die Gleichgewichtslage erreicht, können Assimilationsversuche und Akkommodationsprozesse zur Ruhe kommen. Das Problem ist bewältigt.[33]

Die Möglichkeit, in Gedanken Veränderungen rückgängig zu machen oder den Ausgangspunkt in Gedanken entgegen realen Veränderungen festzuhalten, führt das Kind zur Erkenntnis des Sachverhalts der Konstanz; Konstanten aber sind notwendig zur Orientierung im Außenfeld des Handelns und zur Orientierung im Innenraum des Denkens.

Piaget hat auch zu dem Problem der Konstanz Experimente gemacht. Dem Kind wurde eine Plastikkugel gegeben mit der Aufforderung, eine gleich große aus Plastilin zu formen. Dann wurde die selbst angefertigte Plastikkugel zerstückelt bzw. verformt, und jedesmal wurde gefragt: »Ist das jetzt mehr oder weniger?« Erst um die Sieben-/Achtjährigen herum wird die Konstanz der Substanz entdeckt (»es ist gleich viel«). Später

[33] Näheres hierzu bei Seiß, 1974², S. 219 ff.

wird die Konstanz des Gewichtes und schließlich die Konstanz des Volumens und die der Dichte entdeckt. Unter Kindern gibt es eine bekannte Scherzfrage, die den Sachverhalt der Konstanz der Dichte betrifft: »Was ist leichter, ein Pfund Federn oder ein Pfund Eisen?« Erst Kinder, die erkannt haben, daß mit Änderung des Volumens die Masse konstant bleibt, fallen auf diese Scherzfrage nicht mehr herein.

Piaget hat auf eine heiße Platte Maiskörnchen gelegt, die sich infolge der Erhitzung aufblähten. Die Versuchspersonen wurden nun befragt, ob sie der Ansicht seien, daß sich das Gewicht und die Menge der Materie geändert hätten, oder ob sie gleichgeblieben seien. Kleinere Kinder äußern, daß das Gewicht mit der Zunahme des Umfangs auch zugenommen habe. Piaget gibt die Antwort eines neunjährigen Jungen wieder, der beobachtete, wie die Körner größer wurden und schließlich aufplatzten:

»Sie werden groß, es ist das Feuer, das sie groß werden läßt.«

VL: »Wiegt es das gleiche wie vorher?«

VP: »Nein, dieses wiegt jetzt mehr, es ist schwerer geworden.«[34]

VL: »Warum?«

VP: »Weil es größer geworden ist. Es ist jetzt mehr als vorher.«

VL: »Mehr an was?«

VP: »An Mehl.«

Stoffmenge und Gewicht sind also bei diesem Kind funktional mit dem Gesamtvolumen verbunden und verändern sich, wenn dieses sich verändert. Die Antwort eines elfjährigen Kindes auf dieselbe Beobachtung hin lautet folgendermaßen:

VL: »Besteht es jetzt aus mehr Materie?«

VP: »Nein, es ist nicht größer, sondern länglicher.«

VL: »Und wenn man es wiegen würde?«

VP: »Es würde genau dasselbe wiegen, weil ein bißchen Leere da drinnen entstanden ist.«

Die Konstanz der Dichte wird von einem fast elfjährigen Jungen entdeckt bei einem Vergleich zwischen Stein und Kork:

[34] VL = Versuchsleiter; VP = Versuchsperson (das Kind).

VL: »Der Stein ist schwerer als der Kork. Warum?«

VP: »Weil er, wenn man ihn ins Wasser wirft, untergeht, und der Kork nicht.«

VL: »Woher kommt das eigentlich?«

VP: »Der Stein ist zusammengepreßter ... es ist mehr das eine zum anderen ... der Stein ist zusammengepreßter Sand.« (G. Petter, 1968, S. 156, S. 160)

W. Stern, Klassiker der deutschen Entwicklungspsychologie, beobachtete schon 1923, daß auch beim Erlernen der Sprache in ähnlichen Schritten der unmittelbare Dingbezug zunehmend zurücktritt. Zuerst besteht die Sprache des kleinen Kindes vorwiegend aus Hauptwörtern. Stern nannte dieses Stadium »Substanzstadium«. Dann wird die Sprache durch Tätigkeitswörter differenzierter (Aktionsstadium), und schließlich treten Eigenschaftswörter hinzu (Merkmals-Relationsstadium). Die Repräsentanz der Wirklichkeit im Binnenraum der Vorstellung wird durch die Sprache fixiert. Auf diese Weise können wir uns gedanklich (in Denkbewegungen) in unserer Wirklichkeit orientieren. Es kann uns deshalb nicht wundern, daß die Entwicklung der Abbild-Funktion der Sprache, durch die wir Wahrgenommenes bezeichnen, den gleichen gesetzmäßigen Abfolgen unterliegt wie die Entwicklung der Sprache selbst.

Wo Sprache benutzt wird, um Wirklichkeit zu beschreiben, finden wir dieselben Stufen wie beim Spracherwerb. W. Stern ließ Bilder beschreiben und stellte fest, daß es auch hier zunächst ein Substanzstadium gibt (etwa bis zur Achtjährigkeit). In diesem Stadium werden auf den Bildern vorwiegend Dinge und Personen aufgezählt. Diesem Stadium folgt dann das Aktionsstadium ab 9./10. Lebensjahr. Nun werden auch Tätigkeiten hervorgehoben, und es wird von den Kindern erzählt, was zwischen den Dingen und Personen geschieht. Im Relationsstadium schließlich (ab 11./12. Lebensjahr) werden auf dem Bild Merkmale und Eigenschaften der handelnden Personen und Dinge benannt.

Aktions- und insbesondere Relationsstadium zeigen, daß die Lösung von dem anschaulich Gegebenen allmählich erfolgt. In dem Maße, wie eine Distanz zum Unmittelbareindruck möglich wird, können die Beziehungen zwischen den Dingen wichtig werden. Es wiederholt sich auf höherer Ebene die Grunderfahrung der ödipalen Situation: Neben der Beziehung zur Mutter gibt es noch andere: zum Vater, zu Bekannten, zu Personen, Dingen, Sachen überhaupt. In dem Maße, wie das Kind lernt, auf die Beziehungen zu achten, die zwischen Personen und Dingen zu beobachten sind, in dem Maße lernt es auch, sich selbst in seiner Beziehung zu anderen zu sehen.

So wie das anschauungsgebundene Kind seinen Standort in Gedanken nicht verlassen konnte, um die Dinge (Beispiel mit den Bergen) von der anderen Seite zu sehen, so kann das Kind, das jetzt Beziehungen zwischen Dingen und Personen zu erfassen vermag, dies nur vom eigenen Ort aus. Es bleibt in der Beziehungserfassung egozentrisch. Es kann nicht erfassen, wie ein anderes Kind die Beziehungen zwischen Dingen und/oder Personen beurteilt. Es kann, wie noch die meisten Erwachsenen, vom eigenen Aspekt nicht absehen.

Dieser Egozentrismus in der Beziehung zwischen Personen wird besonders deutlich in der Kommunikation. Beim Vorschulkind beobachten wir, daß es beim Erzählen Monologe hält. Das Erzählen ist noch mehr sprachlicher Ausdruck des Erlebens und Bedürfnis nach verbalem Kontakt als kontrollierte, bewußte Mitteilung von Vorstellungen und Gedanken. Das Sprechen ist noch stark Affektkundgabe, Kontaktnahme. Diese Funktion der Sprache als Mittel der Affektkundgabe und des Kontaktes kann auch bei Erwachsenen wieder in den Vordergrund treten. Wenn ein starkes Erlebnis, Glück oder Leiden, einen Erwachsenen erfüllt, dann redet er sich frei. Er erzählt es jedem, von dem er meint, daß er sich ihm zuwendet. Ob das Gegenüber wirklich zuhört und Anteil nimmt, wird dabei kaum oder gar nicht bemerkt. Auch gehemmte Menschen, wenn sie einen Erlebnisstau haben, kommen in der Therapie an einen Punkt, wo die positive Übertragung dem Mitteilungsbedürfnis und der Lösung dieses Erlebnisstaus entgegenkommt. Die Patienten berichten dann und erzählen, ohne zu bemerken, daß der Therapeut mit Fragen dazwischenzukommen versucht. Es ist das ein Stadium der nichtsozialisierten Sprache. Wir finden dieses Monologisieren auch bei alten Menschen als altersbedingtes Abbau-Symptom.

Die Sozialisation der Sprache setzt da ein, wo das Kind damit rechnet, daß ein Gesprächspartner da ist, der zuhört, und wo es erkennt, daß ein Gespräch im Reden und Zuhören besteht, was voraussetzt, den Standpunkt des anderen zu akzeptieren, auch wenn dieser ganz anders ist. Die Sozialisierung der Sprache ist dadurch gekennzeichnet, daß in der Rede Wendungen, Pausen, Rückfragen eingebaut sind, die darauf hinweisen, daß der Redende seine Rede als Dialog meint.

Die Überwindung des Egozentrismus in der Sprache erfolgt allmählich und geht Hand in Hand mit einer zunehmenden Sachorientiertheit des Kindes.

Piaget beobachtete mit seinen Mitarbeitern über ein halbes Jahr lang sechs- bis achtjährige Kinder hinsichtlich ihrer sprachlichen Äußerungen. Dabei stellte er fest, daß bei 6 ½jährigen Kindern 45 % der Äußerungen egozentrisch sind, während bei 7 ½jährigen Kindern nur noch 27 % der Äußerungen so klassifiziert werden können.

Um den Prozeß der Sozialisierung des Sprechens bzw. den Grad der Abnahme des Egozentrismus in der Kommunikation zu prüfen, machte Piaget folgendes Experiment: Er las eine Geschichte vor, ließ diese weitererzählen und von dem, der sie erzählt bekam, wieder berichten. In einem anderen Versuch erklärte er die Arbeitsweise eines Wasserhahns anhand einer Schautafel und ließ diese Erklärung weitergeben und fragte den dritten, was er erklärt bekommen und was er verstanden hätte. Gleich nach dem Erzählen der Geschichte bzw. nach dem ersten Erklären der Arbeitsweise des Wasserhahns wurde nachgeprüft, wieviel das Kind davon verstanden hatte. Durch direkte Fragen wurde ermittelt, ob es Sachverhalte und Zusammenhänge gab, die nicht verstanden wurden. Das Kind wurde erst dann aufgefordert, das Verstandene weiterzugeben, wenn sicher war, daß es alles verstanden hatte.

Piaget berechnete als Maß des Verstehens durch Kommunikation die Anzahl der Einzelheiten, die das zweite Kind von dem ersten richtig vermittelt bekam und richtig aufgepaßt hatte. Bei Kindern von 6–7 Jahren wurden im Durchschnitt 48 % der Erzählung und 56 % der Sacherklärungen richtig weitergegeben und aufgenommen. Bei 7–8jährigen waren es

56 % der Erzählung und 68 % der Sacherklärungen, die richtig weitergegeben und aufgefaßt wurden. Wir beobachten also ein Fortschreiten der verständlichen Kommunikation.

Piaget versuchte auch die qualitative Seite der Kommunikation zu analysieren. Er gelangte dabei zu folgendem Ergebnis:

1. Das erzählende bzw. das erklärende Kind fragt häufig: »Verstehst du?«, d. h., es rechnet damit, daß der andere zuhört und hält keine Monologe. Aber die Frage »Verstehst du?« dient weniger dazu, Rückmeldung über das Verstandenhaben zu erhalten, sondern hat eher den Charakter einer emotionalen Anfrage, sich der Zustimmung und des weiteren Zuhörens zu versichern.

2. Piaget bemerkte, daß das berichtende Kind häufig Fürwörter gebraucht, ohne sich zu vergewissern, ob das zuhörende Kind weiß, wen oder was es mit diesen Fürwörtern jeweils meint. Fragt man das berichtende Kind, weiß es, wen bzw. was es jeweils meint, d. h. das berichtende Kind setzt stillschweigend unreflektiert voraus, daß das zuhörende Kind gerade in diesem Augenblick dasselbe denkt und dasselbe meint, was das berichtende Kind auch denkt und meint. Dazu folgendes Beispiel: Im Original wurde folgende Geschichte erzählt.

»Es war einmal eine Frau, die hieß Niobe; sie hatte zwölf Söhne und zwölf Töchter. Sie begegnete einer Fee, die nur einen Sohn und gar keine Tochter hatte. Die Frau lachte die Fee aus, weil sie nur einen Sohn hatte. Die Fee wurde böse und band die Frau an einen Felsen. Die Frau weinte zehn Jahre lang. Endlich wurde sie in einen Felsen verwandelt, und aus ihren Tränen wurde ein Bach, der noch heute fließt« (G. Petter, a.a.O., S. 246).

Die achtjährige Jea erzählte den Kameraden die Geschichte von der Niobe wie folgt:

»Es war einmal eine Frau, die Niobe hieß; sie hatte zwölf Söhne und zwölf Töchter; und dann eine Fee, einen Sohn und eine Tochter. Und dann wollte Niobe mehr Söhne als die Fee. Dann wurde sie böse (wer?). Sie (wer?) hat sie an einen Stein gebunden (wer band wen?). Daraus (aus wem oder was?) wurde ein Fels, und die Tränen (wessen Tränen?) wurden zu einem Bach, der noch heute fließt« (G. Petter, a.a.O., S. 248).

3. Es konnte festgestellt werden, daß beim Erzählen und auch beim Erklären nicht der logische Ablauf der Geschichte oder die sachnotwendige Abfolge beim Funktionieren eines Wasserhahns das Berichten bestimmte, sondern es werden Einzelheiten aneinandergehängt und durch »und dann« verbunden. Es werden noch nicht die Abhängigkeiten und Beziehungen erkannt und weitergegeben, sondern was auffällig irgendwie zusammengehört, wird aneinandergehängt. Dabei wird das zuerst genannt, was am eindrucksvollsten ist, was stark mit Gefühlen besetzt die Aufmerksamkeit erregt. Alles andere rankt sich um dieses emotional Bedeutsame herum. Auch hier bestimmt die subjektive Sicht, der Grad der subjektiven Bedeutung den Gang der Darstellung und nicht die logische Folge oder der Sachablauf eines Vorgangs.

Dieser empfindliche Mangel an Ordnung in der Darstellung steht in Zusammenhang mit einem Mangel an Interesse für Einzelheiten im Ablauf eines Ereignisses. Die emotionale Besetzung der Gegenstände steht einer distanzierten Analyse der Beziehungen und einer Ursachenerklärung im Wege. Hierin zeigt sich der egozentrische Charakter des kindlichen Denkens. Das kindliche Denken begnügt sich mit der Feststellung, daß zwei Ereignisse im großen und ganzen irgendwie miteinander zusammenhängen, weil sie in Zeit und Raum benachbart sind oder emotional verbunden erscheinen. »Es bemerkt aber kaum die Notwendigkeit einer bis ins einzelne gehenden Analyse der Beziehungen zwischen zwei Episoden in einem Ereignis oder zwischen dem einen und dem anderen Teil einer Maschine« (G. Petter, a.a.O., S. 249).

Das sechs- bis achtjährige Kind strukturiert das Geschehene und Gehörte nach dem emotionalen Globaleindruck und nicht nach dem funktionalen Stellenwert der Elemente und deren sachimmanenten bzw. logischen Beziehungen. Das erkennt man unter anderem auch am Gebrauch des Wortes »weil«. Das Kind kann beispielsweise sagen: »Weil das Wasser nicht herausfließt, ist der Hahn zu.« Aber es kann ebenso formulieren: »Weil der Hahn zu ist, fließt das Wasser nicht heraus.« Und man hat dabei nicht den Eindruck, daß das Kind zwischen diesen beiden Formulierungen einen qualitativen Unterschied empfindet.

Das »kausale Weil« kann das Kind noch nicht vom sogenannten »psychologischen Weil« unterscheiden. Das »psychologische Weil« bezeichnet einfach einen für das Kind bedeutsamen Zusammenhang, wobei es keine Rolle spielt, ob das »Weil« die Voraussetzung oder die Frage bezeichnet: Weil es schneit, ist es kalt vs. Weil es kalt ist, schneit es. Es sind Bedeutungszusammenhänge und noch keine Kausalzusammenhänge, die hier formuliert werden.

Kinder dieser Altersstufe haben deshalb keine Schwierigkeiten, zu Erklärungen zu kommen, die sie subjektiv für richtig halten. Es sind Erklärungen, die einfach aufgrund emotionaler Bewertung bei räumlicher oder zeitlicher Nähe gegeben werden. So kann ein sechsjähriges Kind sagen: »Der Mond fällt nicht vom Himmel, weil er (der Mond) sehr hoch ist«, oder: »Der Mond fällt nicht vom Himmel, weil er (der Himmel) sehr hoch ist«, oder: »Der Mond fällt nicht vom Himmel, weil die Sonne nicht scheint.«

10. Im Übergangsfeld vom Naiven zum Kritischen Realismus – zweite Stufe des Sachbezuges

Wir kennzeichneten den naiven Realismus durch die Gleichung »Sehen = Sein«. Der kritische Realismus läßt sich ausdrücken durch die Gleichung: »logisch gültig = Sein«.

Die naiv realistische Einstellung zur Umwelt geht nicht verloren, sondern wird überlagert durch die weiterschreitende Entwicklung. Der Übergang ist gekennzeichnet durch eine zunehmende Vorherrschaft der vorstellenden gegenüber den anschauenden Aktivitäten. Die Situation wird nicht mehr ausschließlich vom Unmittelbareindruck her beurteilt, sondern von der inneren, gedanklichen Reflexion. Während sich der Übergang gleichsam intern vorbereitet, ist die äußere Aktivität ausgesprochen auf Konkret-Anschauliches bezogen. Das Gegenständliche fasziniert. Die Fähigkeit, eine Situation, wie sie sich auf den ersten Blick darstellt, gedanklich zu überprüfen, ist zwar schon vorhanden, aber sie stellt sich noch nicht von selbst ein. Das Stadium des kritischen Realismus ist erst dann voll erreicht, wo die unmittelbare Dingbezogenheit, das Sichleitenlassen durch den Unmittelbareindruck so weit aufgelockert sind, daß sich die kritische Sicht von selbst einstellt oder zumindest jederzeit durch leichten Anstoß von außen herbeigeführt werden kann.

Das Zurücktreten der unmittelbaren Dingbezogenheit im Umgehen und Handeln mit den Dingen und Situationen der Außenwelt erfolgt dann, wenn die gerade beobachtbare Beziehung (Handlung) als nicht vollzogen gedacht werden kann (Reversibilität, s. o.). Die Folge davon ist das Erfassen von Konstanten im Umfeld (Substanz, Gewicht, Volumen, Dichte).

Das Zurücktreten der unmittelbaren Dingbezogenheit wird im Sinne einer Generalisierung ausgedehnt auf die personale Umwelt. Auch hier ist die Folge das Erfassen von personalen Konstanten bei Beziehungen, die zwischen Personen ablaufen. Das Kind erkennt, daß es Eigenarten der Person, Eigenarten des Individuums gibt, die sich von der eigenen Eigenart unterscheiden und von dieser unabhängig sind. Die physikalischen Konstanten (= Gesetzmäßigkeiten) sind sicherer und leichter zu erfassen als die personalen Konstanten. Weil erstere objektiv gegeben sind, können unterschiedliche Eindrücke viel eher auf das eigene Handeln und auf die eigene Sichtweise zurückgeführt werden. Das aber trifft nicht zu für die Unterschiede im personalen Bezug. Personen können nicht nur anders gesehen werden, sondern sie können sich von Situation zu Situation auch anders geben und verhalten. Die Veränderungen einer Person können so stark sein, daß es nicht möglich ist, sie in ihrer Einheit zu erfassen, auch dann nicht, wenn man in der Lage und willens ist, vom eigenen Standort abzusehen. Die Frage nach den Konstanten im personalen Bezug deckt sich mit der Frage nach der Identität der Person.

Der Umgang der Menschen miteinander ist um so schwerer, je weniger es möglich ist, die Identität einer Person zu erkennen. Je mobiler und inkonstanter die Verhältnisse sind, unter denen Menschen leben, unter denen sie sich begegnen und miteinander agieren müssen, um so schwieriger ist es, in der Vielheit der Verhaltens- und Reaktionsweisen der einzelnen den gemeinsamen Nenner, die Identität der Person, zu finden;

zusätzlich erschwerend wirkt, wenn der einzelne seine Identität aus dem Urteil seiner Umwelt bezieht. Die Folge davon ist eine zunehmende Unsicherheit im Umgang miteinander. Die Beliebtheit gruppendynamischer Sitzungen zeigt uns, daß der Versuch eines Ausweges aus diesem Dilemma allgemein begrüßt wird: Man übt sich im Erfassen der Hier-und-jetzt-Situation, des Hier-und-jetzt-Eindruckes, den man vom Gegenüber hat, und meldet diesen zurück. Das ist zwar eine Hilfe zur Überbrückung der Inkonstanz der Person, eine Hilfe zur Herstellung einer zeitweiligen Zuverlässigkeit (zu wissen, woran man ist), aber es ist keine Lösung der Identitätsfrage. Die gruppendynamische Bewegung ist Ausdruck einer weltweiten Identitätskrise. Wo Identität nur noch umweltbedingt vom Feedback bestimmt ist, wird die Person ausgetauscht gegen ein Rollenverständnis. Das Individuum ist dann nur noch Funktionär. Was als Konstante bleibt, ist das subjektive jeweilige Daseinsgefühl. Dessen Inkonstanz aber ist keine Basis für die Herausbildung von Identität.

Das heranwachsende Kind braucht zur Entwicklung seines Selbstwertgefühles das Erlebnis von Identität in der Erfahrung von Beziehungskonstanten; Sitte und Norm finden wir in allen Kulturen. Sie sind primär nicht repressiv mißbrauchte Machtinstrumente, wie man aus einseitiger, interessengeleiteter Sichtweise uns einreden will, sie erfüllen vielmehr eine ganz wesentliche Funktion. Sitte und Norm gewähren Geborgenheit, Verläßlichkeit, sie nennen Verbindlichkeiten und schaffen dadurch Voraussetzungen zur personalen Verbundenheit und zur Erfahrung von Identität.

Wer solche Verbindlichkeiten einseitig disqualifiziert und als konservativ abstempelt, nimmt den Heranwachsenden die Möglichkeit, eine personale Identität und damit eine positive Unabhängigkeit aufzubauen. Das aber bedeutet eine Erziehung zur Außenleitung, zur Manipulierbarkeit, zur größeren Abhängigkeit von anderen Menschen und ist letztlich innere Unfreiheit.[35]

[35] Siehe das Ergebnis der Shell-Studie (1980), wo als zentrale Merkmale der Gegenwartsjugend erkannt wurden: narzißtische Empfindlichkeiten, mangelndes Selbstwertgefühl und Legitimationskrise.

Unter der entwicklungspsychologischen Notwendigkeit, dem Kind personale Konstanz anzubieten, muß die Frage nach Sitte und Norm, nach Verbundenheit durch Verbindlichkeiten, neu gestellt und reflektiert werden. Die Entwicklung des moralischen Gewissens, die Anerkenntnis von allgemeinen Regeln helfen dem Heranwachsenden, den subjektiven Standort zu relativieren und sich mit den anderen zusammen unter eine übergreifende Ordnung zu stellen. Diese Anerkenntnis einer übergreifenden, sittlichen Ordnung bewahrt die Schwachen vor dem Machtmißbrauch der Stärkeren und die Starken vor der Protest-Tyrannei der solidarisierten Schwachen. Die Entwicklung des Heranwachsenden zielt ab auf eine solche normative Verbindlichkeit, d.h. Verbundensein in einem Höheren. Außerdem erleichtern ritualisierte Verhaltensnormen die jeweilige Einschätzung des anderen (z.B. Anrede- und Grußformeln), weil die Einschätzung nicht allein angewiesen ist auf die Eindrucksurteile (Verzerrung durch Projektion).

Betrachtet man die Entwicklung der Kinder in dieser Beziehung unvoreingenommen, stellt man fest, daß sie versuchen, die personalen Beziehungskonstanten des anderen zu erfassen, indem sie sich selbst aus dem Brennpunkt der Beziehung zurücknehmen und versuchen, den anderen aus der Sicht des anderen zu sehen. Das Kind lebt dann nicht mehr nach dem Motto »Ich und die anderen«, sondern gewinnt in einem Schritt der Lösung von sich selbst die Erlebniskonstellation: »Ich unter den anderen«.

Viele kennen die Geschichte von den fünf Wanderburschen, die Kindern erzählt wird. Diese Geschichte spiegelt diesen Loslösungsprozeß deutlich wider: Da zogen einstmals fünf Handwerksburschen aus einem Ort zusammen auf die Wanderschaft. Sie hatten sich gegenseitig versprochen, daß sie sich nicht voneinander trennen wollten. Als sie nun schon ein gut Stück Weges gegangen waren, fiel es dem einen plötzlich ein, ob sie wohl auch noch alle fünf beisammen wären, und er sagte es seinen Kameraden. Da standen sie alsbald still, und der eine fing an zu zählen: »Ich – 1, 2, 3, 4!« Ach Gott, wie erschraken sie da, als einer fehlte. Sie zählten nun einer nach dem anderen und brachten nur immer vier heraus. »Ich, 1, 2, 3, 4!« – Da kam ein Fremder daher und fragte, was sie hätten. Sie sagten es ihm und baten, er sollte doch suchen helfen. Der Mann aber rief, sie sollten alle ihre Nasen einmal in den Sand stecken und dann die Löcher zählen. Das taten sie, und da kamen richtig fünf Nasen heraus. Nun wußten sie gewiß, daß sie noch keinen Kameraden verloren hatten, und setzten vergnügt ihre Reise fort (nach Ch. Riedler, 1965, S. 25 f.).

Mit diesem Akt, die Nasen in den Sand zu stecken, hatte jeder einen Schritt zur Lösung von sich selbst getan. Jeder hatte bei sich und bei den anderen das gleiche Kennzeichen der Identität (den Abdruck der Nase) beobachtet und konnte sich selbst als einen unter anderen sehen. Das Zurücktreten von sich selbst, das Verlassen des eigenen Standortes, führt zur Entdeckung der Identität der anderen und der eigenen Identität.

Selbst unter Hochschullehrern kann es vorkommen, daß beim Abzählen der Stimmen anläßlich einer geheimen Abstimmung festgestellt wird, daß eine Stimme fehlt. Dabei hatte der Einsammelnde seine Stimme in den Hut gelegt, aber nur die gezählt, die er entgegennahm. Piaget hat dieses Sichlösen vom eigenen Standpunkt im Bereich der personalen Beziehung experimentell geprüft, indem er Sechs- bis Zehnjährigen Sätze zur Ergänzung vorlegte.

a) »Wie viele Brüder gibt es in deiner Familie? Und wie viele Schwestern? Und wie viele Brüder und Schwestern sind es im ganzen?«
b) »Wie viele Brüder hast du? Und wie viele Schwestern? Und (im Falle, daß die Versuchsperson einen Bruder A und eine Schwester B hat) wie viele Brüder hat A und wie viele Schwestern? Wie viele Brüder hat B und wie viele Schwestern?«
c) »In einer Familie gibt es 3 Brüder: August, Alfred und Raimund. Wie viele Brüder hat August? und Alfred? und Raimund?«
d) »Ernst hat 3 Brüder: Paul, Heinrich und Klaus. Wie viele Brüder hat Paul? und Heinrich? und Klaus?«
e) »Wie viele Brüder gibt es im ganzen in dieser Familie?«

f) »Bist du ein Bruder (bzw. eine Schwester)? Was ist ein Bruder (bzw. eine Schwester)?« (G. Petter, a.a.O., S. 258).

Die leichteste unter diesen Fragen, die an 43 Kinder zwischen 4 und 12 Jahren gerichtet wurde, war die Frage a). Sie wurde von der Mehrheit der Kinder über 6 Jahren richtig beantwortet. Schwieriger war die Frage c). Richtig gelöst wurde diese erst mit ca. 8 Jahren. Noch schwieriger waren die Fragen b), d) und e), die erst gegen das 10. Jahr gelöst wurden. Während die Frage a) nur die Fähigkeit voraussetzt, zu verstehen, aus wieviel Einheiten eine Geschwistergruppe besteht, wurde die richtige Antwort der übrigen Fragen nur möglich, wenn das Kind begriffen hatte, daß es ein Kind unter den anderen Geschwistern ist, d.h. wenn es Distanz zu sich selbst gewonnen hatte.

Entwicklung ist ein dynamisches Geschehen. Während sich die Loslösung von der Anschauungsgebundenheit als Möglichkeit kritischer Distanz innerlich anbahnt, die vorstellende Aktivität neben die anschauende tritt, um allmählich die Vorherrschaft zu gewinnen, beobachten wir im Verhalten einen Höhepunkt der Hinwendung zum Konkreten. Um die Zehnjährigkeit herum finden wir bei Kindern eine Sammelleidenschaft. Es werden beispielsweise Bierdeckel, Bilder, Kronenkorken, Briefmarken u. a. gesammelt. Die Sammelinteressen sind Ausdruck einer Bemächtigung der Umwelt durch Speicherung.

Die sich anbahnende Verunsicherung im Sein/im Bezogensein wird kompensiert durch Haben-wollen (Besitzen/Wissen gleich Macht. Eigenmacht gleich Selbstwert). Es wiederholt sich hier auf höherer Ebene, was wir schon in der analen Phase beobachten konnten: Das Bewirkenkönnen (»Machen«) wird in Abhängigkeit erlebt zum verfügbaren Besitz (zum Hergeben und Behalten von dem, was man hat).

Aber dieses Interesse am Gegenstand ist nur für die oberflächliche Betrachtung identisch mit einem Gebundensein an das Anschauliche. Betrachtet man dieses Phänomen der Entwicklung genauer, erkennt man, daß es um ein distanziertes Erfassen geht; denn die Dinge werden unter bestimmten

Aspekten gesammelt und geordnet, d.h. sie werden einem übergreifenden Bezugsmuster (Ordnungskategorien wie Größe, Gewicht u.a.) unterstellt. Es geht um innere (intellektuelle) Verfügbarkeit.

Durch die Fähigkeit, Konstanten zu erkennen, gelingt es dem Kind, das Gesammelte nach einfachen Gesichtspunkten wie Farbe, Form, Länder, Typen usw. zu ordnen. Dieser Ausrichtung auf die geordnete Mannigfaltigkeit des sinnhaft Konkreten entspricht eine ausgezeichnete Merkfähigkeit. In keiner Altersstufe sind die Gedächtnisleistungen so gut wie in der Acht- bis Zehnjährigkeit, im Höhepunkt des »Naiven Realismus«. So nimmt das zehnjährige Kind die Welt um sich her unkompliziert auf. Die Materialien werden gespeichert und naiv geordnet. Die Materialhortung und -ordnung erreicht einen Grenzwert, der es notwendig werden läßt, die Beziehungen zwischen den Dingen zu beachten. So werden zur Zeit der aktiven Ding- und Sachbezogenheit unterschwellig Funktionen ausgebildet, die der gedanklichen Verarbeitung dienen. Es sind Funktionen, die zur Existenzbewältigung notwendig werden, wenn die Weiterentwicklung die Grenze des naiv-anschaulichen Weltbildes offenbar werden läßt.

Im Vordergrund steht aber in diesem Alter (um die Zehnjährigkeit) das manifeste Verhalten einer umweltoffenen Realbezogenheit der Kinder. Das Weltbild ist optimistisch. Dieser Umweltoffenheit und der allgemein unkomplizierten Hinwendung zur Umwelt entspricht auch ein gutes Klassenklima, eine sachbezogene Umgänglichkeit (kennzeichnend für das 4. Schuljahr). Die Sozialpsychologie spricht von einem Wir- oder Gruppenbewußtsein. Es ist jene Zeit, in der es dem einzelnen Kind schwerfällt, anders zu sein, anders zu denken als die anderen. Alles hat Ordnung durch Zugehörigkeit, auch die Klasse ist so eine Ordnung. Im und nach dem Unterricht hält man in Gruppen zusammen. Die Rangordnungskämpfe in den Klassen (Wer ist stärker?) sind im allgemeinen abgeschlossen. Sie werden gelegentlich nur noch ritualisiert demonstriert. Kinder, die neu in die Klasse kommen, haben es schwer, in den Klassenverband aufgenommen zu werden. Bei der Rangordnung steht unter Jungen körperliche Stärke im Vordergrund, bei den Mädchen ist es Beliebtheit und Schönheit. Mädchen in diesem Alter neigen mehr zu Grüppchenbildung.

Diese umweltoffene Zuwendung und das naive Bezogensein auf die konkrete Wirklichkeit bringen das Märchenalter zu Ende. Kinder, die älter sind als acht Jahre, lesen und hören nur noch selten Märchen. Erst mit Beginn der Reifezeit spielen Märchen und Phantasiegeschichten wieder cinc Rollc.

Mit dem optimistischen Weltbild im Ausgang des naiven Realismus braucht das Kind das Märchen nicht mehr als Projektionsfeld und Fluchtort bei rationaler Überforderung in bezug auf die Verarbeitung von Gebot und Versagung. Das Kind stellt sich dem Dasein und den eigenen Wünschen rational. Nun will das Kind Sagen und Robinson-Geschichten hören. Die Sagen haben eine andere Funktion als die Märchen, was von Entwicklungspsychologen meist nicht beachtet wird. Die Märchenwelt ist die ganz andere Wirklichkeit, die nicht mögliche Welt der Wünsche und der Träume. Die Sagenwelt ist lediglich die nicht wahrscheinliche Welt der starken Helden, wo das denkbar Mögliche als wirklich erlebt wird. Neben das konkret Wirkliche tritt das, was anschaulich nicht direkt gegeben ist, aber für möglich gehalten wird. Zugleich ist dieses andere das Mächtigere, mit dem sich das rational schwache Ich zu identifizieren vermag (kompensatorische Funktion der Sagen gegenüber Lust-Ersatzfunktion der Märchen).

Die Sagen sind für das Kind im Vergleich zu den Märchen nicht jene ganz andere Wirklichkeit, sondern nur unwahrscheinlich. In den Sagen ist ein Realitätsbezug enthalten. Was in den Sagen geschieht, ist zwar weit außerhalb der täglichen Erfahrung, aber unter ganz bestimmten Bedingungen dennoch denkbar.

Sagen, Robinson-Geschichten und Abenteuer stehen im Dienste der Kompensation der eigenen rationalen Unsicherheit und Begrenztheit. Sie gleichen die rationale Unsicherheit kompensatorisch aus und stützen so die Entwicklung der sachorientierten Daseinsbewältigung ab. In den Märchen lebt das Es, in den Sagen das noch rational begrenzte, handelnde Ich.

In den Sagen ist das Denkbare das Mögliche, in den Märchen

ist das Gewünschte und Befürchtete das Wirkliche. Sagen sind Kompensationen der Ohnmacht auf der Ebene des handelnden Ichs. Sagengestalten und der Personenkult (= Übermensch, Held, Führer) ideologischer Systeme repräsentieren eine vergleichbare (innere) Situation. Bei den Ideologien reicht die Projektion noch mehr in das Rationale hinein. Sie wird nicht nur für möglich gehalten (= Sagen), sondern als die neue Wirklichkeit suggeriert, die im Hier und Jetzt der Gegenwart ihren Anfang nähme (»reale Utopie«, E. Bloch).

Ähnlich kompensatorische Funktionen wie die Sagen und Robinson-Geschichten im Bereich der literarischen Interessen haben die Superlative, für die das Kind sich jetzt interessiert. Kinder dieses Alters stellen Listen von außergewöhnlichen Erscheinungen und Daten zusammen: die längsten Brücken, die längsten Flüsse, die höchsten Berge, die Weltrekorde, die schnellsten Autos usw. Mit diesem Interesse an den Superlativen begeben sie sich gleichsam an die Grenzen ihres naiven Weltbildes und testen dieses aus.

Es erfolgt eine Ausweitung des Realitätsbezuges bis an die Grenze des denkbar Möglichen. Es ist die Zeit der Science-fiction-Begeisterung (»Enterprise«). Nach der Identifikation mit den Möglichkeiten menschlicher Superlative (in Leistung und Mächtigkeit) pendelt sich der Heranwachsende ein auf die eigenen realen Möglichkeiten und Grenzen. Im Lesen von Krimis und populärwissenschaftlicher Literatur ist dann der Realitätsbezug hergestellt. Das Ich identifiziert sich mit seiner Umwelt. Dieses realistische Erleben von Möglichkeit und Grenze bereitet den Boden für grenzüberschreitendes Suchen nach Wahrheit und echter Liebe im Unterschied zur projektiven Verliebtheit, nach echter Transzendenz im Unterschied zu animistischen religiösen Erfahrungen metaphysischer Religiosität, die den Menschen bei sich selbst lassen und in die Irre führen.

Die Bereitschaft, die Umwelt aufzunehmen, überschaubar zu ordnen und zu beherrschen, betrifft nicht nur die Sachwelt, sondern auch die personale Umwelt. Im naiven Realismus anerkennen die Kinder auch hier klar überschaubare Regeln und Ordnungen, an die sie sich festhalten. Es sind Regeln, die sie mit und durch Lösung der ödipalen Situation internalisiert haben.

Das Gewissen des Kindes ist noch heteronom (fremdbestimmt). Das Kind möchte Mißbilligungen von seiten der Erwachsenen vermeiden und richtet sich nach den von diesen übernommenen Wünschen, Vorstellungen, Verboten und Geboten. Ein Bewußtsein von der Relativität der Moralvorstellung fehlt. Die Spielregeln unter Kindern gelten deshalb als unumstößlich.

Erst mit der Entwicklung der Reversibilität[36] wird es für das Kind denkmöglich, daß die Regeln auch keine Regeln sein könnten. Die Unveränderlichkeit der Regeln wird angezweifelt, die Bedeutung der Regel und der moralischen Vorstellung wird relativiert. Es entsteht ein individueller Hedonismus. Die moralische Vorstellung wird nicht mehr von den Absichten (vom guten Willen, zu gefallen) bestimmt, sondern sie wird an den Folgen gemessen. Die Regel wird angesehen als das Ergebnis einer Übereinkunft unter Gleichaltrigen. Ein wesentliches Ergebnis dieser Relativität ist der gegenseitige Respekt gegenüber dem, was für eine bestimmte Situation, für ein bestimmtes Spiel vereinbart ist. Ausdruck dieses Respektes ist ein deutliches Gefühl für Gerechtigkeit. Die Maßstäbe sind Maßstäbe, die der augenblicklichen Situation gerecht werden. Sie werden jeweils autonom anerkannt, aber sie haben noch nicht den Charakter von Prinzipien, von allgemeinen Gesetzen des moralischen Verhaltens im Sinne des »kategorischen Imperativs« (I. Kant). Dieses Stadium des moralischen Urteils wird erst nach der Reifezeit entwickelt. Das Erleben von Möglichkeit und Begrenztheit im Bereich des sittlichen Verhaltens (= Bewältigung der Aggression), erste menschliche Enttäuschungen und unerfüllte Wünsche bereiten die religiöse Frage vor, können zu echten geistlichen Erfahrungen führen oder sie

[36] Unter Reversibilität versteht Piaget die Möglichkeit, eine in der Realität vollzogene Handlung (beispielsweise Bewegung einer Kugel von a nach b) in Gedanken umzukehren. Reversibilität erhöht die Beweglichkeit des Denkens (inneres Handeln). Vgl. oben Kap. IV. 9.

provozieren eine Abwehr von sittlichen Forderungen (»Das mußt du nicht so eng sehen«) und/oder führen zu regressiven Tendenzen (Lustprinzip) und Protest.

Fassen wir zusammen: Die moralische Entwicklung vollzieht sich in vier Stufen:

a) Regeln und Erwartungen liegen außerhalb des Selbst (moralanaloges Verhalten wird durch Lob und Tadel determiniert = Verhaltensdressate);

b) das Ich identifiziert sich mit den Regeln und Erwartungen der Eltern (ödipale Phase) und internalisiert diese als Über-Ich, als Gewissensfunktion (heteronome Moral der Sechs- bis Zehnjährigen);

c) Relativierung der Regeln, situative Anpassung, Regeln als zweckmäßige Übereinkunft einer Gruppe (individuelle Situationsethik – autonome Moral der Elf- bis Vierzehnjährigen);

d) Das Suchen und Akzeptieren situationsübergreifender, allgemeiner Regeln der zwischenmenschlichen Beziehungen; Sittengesetze und überindividuelle Prinzipien allgemeiner Werte im Sinne der Konventionen (»Kategorischer Imperativ«);

e) die Erkenntnis, daß die Liebe Erfüllung des Gesetzes ist und die Freiwilligkeit des Gehorsams unter eine höhere Ordnung begründet (Imperativ der Liebe als Indikator menschlicher Reife und echter geistlicher Erfahrung: Erlösung vom Bösen durch Gnade).

Die von Piaget weithin intuitiv erfaßten »Stufen der moralischen Entwicklung« werden durch die neuere Forschung (L. Kohlberg, 1978 u. a.) bestätigt. Es seien in verkürzter Form Ergebnisse dieser Untersuchung wiedergegeben (nach L. Kohlberg, 1978, S. 18f.).

Stufe I: vormoralische Stufe

Das Kind versteht keine Regeln und unterscheidet nicht nach Gut und Böse gemäß Regeln und Autoritäten.

Diese Stufe moralischer Entwicklung repräsentiert die primäre Polarität im Daseinsmuster des Säuglings, die Polarität von Aktivität vs. Ruhe. Das System Säugling verhält sich im Gleichgewicht durch den Wechsel von

Spannung und Entspannung. Gut und Böse spielen noch keine Rolle.

Stufe II: vorkonventionelle Phase

Erst mit Ausweitung des Aktivitätsniveaus macht der Säugling Erfahrungen mit den Reaktionen seiner Umwelt und differenziert Lust von Unlusterlebnissen. Die Polarität ›Aktivität vs. Ruhe‹ wird überlagert von der Polarität ›Lust vs. Unlust‹.

In dieser Phase nimmt das Kind kulturelle Regeln ebenso auf wie Etikettierungen nach ›gut/böse‹ und ›richtig/falsch‹, interpretiert diese Etiketten aber entweder aufgrund der physischen oder hedonistischen Konsequenzen seiner Handlungen (Bestrafung, Belohnung, Zuwendung) oder gemäß der physischen Macht derer, die die Regeln und Etiketten aufstellen. Diese Phase teilt sich in zwei Stufen:

Stufe 1: Die Orientierung an Bestrafung und Gehorsam. Ob eine Handlung gut oder böse ist, hängt ab von ihren physischen Konsequenzen und nicht von der sozialen Bedeutung bzw. Bewertung dieser Konsequenzen. Vermeidung von Strafe und nicht hinterfragte Unterordnung unter Macht gelten als Werte an sich.

Auf dieser Stufe der moralischen Entwicklung sind die Verhaltensnormen noch nicht verinnerlicht. Meine Tochter Ina hatte als kleines Mädchen von zwei Jahren von mir das Verbot erhalten, sie dürfe im Bett keine Schokolade essen. Als ihre Mutter sie dabei ertappte und Ina zur Rede stellte, antwortete die Tochter mit dem Hinweis: »Papa ist doch nicht da.«

Erst durch die Bewältigung der ödipalen Situation wird die Verhaltensnorm verinnerlicht. Bedingt durch das Bewußtwerden von Bezogensein entsteht auch ein erstes Ahnen davon, daß dieses Bezogensein einer Regelung bedarf, einer Festlegung, wie man sich verhält, was man tut. Die Selbststeuerung erhält eine Normierung vorzugsweise durch den Elternteil, den das Kind als Bezugsperson beim anderen ersetzen möchte. Das ist bei dem kleinen

Jungen beispielsweise der Vater, für das Mädchen die Mutter. Diese Normierung der Selbststeuerung führt über zur

Stufe 2: Die instrumentell-relativistische Orientierung. Eine richtige Handlung zeichnet sich dadurch aus, daß sie die eigenen Bedürfnisse – bisweilen auch die Bedürfnisse anderer – instrumentell befriedigt. Zwischenmenschliche Beziehungen erscheinen als frei ausgehandelte Verbindlichkeiten auf Gegenseitigkeit. Grundzüge von Fairneß, Sinn für gerechte Verteilung sind zwar vorhanden, werden aber stets physisch oder pragmatisch interpretiert. Gegenseitigkeit ist eine Frage von »eine Hand wäscht die andere«, von »wie du mir, so ich dir«; nicht Loyalität, Dankbarkeit oder Gerechtigkeit tragen die Beziehung. Das interaktionistische Kosten-Nutzen-Modell von Ehe (Piontkowski, 1976) liegt auf dieser Stufe.

Stufe III: konventionelle Phase

In dieser Phase gilt es als Wert an sich, ungeachtet unmittelbarer und offensichtlicher Konsequenzen, den Erwartungen der Familie, der Gruppe oder der Nation zu entsprechen. Diese Einstellung bedeutet nicht nur Konformität, sondern auch Loyalität gegenüber der sozialen Ordnung und den Erwartungen einzelner Personen; man rechtfertigt die bestehende Ordnung, tritt aktiv für sie ein und identifiziert sich mit den sie tragenden Personen oder Gruppen. In dieser Phase lassen sich zwei Stufen unterscheiden:

Stufe 3: Orientierung an personengebundener Zustimmung oder »guter Junge/nettes Mädchen«-Modell. Richtiges Verhalten ist, was anderen gefällt oder hilft und ihre Zustimmung findet. Diese Stufe ist gekennzeichnet durch ein hohes Maß an Konformität gegenüber stereotypen Vorstellungen von mehrheitlich für richtig befundenem oder »natürlichem« Verhalten.

Es ist die Zeit der beginnenden Ablösung vom naivrealistischen Weltbild, der Lockerung der Beziehung zu den Primärgruppen (dem Elternhaus). Das noch schwa-

che »Ich« sucht Schutz in der Gruppe und übernimmt so die Maßstäbe der Gruppe. Es ist die Konformitätsethik der Pubertierenden.
Am Ende der Pubertät finden wir eine erste Orientierung an gruppenübergreifenden Normen und Ordnungen. Der Jugendliche sucht nach einem stabilen Orientierungsrahmen.
Stufe 4: Orientierung an Recht und Ordnung. Autorität, festgelegte Regeln und die Aufrechterhaltung der sozialen Ordnung bilden den Orientierungsrahmen. Richtiges Verhalten heißt, seine Pflicht zu tun, Autorität zu respektieren und für die gegebene soziale Ordnung um ihrer selbst willen einzutreten.
Es ist eine Erhaltungsethik: Sicherung der Konstanz des Beziehungsgefüges.

Stufe IV: postkonventionelle, autonome oder prinzipiengeleitete Phase

Diese Phase zeichnet sich aus durch ein erkennbares Bemühen, moralische Werte und Prinzipien zu definieren, die unabhängig von der Autorität der diese Prinzipien vertretenden Gruppen oder Personen und unabhängig von der eigenen Identifizierung mit diesen Gruppen gültig und anwendbar sind. Diese Phase teilt sich in zwei Stufen:
Stufe 5: Die legalistische oder Sozialvertrags-Orientierung. Sie ist im allgemeinen mit utilitaristischen Zügen verbunden. Die Richtigkeit einer Handlung bemißt sich tendenziell nach allgemeinen individuellen Rechten und Standards, die nach kritischer Prüfung von der gesamten Gesellschaft getragen werden. Man ist sich der Relativität persönlicher Werthaltungen und Meinungen deutlich bewußt und legt dementsprechend Wert auf Verfahrensregeln zur Konsensfindung. Abgesehen von konstitutionellen und demokratischen Übereinkünften ist Recht eine Frage persönlicher Wertsetzungen und Meinungen. Das Ergebnis ist eine Betonung des legalistischen Standpunktes.

Stufe 6: Orientierung an allgemeingültigen ethischen Prinzipien: Das Recht wird definiert durch eine bewußte Entscheidung in Übereinstimmung mit selbstgewählten ethischen Prinzipien unter Berufung auf umfassende logische Extension, Universalität und Konsistenz. Diese Prinzipien sind abstrakt und ethischer Natur (die Goldene Regel, der Kategorische Imperativ), nicht konkrete Moralregeln wie etwa die Zehn Gebote. Im Kern handelt es sich um universelle Prinzipien der Gerechtigkeit und Gleichheit der Menschenrechte und des Respekts von der Würde des Menschen als individueller Person.
Kohlberg hat durch interkulturellen Vergleich (zwischen USA, Taiwan, Mexiko, Türkei und Yucatan) feststellen können, daß die Stufenfolge in allen Kulturen gleich ist. Er kommt zu der Feststellung, daß es universale menschliche Moralstrukturen gibt.
Der Apostel Paulus bestätigt dieses Ergebnis, wenn er schreibt, daß es Heiden gibt, die das (mosaische) Gesetz nicht haben, doch von Natur aus des Gesetzes Werke tun, da sie sich selbst ein Gesetz sind (Römer 2,14). Aber sie bleiben in ihrer Werthierarchie der (in Sünde gefallenen) Natur ausgeliefert. Das betrifft ihre Sicht: höchster Wert ist das/dieses Leben (bei A. Plack, 1968, die »unverborgene Vitalität« der »guten« Natur). Das betrifft auch ihre Kraft: Obwohl sie alle erkennen, daß Leben töten, menschliches Wohl beeinträchtigen, unmoralisch ist, können sie es nicht verhindern. Und das betrifft ihr Ziel: Selbstverwirklichung.
Der Mensch gehört sich nicht selbst, er kann sich deshalb auch nicht selbst verwirklichen. Nach dem Brief des Apostels Paulus an die Epheser sind wir dazu da, dazu geschaffen, etwas zu sein zum Lobpreis Gottes, Seiner Herrlichkeit (Epheser 1).
Aber das liegt nicht in unserer Möglichkeit, ebensowenig reicht unser guter Wille aus, in allen Situationen gut zu sein. Der Apostel Paulus bekennt: »Das Gute, das ich will, das tue ich nicht; das Böse, das ich nicht will, das tue ich – wer soll mich erlösen vom Leibe dieses Todes?« Und

dann preist er das Evangelium von Jesus Christus (Römer 7).

Zu derselben Feststellung kommt A. Plack (1968), wenn er schreibt: »Die Gesellschaft ist durch den Strom des guten Willens, der in ihr kreist, so sehr überlastet, daß ihre Sicherungen im Großen immer wieder durchbrennen. Ein jeder, der gutwillig der herrschenden Ordnung sich anbequemt, ist hier ein Teil von jener Kraft, die stets das Gute will und doch das Böse schafft« (S. 338). Den Ausweg, den A. Plack aus diesem Dilemma empfiehlt, die Freisetzung der »guten Natur« durch Enttabuisierung der Moral, ist keine Möglichkeit, ist Lüge. So bleibt es dabei, wie M. Kärn (1978, S. 83) schreibt: »Allerdings sagt Kohlberg, daß es eine ziemlich sichere Erkenntnis der bisherigen Forschung über moralische Entwicklung ist, daß die verbal geäußerten Werte der Leute nichts damit zu tun haben, wie sich die Leute tatsächlich verhalten.«

Über die Entwicklung eines »natürlichen« Gewissens hinaus bedarf der Mensch noch eines Gewissens, das auf den heiligen Geist Gottes und sein offenbartes Wort anspricht, und er bedarf der Kraft der Auferstehung, um in einem neuen Leben der Liebe zu wandeln. Die Liebe ist die Erfüllung der Moral, sie ist die Erfüllung des Gesetzes.

11. Die Vorpubertät und der Beginn der Individualisierung als Wahrnehmung des »Dazwischen« (M. Buber)

Die in der Entwicklung der Moral beobachtete Identifizierung mit festen Regeln entspricht dem kognitiven Entwicklungsstand, in dem sich das Kind an das anschaulich Gegebene gebunden fühlt, an die gerade ablaufende, uni-direktionale[37] Beziehung (= naiver Realismus). Die Auflockerung und Rela-

[37] Piaget meint hier das Denken nur in einer Richtung (nichtreversibel), vergleichbar einer Einbahnstraße.

tivierung der festen Regeln gehen Hand in Hand mit der Relativierung der Beziehungen. Neben den aktuellen und spezifisch geregelten Beziehungen werden auch andere Beziehungen mit jeweils anderen Regeln denkbar.

Die festen Regeln verlieren ihre Bedeutung, der eigene Standort und Standpunkt wird bedeutsam. Der individuelle Freiraum wird größer, und mit der kritischen Distanz zu anderen entsteht allmählich auch eine kritische Distanz zu sich selbst. Die Beobachtung der Beziehungen zwischen den Dingen und Personen führt zur Beachtung der Eigenarten, die Einfluß nehmen auf diese Beziehungen: Dinge und Personen haben ihre eigene Wirkmächtigkeit, ihre Eigengesetzlichkeit, die man nicht oder nur in Grenzen beeinflussen kann. Damit stellt sich die Frage nach der Differenzierung von Erscheinung (Schein) und Sein (= innere Gesetzlichkeit, Eigenart). Diese Differenzierung wird in der Reifezeit zur zentralen Entwicklungsaufgabe. Es ist die Frage: »Wer bin ich, wie wirke ich? Was ist Schein (Rolle), was ist mein Sein (Sinnfrage)?«

Das Beachten der Beziehungen zwischen Dingen und Personen, das Ahnen der Eigenarten von Dingen und Personen führt insgesamt zu einer reflektierend-analytischen Grundhaltung. Das bedeutet einen Verlust an Spontaneität, den wir bei Kindern am Ende der Grundschulzeit in verschiedenen Bereichen beobachten. Wer Grundschulkindern beim bildhaften Gestalten zusieht, der muß immer wieder staunen über die Selbstsicherheit, mit der die Kinder auch an schwierige Aufgaben herangehen. Das Grundschulkind gestaltet spontan, unreflektiert seiner affektiven Gesamtlage gemäß. Das Kind der Oberstufe reflektiert. An die Stelle der spontan-affektiven Äußerung tritt die am Gegenstand orientierte Darstellungsabsicht.

Das gilt auch für die freie Niederschrift. Dem Kind der dritten und vierten Grundschulklasse fällt die freie Niederschrift nicht schwer. Beim älteren Kind fällt auf, daß die Unmittelbarkeit der Erlebnisgestaltung zurückgeht. Das Erlebnis wird mit der Darstellung verglichen, und seine Wirkung auf Dritte wird bewertet.

Der Abstand zu dem unmittelbar Gegebenen und zu sich

selbst, der Freiraum der Reflexion fördert die Identitätsfindung in der Reifezeit.

Im Sozialbereich beobachten wir deshalb auch ein stärkeres Hervortreten der individuellen Interessen, der Individualität schlechthin. Das Wir-Bewußtsein (im Höhepunkt des naiven Realismus) tritt zurück. Die Gruppen werden allmählich aufgelöst, es bilden sich kleinere Gruppen, Intimfreundschaften, und es entwickeln sich Einzelgänger. Diese Entwicklung kennzeichnet das Vorfeld der sich anbahnenden Geschlechtsreife. In der Entwicklung von Mensch und Tier gibt es nicht nur im Knochenbau, sondern auch im Verhalten Vergleichbares (nicht Gleiches!). So beobachten wir auch im Zusammenhang mit der Geschlechtsreife das Territorialwerden der männlichen Tiere, den Aufbau des individuellen Freiraums des Reviers. Mit Drohen und Imponieren grenzen die Rivalen ihre Räume gegenseitig ab. Diese Tendenz zur Individualisierung bringt für die Heranwachsenden aber auch Unsicherheiten mit sich, die nun ihrerseits den Prozeß der Solidarisierung einleiten. Man spricht sich aus über Themen, die das individuelle So-Sein betreffen. O. Kroh (1944) ließ im 3., 6. und 8. Schuljahr einen Aufsatz schreiben mit dem Thema: »Ob ich mit mir zufrieden bin?« Dabei zeigte sich, daß die Kinder bis zur Vorpubertät im allgemeinen mit sich zufrieden sind, wenn die äußeren Verhältnisse positiv erlebt werden. Erst mit der Vorpubertät beobachten wir eine Wendung nach innen. Die Kinder sind jetzt nicht mehr so selbstverständlich mit sich zufrieden. Sie denken darüber nach, wie sie wirken, wo ihre Grenzen sind. Diese Beobachtung wird bestätigt durch eine Untersuchung der Entwicklung des Selbstwertgefühls von Heranwachsenden. R. Simmons u. a. (1973) untersuchten 2600 Jugendliche und stellten fest, daß das Selbstwertgefühl von 8 Jahren an stetig anstieg (= »optimistische Phase«, O. Kroh), mit 12 Jahren einen Höhepunkt erreichte und dann wieder deutlich abfällt.

Die Ausrichtung auf Beziehungen, das Ahnen um Eigengesetzlichkeit und Eigenwirkung führen zu ganz bestimmten Fragen. Es sind Fragen nach den Grenzen der Wirkmöglichkeiten, nach den Grenzen der Leistungsfähigkeit des Menschen. Typisch beispielsweise sind folgende Fragen: ob alle Länder

der Erde entdeckt seien, ob es möglich sei, den Mittelpunkt der Erde zu fotografieren, ob man sagen könne, wer die ersten Menschen gewesen seien, ob man bald auf dem Mars landen könne.

Diese Fragen nach der Grenze der Eigenart, der Eigengesetzlichkeit, der Eigenmächtigkeit weisen hin auf die Unsicherheit der Heranwachsenden, die im Begriffe sind, die Eigengesetzlichkeit der Dinge und Personen zu erkennen, ohne die Fähigkeit zu haben, diese rational voll zu durchschauen oder gar zu beeinflussen. So wie es im Höhepunkt der Dingbezogenheit eine Sammelleidenschaft gab und mit dem Sammeln von konkreten Dingen die Orientierung im Raum des naiven Realismus (Sehen = Sein) symbolisch dargestellt wurde, ergänzt durch ein Wissen um die Grenzen naiver Mächtigkeit (Sammeln von Superlativen), so wird jetzt nach den Mächten, Wirkmechanismen und Möglichkeiten gefragt, die bei den Beziehungen zwischen Dingen und Personen eine Rolle spielen. Es wird nach der Grenze der Einflußnahme gefragt, nach den Gesetzen, um auf Beziehungen einzuwirken. Damit wird das Feld bereitet zur Entdeckung des Gesetzhaften in den Beziehungen zwischen Dingen und Personen. Auch hier werden die beobachteten Beziehungen zuerst gemäß subjektiver Sicht geordnet: Erkenntnisse von Zusammenhängen, die in einem bestimmten Fall gewonnen werden, werden auf ähnliche Fälle und Zusammenhänge übertragen.

Während beim Vorschulkind Zusammenhänge nach der affektiven Bedeutsamkeit hergestellt und durch das »psychologische Weil« verbalisiert werden, tauchen zur Zeit des naiven Realismus sog. »Wenn-dann-Beziehungen« auf, die auf der Beobachtung von Ereignissen beruhen: Wenn der Fahrdienstleiter das Signal gibt, fährt der Zug ab.

Diese jeweils besonderen Erfahrungen werden so behandelt, als seien sie allgemeingültig.

Die Entdeckung des Gesetzhaften hat die Aufgabe, die Fülle der Beziehungen zu ordnen. »Sich nicht von der Fülle der Einzeleindrücke überwältigen zu lassen, sondern ihrer Herr zu werden durch Tat, Erklärung, Zuordnung, ist ein ursprüngliches Bedürfnis dieser Altersstufe« (O. Kroh, 1944, S. 58). Der

Heranwachsende erfährt, daß die Dinge und Personen der Umwelt eine eigene Gesetzlichkeit haben, die man nicht so einfach beherrschen kann. Damit geht der Optimismus des naiven Realismus endgültig zu Ende. Es werden Erklärungsschemata entwickelt, und vielfach hören wir dann auf die Frage: »Warum ist das so?« die Antwort: »Das ist immer so.« Beobachtete Zusammenhänge werden voreilig und vorzeitig verallgemeinert und als Regeln gefaßt. Diese Regeln können geradezu den Charakter magischer Formeln bekommen, wenn durch starke Wünsche bestimmte Zusammenhänge erhofft werden, die aber rational nicht hergestellt werden können. Wir beobachten dann die Verwendung von »magischen Ritualen« und »Zauberpraktiken«. So kann ein Heranwachsender, wenn an einem bestimmten Tag eine Arbeit geschrieben wird, mit dem rechten Bein aufstehen, weil er meint, daß dann die Arbeit gelingt. Oder es werden auf dem Schulweg keine Rillen betreten, die zwischen den Platten des Gehweges sind, oder es wird gesagt, morgen wird bestimmt schlechtes Wetter, wenn schönes Wetter erwünscht wird.

Angesichts der eigenen Wünsche einerseits und der Begrenztheit der Einflußnahme auf die außersubjektive Wirklichkeit andererseits werden Einzelerfahrung, zufällige Zusammenhänge zu geheimnisvollen Wirkmechanismen umgedeutet.

Hier liegt auch die Wurzel des religiösen, magischen Wunschbetens. Gott wird zum geheimen Wunscherfüller gestempelt. Wenn diese egozentrische Beziehung im religiösen Bereich bleibt und in Gegensatz gerät zur rationalen Beziehungsklärung im Realbezug, wird dem Heranwachsenden der Weg zur Erfahrung der Wirklichkeit Gottes durch Offenbarung versperrt. Er muß dann aus Gründen der Verunsicherung die Wunder im Leben der Christen wegerklären (entmythologisieren), damit sie ihn nicht mehr beunruhigen.

Je häufiger auf der Ebene des naiv realistischen Erklärens Wenn-dann-Beziehungen als Zusammenhänge formuliert werden, um so eher besteht die Möglichkeit, daß die zufälligen Zusammenhänge von den ursächlich wirkenden Zusammenhängen unterschieden werden können. Auf diesem Wege wird das kausale Gesetz in der Beziehung zwischen den Dingen entdeckt. Zunächst ergibt sich diese Entdeckung gelegentlich, später wird sie systematisch gesucht.

Bekanntgeworden ist in diesem Zusammenhang ein Experiment von J. Piaget über die Entdeckung der Gesetze des Pendels durch den Jugendlichen. Piaget ging der Frage nach, auf welche Weise es einem Jugendlichen gelingt, zu entdecken, daß die Frequenz einer Pendelbewegung allein von der Länge der Schnur bestimmt wird. Die Lösung gelang systematisch nur auf der Ebene des formal-logischen Denkens dadurch, daß bestimmte Bedingungen (Gewicht, Länge Intensität des Anstoßes zum Schwingen) unabhängig voneinander geprüft wurden, indem man die anderen Bedingungen jeweils konstant hielt. Das formale Denken läßt die Bedingungen, unter denen sich ein Problem zeigt, nicht unverändert stehen, sondern ändert sie unter Zugrundelegung verschiedener möglicher (hypothetischer) Umstellungen. Damit werden Operationen möglich, denkbar, die dann, wenn man nicht in die Bedingungen eingreifen würde, gar nicht gesehen werden könnten. Die Natur gerät zum zweitenmal unter das Primat des Möglichen, dieses Mal nicht begrenzt auf die konkret denkbare Umkehrbarkeit (beispielsweise die Annahme des Kopernikus: die Erde dreht sich um die Sonne), sondern erweitert auf den weiten Raum aller nur denkbaren hypothetischen Beziehungen, denen die Wirklichkeit gedanklich und/oder experimentell unterworfen wird. Aufgrund dieser intellektuellen Entwicklung steht unser gesamtes Dasein unter dem Aspekt des hypothetisch Möglichen. Unsere Existenzform erweist sich als eine rational-dialogisch-explorative. In diesem dialogischen Verhältnis zur außersubjektiven Realität wird mit Recht eine der wesentlichen Eigenschaften des Menschen gesehen (K. Lorenz).

12. Die Pubertät und die zentrale Frage nach Zugehörigkeit und Ziel im Leben

Mit dieser Entwicklung befinden wir uns im Übergang vom kritischen Realismus zum wissenschaftlichen Konstruktivismus: Wissenschaft ist ein System von logischen Sätzen, mit denen Wirklichkeit geprüft und interpretiert wird. Der Jugendliche entdeckt das physikalische Gesetz und ist fasziniert von der elementaren Einfachheit der grundlegenden Gesetze der Welt. Er sucht solche einfachen Gesetze auch für die Erklärung der menschlichen Existenz und übernimmt z. B. die These vom Klassenkampf, um alles daraus einfach abzuleiten.

Die Freude über diese erweiterte rationale Möglichkeit, die Hoffnung, doch alles logisch erklären zu können, wird getrübt durch Probleme, die der Jugendliche in der Reifezeit mit sich selbst hat; Probleme der Ablösung vom Elternhaus, Probleme der Sexualität und der Beziehung zum anderen Geschlecht. Der Jugendliche kommt hier häufig an Grenzen der rationalen Bewältigung und regrediert auf die Stufe des magischen Denkens: Abreißen von Blütenblättern nach dem Zählvers »Sie liebt mich, sie liebt mich nicht«. Die rationale Unsicherheit in Fragen von Liebe und Geliebtsein wird durch Tagträume, Tagebücher, magische Rituale und Zeichendeutung kompensiert.

Die Jugendlichen bewältigen ihre emotionalen Unsicherheiten durch persönlichen Austausch mit Freunden. Das Mitteilungsbedürfnis ist nach Untersuchungen von Gesprächsprotokollen bei Mädchen größer als bei Jungen. Die Sprache dient nicht nur der Mitteilung, sondern ist ein Katalysator für Affekte und Emotionen. Die Gespräche drehen sich vor allem um die Beleuchtung und Durchleuchtung von persönlichen Beziehungen. Das Reflektieren und Intellektualisieren, das Beurteilen und auch Verurteilen dient der Konfliktabwehr. Es tauchen in diesen Gesprächen mit einer deutlichen Häufung immer wieder bestimmte ähnliche Redewendungen auf wie beispielsweise: »Das ist Tatsache«, »ideal«, »notwendigerweise«, »meiner Ansicht nach«, »in der Regel ist das so« u. a. Es sind Modelle des Eltern-Ichs (Th. Harris, Hamburg 75), die kompensatorisch die Verunsicherung abfangen.

Deutlich ist auch der Versuch, sich in die Lage des anderen zu versetzen: »Das verstehe ich.« – »Da muß man ihn verstehen.« – »In seiner Lage hätte ich dasselbe getan.« – »Das finde ich unmöglich.« – »Wie kann der sich so verhalten?« u. a. Das ist Stützung der Ich-Schwäche durch Solidarisierung.

Die Jungen unterhalten sich mehr über Sachen (Motorräder, Autos), aber auch über persönliche Beziehungen. Sie gehen in Gruppen und unternehmen etwas gemeinsam. Es bilden sich Cliquen. In der Unterhaltung von Mädchen spielen persönliche Beziehungen eine stärkere Rolle als bei Jungen.

Das Interesse am anderen Geschlecht äußert sich zuerst im Schwärmen. Der Schwarm hat eine ganz bestimmte psychische Funktion.

Im Schwärmen internalisiert der Jugendliche die Einstellungen und Reaktionsweisen einer projektiv aufgebauten gegengeschlechtlichen Beziehung. Im Schwarm wird das Erleben der eigenen Geschlechtlichkeit an der Reaktion des gegengeschlechtlichen Gegenübers erlebt und das eigene Verständnis der Geschlechtsrolle damit aufgebaut. In der Periode des Schwärmens hält man seine letzte Liebe für diese erste und seine »erste« für die letzte. Eine Schwarmbeziehung wird aufgelöst und geht relativ schnell zu Ende, wenn bestimmte Reaktionsweisen eines projektiv aufgebauten gegengeschlechtlichen Partners in das eigene Verhaltensinventar integriert sind.

Diese projektiven Prozesse müssen um einer gesunden Entwicklung willen gelassen ausreifend durchlebt und erfahren werden: Eine Schwarmbeziehung verträgt noch keine handgreifliche Intimität, weil dadurch (sexuelle) Bindungen und (Lust-)Abhängigkeiten entstehen, die einer notwendigen Auflösung der Schwarmbeziehung entgegenwirken.

Eine Schwarmbeziehung wird aufgelöst, wenn die in dieser Beziehung gewonnenen Eindrücke vom anderen Geschlecht mit der eigenen Geschlechtsrolle verschmelzen. Wird die Auflösung durch handgreifliche Intimitäten und Bindungen verhindert, führt das zu einem undifferenzierten (vordergründig primitiven) Verstehen von Geschlechtlichkeit und gefährdet die Entwicklung der Identität.

Ein Beispiel: Ein junges siebzehnjähriges Mädchen wurde nach einem Selbstmordversuch zu mir in die Beratung gebracht. Es hatte sich folgendes zugetragen: Ihr Freund, ein um zwei Jahre älterer Abiturient, hatte sie zum Geschlechtsverkehr gedrängt, obwohl sie für den Jungen nur schwärmte und eigentlich noch nicht zum Intimsein neigte. Um nicht als »altmodisch« zu gelten, hatte sie eingewilligt. Die beiden waren dann noch ein Vierteljahr zusammen, bis er zur Bundeswehr einberufen wurde. Während der Bundeswehrzeit (1½ Jahre) sahen sie sich nicht. Als er nach dieser Zeit wieder zurückkam und das Verhältnis wieder anknüpfte, brach dieses nach kurzer Zeit auseinander. Daraufhin machte das Mädchen einen echten Selbstmordversuch. Einer der Gründe, der zu diesem Selbstmordversuch führte, ist darin zu sehen, daß das junge Mädchen den Schwarm nicht entwicklungsgemäß abbrechen konnte, weil sie durch die Nötigung zum Verkehr und den erotischen Lustgewinn an den jungen Mann gebunden blieb. Als er sie dann von sich aus verließ, mußte sie dieses Verlassenwerden als ein Stück Verlust an Identität erleben und erleiden.

Wenn der Schwarm entwicklungsgemäß abgebrochen worden wäre, dann wäre die Begegnung mit diesem Jungen eine Erfahrung gewesen, die in ihrer Geschlechtsrolle und in ihrer Identität eine Verankerung gefunden hätte. So aber erlitt sie mit dem Weggehen des Jungen einen Verlust an Identität, und der echte Selbstmordversuch war nichts anderes als ein Ausdruck dieses schmerzhaften Verlustes.

Die Beziehung zum anderen Geschlecht ist instinktnah geregelt, obgleich es zahlreiche Überlagerungen des Grundmusters durch gesellschaftliche und individuelle Prozesse gibt. Das System gegenseitiger Regulation ist stabil. Beim Menschen läßt sich im Vergleich zu den höheren Wirbeltieren eine hierarchische Ordnung feststellen.[38] Dieser hierarchische Aufbau geht von der allgemeinen Kontaktsphäre über die erotische Fühlungnahme bis zur intimen Inanspruchnahme und koitalen Besitznahme. Der Weg dahin ist gekennzeichnet durch bestimmte Auslöser und durch bestimmte Appetenzverhaltensweisen. Der Mensch kann diese einzelnen Schritte überspringen, kann auch nicht vollzogene nachholen, so daß er in

[38] Eine ausführliche methodisch reflektierte Gesprächsführung über das Thema »Psychologie der Sexualität« findet sich in meinem Buch »Sexualerziehung zwischen Utopie und Wirklichkeit« (1976²).

eigener, partnerschaftlicher Verantwortung das Niveau seiner gegengeschlechtlichen Zweisamkeit bestimmen kann.

Immer wieder erlebt der Jugendliche gerade in diesem Bereich der zwischengeschlechtlichen Beziehungen die Grenze des rational Erklärbaren, Machbaren und Herstellbaren. Von daher ist er offen für Fragen, die die Grenzen des wissenschaftlichen Weltbildes betreffen. Er ist offen für eine ideologische Wissenschaftsgläubigkeit. Er kann von solchen Erfahrungen her auch offen sein für echte geistliche Erfahrungen, solange seine Ideologieanfälligkeit nicht durch Gruppeninteressen mißbraucht wird und ihm die innere und äußere Freiheit bleibt, dem Göttlichen in seinem Leben zu begegnen. Ebenso offen und verführbar ist er durch Geheimwissenschaften, Sekten und esoterische Praktiken, die ihm ein »neues Bewußtsein« versprechen.

Die Entwicklung in der Reifezeit ist bei uns von ihren Bedingungen her durch die gesellschaftlichen Veränderungen stark beeinträchtigt, zum Teil erheblich erschwert worden. Die Veränderung läßt sich beschreiben als eine Entwicklung im Kontext von Generationen-, Orientierungs- und Freiheitskonflikt. Die Shell-Studie (1980) kommt zu dem Ergebnis, daß der Identitätskonflikt als zentrales Symptom der Selbstunsicherheit, Konzentrations- und Arbeitsschwäche zugrunde liegt. Es sind Klagen, mit denen Jugendliche und junge Erwachsene in die Beratungsstellen kommen, um Hilfe zu erhalten. Im Gespräch lassen diese Jugendlichen erkennen, daß ihnen die Aufgabe einer realitätsorientierten Suche nach einem eigenen Lebensentwurf bereits als Schüler eher Unlust bereitet hat; sie deuten an, daß ihre Konzeptlosigkeit auch tieferliegende persönliche Gründe haben müsse.[39] Wenn wir diese aus der Kasuistik gewonnene Beobachtung von den Prozessen in der Gesellschaft und den in ihr wirkenden Faktoren her verstehen wollen, müssen wir die Reflexionen über diesen Sachverhalt »Identitätskrise« etwas weiter ansetzen. Es wird sich dann herausstellen, daß die Lösung der Identitätsfrage eine entwicklungsimmanente Notwendigkeit zur Bewältigung der Reifezeit

[39] Vgl. J. vom Scheidt (Hrsg., 1972), S. 113.

ist. Die gegenwärtigen Jugendprobleme sind solche der Identitätsfindung. Sie erfahren ihre Verschärfung durch eine allgemeine Krise der Person, die in ihrem Werden hineingenommen ist in die Spannung »Individualismus vs. Kollektivismus«, in das latente und manifeste Erleben und Erleiden von Bedrohung und Begrenzung. Die Identitätskrise wird überlagert und qualitativ verändert durch eine allgemeine Sinnkrise.

Der entscheidende Fortschritt im Krankheitsverständnis war gegeben, als man erkannte, daß Kranksein der Belastungszustand eines Systems ist und nicht nur ein isoliertes Geschehen am organischen Substrat (ehemaliger anatomischer Krankheitsbegriff). Störungen des Systems werden zunächst systemintern gegenreguliert. Im Bereich des organischen Geschehens sind diese Zusammenhänge leicht nachzuweisen und jedem Laien aus der Alltagserfahrung bekannt. Als Beispiel sei nur verwiesen auf die Antitoxine, die die Giftwirkung bakterieller oder pflanzlicher Toxine neutralisieren (nicht zerstören). Die Krankheit wird abgewehrt. So ist beispielsweise Fieber nicht nur das Symptom eines Krankheitszustandes, sondern zugleich Abwehr der Krankheit.

Sigmund Freud hat in seiner psychoanalytischen Theorie erstmalig diesen Gesichtspunkt der Gegenregulation auf den Bereich des seelischen Systems übertragen und mit dem Begriff »Abwehr« bezeichnet. Mit dem Begriff Abwehr hat er einen Prozeß beschrieben, den er im Zusammenhang mit der Beobachtung intrapsychischer Konfliktbewältigung feststellen konnte. Freud fragte: Was geht im Kinde vor, wie wird es mit Konflikten zwischen »Müssen« (Sollen) einerseits und einem eigentlichen »Nicht-wollen« fertig? Es kann diesen Konflikt dadurch bewältigen, daß es aus dem Feld geht, die Konfliktursache im Aufgabenfeld umgeht, sich willentlich von seinen Antrieben und Wünschen distanziert. Der pathologische Fall der Konfliktabwehr ist dann gegeben, wenn dem Trieb (Antrieb) der Zugang zum Ich, d.h. zur Motivations-Ebene der freien Verfügbarkeit, verwehrt wird (= Verdrängung).

H. E. Richter (1963) hat den Begriff »Abwehr« in erweitertem Sinn gebraucht. Er hat ihn als Erklärungsprinzip mit Erfolg zur Deutung von Vorgängen verwendet, die in Kleingruppen der Konfliktbearbeitung dienen. In Anlehnung an Freuds Begriff der innerseelischen Abwehrmechanismen spricht er von »psychosozialen Abwehrformen«. So kann der Konflikt in einer Ehe verdeckt werden, wenn ein Kind als Blitzableiter oder Sündenbock dient. Die Eltern entlasten ihre Ehe auf Kosten des Kindes. Im Zusammenhang unserer Problemstellung wird noch gezeigt werden, daß sich der Abwehrbegriff auch verwenden läßt, um Reaktionsformen auf psychosoziale Zeiterscheinungen in einem größeren, gesamtgesellschaftlichen Rahmen bedingungsanalytisch zu erfassen und verständlich zu machen. Wir sprechen dann von gesamtgesellschaftlicher Konfliktabwehr. Auf welcher Konfliktebene auch immer mit dem Konstrukt der Abwehr gearbeitet wird, es handelt sich in allen Fällen um Prozesse, die die Aufhebung einer Systemstörung intendieren, indem sie die Systemauslenkung gegenregulieren. Konfliktabwehr kann ein System stabilisieren, von einem bestimmten Belastungsgrad an jedoch auch gefährden. Ob eine positive oder negative Unruhe vorliegt, läßt sich vom Prozeß her schwer entscheiden, es sei denn, es gäbe Kriterien, dies zu beurteilen. Ob die Unruhen unter der Jugend sich positiv auf das Gesamtsystem ausgewirkt haben oder negativ, ist ohne historischen Abstand nicht zu entscheiden. Nur wenn man die zeitlosen Kriterien des Neuen Testamentes anlegt, wird man erkennen können, daß die Probleme nicht geringer geworden sind; keinesfalls haben sie ein Mehr an Freiheit und an der Fähigkeit zu lieben gebracht.

Wenn Kranksein funktional zur Ganzheit des Übergreifenden Systems[40] gesehen wird, wächst die Schwierigkeit, über »gesund« und »krank« etwas auszusagen, mit der Komplexität des Systemganzen[41]. Solange es möglich ist, die Ganzheit eines

[40] d.h. zur Gruppe, Gesellschaft.

[41] Wenn beispielsweise eine ganze Gruppe homosexuell ist, kann man sich auf den Standpunkt stellen, das sei normal (gleich gesund). Im körperlichen Bereich ist das Urteil eindeutiger: Wenn alle Karies haben, sind sie längst nicht gesund, weil sie es alle haben. Letztlich brauchen wir Gottes offenbarte Ordnungen unseres Menschseins, um sagen zu können, was gesund oder krank ist, oder wir erklären die »unverbogene Natur« des Menschen für gut und gesund (A. Plack, 1968).

Systems zu überblicken, lassen sich auch inhaltlich Kriterien nennen, die es möglich machen, anzugeben, welche Phänomene als systemnegativ (krank) oder systempositiv (gesund) zu bewerten sind. Weil sich die Ganzheit des organischen Systems überblicken läßt, können Organmedizin und Psychosomatik definitiv angeben, welche Daten aus der Biographie des Patienten als krankmachend anzusehen sind und welche nicht. Problematisch ist die Frage nach dem, was als seelisch krank anzusehen ist. Denn die Antwort hierauf setzt ein verbindliches, gültiges Wissen voraus von dem, was Menschsein ist und bedeutet. Und noch schwieriger ist deshalb die Antwort auf die Frage nach den Kriterien einer gesunden Gesellschaft, zumal sie von der vorangehenden Frage nach dem Menschsein nicht zu trennen ist.

Wir haben in unserer Gesellschaft systemübergreifende Werte so weit relativiert und die Normativität des Faktischen zum Prinzip unseres Handelns erhoben, daß es nicht mehr möglich ist, aus der Ganzheit heraus zu entscheiden (= Sinnkrise). Wir sind weder fähig, das Ganze zu erkennen, noch fähig zu einer übergreifenden, deduktiven Betrachtungsweise, weil eine solche vom naturwissenschaftlich-positivistischen Denken nicht erbracht werden kann. Deshalb ist es beispielsweise nicht möglich, zu sagen, wo und inwieweit der moderne Mensch, die moderne Gesellschaft krank sind, obwohl es bestimmt kranke Gesellschaften und Kulturen gegeben hat und gibt. Wir haben kein geprüftes Modell von Gesellschaft, das wir realistisch als besser, unsere (illusionären) Erwartungen erfüllend, bezeichnen könnten. Es läßt sich deshalb – von ideologischen Setzungen abgesehen – nicht definitiv bestimmen, ob die Jugend an einer kranken, verfehlten Gesellschaftsform leidet oder ob die Bedingungen ihrer Reifwerdung zeitbedingt erschwert sind. Man kann nur versuchen, durch Beobachtung der in der Reifezeit wirksamen Kräfte festzustellen, welche Bedingungen den Reifeprozeß unter den derzeit gegebenen Verhältnissen belasten und woran die Jugend leidet. Das einzige, was möglich erscheint, ist eine Diskussion der Bedingungen und Voraussetzungen, die zu dieser Krisensituation, dem Generationenkonflikt, geführt haben und die ihm zugrundeliegende Dynamik in Gang halten.

Die bekannten, sehr plakativen Versuche einer epochaltypischen Klassifizierung der Jugendunruhen vom Hintergrund der gesamtgesellschaftlichen Situation her, wie sie schon von H. Muchow (1931) gefordert wurde, beantworten nicht die Frage nach dem Prozeß, sondern nur die Frage nach dem Status quo einer bestimmten Zeitepoche. So sprach H. Schelsky 1957 von der »skeptischen Generation«, und fünf Jahre später kam K. Pfaff (1962) zu dem Schluß, daß die junge Generation eine reflexionsmüde sei, die die Welt nicht revolutionieren möchte. Nach weiteren vier Jahren stellt V. Graf Blücher (1966) fest, daß das hervorstechendste Merkmal der Jugend die Unbefangenheit sei. Und heute spricht die Shell-Studie 1978 von einer politisch eher distanzierten Jugend mit pessimistischer Grundstimmung (Zukunftsangst, Lübbe, 1979) mit einem Engagement für Proteste aller Art. Das Verstehen Jugendlicher wird durch solche Klassifizierungen eher verhindert als gefördert.

Auch soziologische Analysen befriedigen in der Regel das Bedürfnis nach Klärung der Zusammenhänge nicht, weil sie Augenblicksaufnahmen vergleichbar sind, die schon nicht mehr gelten, wenn ihre Auswertung abgeschlossen ist. Dennoch sind sie brauchbarer als die epochaltypischen Klassifizierungen, weil sie ein differenziertes Bild der gegenwärtigen Situation zeichnen. Aus der Shell-Studie geht hervor, daß die derzeitige Jugendgeneration es schwer hat, generationsübergreifende Gespräche zu führen, tiefergehende, hilfreiche Kontakte zu finden. Heute zeichnet sich in aller Deutlichkeit ab, was Richter 1972 (»Die Gruppe«) schon aus der Analyse von Einzelfällen hervorhob, daß die ältere Generation der Jugend nachläuft, aber die junge Generation den Orientierungsangeboten der älteren Generation mißtraut. Offensichtlich hat sich das Mißtrauen (auch unter dem Einfluß der Massenmedien und einer emanzipatorischen Pädagogik der Selbstverwirklichung: »Traue niemandem über 30«) verschärft, so daß die junge Generation heute weithin auf sich selbst gestellt den Problemen ihrer Identitätsfindung gegenübersteht.

Zu den Befindlichkeiten der gegenwärtigen Jugendgeneration gehört deshalb die Sehnsucht nach Identifikationsmöglichkeiten mit Personen oder Inhalten. Entsprechend dieser inneren Situation favorisieren Jugendliche Bücher, die man als leicht lesbare Konsumware einordnen könnte. Bücher werden verbraucht wie andere Software; die Vorstellung vom bleibenden Besitz, die sich an geprägte Hardcover-Produkte heftet, ist dem durchschnittlichen Jugendlichen fremd.

In Abhängigkeit von Bildungsgrad, Schulstufe und schulischer Leistung wird Phantasie-Literatur (Ende und Tolkien) bevorzugt. Demgegenüber ist das Interesse an »alternativen Klassikern« wie zum Beispiel Hermann Hesse eher rückläufig.

Die zentrale Frage und Entwicklungsaufgabe für die Reifezeit bleibt die Findung der Identität. Und die Beantwortung dieser Frage ist für viele Jugendliche eine schwierige, für etliche eine nicht mehr zu lösende Aufgabe. Das liegt unter anderem am Verlust der Tradition, an einem Mangel situations- und zeitübergreifender Normen und Werte, an der hohen Mobilität und Veränderungsgeschwindigkeit in einer modernen Industriegesellschaft, vor allem aber an der Wissenschaftsgläubigkeit mit dem Prinzip der Relativität und an der Pluralität der Massenmedien, die eine solche Vielfalt an Möglichkeiten zu leben offerieren, daß die Heranwachsenden überfordert sind, wenn sie sich für ein bestimmtes Lebenskonzept entscheiden sollen; tun sie es dennoch, müssen sie dieses zur Abwehr von Intoleranz-Vorwürfen entsprechend radikalisieren.

Schon auf der Ebene elementarer Wahrnehmungsprozesse wird eine Datenfülle durch Hypothesenbildung (Wahrnehmung = Hypothesenbildung, O. Hebb 1968) strukturiert. Das können wir beobachten bei sogenannten Kippfiguren (siehe Seiß, 1974[2], S. 96 ff.). Das kennt der Laie aus den sogenannten Suchbildern; er kann es auch beobachten bei der Deutung von Wolkenbildern. Und bei jedem Puzzlespiel ohne Vorlage finden solche Hypothesenbildungen statt und strukturieren Beobachtung und Verhalten.

Auf der Ebene des Denkens, der Eindrucksverarbeitung und -beurteilung werden Urteilshypothesen (= Vor-Urteile) gebildet, um den belastenden Zustand der Desorientierung zu Ende bringen zu können.

Der Heranwachsende in der heutigen Zeit ist aus diesem Grund im besonderen Maße ideologieanfällig; dabei ist das subjektive Gefühl, eine Antwort, einen Durchblick durch die Wirklichkeit zu haben, wichtiger als die Frage, ob die Hypothese denn der Wirklichkeit standhält. »Wieso steht gleichwohl der Name Karl Marx im Lichte der Verheißung? Eine Antwort – die in unserem Zusammenhang wichtigste Antwort – ist diese: Der Marxismus ist heute in einem Drittel der Welt eine Lehre von kanonischer Geltung, aus der geschulte Interpreten auf jede gestellte Frage eine verbindliche Antwort abzuleiten vermögen, und eine Lehre, die eben dieses leistet, ist in Orientierungskrisenzeiten gefragt. Das wirksame Faszinosum heißt Weltvereinfachung, Komplexitätsreduktion, Zugang zu Wahrheiten, die zwischen zwei Buchdeckeln eines ›polit-ökonomischen Katechismus‹ Platz haben. Man greift nach Lehren, die die Verheißung haben, in ihrer Geltung ein für alle Mal festgestellt zu sein« (H. Lübbe, Lehrstuhl für Philosophie und politische Theorie, Universität Zürich; in: Shell-Studie 1978, S. 176).

D. Ausubel (1970, S. 312) begründet die Konfliktträchtigkeit mit dem Status der Heranwachsenden, die keine Kinder mehr, aber auch noch keine Erwachsenen im soziokulturellen Sinne sind. Ihr Status ist ein Statusmangel. Und dieser wird als Konflikt erlebt/erlitten und ruft Konfliktabwehrmechanismen auf den Plan: Sie projizieren ihre eigenen statusbedingten Übergangsängste in die Gesellschaft und erleben diese als repressive Mächtigkeit von Interessengruppen und Institutionen, oder sie identifizieren sich mit dem Angreifen, d.h. sie erleben sich selbst als »allmächtig«, werden fanatisch, intolerant und liieren sich mit rassischen oder politischen Minderheiten, stellen übertriebene Forderungen auf und versuchen diese mit dem Druck der Straße durchzusetzen; oder sie verweigern das Erwachsenwerden, machen den Reifeschritt ungeschehen, leben so, als blieben sie dauernd Kinder, leben nach dem Lustprinzip, werden Alternative, Aussteiger, Verweigerer; andere gehen in die Introspektion, meditieren, isolieren sich und flüchten in das psychische bzw. psychosomatische Symptom, oder sie ergreifen die »Flucht nach vorn« und identifizieren sich mit »Heldenfiguren« der revolutionären Szene.

Einige Autoren meinen, daß die Jugend der achtziger Jahre in einer Phase der Beruhigung sei. Aber ob das gleichbedeutend ist mit einer inneren Stabilisierung der Heranwachsenden, scheint mir fragwürdig. Die Ideologieanfälligkeit gegenüber linken sozialistischen utopischen Vorstellungen haben gewiß keine Massenbasis mehr, die Worte »progressiv« und »fortschrittlich« sind nicht mehr in aller Munde. Es gibt so etwas wie eine Trendwende zum konservativen, nostalgischen Pol hin. Aber das betrifft nicht die Masse der Heranwachsenden. Und selbst da, wo dieser Trend manifest wird, ist die Qualität eine andere als die der ehemaligen linken Szene. Es ist nicht ein Hinundherpendeln zwischen links und rechts, sondern es ist eine Art des Sich-Zurückziehens in die Privatsphäre. Die Probleme haben sich nach innen verlagert. Der extravertierte Protestler hat dem introvertierten Narzißten Platz gemacht. Untersuchungen aus den USA rechnen aber immerhin noch 20–30 % der Jugendlichen zu Randgruppen. Das generelle Kennzeichen dieser Randgruppen wäre ein geringeres Selbstwertgefühl (R. Simmons u. a., 1973). Auch deutsche Untersuchungen (Shell-Studie, 1980) kommen zu dem gleichen Ergebnis, daß die Heranwachsenden eine größere Empfindlichkeit im Selbstwertgefühl hätten. »Ich bin der Auffassung, daß die Selbstwertfrage heute die zentrale psychische Problematik geworden ist« (Th. Ziehe, in: Shell-Studie 1980, S. 52). Ein Fluchtpunkt ist für manche die Heile-Welt-Bewegung der guten, gesunden Natur (»die Grünen«) und die illusionäre Friedensbewegung.

J. Coleman (1984) meint, daß die Verhaltensweisen der Randgruppen in der öffentlichen Meinung, insonderheit durch die Medien, übergewichtet würden. Das läge unter anderem daran, daß der klassische theoretische Ansatz zur Beschreibung und Deutung dieser Phänomene von der Psychoanalyse herkommt, die ja bekanntlich am klinischen Material orientiert und deshalb eher geneigt ist, alles unter dem Aspekt des Kranken zu sehen. Desgleichen würde die Soziologie die

Verhaltensweisen der Randgruppen eher als ein Veränderungspotential, als die progressive Speerspitze der Gesellschaft sehen und deshalb diese Gruppen herausstellen. Schließlich seien die Massenmedien wesentlich beteiligt daran, daß die Fehlverhaltensweisen überrepräsentiert und in das Bewußtsein der Massen gerückt würden. Auf diese Weise würden die Urteile über die Randgruppen das sachliche Urteil über die Jugend verhindern. »Eine heute lebensfähige Theorie muß nicht nur die Ergebnisse der empirischen Untersuchungen einschließen, sie muß auch die Tatsache anerkennen, daß – wenn auch die Adoleszenz für einige junge Menschen eine schwierige Zeit sein mag – sie für die Mehrheit der jungen Menschen eine Periode relativer Stabilität ist. Trotzdem besteht allgemeine Übereinstimmung darüber, daß während des Jugendalters wichtige Anpassungen erfolgen müssen. Der Übergang zwischen Kind und Erwachsensein kann nicht ohne wesentliche Anpassung psychologischer und sozialer Art erfolgen. Dennoch scheinen die meisten jungen Menschen diese Anpassung ohne besonderen Streß zu bewältigen. Auf welche Weise gelingt ihnen das?« (J. Coleman, 1984, S. 64).

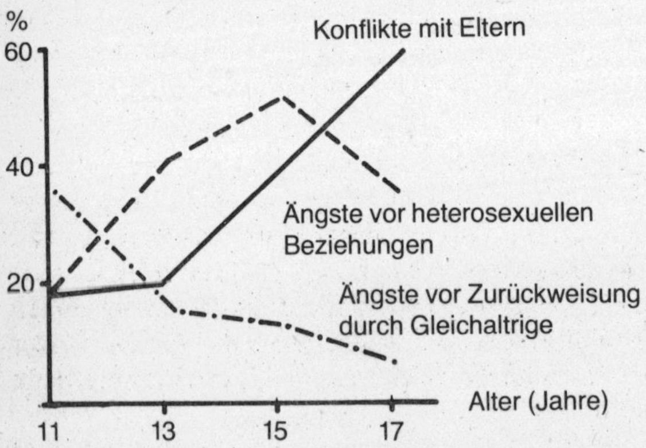

Abb. 11: Häufigkeit, mit der verschiedene Themen von verschiedenen Altersgruppen angesprochen werden.
(COLEMAN 1984, S. 66)

Coleman versucht eine Antwort zu geben. Ihm war aufgefallen, daß die wichtigsten Ängste bei den Heranwachsenden: die Angst vor dem ersten heterosexuellen Kontakt, die Angst vor Zurückweisung durch die Gruppe und die Angst vor Konflikten mit den Eltern, zeitlich deutlich auseinander liegen (s. Abb. 11).
Er leitet daraus einen allgemeinen Entlastungseffekt ab, insofern die Jugendlichen über einen bestimmten Zeitraum hinweg nur mit einer spezifischen Schwierigkeit befaßt seien. Er nennt diese Ansicht »Fokaltheorie«. Die gegenwärtige Beruhigung und relative Stabilität bei der Masse der Heranwachsenden sei die Folge dieser Sukzession der Konfliktschwerpunkte. – Es scheint mir problematisch, die Konflikte mit den Eltern und die Ängste vor Zurückweisung durch Gleichaltrige und die Ängste vor heterosexuellen Beziehungen überhaupt gegeneinander aufzurechnen. Dagegen scheint der Mangel an Selbstwertgefühl für alle Jugendlichen, einschließlich der Randgruppen, ein gemeinsames Grundproblem zu sein. Th. Ziehe bringt die Zunahme des Mangels an Selbstwertgefühl in Verbindung mit einer »Legitimationskrise«. Gemeint ist damit die Nachwirkung einer Erziehung zum »kritischen Bewußtsein«, das bei der Masse der Heranwachsenden mit durchschnittlicher Intelligenz sich von selbst reduzieren mußte auf das progressive Ritual des »Hinterfragens« (Ist das berechtigt, soll ich mir das gefallen lassen, kann man mir das zumuten, was machen die da oben?).

Die Ideologie vom »dialektischen Sprung« hat die Synthese verfehlt und blieb auf halbem Wege, in der Negation des Bestehenden stecken. Wer vor allem weiß, was er nicht will, wer vor allem artikuliert, was ihn stört, was er beseitigen möchte, hat es schwer, eine positive Identität aufzubauen. Weil er nicht mehr weiß, was er soll, weiß er auch nicht mehr, was er will, und weil er nicht mehr weiß, was er will, weiß er auch nicht mehr, wer er ist.

Mich erinnert die Annahme einer relativen Stabilität und Beruhigung bei den Heranwachsenden viel eher an die Beobachtung mit hospitalisierten Kindern, die nach einer Zeit von Protest und Traurigkeit (wegen Abwesenheit der Mutter) stiller werden, sich fügen und schließlich sich arrangieren. Sie sind dann äußerlich relativ unauffällig, haben aber innerlich Probleme, verarmen in ihrer echten Beziehungsfähigkeit, sie funktionieren nur noch. Sie haben ihre Bedürfnisse nach Wärme und Geborgenheit verdrängt und in dem, was der Augenblick bietet, Ersatz gesucht und gefunden.

D. Baacke (Shell-Studie 1980) bringt das Defizit an Selbstwertgefühl in Verbindung mit einer allgemeinen Werte-Unsicherheit. Er zitiert eine Untersuchung von Namenwirth (1973) und Weber (1978), in der 62 Wahlprogramme und britische Thronreden in der Zeit von 1844 bis 1964 auf ihre Inhalte hin untersucht werden. Die Untersuchung kommt dabei zu der Feststellung, daß es einen kurzfristigen Zyklus von etwa 50 Jahren und einen längerfristigen Zyklus von etwa 150 Jahren zu geben scheint, wonach eine Abfolge von Wertpräferenzen sich immer wiederholt. Es werden dabei folgende Werte zyklisch durchlaufen: a) affektive Bindung, b) Macht, c) Anpassung und Stabilisierung, d) Infragestellung mit begleitendem Bindungsverlust; und dann beginnt der Zyklus wieder von vorn.

Im zeitlosen Konflikt der Generationen scheint sich letztlich jeweils die Spannung zwischen Autonomie und Abhängigkeit zu artikulieren. In einer traditionsgeleiteten Gesellschaft gibt es hinreichend bewährte Muster, um diese Spannung zu kanalisieren und den Generationskonflikt zu bewältigen. In Gesellschaftsformen mit einer hohen Veränderungsgeschwindigkeit (moderne Industriegesellschaft) sind solche hilfreichen Muster kaum vorhanden.

Die Jugend im Umbruch zwischen den Generationen zeigt deshalb von Zeit zu Zeit je nach den gesellschaftlich herrschenden Rahmenbedingungen das Grundproblem von Autonomie und Abhängigkeit unterschiedlich stark. Die Dynamik zwischen den Generationen kann deshalb gelegentlich eine Eigengesetzlichkeit und Kraft entfalten, die, einer Grundsee vergleichbar, alles tief aufwühlt. Um bei diesem Bild zu bleiben, ließe sich sagen: Wenn dann die Welle vorüber ist, kann zwar die See an der Oberfläche wieder ruhig sein, aber bis in den Grund hinein sind alte Strukturen zerbrochen und aufgewühlt, ohne daß es schon neue gibt.

In dieser Situation sucht der Jugendliche überall um sich und bei sich selbst nach Halt. Im Tiefsten sucht er nach der bleibenden, situations- und zeitübergreifenden Wahrheit.

Er sucht nicht nur nach Möglichkeiten, die Wirklichkeit in einer einfachen, aber faßbaren Wahrheit zu erkennen, sondern er sucht auch nach Instrumentarien, um seine negativen Tendenzen, seine Aggressionen, Destruktionen, seine Ängste und selbstzerstörerischen Ideen, seine Unsicherheit zu bewältigen.

Der bewährte Konfliktabwehrmechanismus einer Projektion der Probleme nach außen stellt sich ein, um das Selbstbild, die Entwicklung seiner Identität möglichst störungsfrei zu halten.

»Der Jugendliche kontrapunktiert seine sexuellen, ethischen, berufsmäßigen und typologischen Alternativen, statt sie zu synthetisieren« (E. H. Erikson, 1966, S. 83). Das Ja zu sich selbst, die Gewinnung der Identität wird durch die Gewahrwerdung des Schattens, des Negativen, des Bösen erschwert. Der Weg der Individuation (C. G. Jung) ist ein langer Prozeß. Und die Synthese von Licht und Schatten gelingt anfänglich nicht, so daß der Jugendliche jede Lehre, jede Ideologie aufgreift, die es ihm möglich macht, das Negative nach außen zu projizieren: Ich bin gut, aber die Gesellschaft und ihre Verhältnisse sind/machen böse. Diese Abwehr eines inneren Konfliktes beobachten wir schon beim Kleinkind, das sich an einem Tisch stößt und sagt: »Böser Tisch.« Aber Leugnung des Bösen in uns ist nicht Bewältigung des Bösen. Eine Erlösung aus diesem Teufelskreis kann nicht durch Einsatz politischer Mittel geleistet werden. Der »innere Feind« müßte so »bearbeitet« werden können, daß seine Projektion auf andere unnötig wird. Das aber ist durch das Angebot des christlichen Erlösungsglaubens möglich. Die Glaubensgewißheit, daß Gott unser Schöpfer und Erlöser ist und sich in Jesus Christus den Menschen zuwendet, schafft einerseits Freiheit von Projektionszwängen und gründet andererseits die letzte und tiefste Identität des Menschen: »Ich habe dich bei deinem Namen gerufen, du bist mein« (Jesaja 43,1). Auch Erikson weist in diesem Zusammenhang ausdrücklich auf das Wort des Apostels in 1. Korinther 13,12 hin: ». . . dann aber werde ich erkennen, wie ich erkannt bin.« Hier ist von der göttlichen, identitätsstiftenden Zuwendung als Erkennen und Anerkennen die Rede (Erikson 1966, S. 93, zitiert nach H. Böttcher, 1983, S. 58).

In einer Zeit, in der von theologischer Seite die Formel erfunden wurde: »Gott ist tot« und eine aufklärerische Wissenschaftsgläubigkeit den Weg zu Gott verstellt, bleibt der Heranwachsende und auch der Erwachsene der Erschütterung ausgesetzt, daß es nicht möglich ist, sich am eigenen Zopf aus dem Sumpf zu ziehen, das Böse im Menschen zu überwinden. Um leben zu können, muß er das Böse immer wieder nach außen projizieren.

Eine moderne Wissenschaftstheorie, der Konstruktivismus von K. Holzkamp, erlaubt es uns, diese Täuschungen aufrechtzuerhalten auch gegen besseres Wissen, auch gegen Erfahrungen der Praxis, weil es durch das Prinzip der Exhaustion einen Weg gibt, eine (falsche) Theorie dadurch aufrechtzuerhalten und als gültig anzusehen, daß man Gründe (er-)findet, um die Unstimmigkeit zwischen Theorie und Praxis zu erklären (wegzurationalisieren).

Die Aufrechterhaltung der Täuschungen bewahrt den Heranwachsenden, und auch jeden anderen, vor der Konfrontation mit einer endgültigen Ent-Täuschung, bewahrt ihn also vor Verzweiflung. Das ist auch der psychologische Grund, warum politische und religiöse Ideologien so resistent (intolerant) gehandhabt werden. Hier sind wir wieder bei den geschulten Interpreten, die auf jede gestellte Frage eine verbindliche Antwort abzuleiten vermögen.

Leugnung der Realität durch Ideologisierung reduziert das Realitätsbewußtsein, entschärft das Realitätsprinzip und fördert die Infantilisierung. Die Ideologie ist das Opium fürs Volk, für alle die, die dem lebendigen Gott nicht geglaubt haben: »Ideologische Versprechungen – Prognosen für das geschichtliche Geschehen der Zukunft – müssen ja ihrer Natur nach unwahr sein, da sie nicht empirisch begründet (also aus der einzigen Quelle von Wahrheitserkenntnis über die empirische Welt geschöpft), sondern statt dessen durch säkularisierende Umdeutung von – ganz anders gemeinten – religiösen Denkmotiven entstanden sind. Es ist deshalb das allgemeinste

Kennzeichen ideologischer Prognosen, unrichtig zu sein, aber mit um so größerer Inbrunst geglaubt zu werden, weil sie das schlechthin Unmögliche versprechen...

Ob die Menschheit den Weg von der unwiderlegbaren Wahrheit des Glaubens (der Offenbarungserkenntnis, R. S.) zur erweisbaren Unwahrheit der Ideologie weitergehen wird, entzieht sich heute einer begründbaren Voraussage. (Das diesbezügliche Urteil der Ideologen ist eben ein Urteil aus Ideologie.) Sicher ist jedoch – als empirischer Tatbestand –, daß die Religion entweder als solche oder in der Umdeutung zur Ideologie das für die gesamte Menschheit Unentbehrliche ist, das durch alle der Geschichte bekannten Zeiten und Völker seine das gesamte Leben beherrschende Bedeutung erwiesen hat und nirgends Andeutungen eines Verlustes dieser Rolle erkennen läßt« (Pascual Jordan, Atomphysiker, in: Schöpfung und Geheimnis, 1970, S. 150).

Das sind wichtige Gedanken und Zusammenhänge, die uns erkennen lassen, wie gefährdet der Heranwachsende ist, wenn er seine Identität in dieser Zeit finden muß.

Was wir aber dringender brauchen als den Hinweis auf vermutete oder wirkliche Bedingungszusammenhänge in der Reifeentwicklung, ist eine prozeßanalytische Klärung der gegenwärtigen Entwicklungs- und Erziehungskrise in der Reifezeit. Weil nur so Zusammenhänge deutlich werden, die die Diagnose erleichtern und damit den Weg zur Heilung sichtbar werden lassen. Sie helfen zum Selbstverstehen der Heranwachsenden und zum tragenden Verständnis zwischen den Generationen.

Dabei müssen wir von gesicherten Beobachtungen ausgehen. Als gesichert kann gelten, daß die Zeit der Unruhe unter der Jugend (das zeigen Häufigkeitskurven über Drogen-, Alkoholkonsum und Jugendkriminalität) den Bereich vom 12. bis zum 25. Lebensjahr umfaßt. Die Unruhe unter der Jugend ist eine Reifekrise. Als gesichertes Faktum kann auch die zunehmende Automation gelten, die Konzentration der Fertigungsprozesse in den hochzivilisierten Ländern, die Mobilität in der Gesellschaft und die damit verbundene Wurzellosigkeit.

Im Zusammenhang mit diesen Veränderungen in der Gesellschaft hat sich die Erziehungssituation gewandelt. Betrachten wir diese Veränderungen unter dem Aspekt des Erziehens, finden wir auch den Weg zu einer dynamischen Betrachtungsweise, die besser an die inneren Beweggründe heranführt als eine soziologische Beschreibung.

Die obengenannten Faktoren wirken in spezifischer Weise zusammen. Der Wechsel vom Vorherrschen der Großfamilie zum Vorherrschen der Kleinfamilie hat eine gesteigerte Konfliktdichte zur Folge gehabt. In einer Großfamilie mit einer Vielzahl von Kindern, mit Großmutter, Neffen und Nichten können Konflikte eher neutralisiert werden.

In der Kleinfamilie ist das Kind den Konflikten der Eltern in einem Maße ausgesetzt, wie es in einer Großfamilie gar nicht sein kann. Das bedeutet erhöhtes Angewiesensein auf die Daseinsbefindlichkeit der Eltern. Bei Krach in der Ehe oder Ehescheidung leiden die Kinder stark. Kinder aus Kleinfamilien haben kaum eine Möglichkeit, diese Konflikte, die sich unterschwellig oder auch manifest auswirken, irgendwie auszupendeln. Sie müssen sie erleiden. Ganz abgesehen davon, daß Kinder in Kleinfamilien sehr oft von den Eltern in Rollen gedrängt werden, die in der Konfliktstrategie der Eltern Verwendung finden. Durch solche Konstellationen sind Kinder total überfordert. Kinder werden in die Therapeutenrolle gedrängt oder werden zum Ersatz für eine erwünschte oder unerwünschte Beziehungsperson aus der Vergangenheit der Eltern, oder sie dienen dazu, die narzißtische Kränkung der Eltern auszugleichen (H. E. Richter).

Der Übergang von der Produktionsgemeinschaft zur Konsumgemeinschaft hat zur Folge gehabt, daß der Heranwachsende den Vater nicht mehr hinreichend kennenlernen konnte. Es gibt ein Sprichwort: »Sage mir, womit du umgehst, und ich sage dir, wer du bist.« Ein Heranwachsender, der nicht mehr sehen kann, womit der Vater umgeht, was er tut, lernt ihn auch nur schwer kennen. Wir lernen uns nicht kennen durch das, was wir reden, sondern durch das, was wir tun. Ein Rückgang des Kennenlernens des Vaters bedeutet einen Rückgang der Möglichkeit der Identifikation mit ihm und damit eine Erschwerung der Identitätsfindung des Heranwachsenden. Hinzu kommt, daß beim gemeinsamen Produzieren (Handeln) die Erziehung funktional geschieht. Sie ergibt sich aus dem Sachzusammenhang von selbst. Mit Zurücktreten dieses Sachbezugs als verbindendem Moment zwischen Erzieher und dem zu Erziehenden wird die Erziehung zwangsläufig verbal, zu einer bestreitbaren Aussage der älteren Generation. Wenn ein Vater mit seinem Sohn ein Modellflugzeug baut oder etwas am Auto repariert und dabei sagt: »Hol mir bitte den Schlüssel und jenes Ersatzteil«, dann kann der Heranwachsende nachprüfen, ob die Anweisungen des Vaters sinnvoll sind oder sinnlos, je nachdem, ob er die Sache in Ordnung zu bringen vermag oder nicht. Die Autorität des Vaters wird legitimiert durch die Sachkompetenz. Wenn diese Nachprüfungsmöglichkeit nicht mehr besteht, ergibt sich das Problem der »hohlen Autorität«. Damit schwindet die Möglichkeit, überhaupt Autorität zu erkennen und zu akzeptieren. Der Jugendliche aber braucht eine Autorität. Autorität entsteht jedoch nicht dadurch, daß man auf den Tisch schlägt und sagt: »Also hört auf mich«, sondern Autorität ist etwas, was der Jugendliche an den Erwachsenen heranträgt. Autorität wird von seiten des Jugendlichen dem Erwachsenen zugemutet, weil der Jugendliche zum Erwachsenen hin eine Reifedifferenz spürt, einen Wissens- und Erfahrungsvorsprung erkennt, weil er nachprüfbar und einsichtig erfährt, daß Vater etwas zu sagen hat, weil er etwas kann.

Die Trennnung von Wohnung und Arbeitsplatz hat auch den Verbundenheitsgrad reduziert. Wenn – als Extrembeispiel – Eltern nach Hause kommen, Zeitung lesen und den Fernseher anstellen, dann ist keine Kommunikation mehr da. Dann gibt es auch keine Verbundenheit, und es entsteht eine lähmende Isolierung innerhalb der Familie. Jeder lebt vor sich hin. Es gibt nichts oder nur sehr wenig Gemeinsames mehr. Das gleiche gilt auch für die Gesamtgesellschaft. Je weniger Verbindlichkeiten zwischen den Menschen existieren, je weniger allgemeinverbindliche Normen anerkannt sind, um so geringer ist der Grad der Verbundenheit.

Ein weiterer Faktor ist schließlich die Zunahme der Bedeutung der Ausbildung für das zukünftige Leben: »Weißt du was, kannst du was, so bist du was«; »Wissen ist Macht«. Eltern, die noch eine Beziehung zu den Heranwachsenden haben, setzen diese in bester Absicht aufgrund dieser Zusammenhänge unter einen erhöhten Leistungs- und Erziehungsdruck: »Strenge dich an, leiste etwas, mach Abitur, dann kannst du es später einmal besser haben.«

Fassen wir zusammen: Vorherrschen der verbalen Erziehung, zunehmende Anonymität, hohle Autorität, allgemeine Unverbindlichkeit und Pluralität erschweren die Identitätsfindung und in diesem Zusammenhang die Selbstakzeptierung des Heranwachsenden. In Verbindung mit einem erhöhten Leistungsdruck entsteht so ein starkes Konfliktfeld zwischen den Generationen. Dadurch ist die Beziehung zwischen den Generationen stark belastet, die Sinnorientierung so schwierig, daß die ohnehin problematische Reifezeit zur bedrängenden Krise des Jugendlichen wird, durch die sich viele überfordert erleben.

Diese Belastung verstärkt die Bereitschaft zur Solidarisierung: Aus dem individuellen Nein des Jugendlichen (= zeitloser Ablösungskonflikt) wird das generalisierte Nein der Jugendlichen als einer eigenständigen Gruppe (= *Generationenkonflikt)*. Dieser Generationenkonflikt hat eine allgemeine Verunsicherung der Erziehung eingeleitet und eine Umkehrung der Erziehungsrelation bewirkt: »Wer erzieht wen?« wurde zur zentralen Frage der Gegenwart. Es ist also nicht mehr eindeutig, daß Eltern ihre Kinder erziehen, sondern es kommt dazu, daß auch Kinder ihre Eltern erziehen. Wenn wirklich Partnerschaft daraus wird, ist das etwas sehr Glückliches, aber meist kommt es nicht zur Partnerschaft, sondern einfach zum Machtwechsel oder zu fortgesetzten Versuchen in dieser Richtung. R. Dreikurs (1970) spricht vom »Kampf in der Erziehung«, in den sich die Eltern heute verwickelt sehen. Die ältere Generation hat auf diese Verunsicherung hin mit Abwehrmechanismen reagiert, und die Heranwachsenden haben ihrerseits diese Reaktionen beantwortet.

Auf der Seite der Erwachsenen beobachten wir bis zur Gegenwart die Abwehr dieses Generationenkonfliktes durch Leugnung der Problematik. Man nahm und nimmt es nicht so wichtig. Besonders deutlich ist diese Abwehrreaktion in Zusammenhang mit dem Haschproblem zutage getreten. In einer viel beachteten Pro-und-Kontra-Sendung im Fernsehen hatte man das Haschproblem anfangs bagatellisiert. Heute findet sich keiner mehr bereit, das Problem des Drogenkonsums zu verharmlosen. Ähnlich verfuhr man gegenüber der rebellierenden Jugend der zwanziger Jahre, indem man sagte, das seien eben Pubertätsschwierigkeiten, die jeder durchmachen müsse. So etwas habe es schon immer gegeben. Man hat die dahinterstehenden Probleme nicht rational reflektiert, sondern sie einfach durch Verharmlosung zur Seite geschoben, ohne sie zu lösen.

Durch diese Verharmlosung und Bagatellisierung des Konfliktes fühlte sich der Jugendliche in seinem Selbstwertgefühl verletzt. Das drängte ihn zu einer verstärkten Solidarisierung und verschärfte die Fronten so deutlich, daß das Generationsproblem die Gesamtgesellschaft in Unruhe versetzte.

Es bildeten sich auf einer nächsten Ebene verschärft Abwehrmechanismen und Fronten gegenseitig aus. Die zweite Runde im »Waffengang der Generationen« blieb nur da aus, wo man das generalisierte Nein der Jugendlichen mit einem »kollektiven Ja« befriedigte, indem man die Jugend verführte und einer Ideologie dienstbar machte. Man gab der im kollektiven Nein verfangenen Jugend ein kollektives Ja: »Hart wie Kruppstahl, zäh wie Leder, flink wie Windhunde« (A. Hitler), Mao Tse-tung, Ho Tschi Minh, Karl Marx. Die revolutionäre Jugend wurde zu den Fronknechten einer Diktatur. Wo die Jugendlichen in ihrem Denken und Handeln frei bleiben konnten, eskalierte der Generationenkonflikt, bedrängte und verunsicherte er die ältere Generation, die ihrerseits mit Abwehr reagierte.

Soweit wir das beobachten können, ließen und lassen sich bei der Erwachsenen-Generation im wesentlichen drei Formen der Konfliktabwehr erkennen:

a) Rückzug hinter die Fassade des Gesetzes nach dem Motto: »So ist es, und so wird es gemacht.« Hier begegnet dem Jugendlichen der schwache Vater, die hohle Autorität. Und der Jugendliche protestiert besonders deshalb gegen autoritäre Strukturen in der Gesellschaft, weil sie diese Konfliktabwehr stützen und repräsentieren.

b) Identifikation mit dem Angreifer (Anna Freud): Der Erwachsene identifiziert sich mit den Jugendlichen: »Wir sind auch so progressiv wie ihr.« Man kann einen Konflikt erledigen, indem man sich mit dem identifiziert, der den Konflikt auslöst oder – ein Schritt weiter – sich an die Stelle des Konflitkauslösenden setzt: Wenn ich so bin wie mein Gegner, ist der Gegner nicht mehr mein Feind. Hier begegnet der Jugendliche dem ich-schwachen, dem in seiner Identität verunsicherten Vater. In dieser Beziehung hat »die Kirche« weithin ein klägliches Beispiel gegeben. Sie hat um die Jugendlichen gebuhlt und dadurch ihre Botschaft verloren. Partnerschaft ist indes etwas ganz anderes als Kumpelei und Anbiederei aus Hilflosigkeit.

c) Flucht in die Sachkompetenz: Der dritte Abwehrmechanismus in diesem zweiten Waffengang ist die Abwehr des Konfliktes durch Intellektualisierung. Der verunsicherte Erwachsene versteckt sich hinter anerkannten wissenschaftlichen Autoritäten oder einer allgemeinen Wissenschaftsgläubigkeit. Der Erzieher bezieht keine persönliche Stellung mehr. An die Stelle des Gesprächs tritt die unverbindliche Sachdiskussion. Ein Beispiel hierfür ist die Sexualaufklärung.[42] In dieser Abwehr begegnet uns der »unsichtbare Vater«. Der Jugendliche fühlt sich verraten, der Erwachsene entzieht sich der persönlichen Verantwortung und versteckt sich hinter der Sache. Was der Jugendliche braucht, was sie alle zu ihrer Entwicklung benötigen, ist das persönliche Verhältnis zu einem Menschen, dem man vertrauen kann. Sachautorität ist anonym, kalter Buchstabe. Es steht nicht umsonst in der Bibel das Wort: »Der Buchstabe tötet, aber der Geist macht lebendig.« Wenn man anstelle der persönlichen Verbindung zu Gott den Buchstaben

[42] Vgl. hierzu R. Seiß, Sexualerziehung zwischen Utopie und Wirklichkeit, 1975.

diskutiert und sich darüber streitet, lebt man ohne Gott. Wenn man an die Stelle des Gebers die Gabe setzt, untergräbt man die persönliche Verbundenheit. Wenn man anstelle der persönlichen Verbundenheit zum Vater eine Sachinformation erhält, stirbt das Gespräch, und die »Auseinander-Setzung« beginnt.

Alle diese Abwehrmechanismen haben notwendigerweise den Graben zwischen den Generationen vertiefen müssen. Der Jugendliche ist weithin allein geblieben. Er muß seine Reifethematik ohne die Hilfe der Generationenkontinuität bewältigen. Dazu kommt, daß die durch Massenmedien verbreiteten Daseinsmodelle »Du kannst so oder so leben« dem Jugendlichen keine klaren Konzepte, keine klar erkennbaren Strukturen an die Hand geben. Sie sind alle zu relativ, wandelbar, unzuverlässig. Was übrig bleibt, ist eine Individualnorm – orientiert an Konsum, Besitz und Selbstverwirklichung.[43]

Das ist ja auch das, was der Jugendliche vom Erwachsenen im Sinne des Beobachtenlernens als Modell übernimmt. Und eine Pädagogik, die sich darauf beruft, eine »vorwaltende Leidenschaft für das Tatsächliche zu haben«, und die Frage nach den Grundzielen zurückstellt und die Weitergabe kulturellen Erbes als »Schule alten Stils« disqualifiziert[44] – eine solche Pädagogik ist eine Pädagogik der Verunsicherung und Entwurzelung und trägt ihren Teil dazu bei, den Jugendlichen auf sich selbst, auf seine Individualnorm zu verweisen. Damit ist er weithin unorientiert, sich selbst überlassen und offen für Versprechungen, die in der Zukunft liegen. Die Vergoldung der Zukunft bedingt die negative Kritik des Gegenwärtigen, und dadurch wird die Realitätswahrnehmung verzerrt. Dieser Konflikt wird verstärkt, wenn man für die Vorschulkindheit Ur-Vertrauen durch eine intakte Familie fordert, in einer »kritisch-emanzipatorischen« Pädagogik aber eben dieses Elternhaus als sog. heile (bürgerliche) Welt disqualifiziert. Der Generationenkonflikt mündet aus in einen *Orientierungskonflikt:* »Die ältere Generation läuft vergeblich hinter einer

[43] Vgl. hierzu R. Seiß: Das Recht auf Lust, Wuppertal 1973.
[44] Vgl. H. R. Lückert, 1969, S. 153.

Jugend her, die sie im Stich läßt, weil sie den Orientierungsangeboten der Älteren zutiefst mißtraut« (H. E. Richter, 1972, S. 23).

Daß sich die Jugendlichen weithin in einem Orientierungskonflikt befinden, läßt sich leicht belegen: Mit dem Kieler Determinationsgerät (K. Mierke) wurden diesbezüglich Experimente durchgeführt. In solchen Einzelexperimenten kann man Menschen an die Grenze ihrer Orientierungsmöglichkeiten führen, indem man von ihnen verlangt, auf bestimmte Signale in jeweils spezifischer Weise zu reagieren. Man kann die Signalfolgen oder auch die Kompliziertheit der Reaktionsabfolgen so steigern, daß jede Versuchsperson an ihre Grenze kommt. An dieser Grenze der Orientierungsfähigkeit zeigen die Versuchspersonen typische Verhaltensweisen. Es gibt dabei zwei Reaktionstypen: Entweder wird

a) *aggressiv* reagiert: es wird während oder nach dem Experiment wütend gegen das Gerät getreten, oder es werden entsprechende Affekte verbalisiert; oder es wird

b) *regressiv* reagiert: Kinder fangen manchmal auch an zu weinen, oder man gibt auf, geht aus dem Feld, beklagt verbal seine Unfähigkeit.
Diese beiden Reaktionstypen: aggressives und regressives Verhalten, sind ein brauchbares Ordnungsschema zur Klassifizierung der Jugendunruhen.

Die Gesamtheit der Verhaltensauffälligkeiten unter der Jugend läßt sich schwerpunktmäßig um zwei Typenpole ordnen: a) den aggressiven Reaktionspol (Verweigerer, Rocker, Protestler, Terroristen) und b) den regressiven Reaktionspol (lustorientierte, arbeitsscheue Nirwanasucher, Aussteiger, Transpersonale, Psychedele, Süchtige.) Dieser Sachverhalt bestätigt, daß sich die Jugendlichen weithin in einem Orientierungskonflikt befinden, der von allen gespürt, aber nur von den Randgruppen symptomatisch artikuliert wird. Die Gesamtgesellschaft wird dadurch nachhaltig irritiert. Im Aspekt der vergleichenden Verhaltensforschung betrachtet K. Lorenz

(1973 b) die junge Generation als eine, die der älteren wie eine ethnische Fremdgruppe gegenübersteht. Die Emanzipationsbewegung ist keine neue, befreiende Einsicht, sondern Artikulation einer schon vorhandenen Entfremdung, die durch Rationalisierung bewältigt (bearbeitet) wird.

Der Orientierungskonflikt hat die Identitätskrise der Heranwachsenden weiter verschärft. Wir erkennen das an der zunehmenden Flucht der Jugendlichen in das »Wir«, die Gruppe, die Intimbeziehung, das Kollektiv und in das Habenwollen als Ersatz für personale Bindung.

Die schwer einfühlbaren aggressiven und regressiven Verhaltensweisen einer als fremd und zum Teil als feindlich erlebten Gruppe hat die Gesamtgesellschaft viel stärker verunsichert, als der klassische Generationenkonflikt. Die im Orientierungskonflikt befindliche Jugend wurde als die »unberechenbare« erlebt. Die Angst vor dieser Jugend wurde von der Gesamtgesellschaft beantwortet mit dem Abwehrmechanismus »Identifikation mit dem Angreifer«. Die Identifikation mit dem aggressiven Reaktionstyp führte zur Propagierung der »Antiautoritären Erziehung«.[45] Die Identifikation mit dem regressiven Reaktionstyp führte zur pädagogischen These vom sogenannten »Recht auf Lust« (Kentler u. a.). Die hohe Auflage von A. S. Neills »Theorie und Praxis der antiautoritären Erziehung« ist der Erfolg eines zur richtigen Zeit veröffentlichten Titels, und nicht der Erfolg seines Inhalts.

Bei beiden Konzepten: »Recht auf Lust« und »Antiautoritäre Erziehung«, handelt es sich nicht um Ergebnisse wissenschaftlicher Forschung, sondern um gesamtgesellschaftliche Reaktionen auf die Unruhen unter der Jugend, die zur ideologischen Indoktrinierung genutzt wurden. Beide Konzepte versprechen mehr Freiheit, wobei sie Freiheit definieren als Abwesenheit von Zwang. Diese psychologisch halbwahre, zumindest verkürzte und deshalb irreführende Definition von Freiheit hat eine Krise herbeigeführt, die den Orientierungs-

[45] Vgl. den dekuvrierenden Artikel von R. Wolff (1970), nach dem antiautoritäre Erziehung Klassenkampf heißt.

konflikt ablöste und den viel existentielleren *Freiheitskonflikt* einleitete.

Wenn ein Kind sich in der Trotzphase von der Mutter ablöst, gewinnt es Freiheit; aber diese Freiheit ist nur dann entwicklungspositiv, wenn der Weg von der Mutter weg in eine intakte Familie, in eine neue Geborgenheit führt (= Freiraum bergender Liebe). Ohne diese neue Geborgenheit ist der Schritt in die Freiheit ein Weg in die Einsamkeit. Was man mit diesem Freiheitskonzept erreicht hat, ist in der Theorie eine neue Utopie in Form einer Hoffnung auf eine unterdrückungsfreie Gesellschaft und in der Praxis eine Umstrukturierung des pädagogischen Feldes. An die Stelle des Vertrauens tritt das Mißtrauen: »Sollte mir etwas vorenthalten, meine Rechte durch Tabus beschnitten werden?« – »Wer ist daran schuld, daß ich mich immer noch nicht frei fühle?« – »Wer unterdrückt meine Triebe, wer beutet mich aus?«

»Um gesellschaftlichen Fortschritt zu erreichen, kann die Erziehung nicht von Anfang an ausschließlich die Attitüde des Protestes pflegen, sonst würde sie statt Reformer Neurotiker erziehen« (H. Bath, 1974, S. 15). Nur bei wenigen Realisten setzt sich die Einsicht durch, daß der Mensch nicht so frei sein kann, wie er gern möchte, weil ihm dazu die Voraussetzung, nämlich die Fähigkeit, den Nächsten zu lieben, fehlt. Smith und Hudgins, bedeutende amerikanische Psychologen, stellen deshalb in ihrem Standardwerk »Pädagogische Psychologie« (Stuttgart 1971) die Frage: »Ist der Mensch tatsächlich so frei, wie ihn die westliche Gesellschaft sich vorstellt?« (S. 26). Die ständige Diskrepanz zwischen gewünschter und versprochener Freiheit und der real erlebten Unfreiheit erzieht zum Mißtrauen. Der Jugendliche strebt nach Emanzipation. Wir unterstützen ihn darin, indem wir aus seiner Not die »Tugend« eines pädagogischen Konzeptes machen, dabei aber das Problem in einem Teufelskreis verschärfen.

Emanzipation – ja, aber nicht auf Kosten eines Erlebens von Geborgenheit. Unser Leben ist ein zunehmendes Sicheinrichten an einem bestimmten inneren Ort auf der Linie zwischen den Polen »Unabhängigkeit« und »Geborgenheit«. Es gibt nach Freud grundsätzlich zwei Modi der Bewältigung dieser

Antinomie: den narzißtischen Modus (sich selbst liebend) und den anaklitischen Modus (sich anlehnend, sich unterstellend). Der narzißtische Modus sichert die Liebe der nährenden Mutter dadurch, daß er sie in sich hineinnimmt, im psychischen Sinne verschlingt. Der anaklitische Modus sichert sich die Liebe der nährenden Mutter durch Unterstellung.

Der Kampf zwischen Ost und West, zwischen Kapitalismus und Sozialismus, ist letztlich der Kampf zwischen diesen beiden Modalitäten. Das westliche Freiheitskonzept sucht das Glück in der Freiheit der autonomen Person (narzißtischer Modus): Selbstbestimmung, Selbst-Maßstab-Sein, Selbst-Herr-Sein bis hin zur Selbstherrlichkeit repräsentieren diese Modalität. Es ist das individualistische Konzept: Autonomie auf Kosten der Verbundenheit, bezahlt mit dem Preis der Einsamkeit.

Das sozialistische Freiheitskonzept repräsentiert den anaklitischen Modus. Das Glück des einzelnen wird gesehen in der Unterstellung unter das Primat der Gesellschaft (die Partei, die Ideologie bzw. ihren Repräsentanten). – Ein junges chinesisches Mädchen wird von einem Reporter verwundert gefragt: »Sie wünschen sich keine Leidenschaft, keine große Liebe?« Es antwortet: »Meine große Liebe ist schon vergeben. Meine große Liebe ist spirituell, verstehen Sie? Mao!« (G. Weth, 1972, S. 136) Nach diesem kollektivistischen Konzept gewinnt der Mensch verfügte oder auch ideell gewählte Geborgenheit, wenn er bereit ist, dafür den Preis der individuellen Freiheit seiner Person zu bezahlen.

Die Aufhebung des Widerspruchs zwischen diesen beiden entgegengesetzten Konzepten ist innerweltlich-menschlich nicht möglich. Das uralte Dilemma von Freiheit und Ordnung, von individuellen und gesellschaftlichen Interessen haben weder die Anarchisten noch die kommunistischen Marxisten gelöst. Maos Versuch einer permanenten Revolution und Umschichtung ist auch keine friedsame Lösung. Vernünftige Leute haben klar erkannt, daß dem Menschen hier eine echte Grenze gesetzt ist, die er aus sich selbst heraus nicht zu überschreiten vermag.

Aber die Versuchung zur Selbsterlösung ist immer wieder da. Der Mensch will sich nicht vor Gottes Wort demütigen. H.

E. Richter (1979) weist aus seinen umfangreichen therapeutischen Erfahrungen auf einen psychodynamischen Zusammenhang hin, den er mit der Wendung umschreibt: »Flucht aus der narzißtischen Ohnmacht in die narzißtische Omnipotenz« (S. 23).

Das verwöhnte (»Recht auf Lust«), verunsicherte Kind (»die Eltern haben dir gar nichts zu sagen«) kompensiert seine Verunsicherung mit narzißtischer Omnipotenzphantasie, es will über alles alleine entscheiden (auch essen oder nicht-essen – siehe Magersucht). »Die grandiose Selbstgewißheit des Ichs ist an die Stelle der Geborgenheit in der großen idealisierten Elternfigur getreten. Deren gewaltige Macht taucht nun als maßlose Überschätzung der eigenen Bedeutung und Möglichkeit auf. Das individuelle Ich wird zum Abbild Gottes« (Richter, a. a. O., S. 27).

Hier zeigt sich die Verführung der alten Schlange: »Ihr werdet sein wie Gott.« Das Neue Testament gibt uns in der Versuchung Jesu vorwegnehmend und exemplarisch diese Entwicklung prophetisch bekannt (Matthäus 4). In der Grenzsituation der Hilflosigkeit (nachdem er vierzig Tage und Nächte gebetet und gefastet hat) trat der Versucher an ihn heran: »Mach dir aus den Steinen Brot«, du kannst es doch, du hast doch die Möglichkeit. Jesus hat gewußt, was die Marxisten nicht wissen: »Der Mensch lebt nicht vom Brot allein, sondern vom Wort Gottes.« Er hat gewußt, was auch die Psychologie zeigen kann: Es gibt keinen Frieden durch Befriedigung aller Bedürfnisse (selbst wenn das praktisch möglich wäre). Die linke Utopie verdrängt die privaten Besitzbedürfnisse und produziert den Traum vom Paradies auf Erden.

Die erste Versuchung war Freiheit durch Befriedigung der Bedürfnisse. Die zweite große Versuchung ist die der technischen Machbarkeit. Der Versucher sprach: »Stürze dich hinab vom Felsen, die Engel werden dich behüten, und es wird dir gelingen.« Nun sind wir inzwischen auch am Ende des technischen Wachstums, an der Grenze der Machbarkeit.

Die allgemeine Frustration macht uns nun offen für die dritte große Versuchung, die Versuchung, aus diesen Verhältnissen auszusteigen in ein neues Bewußtsein, in eine esoterische Größenphantasie. Es ist die spiritistisch-okkulte Versuchung: Humanpotential-Bewegung, Yoga, Versenkungs-Sekten, Meditationsboom, New-Age-Bewegung/New-Age-Bewußtsein (im Sinne von Fritjof Capras »Wendezeit« und »Musical Hair«). Der Satan wird offenbar: »Wenn du niederfällst und mich anbetest, sollst du das alles haben« (Matth 4,9; wird dir nichts unmöglich sein: PSI-Kraft, wie sie in den zahlreichen, im Wachsen begriffenen Sekten versprochen wird).

Die Menschheit wartet auf den Superstar/ Supermann, einen Hitler in Großformat. Den werden sie dann anbeten als den, der nun das große Glück und die große Freiheit bringt:

»Denn es werden viele kommen unter meinem Namen und sagen: Ich bin der Christus, und sie werden viele verführen« (Matthäus 24,5). »Ich bin gekommen in meines Vaters Namen, und ihr nehmt mich nicht an. Wenn ein anderer in seinem eigenen Namen kommt, den werdet ihr annehmen« (Johannes 5,43).

Das erste Stadium der Verführung war die Erziehung zur Leidensscheu (Recht auf Lust). Das zweite Stadium ist die Ausnutzung von Verzweiflung und manipulierter Frustration; sie macht anfällig gegenüber leeren Versprechungen von Frieden, Gleichheit und Gerechtigkeit und bereitet den Weg zum dritten Stadium: der Verführung durch den »Großen Bruder«, den sie dann alle anbeten (»Heil Hitler« war eine Vorwegnahme des Antichristen).

Die Heranwachsenden artikulieren ihren Notstand, aber die Pädagogik beeilt sich, schnell diesen Notstand zu legalisieren (»Selbstverwirklichung«), und die Psychologie steht dem nicht nach (»Selbstkonzeptforschung«). Alles machen wir selbst, bis hin zu Selbstvergötzung und Selbstmord.

Betrachten wir an dieser Stelle die Entwicklung der Heranwachsenden nicht nur aus der »sachlichen«, intellektuellen Distanz, als ginge uns das alles nichts an, als wäre es ja alles auf den Begriff zu bringen. Bedenken wir, wie wirksam der Konflikt-Abwehrmechanismus der Intellektualisierung unseren Selbstbetrug zu tarnen vermag; orientieren wir uns deshalb engagiert um und glauben wieder der Wahrheit, entlarven die

Lüge von der »guten Natur« und der »Freiheit als Abwesenheit von Zwang«.

Es gibt einen Rest unvermeidbaren Leidens, das der Mensch hinnehmen muß, wenn er nicht akzeptiert, daß die letzte Ursache dieses Leidens der Menschheit im Menschen selbst liegt, und er daher bereit, willens und dann auch fähig wird, den Weg des Erlöstwerdens zu suchen und zu gehen.

Nur die Erlösung des Menschen von sich selbst, die Transzendierung des Daseins über das Sichtbare hinaus durch die Kraft der Auferstehung Jesu und den Geist des Neuen Testaments, ermöglicht die Überwindung des aufgezeigten Widerspruchs »Autonomie vs. Abhängigkeit«. Sie bedeutet Gemeinschaft ohne Verlust und Preisgabe der Individualität, Verbundensein ohne Gebundenheit. Eine Jugend, der dieser Durchblick verschlossen bleibt, läuft den Irrlichtern der Freiheit nach und gerät in die Ungeborgenheit oder/und die Knechtschaft einer Diktatur von Ideologen und Sektengründern.

Mit einer bloßen Polemik werden wir den Vormarsch der Ideologien nicht aufhalten. Eine Jugend im Orientierungskonflikt und im Freiheitskonflikt ist im erhöhten Maß manipulierbar und ideologieanfällig, wenn wir ihr nicht einen Weg zu der Erkenntnis zeigen, daß der Mensch zum Leben eine Liebe benötigt, die weder wissenschaftlich hergestellt noch durch eine allgemein erotische und exotische Kultur zum individualistischen Gebrauch verfügbar gemacht werden kann, sondern als Gabe durch Offenbarung empfangen werden muß und empfangen wird von Menschen, die diese Liebe suchen. »Ein neues Gebot gebe ich euch, daß ihr einander liebt mit der (geistlich-göttlichen) Liebe, mit der ich euch geliebt habe« (Johannes 13,34).

Das freilich ist ohne Gebet zu Jesus Christus nicht möglich. So gilt für die Identitätsfindung der Heranwachsenden und darüber hinaus für jeden als lebenszeitliches Ziel unserer Entwicklung: »Jetzt erkenne ich stückweise, dann aber werde ich erkennen, wie ich erkannt bin. Nun aber bleiben Glaube, Hoffnung, Liebe, diese drei; aber die Liebe ist die größte unter ihnen« (1. Korinther 13,12–13).

Anhang

Selbststeuerung, Freiheit und der Geist des Menschen[1]

Es wurde entwicklungspsychologisch aufgezeigt, daß die Selbststeuerung im Kontext von Vertrauen das eine Bestimmungsstück unserer Freiheit ist. Für ein heranwachsendes Kind ist das Vertrauen zur Mutter und später das Vertrauen zu einer intakten Familie der bergende Bezugsrahmen, der es dem Kind ermöglicht, nein zu sagen zu sich und zu anderen, ohne sich selbst in seinem Wertgefühl zu verletzen und ohne die Beziehung zu den anderen zu gefährden; es kann aus dieser Geborgenheit heraus auch zu sich selbst und zu den anderen ja sagen (sich selbst und/oder den anderen gehorchen), ohne überheblich zu triumphieren, aber auch ohne die Angst, ausgenutzt zu werden. Hier wird die Grenze der bloßen Autonomie (= Selbstbehauptung) überwunden und der Raum der Freiheit existentiell eröffnet: die Fähigkeit, aus Liebe zu verzichten, aus Liebe zu handeln (= Freiraum des Handelns).

Das andere Bestimmungsstück unserer Freiheit ist die Freiheit im Geist (= Freiraum des Erkennens). Als Vorläufer dieser Freiheit beobachten wir schon im zweiten Lebensjahr den Beginn einer Überprüfung der eigenen Erfahrungen an der Realität. Das Kind setzt sich existentiell in Beziehung zu seiner Wirklichkeit und erfährt in dieser Interaktion seine Wirklichkeit als eine dialogische Existenz.

Mit dem Übergang von der Irreversibilität zur Reversibilität (s. dort) gewinnt das Kind mit Beginn der Schulzeit einen Grad an Freiheit der Gedanken / Beweglichkeit des Denkens: die prinzipielle Reflektierbarkeit als Basis für die spätere Hypothesenbildung im wissenschaftlichen Arbeiten.

Die Praxis unseres Lebens zeigt uns aber, daß die Freiheit der Gedanken, Entscheidungen und Handlungen nur theore-

[1] Dieser Anhang schließt an Anm. 13a (S. 178) an.

tisch gedacht, aber nicht lebenswirksam durchgängig Wirklichkeit ist. Die Entwicklung zur Freiheit unserer Gedanken und zur Freiheit unserer Tat wird eingeholt und überholt von der Macht der Angst (letztlich der Abhängigkeit von der Macht des Todes).

Reflexives Bewußtsein (Gedanken), Erkennen, Selbststeuerung und Handlung sind zwar Möglichkeiten, Instrumente der Freiheit, aber nicht die Freiheit selbst. Unsere Freiheit kann letztlich nur Freiheit von der Macht des Todes sein. Das betrifft unser Denken, unser Gesinntsein und unser Tun.

Freiheit ist gebunden an Vertrauen. Das zeigt die Entwicklung der Heranwachsenden. Die Bindung der Freiheit an das Vertrauen darf auch von der Macht des Todes nicht zerstört werden, wenn wir unsere Freiheit als durchgängig wirksam erfahren wollen. Die schöpferische Kraft (= Vollmacht) des Geistes (des Wortes) ist nur da und in dem Maße gegeben, wie die Angst vor Tod und Vergänglichkeit überwunden ist. Deshalb heißt es: »Ihr werdet die Wahrheit erkennen, und die Wahrheit wird euch frei machen« (Johannes 8,32). Und diese Wahrheit, die wir zu erkennen und anzuerkennen haben, ist unsere Erlösungsbedürftigkeit, ist die Erkenntnis, daß unsere menschliche Entwicklung nicht zur Freiheit durchzudringen vermag, weil die Macht des Todes, die Macht der Angst, in allen Menschen herrscht.

Deshalb kann nur Jesus Christus (wahrer Mensch und wahrer Gott), der dem Tod die Macht genommen hat, uns den Geist, Seinen Geist geben, damit wir in Seiner Kraft und durch Seinen Geist zu der Freiheit unseres Geistes gelangen können, zu der wir auf Grund unserer natürlichen (begrenzten) Entwicklung nicht in der Lage sind.

So wie für das erste Bestimmungsstück unserer Freiheit die wissenschaftlichen Ergebnisse den Kontext des Vertrauens als notwendiges Bestimmungsstück dieser Freiheit ausweisen, so zeigen uns die wissenschaftlichen Ergebnisse auch, daß der Geist des Menschen durch Vertrauen in die Liebe Gottes von der Bindung an sich selbst befreit werden muß.

Die Bindung des Menschen an sich selbst ist identisch mit der Bindung an das Sichtbare, an das Vergängliche. Allein schon der untaugliche Versuch, vom sichtbaren, vom materiellen Substrat her den Geist begreifen zu wollen, macht deutlich, daß der Geist des Menschen eine Wirklichkeit beinhaltet, den unser gebundener Geist (an seine Bilder und Denksysteme gebunden) nicht zu erfassen und zu begreifen vermag.

Wir wissen nicht, was das Bewußtsein ist (J. C. Eccles). »Was gibt uns die bewußte Wahrnehmung? Sie vermittelt uns erstens ein symbolisches Abbild der Außenwelt und unserer selbst in Beziehung zu dieser Welt. Zweitens vergegenwärtigt sie uns unsere inneren Zustände, unsere Muskelkontraktionen und Körperstellungen und inneren Empfindungen von Schmerz, Hunger und Durst. Was das Sehen betrifft, so haben wir die unfaßbare Umformung elektromagnetischer Wellen oder Photone in Empfindungen von Licht und Farbe. Wir werden über umfassende Untersuchungen aller Phasen dieses Vorganges, vom umgekehrten Netzhautbild bis hin zur Codierung mit Hilfe von Nervenimpulsentladungen und der anschließenden Verarbeitung dieser codierten Information in den höheren Gehirnzentren berichten. Doch die Umwandlung dieser ungeheuer komplexen neuralen Geschehnisse in das wahrgenommene Bild bleibt völliges Geheimnis« (J. C. Eccles, 1982, S. 144).

In das Psychologische gewendet heißt das, daß die Ganzheit mehr ist als die Summe ihrer Teile. Dieser schon von Platon her bekannte Ausspruch stellt uns vor die Frage, wer oder was denn das Ganzmachende ist. Das Bild jedenfalls, der Eindruck, den jeder von seiner Umwelt empfängt, ist etwas Ganzes.

»Das Bild wird im Geist wahrgenommen. Es ist ein Fehler anzunehmen, es könne daher im Gehirn ausfindig gemacht werden, wo statt dessen lediglich die codierte Information in Form unzähliger Neuronenentladungen zu finden ist« (Eccles, a.a.O., S. 171). Eccles nennt diese vom Gehirn unabhängige Instanz den »selbst-bewußten Geist« (a.a.O. S. 221 u. a.).

An anderer Stelle spricht Eccles davon, daß die aus den Sinnesorganen kommenden Informationen in Form von komplexen Raum-Zeit-Mustern in die motorische Handlungsebene umgeschaltet werden (senso-motorischer Funktionskreis), aber sie verbleiben auch im Gehirn selbst, und »beim Überschreiten der Grenze [. . .] findet eine wunderbare Umformung in die vielfältigen Erfahrungen statt, die für unsere Wahrnehmungswelt charakteristisch sind und einer anderen Klasse angehören als die Ereignisse in der Neuronenmaschine« (Eccles, a.a.O., S. 222). Und schließlich kommt er zu dem Schluß: »Eine Schlüsselkomponente der Hypothese ist, daß die Einheit der bewußten Erfahrung von dem selbst-bewußten Geist hervorgebracht wird und nicht von der Neuronenmaschinerie [. . .] Die erfahrene Einheit entsteht nicht aus einer neurophysiologischen Synthese, sondern aus der postulierten integrierenden Natur des selbst-bewußten Geistes« (Eccles, a.a.O., S. 222, 223).

Wir haben uns Jahrtausende mit dem Leib-Seele-Dualismus herumgeschlagen, ohne das Problem lösen zu können, weil wir von der Materie her gedacht und den Aufbau der Person vom Leib zur Seele gesehen haben (in einem gesunden Leib ist eine gesunde Seele, so lehrten schon die alten Griechen). Heute zeigt sich zunehmend, daß es genau umgekehrt ist. Die Gesundheit des Leibes kommt von der Gesundheit der Seele. Das gilt nicht nur für die klassischen psychosomatischen Fälle (wie Magengeschwüre), das gilt auch immer mehr für Krankheiten (wie beispielsweise Krebs), die durch Schwächung des Abwehrsystems entstehen.

Offensichtlich lebt der Mensch von innen nach außen, vom Geist zur Seele, von der Seele zum Leib hin, und nicht umgekehrt. Deshalb heißt es auch im Neuen Testament, daß wir »geheiligt werden nach Geist, Seele und Leib«.

Durch die Verführung Satans band der Mensch seinen von Gott gegebenen Geist an das Sichtbare, an die Materie. Dadurch wurde er dem Bild, der Sichtbarkeit untergeordnet und verlor seine schöpferische bestimmende Kraft. Er wurde in seinem Geist an der Sichtbarkeit gebrochen (zerbrochen). Das Wort war der Natur, der Materie nicht mehr übergeordnet, sondern als Bezeichnung von Gegenständlichkeit ihr untergeordnet. Das gilt auch für die eigene Sichtbarkeit. Der Mensch wurde zu einem Wesen, das sich zur Welt und auf sich selbst bezogen erlebt. Der Mensch steht durch sein »aktives Tun in einem gewissermaßen *dialogischen* Verhältnis zur außersubjektiven Realität. Dies aber ist [...] eine der wesentlichsten Eigenschaften des *Menschen*« (K. Lorenz, in: Heberer, 1954^2, S. 157).

Jesus Christus hatte einen anderen Geist. Als er in der Wüste war und ihn nach vierzig Tagen Beten und Fasten hungerte, trat der Satan an ihn heran, um mit ihm in einen Dialog zu treten: »Bist du Gottes Sohn, so sprich zu diesen Steinen, daß sie Brot werden« (Matthäus 4,3). Jesus Christus hätte durchaus mit seinem Geist sich helfen können (auch, als die Spötter am Kreuz zu ihm sagten: »Steig herab vom Kreuz! Hilf dir selbst und hilf uns!« [Matthäus 27,40; Lukas 23,39]). Aber Jesus half sich nicht selbst. Er verwirklichte sich nicht gemäß seinen Möglichkeiten. Seine Freiheit war nicht seine Möglichkeit, sondern die Möglichkeit, auf die Möglichkeit seiner Autonomie zu verzichten; und dadurch bewahrte er sich die Freiheit in der Geborgenheit von Gottes Wort: »Der Mensch lebt nicht vom Brot allein, sondern von einem jeden Wort, das aus dem Munde Gottes geht« (Matthäus 4,4).

Er ließ sich also nicht zu einem Dialog mit Satan, mit der Vergänglichkeit verführen. Er blieb frei, unbestechlich, souverän. Er wurde nicht Dialogpartner, sondern blieb der Herr der Schöpfung. Er ließ es nicht zu, daß sein Geist an der Materie gebrochen werden konnte. Er hielt sich an Gott gebunden und blieb dadurch frei.

Wir sollen uns die Erde untertan machen. Das geschieht aber nicht durch einen partnerschaftlichen Dialog, sondern das geschieht durch den Geist und durch die Macht der Liebe Gottes. Jesus *war* dieser Geist, er hatte ihn nicht nur. Er hatte nicht nur Frieden, sondern er *war* Frieden, Leben in Person. Und deshalb fragten sich die Menschen: Wer ist dieser, dem Wind und Wellen gehorchen, wer ist dieser, der sagen kann: »Lazarus, komm heraus«?

Wir Menschen haben diese Freiheit verloren, und wir können sie nur wiedergewinnen, wenn wir den Geist Jesu, den Heiligen Geist empfangen. Das aber geschieht allein dadurch, daß wir Jesus anrufen, durch Gebet und Gnade.

Die schöpfungsgemäßen Voraussetzungen zur Herrschaft des Geistes über die Materie durch das vollmächtige Wort und die vollmächtige Tat können wir in den Strukturen unseres Gewordenseins auch mit wissenschaftlichen Mitteln noch aufzeigen. Es sind Spitzenwissenschaftler (Nobelpreisträger), die diese Sondersituation des Menschen erkannt haben, aber auf Grund ihrer persönlichen Situation nicht geistlich zu sehen vermochten.

In Abgrenzung von Vorstufen von »Werkzeuggebrauch« bei Schimpansen schreibt K. Lorenz: »Um aber ein wirkliches Werkzeug, etwa einen Faustkeil, herzustellen, ist eine unvergleichlich viel höhere Differenzierung des dauernd durch Kontrolle des Erfolges geregelten Handelns nötig, und es will scheinen, als ob diese engste Bindung zwischen Tun und Erkennen, zwischen Praxis und Gnosis ein *besonderes Zentralorgan* zur Voraussetzung hat, das nur der Mensch besitzt, und zwar im Gyrus supramarginalis der linken unteren Schläfenhirnwindung. Bei Verletzung dieser Hirnteile, in denen vielsagenderweise auch das ›Sprachzentrum‹ liegt, treten beim Menschen neben Sprachstörungen bestimmte Ausfälle sowohl des Tuns wie des Erkennens, ›Apraxien‹ und ›Agnosien‹, auf, und es ist bisher [...] nicht gelungen, ähnliche Zentren und ähnliche Ausfälle bei Affen hervorzurufen« (K. Lorenz, in: Heberer, 1954^2, S. 158).

Auch R. Sperry, ebenfalls (1981) Nobelpreisträger, sieht in der Spezialisierung der beiden Hirnhälften eine Sondersituation des Menschen: Die rechte Hirnhälfte repräsentiert die Raum-Zeit-Orientierung; die linke Hirnhälfte repräsentiert die Orientierung am Logos, sie enthält das Sprachzentrum. »Diese laterale Spezialisierung des Gehirns scheint beim Menschen einzigartig zu sein und mit der Evolution der Sprache zu tun zu haben. Es gibt keinen Hinweis darauf, daß die zwei Gehirn-Hemisphären anderer Primaten spezialisiert sind, obwohl man vernünftigerweise irgendeinen evolutionären Vorläufer der hemisphärischen Asymmetrie des Menschen vermuten muß. Jerre Levy-Agresti und Roger Sperry[2] haben die Ansicht geäußert, der Mensch habe sich in dieser Weise entwickelt, weil die folgerichtige Informationsverarbeitung, die der

[2] J. Levy-Agresti, R. Sperry (1968) (s. Literaturverzeichnis).

Sprache, der Mathematik und dem »rationalen« Denken zugrunde liegen muß, nicht ohne weiteres mit der eher gleichzeitigen Art der Informationsverarbeitung vereinbar ist, die der Wahrnehmung von Beziehungen, der Orientierung im Raum und dem, was unser Verbal-Intellekt nur als ›Intuition‹ bezeichnen kann, zugrunde liegt« (R. Ornstein, 1976, S. 73).

Hier wurde ein Zirkelschluß formuliert, eine Scheinerklärung, weil der »natürliche Mensch« sich nicht vorstellen kann, heiligen Geist von Gott zu empfangen. Jesus Christus aber stand unter der Herrschaft des Geistes Gottes. Mit dem Geist sah er immer, was der Vater tat, und tat dasselbe. *Erkennen* und *Tun* sind bei ihm identische Aussagen. Er sagte (auf der Erkenntnisebene des Geistes): »Ich bin das Licht der Welt«, und er tat (auf der Raum-Zeit-Handlungsebene) den Blinden die Augen auf. Mit Wort und Tat sagte er dasselbe. Beides geschah aus demselben Geist und in der Souveränität des Geistes. Praxis und Gnosis sind durch den einen Heiligen Geist zur Einheit verbunden.

Der Mensch hatte den schöpfungsgemäßen Auftrag, auf diese Weise die Materie, die Erde sich untertan zu machen. Durch die Versuchung Satans: »Sollte Gott gesagt haben?« wurde der Mensch zum Mißtrauen gegen Gott verführt, und daraus folgte der Verlust der Beziehung zu Gott, der Liebe zu Gott (Liebe und Mißtrauen schließen sich aus). Die Seele des Menschen geriet unter die Herrschaft des Sichtbaren, des Vordergründigen, des Vergänglichen. Sein Geist wurde dem Sichtbaren nach- und untergeordnet, er wurde lediglich zu einem Instrument der Reflexion, der Interpretation und Deutung. Er wurde eben zu jenem »selbst-bewußten Geist« (R. Sperry). Damit geriet der Mensch unter die Knechtschaft der Vergänglichkeit. Eine Diskrepanz zwischen Praxis und Gnosis, zwischen Wort und Tat wurde grundsätzlich möglich. Das Wort verlor seine Zuverlässigkeit und Kraft.

Alle Versuche, diese Knechtschaft wieder abzuschütteln, sei es durch moralische Anstrengungen oder durch Leugnung der Bedürfnisse, scheiterten. Die Bindung an das Sichtbare blieb: »Das Gute, das ich will, das tue ich nicht, und das Böse, das ich nicht will, das tue ich. Wer soll mich erlösen vom Leibe dieses

Todes?« klagt der Apostel Paulus (Römer 7). Dem »selbstbewußten Geist« blieb lediglich die Möglichkeit einer Konfliktabwehr (Abwehrmechanismen im Sinne der Psychoanalyse), so wie es Nietzsche in seinem Ausspruch klassisch formuliert hat: »Das habe ich getan, sagt mein Gedächtnis, das kann ich nicht getan haben, sagt mein Stolz und bleibt unerbittlich. Endlich gibt das Gedächtnis nach« (A.Wellek, 1963, S. 36). Unwahrhaftigkeit und Lüge wurden zur zentralen Belastung unserer Existenz, zur Quelle von Mißtrauen, Angst und Sorge. Es hat auch nicht an Versuchen gefehlt, diese Gespaltenheit, diese Ohnmacht des Menschen zu beseitigen und die Linie zur unsichtbaren Welt auf eigene Faust zu überschreiten, die Trennwand des Sichtbaren (des Fleisches) zu durchstoßen, zu durchdringen (durch Meditation, Versenkung, okkulte Praktiken, Esoterik).

Aber es gibt nur zwei Möglichkeiten, diese Grenze zu überschreiten. Entweder der Mensch paktiert mit dem Tod, mit dem Okkulten, mit den Geistern und verliert dabei seine Seele an diese Mächte, oder er wendet sich an Jesus Christus und bittet um Vergebung seiner Sünden, und Jesus Christus wird ihn zu seiner Zeit über die Grenze führen in Sein ewiges Reich.

Es bleibt dabei, nur der eine: Jesus Christus von Nazareth, Gottes Sohn, hat dem Tod die Macht genommen. Unser Geist ist auf Freiheit hin entworfen, aber durch die Bindung an das Sichtbare, durch die Macht des Todes, haben wir diese Freiheit wieder verloren, sind reduziert auf und gebunden an den »selbst-bewußten Geist«. Die »Freiheit« des natürlichen, unerlösten Menschen, der Gottes Heiligen Geist nicht empfangen hat, erreicht bestenfalls ein labiles Gleichgewicht im Innern (Homöostase) und ein labiles Gleichgewicht zur Umwelt hin (Fließgleichgewicht).

Das Leben ist eine Balance der Angleichung zwischen innerem und äußerem Gleichgewicht (K. Menninger, 1968, S. 88). Ist dieses Gleichgewicht gestört, haben wir Mühe mit unserem Leben, erfahren uns unfrei, haben den Geist, das Wort, aber keine Kraft: »Es gibt eine Unzahl unwillkürlicher seelischer Vorgänge, die nicht danach fragen, ob sie dem Erlebenden recht sind oder nicht, über die er nur beschränkt verfügen kann und für die er darum auch gar nicht oder nicht voll verantwortlich ist: Hunger, Schmerz, Müdigkeit, spontane Antriebe, Gefühle und Stimmungen, Neigungen und Abneigungen. Weiter die Fülle der spontan einfallenden Inhalte: Erinnerungen, Phantasien, Gedanken, Impulse. Auch alle unbewußten Vorgänge und Psychismen gehören in diesen Bereich des unwillkürlichen, vorpersonalen Geschehens. Spontane, ungesetzte, unfreie seelische Regungen gehen jeder freien Entscheidung voraus und sind Bedingung ihrer Möglichkeit. Bevor der Mensch als Person wählend über sich selbst verfügt, ist er selbst seiner eigenen Verfügung immer schon als vorpersonale Natur vorgegeben. Ehe es zum allerersten freien Akt und zu jedem weiteren kommen kann, ist, der ihn setzt, schon in einem bestimmten Sosein, mit einem individuellen Charakter da, den dann freilich auch die eigenen Entscheidungen mitformen. Weil die vorpersonale seelische Lebensbewegung und die Strukturen, die sie tragen, jeweils der wählenden Selbstbestimmung vorausgehen, müssen wir die ihnen eigentümliche Ordnung, die Unordnungen, Fehlprägungen und Fehlhaltungen von der Ordnung und den Unordnungen und Fehlhaltungen der Personmitte selbst sorgfältig unterscheiden« (A. Görres, 1965, S. 78f.).

Die souveräne, freie Haltung der Personmitte gegenüber dem Vorpersonalen, die Wiedergewinnung der Herrschaft des Geistes erhalten wir nur durch den Geist Jesu. Er hat die Angst in Gethsemane und den Tod (d. h. die Macht, die sich im Sterben letztendlich offenbart) am Kreuz überwunden. Jesus Christus hat uns frei gemacht zu einer Herrschaft im Heiligen Geist, und das ist nicht nur mehr als unser selbst-bewußter Geist, sondern auch der heilsentscheidende Unterschied zu den Theorien von Selbstkonzept und Selbstkonstruktion (D. Bannister, 1981).

J. C. Eccles (1982) begründet seine Hypothese von einem »selbst-bewußten Geist« mit der Einflußnahme des Bewußtseins (unserer Erlebnis- und Erfahrungswelt: »Welt 2«) auf die materielle Welt (unsere sichtbare Umwelt: »Welt 1«): »Es ist notwendig, eine Hypothese zu konstruieren, die das Offensein von Welt 1 gegenüber Einflüssen aus der Welt der bewußten

Erfahrung, Welt 2, anerkennt. Popper (1973)[3] verleiht der Notwendigkeit der Existenz eines Schlupfloches in der scheinbaren Geschlossenheit der Materie- und Energiewelt – d. h. von Welt 1 [. . .] – sehr gut Ausdruck. Eine Indeterminiertheit auf Grund der probabilistischen Operation auf der Quantenebene ist nicht genug. Er stellt fest, daß eine geschlossene indeterministische Welt 1 ›eine Welt wäre, die vom Zufall regiert wird. Dieser Indeterminismus ist *notwendig*, aber er *reicht nicht aus*, um die Freiheit des Menschen und insbesondere seine schöpferische Kraft möglich zu machen. Was wir wirklich brauchen, ist die These, daß *Welt 1 unvollständig ist*; daß sie von Welt 2 beeinflußt werden kann [. . .]‹« (Eccles, a.a.O., S. 222).

Dieses »Schlupfloch«, dieser Einflußkanal vollmächtigen Handelns (in der Kraft des Heiligen Geistes) einer Herrschaft über die Materie ist in der Tat noch vorhanden; aber die Kraft, den Geist, der gleichsam da hindurchfließen soll, haben wir nicht mehr in unserer Verfügbarkeit, den empfangen wir nur durch Jesus Christus. Dieses »Schlupfloch« ist ein Symbol für den weggewälzten Stein am Grab Jesu. Der Weg der Auferstehung war durch Jesus Christus freigeworden, der Tod überwunden. Damit ist der verkürzte, gebrochene Dialog der Toleranz, der Kompromisse und letztlich unserer Ohnmacht zu Ende gebracht. Christi Wort in uns hat Macht. Was ist leichter: über das Wasser zu gehen (wenn man es kann in der Kraft des Heiligen Geistes) oder Brücken über den Fluß zu bauen? Die Brücken, die wir bauen, sind Dokumente unseres gebrochenen Geistes. Wir müssen sie bauen, weil wir nicht in der Kraft der Auferstehung über den Fluß gehen können, aber wir sollten das Brückenbauen nicht für das Eigentliche und nicht für das Letzte halten. Aber etwas von der Herrschaft Gottes, ein Angeld seines Geistes und seiner Macht kann jeder Mensch erfahren, der sich an Jesus Christus wendet, zu ihm betet und seinem Wort vertraut. Er erlangt von Situation zu Situation die Herrschaft über das Böse. Er kann in der Tat und in der Wahrheit so gut sein wie er will, aber eben nicht aus eigener

[3] Popper (1973) = Popper (1981) (s. Literaturverzeichnis).

Kraft, nicht aus moralischer Anstrengung, sondern aus der Kraft des Heiligen Geistes. Und jeder, der sich an Jesus wendet, erhält die Vergebung seiner Sünden, was er aus eigenem Geist, aus eigener Kraft nie könnte; und deshalb erhält er auch durch Gottes Geist das Zeugnis, die Zusicherung, daß er Gottes Kind ist und ewig leben wird.

Erkennen und Tun, Praxis und Gnosis, werden durch den Heiligen Geist so vollmächtig verbunden, daß wir einen Weg gehen können, täglich suchen und finden, auf dem unsere Worte nicht mehr von unseren Taten in Frage gestellt und widerlegt werden; wir können Menschen der Liebe werden in einer Welt, in der die Liebe immer mehr abnimmt. Dann können wir mit dem Apostel Paulus sagen: »Also lebe nicht mehr ich (in der Begrenztheit meiner Selbststeuerung und Autonomie), sondern Christus lebt in mir (Selbststeuerung in Wahrheit und Freiheit aus Gnade)« (Galater 2,20).

Literaturverzeichnis

Ainhelder, E.: Skizzen zur Verhaltenspathologie reaktiver Störungen bei Tieren, in: Schweizer Archiv für Neurologie, Neurochirurgie, Psychologie, Bd. 89 (1962), S. 276–326

Andreas, P./Kilian, C.: Die phantastische Wissenschaft, Düsseldorf 1973

Argyle, M.: Soziale Interaktion, Köln 1969

Arnold, M. B.: Emotional Factors in Exp. Neurosis, in: Journal of Exp. Psychol., Vol. 34 (1944), S. 257 ff.

Ausubel, D.: Das Jugendalter, München 1970[2]

Baacke, D.: Jugend zwischen Anarchismus und Apathie?, in: Jugend zwischen Anpassung und Ausstieg (Shell-Studie 1980), Hamburg 1980, S. 105–130

Bachmann, C. H. (Hrsg.): Psychoanalyse und Verhaltenstherapie, Frankfurt 1972

Bally, G.: Vom Spielraum der Freiheit, Basel 1945

Balmer, H. (Hrsg.): Geschichte der Psychologie. Bd. 1: Geistesgeschichtliche Grundlagen. Bd. 2: Entwicklungslinien zur wissenschaftlichen Psychologie, Weinheim/Basel 1982

Bannister, D., Fransella, F.: Der Mensch als Forscher, Münster 1981

Barnett, L.: Einstein und das Universum, Frankfurt 1955

Bath, H.: Emanzipation als Erziehungsziel? Überlegungen zum Gebrauch und zur Herkunft eines Begriffs, Bad Heilbrunn 1974

Binswanger, L.: Grundformen und Erkenntnis menschlichen Daseins, München 1962[3]

Blechschmidt, E.: Die Frühentwicklung der Greifbewegung, in: Bild der Wissenschaft, Heft 9 (1965), S. 714–726

Blechschmidt, E.: Die Erhaltung der Individualität. Fakten zur Humanembryologie, Neuhausen-Stuttgart 1982

Blücher, Viggo Graf: Die Generation der Unbefangenen, Düsseldorf 1966

Böttcher, H.: Gibt es eine geistig-intellektuelle Gefährdung im Jugendalter?, in: Jugendschutz, Heft 2 (1983), S. 31–37

Bogen, H. J.: Die Stunde des Menschen – Werden und Wesen des Homo Sapiens in biologischer Sicht, München 1980

Bowlby, J.: Mütterliche Zuwendung und geistige Gesundheit, München 1973

Brezinka, W.: Erziehung und Kulturrevolution, München 1974

Buber, M.: Ich und Du, Heidelberg 1979

Buber, M.: Das Problem des Menschen, Heidelberg 1982

Bühler, K.: Die geistige Entwicklung des Kindes, Jena 1922[3]

Busemann, A.: Das Problem des Mikropsychischen, Stuttgart 1948

Capra, F.: Wendezeit. Bausteine für ein neues Weltbild, Bern 1983

Castaneda, C.: Eine andere Wirklichkeit, Frankfurt 1975

Cherfas, J.: Spiele der Tiere, in: G. Brenner, Der sogenannte Mensch,

München 1981, S. 46 f.
Cohen, J.: Die beiden Reiche der Seele, in: Psychologische Rundschau, Heft XV (1964), S. 17–27
Coleman, J.: Eine neue Theorie der Adoleszenz, in: E. Olbrich/E. Todt (Hrsg.), Probleme des Jugendalters, Berlin 1984, S. 49–69
Daim, W.: Tiefenpsychologie und Erlösung, München 1954
Dreikurs, R.: Psychologie im Klassenzimmer, Stuttgart 1970
Dührssen, A.: Psychogene Erkrankungen bei Kindern und Jugendlichen, Göttingen 1963
Ebel, H.: Die Geburt – eine universelle Metapher, in: Psychologie heute 7 (1981), S. 50–57
Eccles, J. C.: Das Rätsel Mensch, München 1982
Edelstein, W. (Hrsg.): Perspektivität und Interpretation, Frankfurt 1982
Erikson, E. H.: Einsicht und Verantwortung, Stuttgart 1966
Erikson, E. H.: Kindheit und Gesellschaft, Stuttgart 1971[4]/1979
Erikson, E. H.: Dimension einer neuen Identität, Frankfurt 1975 (= 1975a)
Erikson, E. H.: Der junge Martin Luther, Frankfurt 1975 (= 1975b)
Erikson, E. H.: Lebensgeschichte und historischer Augenblick, Frankfurt 1977
Fischel, W.: Leben und Erlebnis bei Tier und Mensch, München 1949
Freud, A.: Das Ich und die Abwehrmechanismen, München 1966
Freud, S.: Psycho-Analysis, in: Gesammelte Werke, Bd. 14, London 1940, S. 305 ff.
Freud, S.: Aus den Anfängen der Psychoanalyse, Frankfurt 1950 (= 1950a)
Freud, S.: Das Unbewußte. Schriften zur Psychoanalyse, Frankfurt 1950 (= 1950b)
Freud, S.: Studien über Hysterie, London 1952
Freud, S.: Das Ich und das Es, in: Gesammelte Werke Bd. 8, Frankfurt 1960
Freund, K.: Homosexualität, Reinbek 1969
Gamm, H. J.: Kritische Schule, München 1970
Gehlen, A.: Der Mensch. Seine Natur und Stellung in der Welt, Bonn 1950[4]
Gesell, H.: Das Kind von fünf bis zehn, Bad Nauheim 1950
Görres, A.: Methode und Erfahrungen der Psychoanalyse, München 1965
Görres, A.: An den Grenzen der Psychoanalyse, München 1968
Gottschaldt, K.: Die Methodik der Persönlichkeitsforschung in der Erbpsychologie, Leipzig 1942
Gottschaldt, K.: Zwillingspsychologische Forschung zur Frage der Phänogenetik der Person, in: Acta psychologica 15 (1959), S. 381–383
Gross, W.: Was erlebt ein Kind im Mutterleib?, Freiburg 1982
Habermas, J.: Erkenntnis und Interesse, Frankfurt 1975
Haeckel, E.: Anthropogenie oder Entwicklungsgeschichte des Menschen, Jena 1874
Hall, S.: Adolescence, New York 1904
Hampe, J. C.: Sterben ist doch ganz anders, Stuttgart 1975
Hansen, W.: Die Entwicklung des kindlichen Weltbildes, München 1949[2]
Harris, Th.: Ich bin o. k. – du bist o. k., Hamburg 1975
Hartmann, N.: Einführung in die Philosophie, Göttingen 1952[2]

Hebb, O.: Einführung in die moderne Psychologie, Weinheim 1968[2]
Heberer, G. (Hrsg.): Die Evolution der Organismen, 2 Bde., Stuttgart 1954[2]
Hehlmann, W.: Geschichte der Psychologie, Stuttgart 1963
Heidegger, M.: Einführung in die Metaphysik, Hameln 1979
Helwig, P.: Die Konstitutionspsychologie W. H. Sheldons, in: Psyche Jg. II, Heft 4 (1948/49), S. 518–550
Helwig, P.: Charakterologie, Stuttgart 1952
Herrmann, Th.: Lehrbuch der empirischen Persönlichkeitsforschung, Göttingen 1969
Herrmann, Th.: Ganzheitspsychologie und Gestalttheorie, in: Die Psychologie des 20. Jahrhunderts, Bd. 1: Die europäische Tradition, hrsg. H. Balmer, Zürich 1976, S. 573–658
Hess, E. H.: Prägung, München 1975
Hess, R. D.: Frühkindliche Erziehung und Sozialisation, in: Child Development 36 (Chicago 1965), S. 869–886
Holst, E. v.: Aktive Leistungen der menschlichen Gesichtswahrnehmung, in: Studium Generale Jg. 10, Heft 4 (1957), S. 231–243
Holzkamp, K.: Kritische Psychologie, Frankfurt 1972
Huizinga, J.: Homo Ludens, Hamburg 1956
Hurlock, E. B.: Die Entwicklung des Kindes, Weinheim 1970
Janov, A.: Der Urschrei, Frankfurt 1973
Janov, A.: Anatomie der Neurose, Frankfurt 1974
Janov, A.: Das befreite Kind, Frankfurt 1975
Jensen, A. R.: Educability and Group Differences, London 1973
Jordan, P.: Schöpfung und Geheimnis, Oldenburg 1970
Jüttemann, G.: Qualitative Forschung in der Psychologie, Weinheim 1985
Die Jugend und ihre Zukunftschancen (Shell-Studie 1978), Hamburg 1979
Jugend zwischen Anpassung und Ausstieg, hrsg. W. v. Ilsemann (Shell-Studie 1980), Hamburg 1980
Jung, C. G.: Psychologie und Alchemie, Zürich 1944
Jung, C. G.: Psychologische Typen, Zürich 1950[8]
Kärn, M.: Vorsicht Stufe! Ein Kommentar zur Stufentheorie der moralischen Entwicklung, in: G. Portele (Hrsg.), Sozialisation und Moral, Basel 1978, S. 81–100
Kentler, H.: Sexualerziehung, Hamburg 1970
König, K.: Angst und Persönlichkeit, Göttingen 1981
Kohlberg, L./ Turiel, E.: Moralische Entwicklung und Moralerziehung, in: G. Portele (Hrsg.), Sozialisation und Moral, Basel 1978, S. 13–80
Kretschmer, E.: Körper und Charakter, Berlin 1921
Krippner, S./Rubin, D. (Hrsg.): Lichtbilder der Seele, Bern 1975
Kroh, O.: Entwicklungspsychologie des Grundschulkindes, Langensalza 1944; Weinheim 1965
Künkel, F.: Jugendcharakterkunde, Konstanz 1954
Kuhn, H.: Wim Klein – Genie, Clown oder Wissenschaftler, Hamburg 1983
Lama Dawa-Samdup (hrsg. Evans-Wentz): Das tibetanische Totenbuch oder die Nach-Tod-Erfahrung auf der Bardo-Stufe, Frankfurt 1975

Lenin, W. I.: Materialismus und Empiriokritizismus, Berlin-Ost 1952
Leonhard, K.: Instinkte und Urinstinkte in der menschlichen Sexualität, Stuttgart 1964
Leontjew, A. N.: Probleme der Entwicklung des Psychischen, Berlin-Ost 1964
Lersch, Ph.: Aufbau der Person, München 1962
Levy-Agresti, J., Sperry, R.: Differential Perceptual Capacities in Major and Minor Hemispheres, in: Proceedings of the National Academy of Sciences 61 (1968), S. 1151
Lewin, K./Zeigarnik, B.: Über das Behalten von erledigten und unerledigten Handlungen, in: Psychologische Forschung, Heft 9 (1927), S. 1–85
Litt, Th.: Führen oder Wachsenlassen, Stuttgart 1976[15]
Lorenz, K.: Er redete mit dem Vieh, den Vögeln und den Fischen, Wien 1949
Lorenz, K.: Der Kumpan in der Umwelt des Vogels, in: Journal für Ornithologie 83 (1935), S. 137–213
Lorenz, K.: Psychologie und Stammesgeschichte, in: G. Heberer (Hrsg.), Die Evolution der Organismen, Bd. 1, Stuttgart 1954[2], S. 131–172
Lorenz, K.: Das sogenannte Böse, Wien 1963
Lorenz, K.: Über tierisches und menschliches Verhalten, Bd. 1, München 1966; Bd. 2, München 1967
Lorenz, K.: Die Rückseite des Spiegels, München 1973 (= 1973a)
Lorenz, K.: Die acht Todsünden der zivilisierten Menschheit, München 1973 (= 1973b)
Lorenz, K./Kreuzer, F.: Leben ist Lernen, München 1981
Lübbe, H.: Die Jugend und ihre Zukunftschancen, in: Die Jugend und ihre Zukunftschancen (Shell-Studie 1978), Hamburg 1979, S. 169–180
Lückert, H.: Konfliktpsychologie, München 1957
Lückert, H.: Der Mensch, das konfliktträchtige Wesen, München 1964
Lückert, H.: Didaktik der Vorschulerziehung, in: Begabung und Lernen im Kindesalter, Hrsg. Arbeitskreis Grundschule e. V. Frankfurt, Frankfurt 1970, S. 151–175
Lykken, D.: Die Marionetten der Gene?, in: Geo, Heft 5 (1983), S. 38–54
Mahler, M. S.: Die psychische Geburt des Menschen, Frankfurt 1984
Manse, L. de: Psychohistorie – über die Unabhängigkeit eines neuen Forschungsgebietes, in: Kindheit, Heft 1 (1979), S. 12–23
Massermann, J. H.: Experimental Neurosis, in: Scientific American, New York 1950
Mead, M.: Der Konflikt der Generationen, Olten 1971
Menninger K.: Das Leben als Balance, München 1968
Muchow, H.: Zur Frage einer lebensraum- und epochaltypologischen Entwicklungspsychologie des Kinder- und Jugendalters, in: Zeitschrift für angewandte Psychologie (Festschrift für W. Stern), Leipzig 1931
Muchow, H.: Sexualreife und Sozialstruktur der Jugend, Hamburg 1985
Münch, R./Schmidt, M.: Konventionalismus und empirische Forschungspraxis, in: Zeitschrift für Sozialpsychologie 1 (1970), S. 299–310
Neill, A. S.: Theorie und Praxis der antiautoritären Erziehung, Hamburg 1974

Nickel, H./Schmidt-Denter, U.: Sozialverhalten von Vorschulkindern, München 1980
Nitsch-Berg, H.: Kindliches Spiel zwischen Triebdynamik und Enkulturation, Stuttgart 1978
Nunberg, H.: Allgemeine Neurosenlehre, Stuttgart 1959
Oerter, R./ Montada, L.: Entwicklungspsychologie, München 1982
Olbrich, E./Todt, E. (Hrsg.): Probleme des Jugendalters, Berlin 1984
Ornstein, R.: Die Psychologie des Bewußtseins, Frankfurt 1976
Parin, P., u.a.: Die Weißen denken zuviel, Zürich 1963, München 1974
Pervin, L. A.: Persönlichkeitspsychologie in Kontroversen, München 1981
Petermann, F. (Hrsg.): Psychotherapieforschung, Weinheim/Basel 1977
Petter, G.: Die geistige Entwicklung des Kindes im Werk von J. Piaget, Bern 1968
Pfaff, K.: Die Welt der neuen Jugend, Köln 1962
Piaget, J.: Das moralische Urteil beim Kinde, Frankfurt 1973
Piontkowski, U.: Psychologie der Interaktion, München 1976
Plack, A.: Die Gesellschaft und das Böse, München 1968[3]
Pongracz, M./Santner, J.: Das Königreich der Träume, Wien 1963
Popper, K. R.: Logik der Forschung, Tübingen 1981
Portele, G. (Hrsg.): Sozialisation und Moral, Basel 1978
Portmann, A.: Zoologie und das neue Bild vom Menschen, Hamburg 1956
Portmann, A.: Alles fließt – Wege des Lebendigen, Freiburg 1967
Portmann, A.: Biologie und Geist, Frankfurt 1973
Die Psychologie des 20. Jahrhunderts, 15 Bde., hrsg. H. Balmer, Zürich 1976
Rawlings, M.: Jenseits der Todeslinie, Karlsruhe 1982
Rensch, B.: Psychische Kompetenzen der Sinnesorgane, Stuttgart 1952
Revers, W. J./Rauhe, H.: Musik, Intelligenz, Phantasie, Salzburg 1978
Richter, H. E.: Eltern, Kind und Neurose, Stuttgart 1963
Richter, H. E.: Patient Familie, Hamburg 1970
Richter, H. E.: Die Gruppe, Hamburg 1972
Richter, H. E.: Der Gotteskomplex, Hamburg 1979
Riedler, Ch.: Was Kinder gerne hören, München 1965
Rohracher, H.: Einführung in die Psychologie, Wien 1948
Rothacker, E.: Die Schichten der Persönlichkeit, Leipzig 1949
Ruyer, R.: Jenseits der Erkenntnis: Die Gnostiker von Princeton, Wien 1977
Scheidt, J. vom (Hrsg.): Drogenabhängigkeit, München 1972
Schelsky, H.: Soziologie der Sexualität, Hamburg 1955
Schelsky, H.: Die skeptische Generation, Berlin 1957
Schmeing, K.: Der Sinn der Reifungsstufen, Leipzig 1955
Schopenhauer, A.: Sämtliche Werke, Bd. 3, Wiesbaden 1948
Schultz-Henke, H.: Der gehemmte Mensch, Stuttgart 1947
Schwabe, Ch.: Code in der Ursuppe, in: Der Spiegel 43 (1983), S. 269 f.
Seiß, R.: Verhaltensforschung und Konfliktgeschehen, München 1969
Seiß, R.: Das entwicklungspsychologische Umfeld der Primarstufe, in: W. Royl (Hrsg.), Schule und Hochschule, Berlin 1971, S. 47–65

Seiß, R.: Existentielles Christsein und antiautoritäre Konzeption, in: J. Claßen (Hrsg.), Antiautoritäre Erziehung in der wissenschaftlichen Diskussion, Heidelberg 1973, S. 63–76
Seiß, R.: Das Recht auf Lust, Wuppertal 1973
Seiß, R.: Allgemeine Psychologie, Bad Heilbrunn 1974^2
Seiß, R.: Sexualerziehung zwischen Utopie und Wirklichkeit, Bad Heilbrunn 1976^2
Seiß, R.: Humane Pädagogik, Bad Heilbrunn 1981
Seiß, R.: Freiheit und Identität des Christen, Stuttgart 1983^2
Seitz, A.: Die Paarbildung bei einigen Cichliden, in: Zeitschrift für Tierpsychologie 4 (1940), S. 40–84
Selvini-Palazzoli, M.: Magersucht, Stuttgart 1982
Shell-Studie 1978: s. unter: Die Jugend und ihre Zukunftschancen
Shell-Studie 1980: s. unter: Jugend zwischen Anpassung und Ausstieg
Simmons, R., u. a.: Disturbance in self-image at adolescence, in: American Sociological Review 38 (1973), S. 553–568
Smith, L. M./Hudgins, B.: Pädagogische Psychologie, Bd. 1 und 2, Stuttgart 1971
Spangler, D.: New Age – die Geburt eines neuen Zeitalters, Frankfurt 1978
Spitz, R. A.: Die Entstehung der ersten Objektbeziehung, Stuttgart 1960
Spitz, R. A.: Vom Säugling zum Kleinkind, Stuttgart 1967
Spitz, R. A.: Nein und Ja, Stuttgart 1970
Spitz, R. A.: Vom Dialog, Stuttgart 1976
Stern, W.: Psychologie der frühen Kindheit, Leipzig 1914
Stierlin, H.: Die Funktion der inneren Objekte, in: Psyche, Jg. 25 Heft 2 (Stuttgart 1971), S. 81–99
Stierlin, H.: Das Tun des einen ist das Tun des anderen, Frankfurt 1981
Stirnimann, F.: Psychologie des neugeborenen Kindes, Zürich 1940, München 1965
Störring, G. E.: Besinnung und Bewußtsein, Stuttgart 1953
Tart, Ch. T.: Transpersonale Psychologie, Olten 1978
Teilhard de Chardin, P.: Der Mensch im Kosmos, München 1964
Thomae, H.: Entwicklungsbegriff und Entwicklungstheorie, in: Handbuch der Psychologie, Bd. 3, Göttingen 1959, S. 3–20
Tinbergen, N.: Instinktlehre, Berlin 1952
Traxel, W.: Über Gegenstand und Methode der Psychologie, Stuttgart 1968
Turiel, E.: Die Entwicklung sozialkonventionaler und moralischer Konzepte, in: W. Edelstein (Hrsg.), Perspektivität und Interpretation, Frankfurt 1982, S. 146–188
Uexküll, J. V.: Theoretische Biologie, Berlin 1928^2
Van Dam, W. C.: Tote sterben nicht, Aschaffenburg 1980
Verny, Th.: Das Seelenleben des Ungeborenen, München 1981
Vogel, F.: Unser Schicksal mitgeboren?, Berlin 1981
Watson, J. B.: Behaviorismus, Stuttgart 1930
Watson, L.: Die Grenzbereiche des Lebens, Frankfurt 1978
Watzlawick, P.: Die Möglichkeit des Andersseins, Bern 1978

Weizsäcker, V. v.: Der Gestaltkreis, 1940, Frankfurt 1973
Wellek, A.: Psychologie, Bern u. München 1963
Weth, G.: Chinas rote Sonne, Wuppertal 1972
Wickler, W.: Sind wir Sünder?, München 1972
Wieser, W.: Organismen, Strukturen, Maschinen, Frankfurt 1959
Wilder-Smith, A. E.: Die Erschaffung des Lebens, Neuhausen-Stuttgart 1972
Wilhelm, R./Jung, C. G.: Das Geheimnis der goldenen Blüte, Berlin 1929
Wilhelm, Th.: Jenseits der Emanzipation, Stuttgart 1975
Winkler, M.: Geschichte und Identität, Bad Heilbrunn 1979
Winnicott, D. W.: Übergangsobjekt, in: Psyche, Jg. 23 Heft 9 (Stuttgart 1969), S. 666–682
Wolff, R.: Erziehung ohne Zwang? Über einige Grundfragen antiautoritärer sozialistischer Erziehung, in: Betrifft: Erziehung, Heft 9 (1970), S. 34–38
Wundt, W.: Elemente der Völkerpsychologie, Leipzig 1912
Wurzbacher, G.: Leitbilder gegenwärtigen deutschen Familienlebens, Stuttgart 1958
Zeller, W.: Konstitution und Entwicklung, Göttingen 1952
Zerssen, D.: Konstitutionspsychologische Forschung, in: Die Psychologie des 20. Jahrhunderts, Bd. 5, Zürich 1979, S. 578–616
Ziehe, Th.: Trendanalyse zur Situation der jungen Generation aus psychologischer Sicht, in: Jugend zwischen Anpassung und Ausstieg (Shell-Studie 1980), Hamburg 1980, S. 47–55

Namensregister

Sachregister

Rudolf Seiß
Freiheit und Identität des Christen

Pb., 100 S., Nr. 74017, DM 13,80

Wie sieht lebenswertes Leben aus? Die religiöse Sehnsucht des Menschen, die Entwicklung unserer Zeit und die Antworten der Bibel bilden den Rahmen für die Überlegungen des Verfassers.

Michael Dieterich
Psychologie contra Seelsorge?

Pb., 224 S., Nr. 57315, DM 19,80

Stehen die Vorgehensweisen der Psychologie denen der Bibel diametral entgegen? Ein praktisches Handbuch für die Familie, Schule und Gemeinde.

Bodo Volkmann
Das Maß aller Dinge

Pb., 64 S., Nr. 57319, DM 6,80

Ein bemerkenswerter Beitrag zum Verhältnis von humanistischer und christlicher Ethik, zu Toleranz und Wahrheit, zur Frage menschlicher Vernunft und der Wirklichkeit Gottes. Er stellt das Bewußtsein dar, aus dem heraus ein neues Handeln möglich ist.

Bitte fragen Sie in Ihrer Buchhandlung nach diesen Büchern!
Oder schreiben Sie an den Hänssler-Verlag, Postfach 1220, D-7303 Neuhausen